KB079018

맞얽힘:
맞선 둘은 하나다

맞얽힘 :
맞선 둘은 하나다

2021년 11월 1일   **초판 1쇄 인쇄**
2021년 11월 9일   **초판 1쇄 발행**

지은이   이철
편집   이은미 이재필
디자인   블랙페퍼디자인

펴낸이   이재필
펴낸곳   움직이는 책
                등록 2021년 6월 15일 제 2021-000054호
                주소 (02717) 서울특별시 성북구 보국문로 18가길 52, 302호 (정릉동)
                전화 010-2290-4973   팩스 0508-932-4973
                전자우편 moving_book@naver.com
인쇄   (주)길훈C&P
도서유통 총판   (주)자유서적
                전화 031-955-3522   팩스 032-955-3520

ISBN   979-11-976327-1-6 03150

맞덮힘 :
맞선 둘은 하나다

이철 지음

움직이는책

감사의 말

이 책은 어머니가 돌아가시면서 주신 마지막 선물이다. 어머니 죽음에서 삶과 죽음이 맞선 둘이지만 얽힌 하나임을 깨달았다. 변화에 순응해 왔던 곳으로 돌아가신 정순옥 어머니 영전에 이 책을 바친다. 부부는 맞얽힘의 관계이므로 아버지를 빼놓을 수 없다. 사랑하는 나의 아버지 이의삼 님에게도 이 책을 바친다.

원고를 읽고 조언을 해주신 김상영 형, 두보미 씨, 이은미 씨, 움직이는 책 이재필 형, 그 외 많은 분께 감사의 말씀을 드린다. 언제나 첫 독자로서 여러 가지 조언과 격려 그리고 보살핌을 아끼지 않은 아내 이윤영에게도 진심으로 고마운 마음을 전한다.

2021년 9월 9일

용인 중화재中和齋에서

차례

하늘과 땅을 위하여 마음을 세우고
생민을 위하여 도를 세우고
지나간 성인을 위하여 끊어진 학문을 잇고
다가올 만세를 위하여 크나큰 평천하를 연다

위천지입심爲天地立心
위생민입도爲生民入道
위왕성계절학爲往聖繼絶學
위만세개태평爲萬世開太平

- 장재 -

서론

맞얽힘,
새로운 세계관의 출현

이 책에서 나는 지금으로부터 삼천 년에서 이천 년 사이에 고대 중국의 사상가들이 이 세계의 생성 원리가 맞얽힘임을 밝혀냈으며 그로부터 인간이 어떻게 살아야 하는지를 말했다고 밝혔다. 그러나 그 이후 맞얽힘 사상은 전해지지 않았다. 그 이유는 맞얽힘이 우리의 직관이나 상식과 맞지 않아서이기도 하지만 상징의 사용, 한자의 변화 등 여러 가지 요인이 겹쳐 발생한 것으로 보인다.

2020년 2월, 어머니가 뇌동맥류 파열로 쓰러지셨다. 뇌동맥류 파열은 뇌동맥이 꽈리 모양으로 부풀어 올라 터지는 병으로 뇌출혈을 일으킨다. 바로 병원으로 옮겨져 수술을 받으셨지만 한 번도 의식을 회복하지 못하고 두 달 뒤 돌아가셨다. 어머니가 중환자실에 누워 계시는 모습을 보면서 '인간은 왜 죽는가?', '삶이란 무엇이고, 죽음이란 무엇인가?', '어째서 삶과 죽음이 하나인가?' 따위 의문이 떠올랐다. 며칠 전만 해도 나와 얘기를 나누었던 어머니가 아무 말도 못하고, 눈도 뜨지 못하고 저렇게 누워만 계시는데 어떻게 삶과 죽음이 하나일까?

별안간 『장자』가 읽고 싶어졌다. 왜 장자는 삶과 죽음이 하나와 같다고 했는지 궁금해졌다. 당시 『주역』을 해설하는 책을 쓰고 있었는데, 책 쓰기를 잠시 멈추고 『장자』 원문을 천천히 읽었다. 몇 년 만에 다시 『장자』를 읽으면서 그전까지 모호하게 이해하고 있었던 『주역』의 핵심이 또렷하게 이해되었다. 『장자』 「제물론」에 나오는

"방생방사方生方死 방사방생方死方生"이라는 구절에서 문득 깨달음을 얻었다. "상대방을 낳음은 상대방을 죽임이요, 상대방을 죽임은 상대방을 낳음이다"라는 문장이 『주역』과 관계있음을 깨달았다.

『장자』를 통해 내가 깨달은 『주역』의 원리는 '맞얽힘opposites entanglement'이다. 맞얽힘은 '맞선 둘은 하나'라는 뜻이다. 『주역』에서는 맞얽힘을 음양陰陽 또는 ━(이 기호의 이름은 '양'이다), ━ ━(이 기호의 이름은 '음'이다)으로 표기한다. 음陰의 원래 뜻은 '어둠'이고, 양陽의 원래 뜻은 '밝음'으로 그 뜻이 정반대이다. 음양처럼 서로 뜻이 완전히 반대인 글자를 한 단어로 만들어 맞얽힘이라는 뜻을 표현하려 하였다. 요컨대, 음양은 맞얽힘의 상징 언어이고 ━(양), ━ ━(음)은 맞얽힘의 상징 기호이다. ━(양)은 한 획으로 '하나'를 뜻하고, ━ ━(음)은 두 획으로 '둘'을 뜻한다. 즉 맞선 둘(━ ━)이 하나(━)라는 사실을 직관적으로 알게 한다.

『주역』에서 ━(양)은 홀수, ━ ━(음)은 짝수를 상징한다. 또 ━(양)은 여름, ━ ━(음)은 겨울을 상징하기도 한다. 여름은 가장 더운 계절이고, 겨울은 가장 추운 계절이다. 서로 성질이 정반대인 두 계절이 계속 뒤바뀐다. 『주역』을 만든 이들은 세계가 맞얽힘에 의해 운행된다는 사실을 여름과 겨울의 순환으로부터 발견했다. 여름과 겨울은 맞선 둘이지만, 서로 얽힌 하나이기 때문에 계속 서로 뒤바뀐다.

『주역』과 『장자』가 맞얽힘을 말한다고 깨달으니 모든 것을 활연관통할 수 있었다. 맞얽힘 하나로 동양 사상을 꿰뚫어 볼 수 있었다. 공자를 비롯하여 노자, 장자, 손자 등 제자백가는 맞얽힘으로 세계를 분석하고 인간을 이해하였다. 나아가 인간이 어떻게 살아야 하는지 말했음을 깨달았다.

맞얽힘이란 단어는 전대호가 쓴 『철학은 뿔이다』에 나오는 "하나임은 맞선 둘의 얽힘이다"라는 글을 보고 만들었다. 나는 맞얽힘을 '맞선 둘은 하나'라는 뜻으로 정의한다. 맞선 둘이 하나가 되려면 얽혀야 한다. 맞얽힘은 맞섬과 얽힘의 복합어이다. '맞섬'은 얽힌 두 인소가 서로 대립하는 것을 가리키며, '얽힘'은 두 인소가 맞서는 순간 서로 얽혀 하나가 됨을 뜻한다.

맞얽힘을 깨달으면서 삶과 죽음의 관계가 비로소 명료하게 보였다. 삶과 죽음은 맞얽힌 관계이다. 사람이 죽는 것은 살아있기 때문이다. 죽으면 삶이 끝난다. 죽은 사람은 다시 볼 수도 없고 손으로 만질 수도 없으며 목소리를 들을 수도 없다. 그러므로 죽음은 죽음이지 삶이 아니다. 반면에 살아 있는 사람은 얼마든지 어루만져 온기를 느낄 수 있으며 서로 대화를 나누며 애증을 주고받을 수 있다. 그러므로 삶은 삶이지 죽음이 아니다. 이처럼 삶과 죽음은 맞서 있다. 그러나 삶과 죽음은 서로 얽혀 있어 살아 있는 모든 것은 반드시 죽는다.

우리가 살아 있을 때 자기 죽음을 느끼지 못하는 것은 삶과 죽음이 겹쳐 있기 때문이다. 살아 있을 때는 죽음이 보이지 않고 죽었을 때는 삶이 보이지 않는다. 이러한 삶과 죽음의 특이한 관계를 만들어 낸 것이 맞얽힘이다. 장자는 삶과 죽음이 하나로 얽혀 있음을 보고 그 둘이 하나라고 하였다. 장자가 말한 하나는 ONE이라는 의미가 아니라 둘이 얽힌 하나라는 의미이다.

한편, 인류의 사상사는 맞얽힘이라는 세계의 원리를 둘러싼 수천여 년에 걸친 기나긴 여정이었다는 생각이 들었다. 전대호는 헤겔 철학을 "하나임은 맞선 둘의 얽힘이다"라고 정리하였다. 전대호에 따르면 서양철학의 주류는 이 맞얽힘을 말한다. 중국 송나라 학자 정이천(1033~1107)은 『주역』의 원리를 대대對待라고 하였다. 대대對待에서 대對는 '맞섬', '대립'을 뜻하고, 대待는 『장자』에 나오는 용어로 기인한다는 뜻이다. 대대는 맞선 둘이 서로 기인한다는 뜻으로, 정이천은 대대의 예를 "위가 있으면 아래가 있고, 이것이 있으면 저것이 있고, 문文[꾸밈]이 있으면 질質[꾸미지 않음]이 있음"이라고 들었다. 위와 아래는 홀로 존재할 수 없다. 무엇을 위라고 말하려면 무엇이 아래에 있어야 한다. 당신이 홀로 아무것도 없는 우주 공간에 있다고 생각해 보자. 어디가 위인지 어디가 아래인지 알 수 없다. 만약 자신의 머리 위쪽을 위라고 한다면 저절로 머리는 아래가 된다. 머리가 아래가 되었기 때문에 위가 생겨났다. 아래로부터 위가 기인했다. 동시에 아래라는 개념이 생겨났으므로 위로부터 아래가 기인하였다고도 할 수 있다. 위와 아래는 상대방으로부터 기인한다. 이것이 정이천이 말한 대대이다.

서로 맞선 둘이 서로로부터 기인한다는 원리를 발견한 사람은 정이천만이 아니었다. 양자역학의 기초 원리를 정초한 덴마크의 물리학자 닐스 보어는 이것을 'opposites are complementary'라고 표현하였다. 이는 대립물이 서로 돕는다는 뜻으로, 닐스 보어는 "상

양자역학의 이론을 정초한 닐스 보어가 덴마크의 최고 훈장 'Order of the Elephant'를 수여받을 때 입을 예복에 달기 위해 스스로 디자인한 문장紋章으로 가운데에 태극이 그려져 있다.
위의 라틴어 'contraria sunt complementa 는 opposites are complementary(대립자는 상보적이다)'라는 뜻이다.

보성相補性의 원리"라고 불렀다. 닐스 보어가 1937년도에 중국을 다녀간 이후 태극을 자신의 문양으로 삼은 일은 태극이 상보성의 원리 즉 맞얽힘을 상징한다는 사실을 알아차렸기 때문이다.

닐스 보어는 대립물이 서로 돕는다는 문장으로 맞얽힘을 표현했는데, 더 정확하게 말하자면 대립물로부터 기인한다고 해야 한다. 앞에서 든 위와 아래의 예를 통해 알 수 있듯이 서로 대립하는 두 인소는 서로로부터 기인한다. 그리고 대립물이 서로로부터 기인하기 위해서는 두 대립물이 동시에 서로를 낳아야 한다. 즉 맞얽힌 두 인소는 동시에 출현해야 한다. 내가 위라고 하는 순간 아래가 출현한다. 내가 왼쪽이라고 하는 순간 오른쪽이 출현한다. 동시에 출현하지 않고 한쪽만 출현할 수는 없다. 따라서 맞선 두 인소는 서로의 존재근거가 된다.

맞선 두 인소가 서로의 존재근거가 된다는 점을 가장 잘 설명하는 영화가 있다. 이제는 기억 속에서 가물가물하겠지만 영화 〈매트릭스〉를 떠올려 보자.

영화 〈매트릭스〉 1편 마지막에서 주인공 네오는 전화기를 집어들자마자 곧이어 들이닥친 요원 스미스가 쏜 총에 맞아 죽는다. 지하철 싸움에서 네오에게 죽을 뻔했던 스미스는 잔뜩 열받아 네오의 몸에 총알 세례를 퍼붓는다. 그렇게 네오는 죽었다. 그런데 스미스가 몇 발자국 옮기기도 전에 네오는 다시 살아난다. 다시 살아났을 뿐 아니라 네오는 죽기 전보다 더 뛰어난 능력을 갖게 되었다. 다시 살아난 네오는 모피어스가 오랫동안 찾아다녔던 '그'가 되었다. 여기서 영화는 네오가 죽었다가 어떻게 다시 살아나게 되었는지, 어떻게 갑자기 요원보다 더 뛰어난 능력을 갖게 되었는지 전혀 설명해 주지 않는다. 우리는 모두 SF영화니까 그런가 보다고 이해하며 보았을 뿐이다. 그 이유는 시리즈 3편의 마지막에 등장한다. 하여튼, 죽음에서 부활하여 '그'가 되어버린 네오는 자신을 죽이려 하는 요원 스미스의 몸을 뚫고 들어가 산산조각 내버린다. 죽었던 주인공은 다시 살아나고 악당은 죽는다. 그렇게 해피엔딩으로 〈매트릭스〉 1편이 끝났다.

그런데 〈매트릭스〉 2편에서 죽은 요원 스미스도 다시 태어난다. 죽었다가 살아난 네오가 '그'가 되었던 것처럼, 스미스도 '그'에 맞먹는 능력을 지니게 되었다. 감독은 스미스가 어떻게 다시 태어나게 되었는지 여전히 설명해 주지 않는다. 다시 태어난 요원 스미스는 매트릭스 안의 모든 인간을 자신으로 복제할 수 있는 능력을 갖게 되었다. 요원 스미스가 모든 인간을 스미스로 복제하여 매트릭스를 어지럽히자, 네오는 기계를 찾아가 자신이 스미스를 죽일 테니 인간과 휴전하라고 제안한다. 그 장면에서 기계는 네오에게 묻는다.

"그대가 실패하면?"

네오는 나지막한 목소리로 대답한다.

"나는 실패하지 않는다"

네오는 왜 자신이 실패하지 않을 것이라 확신했을까? 이미 한 번 맞붙어 싸웠지만, 숱하게 쏟아져 나오는 수많은 스미스 때문에 싸우다 하늘로 도망갔던 적이 있던 네오가 어째서 자신이 스미스 요원을 죽일 거라 확신했을까?

네오는 자신과 스미스가 맞얽힘 관계라는 점을 깨달았다. 네오는 자신이 스미스를 이길 수는 없지만, 자신이 죽으면 자신과 맞얽혀 있는 스미스도 죽는다는 사실을 깨달았기 때문에 기계를 찾아갔다. 네오와 스미스가 맞얽힘 관계라는 건 스미스가 죽인 네오가 다시 살아나고 네오가 죽인 스미스가 다시 살아난 사실을 통해 알 수 있다. 즉 그들이 다시 살아날 수 있었던 것은 맞얽힌 상대방 때문이었다. 스미스와 네오가 번갈아가며 한 번씩 서로를 죽인 건 그들이 맞얽힘에 의해 되살아날 수 있음을 보여주기 위함이었다. 네오와 스미스는 서로 적이자 서로의 존재 조건이었다. 그들은 맞얽힌 관계이므로 서로 같은 성질을 가진다. 서로 성질이 같아서 하나로 얽힌다. 그래서 같은 능력을 가지게 된 것이다. 마지막 장면에서 스미스가 네오를 죽이자 스미스 자신도 산산이 부서져 사라진다. 그들의 맞얽힘은 그렇게 사라진다.

영화 〈매트릭스〉에서는 네오와 스미스의 맞얽힘이 분명하게 드러나지 않기 때문에 나의 설명에 전적으로 동의하지 않는 독자들도 있을 것이다. 반면, 영화 〈스타워즈〉에서는 대사 속에 직접 맞얽힘이 드러난다.

영화 〈스타워즈〉 에피소드 4, 5, 6편의 주인공 루크 스카이워커는 자신의 아버지가 우주의 평화를 지키던 제다이 중 한 명이었던 아나킨 스카이워커였음을 알게 된다. 제다이는 우주를 지배하는 힘의 근원인 포스Force를 사용하여 평화를 지키는 기사단으로, Force는 조지프 니덤이 음양을 '두 기본적인 힘Two fundamental forces'으로 번역한 것에서 가져왔다. 영화에서는 이를 lightside force와 darkside force로 표현하는데, 이는 양의 뜻인 밝음과 음의 뜻인 어둠으로 포스의 이름을 지은 것이다. 제다이는 은하계 공화국을 파괴하고 독재 정치를 행하려는 황제에 맞서 싸우는 기사단이었으나, 그들 중 일부는 라이트사이드 포스를 다크사이드 포스로 전환하여 황제의 부하가 된다. 그중 하나가 황제의 오른팔이 된 다스 베이더이다. 루크 스카이워커는 다스 베이더가 자신의 아버지를 죽였다는 사실을 알게 되자 복수심에 불타오른다. 그리고 〈스타워즈〉 5편에서 마침내 다스 베이더와 광선검을 들고 싸우게 된다. 이 장면에서 다스 베이더는 루크에게 영화 사상 가장 유명한 대사를 한다. "I Am Your Father(내가 너의 아버지다)" 다스 베이더는 darkside force를 지닌 악을 대표하는 인물이고, 루크 스카이워커는 lightside force를 지닌 선을 대표하는 인물이다. 다스 베이더가 루크 스카이워커의 아버지라는 사실은 악이 선의 아버지라는 뜻으로, 악이 선을 낳았음을 말한다. 그런데 다스 베이더도 원래는 선을 상징하는 제다이 중 한 명인 아나킨 스카이워커이었으므로 다스 베이더라는 악은 선에서 나왔다고 할 수 있다. 영화 〈스타워즈〉는 악이 선을 낳고 선이 악을 낳는 맞얽힘을 주제로 삼았다.

이 주제는 2019년에 개봉한 〈스타워즈: 라이즈 오브 스카이워커〉에서도 드러났다. 레이와 카일로 벤은 각각 저항군과 제국군에 속하여 서로 싸우는 인물이다. 레이는 황제의 딸이고 카일로 벤은 스카이워커의 후손이다. 영화 속에서 카일로 벤은 레이에게 "포스 속에서 너와 나는 둘이자 하나"라고 말했다. darkside force와 lightside force가 둘이자 하나임을 말한 것이다. 그리고, 카일로 벤과 레이는 함께 황제를 죽이고자 찾아가서 싸우게 된다. 그 둘을 대적하게 된 황제는 "함께 일어섰으니 함께 죽어라", "결합한 두 생명의 힘", "둘이자 하나인 포스", "두 힘이 만나 하나의 진정한 황제가 태어난다"라는 말을 했다. 이러한 대사들은 모두 맞얽힘의 특징을 말했으며, 〈스타워즈〉 감독은 음양이 둘이자 하나임을 알았다.

이건 영화 속 얘기이지 실재는 아니지 않냐는 분들이 계실 것 같아 이번에는 과학으로 맞얽힘을 설명하겠다.

우리는 매일 거울을 본다. 거울에 비친 내 얼굴, 내 몸은 맞얽힘 원리로 이루어졌다. 얼굴을 보면 코를 중심으로 얼굴의 왼쪽과 오른쪽이 대칭 구조를 이룬다. 얼굴의 왼쪽과 오른쪽은 서로 대립하면서 하나의 얼굴을 형성한다. 몸도 마찬가지이다. 우리 몸의 왼쪽과 오른쪽도 서로 대립하면서 하나의 몸을 형성한다. 우리가 생각하고, 음식을 먹고, 운동하고, 희로애락을 느끼는 것도 맞얽힘 원리에 의해 발생한다. 우리의 몸은 뇌의 신경 세포가 근육에 신호를 전달하면서 움직인다. 신경 세포는 수상돌기, 세포체, 축삭돌기의 세 부분으로 구성되어 있는데, 수상돌기는 나뭇가지처럼 생겼고 다른 신경 세포로부터 정보를 받아들인다. 축삭돌기는 다양한 길이의 – 뇌에 있는 것은 $1\mu m$(마이크로미터)지만 다리에 있는 것은 90cm가 넘기도 한다. – 살아 있는 전깃줄이다. 축삭돌기는 전기신호를 이웃하는 신경 세포의 수상돌기로 시속 3km에서 300km까지의 속도로 내보낸다. 이때 신경 세포가 생성하고 받아들이는 신호는 두 가지이다. 하나는 흥분성 신호이고, 하나는 억제성 신호이다. 흥분성 신호를 받으면 신경 세포는 자신의 흥분성 신호를 만들어 옆에 있는 신경 세포에 전달한다. 그렇게 전달된 흥분성 신호가 근육의 팽창과 같은 운동을 만들어 낸다. 반면에 억제성 신호를 받으면 흥분이 줄어든다. 여기서 흥분과 억제는 맞얽힘 관계로, 뇌의 신경세포는 맞얽힌 두 가지 신호를 이용하여 우리 몸을 움직인다.

이번에는 우리 생활에 없어서는 안 될 반도체를 탄생시킨 주인공 양자역학 얘기로 들어가 보자. 양자역학은 원자와 원자를 구성하는 기본 입자들의 역학力學에 관한 과학이다. 원자는 원자핵과 전자로 이루어졌으며, 원자핵은 중성자와 양성자로 이루어졌다. 양자역학이 막 태동한 20세기 초에는 전자, 양성자, 중성자 정도만 그 존재가 알려졌으나, 그 이후 양성자와 중성자를 이루는 쿼크, 렙톤, 글루온 등과 같은 기본 입자들이 밝혀졌다.

그런데 입자粒子라는 이름은 정확한 이름이라 할 수 없다. 입粒은 낟알, 알갱이를 뜻하는데, 전자나 쿼크와 같은 물질들은 알갱이 성질만 지니지 않아서이다. 모든 입자는 때로는 입자로 존재하지만 때로는 파동으로 존재한다. 양자역학에서는 이를 '파동-입자 이중성'이라 부른다. 파동은 고요한 호수에 돌을 던졌을 때 일어나는 동심원 모양이다. 이를 물결파라 한다. 소리도 파동의 일종이다. 그런데 입자란 모래 알갱이와 같다. 하나의 물질이 서로 대립하는 입자와 파동이라는 두 가지 성질을 지닌 것은 물질이 입자와 파동의 맞얽힘으로 이루어졌음을 의미한다. 그러므로 입자는 물질의 한 측면만을 일컫는다. 정확하게 이름을 짓자면 물질은 파입자波粒子 또는 입파자粒波子이다.

물질이 파동이면서 입자라는 것은 우리의 상식을 무너뜨린다. 당신이 양자역학을 처음 접하는 사람이라면 황당해할 필요는 없다. 왜냐하면 노벨물리학상을 받은 리처드 파인만조차도 "양자역학을 이해하는 사람은 아무도 없다"라고 말했을 정도로 양자역학은 이해하기 어렵다.

원자보다 작은 세계의 맞얽힘을 처음으로 발견한 과학자들은 기묘하고 낯선 현상에 무척 당황하였다. 덴마크의 물리학자 닐스 보어는 상보성이라는 개념을 도입해서 설명했는데, 오늘날 과학자들은 상보성의 원리를 다음과 같이 정의한다.

(1) 그들은 서로 의미하는 바가 다르거나 혹은 서로 다른 속성을 서술한다.

(2) 그들은 합쳐서 혹은 연합하여 사물에 대한 완전한 기술이나 표상을 형성한다.

(3) 그들은 각각 논리적인 의미에서나 경험적인 의미에서 배타적이다.

(4) 그들은 공시적으로가 아닌 통시적으로 적용되어야 한다.

- 김유신, 『양자역학의 역사와 철학』

(1)과 (3)은 맞얽힘의 맞섬을 뜻하고, (2)는 맞얽힘의 얽힘을 뜻하고, (4) 맞얽힌 두 인소가 동시에 나타날 수 없으며 시간 차이를 두고 통시적으로만 나타난다는 설명이다. 과학자들이 상보성의 원리가 통시적으로 나타난다고 설명한 이유는 입자와 파동의 상태가 동시에 나타나지 않고 통시적으로 나타나기 때문이다. 그러나 맞선 둘이 하나가 되기 위해서는 동시에 나타나야 한다. 원래 동시에 나타나는데, 인간의 감각 기능이 형편없어서 한쪽 면만 인식하거나 아니면 시간과 공간의 맞얽힘 때문에 하나가 나중에 나타나기도 한다. 이에 대해서는 1장 〈노자〉편에서 자세하게 설명하겠다.

이 책을 마지막으로 편집하고 있는 2021년 8월, 입자와 파동의

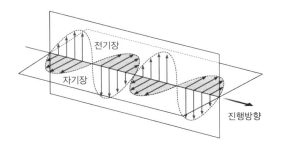

이 그림은 날아가는 전자기파의 순간을 포착한 사진 같은 것이다. 전기장의 변화가 자기장을 유도하고 자기장의 변화가 전기장을 유도하면서 전자기파가 움직인다.

맞얽힘이 과학자들에 의해 밝혀졌다. 2021년 8월 19일 기초과학연구원IBS 분자 분광학 및 동력학 연구단은 입자와 파동이 동시에 존재할 수 있음을 자체 개발한 '얽힌 비선형 광자쌍 광원ENBS'을 이용하여 증명한 논문을 발표하였다. 닐스 보어는 입자의 파동성과 입자성은 서로 배타적이어서 통시적이라고 주장했다. 그러나 기초과학연구원 연구팀은 입자와 파동의 얽힘 정도를 조절해 하나의 측정 장치로 배타적 성질을 가진 두 개의 양자 상태가 동시에 존재함을 측정했다.

인간이 인식할 수 있는 동시에 나타나는 맞얽힘의 예로는 빛이 있다. 빛은 전자기파로, 전자기파는 전자파와 자기파로 구성되었다. 빛은 서로 90° 각도를 이룬 채 1초당 약 400조 번 진동하는 전기장과 자기장의 맞얽힘으로 이루어졌다. 전기장과 자기장은 맞선 둘이고, 전자기파는 그 둘이 얽힌 하나이다.

이 책은 두 권으로 이루어진다. 1권은 동양 사상이 밝혀낸 맞얽힘에 대해서 설명하며, 2권은 과학이 밝혀낸 맞얽힘에 대해 설명할 예정이다.

과학이 물질세계의 원리를 탐구하는 학문이라면, 동양 사상은 나, 인간, 가족, 사회, 나라, 우주와 물질 등 모든 것을 관통하는 하나의 원리가 있으리라 생각하였고, 그것을 도(道)라고 이름 붙였다. 동양 사상은 도가 맞얽힘이라는 사실을 삼천여 년 전에 찾아냈다. 그 첫걸음은 갑골복, 『주역』과 같은 점술에서 시작되었다. 갑골복은 이 세계를 주재하는 초월적 존재인 상제에게 미래를 물어보는 점술이다. 고대 중국인들은 상제의 대답이 거북 껍데기가 갈라지는 균열로 나타난다고 생각하였다. 갑골복에서 발달한 점술 문화는 『주역』으로 이어졌다. 『주역』은 갑골복과 달리 세계의 운행을 관찰하여 파악한 자연의 규칙으로 미래를 예측하는 점술이었다. 『주역』을 만든 이들이 파악한 세계의 운행 원리가 바로 맞얽힘이다. 주역점은 맞얽힘을 이용하여 미래를 예측하고자 하는 점술로, 갑골복이 상징을 이용한 점술이라면 주역점은 숫자를 이용한 숫자점이다. 『주역』의 기호인 ━(양)과 ━ ━(음)은 맞얽힘을 상징하는 기호이고, 음양(陰陽)이라는 단어는 맞얽힘의 상징 언어다. ━(양)은 한 획으로 '하나'를 뜻하고, ━ ━(음)은 두 획으로 '둘'을 뜻한다. 즉 맞선 둘(━ ━)이 하나(━)라는 사실을 직관적으로 알 수 있게 해주는 기호다. 음(陰)과 양(陽)의 원래 뜻은 각각 어둠과 밝음이라는 뜻이다. 어둠과 밝음은 그 뜻이 정반대다. 하지만 어둠은 밝음이 있어야 존재할 수 있고, 밝음 또한 어둠이 있어야 존재할 수 있다. 밝음과 어둠은 서로 맞서면서도 서로를 낳고 서로 전화轉化(뒤바뀜)한다. 이처럼 『주역』은 맞얽힘을 상징하는 기호 체계다. 『주역』의 점치는 방법과 괘효사에도 맞얽힘 원리가 구현되어 있다. 맞얽힌 두 인소의 상호 전화轉化에 의해 세계가 운행되고 있으므로, 그 원리로 미래를 예측할 수 있다고 고대 중국인들은 생각하였다. 그래서 그 원리로 점법도 만들고 그로부터 『주역』이라는 책이 만들어졌다. 『주역』의 맞얽힘 원리는 춘추전국시대 제자백가에 의하여 동양의 여러 고전에 담겨 전해진다.

동양 고전을 많이 접하지 않은 독자나 점술에 관심이 없는 독자는 갑골복과 주역에 관한 내용이 눈에 잘 들어오지 않는다고 해서, 이 책에서는 〈주역편〉으로 묶어서 별첨하였다. 그러나 고대 중국인들의 점술로부터 맞얽힘의 원리가 만들어졌다는 사실은 기억하고 책을 읽기 바란다(다만 책 읽기의 편리함을 위하여 책의 편집 순서를 변경하였다). 본문을 읽다가 주역을 인용한 부분에서 이해가 되지 않는 부분이 있다면, 별첨 〈주역편〉을 읽으면 도움이 되겠다.

이 책의 1장부터 6장까지는 『주역』에서 발원한 맞얽힘의 사상이 어떻게 『노자』, 『논어』, 『손자』, 『장자』, 『중용』, 『대학』으로 이어졌는지 각 고전을 맞얽힘으로 재해석하여 설명한다. 7장에서는 제자백가가 파악한 맞얽힘 법칙들을 총정리하여 자세하게 설명하였다. 이러한 법칙들에 의해 세계가 운행되고 있음을 이해할 수 있다. 마지막 결론에서는 세계가 맞얽힘에 의해 생성·운행되고 있으므로 우리의 세계관을 맞얽힘으로 바꾸어야 한다는 점을 설명한다. 세계관을 바꿔야만 현재 한국 사회가 직면한 여러 문제 - 기후 위기, 빈부격차, 남녀·지역·세대·보수와 진보의 대립과 갈등 - 를 해결할수 있음을 설명한다.

이 책에서 나는 지금으로부터 삼천 년에서 이천 년 사이에 고대중국의 사상가들이 이 세계의 생성 원리가 맞얽힘임을 밝혀냈으며그로부터 인간이 어떻게 살아야 하는지를 말했다고 밝혔다. 그러나그 이후 맞얽힘의 사상은 전해지지 않았다. 그 이유는 맞얽힘이 우리의 직관이나 상식과 맞지 않아서이기도 하지만 상징의 사용, 한자의 변화 등 여러 가지 요인이 겹쳐서 발생한 것으로 보인다. 고대 중국에서 맞얽힘을 설명할 때 주로 상징을 이용했는데, 상징을 이용한표현 방식을 상사유象思惟라고 한다. 다음의 한시를 보자.

콩대로 불을 때 콩 삶으니   자두연두기煮豆燃豆萁
콩이 솥 안에서 우는구나   두재부중읍豆在釜中泣
본래 같은 뿌리에서 나왔거늘   본시동근생本是同根生
어찌 이렇게도 급히 볶아대는가   상전하태급相煎何太急

이 시는 조조의 다섯째 아들 조식이 지은 '일곱 걸음 만에 지은시(칠보시七步詩)'이다. 조조의 셋째 아들 조비와 다섯째 아들 조식은 아버지의 후계를 놓고 다투었다. 조조가 죽자 조비가 아버지의 뒤를 이어 위나라 왕이 되었다. 왕이 된 조비는 조식을 죽이기 위해 감옥에 가두었고, 한 가지 문제를 냈다. 일곱 걸음 걸을 동안 시를 지으면 풀어주고, 그렇지 않으면 죽이겠다는 문제였다. 조식이 살려면 일곱 걸음 안에 시를 짓되 그냥 시여서는 안 되고 자신의 목숨을 살리는 시여야만 했다. 잠깐의 고민 끝에 조식은 일곱 걸음 만에 시를 지어 감옥에서 풀려난다. 시에 나오는 콩은 조식을 상징하고, 콩대는 조비를 상징한다. 콩과 콩대가 같은 뿌리에서 나온 것처럼, 형과 자신도 같은 부모에게서 나온 형제라는 사실을 상징으로 표현하였다. 조비를 감동하게 한 조식은 자신의 목숨을 구한다.

한시는 상사유가 무엇인지를 보여주는 대표적인 문화이다. 서구권의 언어보다 동아시아의 언어에서 상징의 사용은 두드러지는데, 그것은 상사유의 영향을 받았기 때문이다.

우리말에 상사유가 무언지 잘 보여주는 단어가 있는데, '거시기'가 그것이다. 전라도에서 주로 쓰이는 거시기는 전가의 보도처럼 쓰이는 상징 언어이다. 행위를 지칭하고, 사물을 지칭하고, 사람을 지칭하기도 한다. 거시기가 무엇을 지칭하는지는 같은 상황 안에 있는 거시기의 발화자와 수화자만 안다. 거시기처럼 사물이나 사건을 직접 지칭하지 않고 상징으로 드러내는 사유체계가 상사유이다.

상사유는 복잡한 현상이나 원리를 설명할 때는 효과적이지만, 한 가지 심각한 문제점이 있다. 비유하려는 원대상과 상징을 혼동할 가능성이 높다. 이 혼동은 실제로 일어났다. 그것도 너무 자주.

대표적인 예가 음양이다. 음양을 처음에 사용한 이들은 음양을 맞얽힘의 상징 언어로 사용하였다. 애초에는 맞얽힘이라는 원리를 음양으로 설명하고자 했는데, 훗날 사람들이 음양을 원리라고 생각했다. 음양이 상징하는 맞얽힘의 원리는 모든 사물에 구현되어 있지만, 맞얽힘은 각 사물의 특성에 따라 다르게 나타난다. 그런데도 음양을 실재한다고 착각하여 모든 현상을 음기와 양기가 조화를 이루지 못하여 일어나는 일로 해석하였다. 이로 인해 동양 사상은 원리를 찾아 놓고도 엉뚱한 길로 접어들었다.

　　현재의 인류가 기후변화와 코로나19 등으로 거대한 변화와 혼란의 시기를 살고 있다면, 춘추전국시대를 살았던 제자백가도 미증유의 시기를 경험하였다. 청동기에서 철기로의 이행이 불러온 사회경제구조의 변화, 종주국 주나라의 구심력 붕괴와 춘추오패, 전국칠웅의 등장, 가부장제와 봉건제 등 전통 사회 질서의 붕괴, 전쟁과 그에 따른 대규모 살상은 큰 충격을 안겨주었다. 특히 전쟁은 고대 중국에서 인간의 생존을 위협하는 가장 큰 문제였다. 춘추시대(기원전 770년~기원전 403년)에는 전쟁에 참여하는 병사의 수가 대부분 10만 명 이하였지만, 전국시대(기원전 403년~기원전 221년)에는 60만 명 이상이 동원되는 대규모 전쟁으로 발전하였다. 춘추시대에는 하루나 이틀에 전쟁의 승부가 결정되었지만, 전국시대에는 보통 3년 이상 장기 전쟁이 대부분이었다. 전국시대의 유명한 장수 진秦나라 백기는 기원전 283년 이궐의 전투에서 24만 명의 목숨을 베었고, 기원전

279년 언의 전투에서는 수십만 명을 익사케 하였다. 기원전 273년 화양 전투에서는 15만 명의 목을 베었고, 기원전 260년 유명한 장평 전투에서는 45만 명을 땅에 묻어 죽였다. 백기가 죽인 사람만 적어도 100만 명 이상이었으니, 춘추전국시대에 벌어진 전쟁으로 인한 참상과 사회적 불안의 강도가 어느 정도인지 짐작할 수 있다.

이러한 전쟁의 참혹함을 노자는 "군대가 주둔한 곳은 가시덤불만 자라고 전쟁이 휩쓸고 간 뒤에는 흉년이 덮쳐 온다"라고 묘사하였고, 맹자는 "토지를 빼앗기 위한 전쟁에서는 사람을 죽여 들판을 가득 채우고, 성을 빼앗기 위한 전쟁에서는 사람을 죽여 성을 가득 메우고 있다. 이러한 행위는 토지에 인육을 먹이는 짓으로 죽어도 용서받지 못할 것"이라고 비난하였다. 지금 우리가 읽고 있는 제자백가의 사상은 이토록 극심한 난亂의 시대를 종식하고 치治의 시대를 열기 위해 지식인들이 고군분투한 결과였다.

우리가 살아가는 현대도 위기와 혼란의 시대이다. 불과 팔십여 년 전 세계대전이라고 불리는 전쟁들이 연달아 발생하여 수백만 명이 죽고 수천만 명이 다쳤으며, 지금도 세계 곳곳에서 소규모 전쟁은 끊이지 않는다. 양자역학은 핵무기와 핵의 이용을 가능케 하여 인류의 생존을 위협하는 체제를 만들었으며, 과학 기술 문명은 기후변화를 초래하여 인류 전체의 생존을 위협한다.

코로나 팬데믹이 등장한 이후 지식인들은 기존 삶의 방식이 더 유효하지 않다며 새로운 삶의 방식을 이야기한다. 다들 새로운 방식이 필요하다고 말하지만, 누구도 무엇이 새로운 삶의 방식인지 제시하지 못한다. 코로나 팬데믹이 과거 스페인 독감이 그러했던 것처럼 조만간 사라질 위기라면, 기후변화 위기는 지속적이고 코로나19에 비할 바 없이 근원적이라는 면에서 인류 전체의 생존에 심각한 위협이다. 우리가 삶의 방식을 바꾸어야 한다면 코로나19보다는 기후 위기 때문이다. 많은 지식인이 위기를 극복하기 위해서 새로운 삶의 방식이 필요하다고 말하는데, 그 방식은 저절로 주어지는 것이 아니라 새로운 세계관으로부터 나올 수밖에 없다.

세계관은 내가 살아가는 세계를 바라보는 관점으로, 나의 인식 체계와 가치 체계를 바탕으로 한다. 그러므로 세계관을 바꾼다는 것은 인식과 가치 체계를 바꾸는 일이다. 우리 모두의 세계관에 혁명적 변화가 일어날 때만이 새로운 사회와 삶의 방식에 대한 탐구와 변화가 모색될 수 있다.

나는 고전을 들여다보고 그것들을 다시 새롭게 해석하여 잊힌 새로운 세계관을 찾아냈다. 이제 그것이 어떻게 탄생하였는지 살펴보며 우리가 고전으로부터 어떤 미래를 만들지 담론을 시작해야 할 시간이다.

1장

노자, 맞얽힘
법칙을 말하다

'있음과 없음이 서로를 낳고'의 원문은 '유무상생有無相生'이다. 우리는 상생相生이라는 단어를 서로 같이 살자는 뜻으로 사용하는데, 이 해석은 틀렸다. 상생相生은 같이 살자는 뜻이 아니라 '서로를 낳는다'는 의미다. 서로를 낳는다는 맞선 두 인소가 서로의 존재근거이고, 나의 적이 나의 존재근거라는 뜻이다. 나의 경쟁자가 나의 존재근거이고, 나와 극렬하게 대립하는 자가 나의 존재근거이다. 나의 존재근거를 없애면 나도 사라진다. 나의 경쟁자를 없애면 나도 사라진다. 그러므로 내가 존재하려면, 내가 살려면 나와 맞서는 자가, 나와 대립하는 자가 있어야 한다. 남이 있어야 내가 산다. 따라서 맞선 두 존재는 조화할 수밖에 없다. 조화를 이루어야 서로 살 수 있다.

I. 노자 사상의 뿌리는 주역이다

『노자』의 지은이는 노자老子이다. 그에 관한 최초의 기록은 사마천이 지은 『사기』「노장신한열전」에 나오는데, 이 열전을 읽을수록 노자의 정체는 더욱 애매모호해진다.

노자老子는 초나라 고현 여향 곡인리 사람으로, 성은 이씨李氏, 이름은 이耳, 자는 담聃이다. …… 노자는 도와 덕을 닦았는데, 그의 학설은 자신을 숨기고 이름을 드러내지 않는 데에 힘쓰는 것이었다. …… 그가 어디서 어떻게 생을 마쳤는지는 아무도 모른다. 혹자는 그가 노래자老萊子라고도 하는데 역시 초나라 사람이다. …… 아마 노자는 160여 세를 산 것 같다. 200여 세를 살았다고 하는 사람도 있다. …… 공자가 죽은 지 129년 되던 해 사서史書의 기록에 의하면, '주나라 태사 담儋이 진헌공을 알현했다'라고 했다. …… 어떤 사람은 담儋이 바로 노자라고 하고, 어떤 사람은 그렇지 않다고 한다. 사실 여부는 세상에 아는 이가 없다. 노자는 숨은 군자였다. - 『사기』「노장신한열전」

현재 『사기』에서 전하는 노자에 관한 토막글로 노자의 삶과 『노자』라는 책의 성격을 파악하는 것은 불가능하다. 그보다는 『노자』 판본을 이해하는 것이 이 책의 성격을 파악하는 데 더 도움이 된다. 현재 읽히고 있는 『노자』 판본은 대략 네 가지가 있다. 연대순으로 보았을 때 가장 오래된 노자 판본은 곽점본으로, 1993년 10월 후베이성 징먼시 곽점촌에서 발굴된 전국시대 무덤에서 출토되었다. 무덤에서 죽간竹簡(대나무에 쓴 글)이 대량으로 출토되었고, 죽간 중에서 『노자』의 고본이 발견되었다. 무덤의 조성 연대는 기원전 300년경으로, 무덤에 묻힌 이는 초나라 태자를 가르치던 선생으로 추정된다. 이 곽점본의 서사 연대는 기원전 360년경까지 올라갈 수도 있다. 곽점본의 글자 수는 현재 가장 널리 읽히고 있는 왕필본에 비해 1/3 정도에 불과하고, 또 장의 순서는 크게 차이가 난다.

그다음으로 오래된 『노자』 판본은 백서본이다. 1973년 중국 후난성 마왕뚜이에서 한나라 대의 무덤을 발굴했는데, 그곳에서 백서帛書(비단에 쓴 책) 『노자』 2종이 나왔다. 마왕뚜이의 조성 연대는 기원전 168년으로, 백서본도 그즈음 기록되었다.

나머지 두 판본은 이천여 년 동안 사람들이 읽은 하상공본과 왕필본이다. 하상공본은 동한 시대 하상공이라는 사람이 『노자』의 장구를 나누고 주석을 단 책이다. 왕필본은 위나라 사람 왕필

(226~249)이 주석을 단 책이다. 왕필 주석의 특징은 현학 사상이라 일컬어지는데, 현학은 오묘하다는 점에 특징이 있다.

무덤에서 출토된 『노자』 판본들은 노자 사상 연구에 큰 변화를 가져다주었다. 왕필본에 있던 오류를 백서본과 곽점본을 근거로 수정할 수 있었다. 예를 들어 우리가 흔히 쓰는 사자성어인 대기만성大器晩成은 『노자』 41장에 나온다. 그런데 백서본에는 대기만성大器晩成이 대기면성大器免成으로 되어 있다. 대기면성은 큰 그릇은 이루어짐이 없다는 뜻이다. 이 문장은 백서본에 따라 대기면성으로 고쳐야 맞다. 대기면성의 앞뒤 문장이 큰 사각형은 모서리가 없고, 큰 소리는 소리가 없고, 큰 형상은 모습이 없다는 말이기 때문이다. 다른 문장에서는 모두 '~가 없다'로 되어 있는데, 큰 그릇만 뒤늦게 이루어진다는 것은 맥락에 맞지 않는다.

여러 판본에 비추어 보았을 때 『노자』는 한 명이 쓴 것이 아니라 적어도 수백 년을 거쳐 내려오면서 여러 명이 공동으로 지은 책으로 보아야 한다. 그리고 그들은 모두 『주역』에서 영향을 받은 것으로 보인다.

예를 들어 『노자』 2장에 나오는 "천하 사람들이 모두 길한 것이 길하다고 알고 있는데, 그것은 흉이다. 모두 선한 것이 선하다고 알고 있는데, 그것은 선하지 않은 것이다"라는 문장은 『주역』 괘효사의 사상思想을 명제화했다. (주역에 관한 더 깊은 이해를 위해서는 별첨 〈주역편〉을 참고하길 바란다.)

서합괘 육이. 고기를 먹다가 코가 잘렸다. 재앙이 없다.

리離괘 육오. 눈물을 줄줄 흘리며 슬퍼하고 탄식한다. 길하다.

리履괘 육삼. 장님이 볼 수 있고, 절름발이가 걸을 수 있다. 호랑이 꼬리를 밟아 호랑이가 사람을 물으니 흉하다.

둔遯괘 구삼. 도망가는 사람을 묶어두니 병이 있어 위태롭다. 노예를 기르면 길하다.

대장괘 초구. 발을 다쳤으니 정벌하면 흉하다. 양을 사로잡았다.

지금이야 생활이 풍족해서 고기를 원할 때 먹을 수 있지만 삼천 년 전에는 고기 먹는 일이 흔하지 않았다. 그러므로 고기를 먹는 일은 길한 일이다. 그런데 맛있게 고기를 먹다가 코가 잘렸다. 코가 잘렸으니 이보다 흉한 일은 없다. 그런데 다시 재앙이 없다고 끝난다. 재앙이 없으니 길하다고 본다. 이 효사에서는 한 문장 안에서 길 → 흉 → 길로 바뀐다.

리離괘 육오 효사에서는 눈물을 줄줄 흘리며 슬퍼하고 탄식한다. 대성통곡할 정도로 아주 흉한 일이 있었다. 그런데 마지막은 길하다고 끝난다. 흉이 길로 변한다.

리履괘 육삼 효사에서는 장님이 볼 수 있고, 절름발이가 걸을 수 있게 되었다. 이보다 경사스러운 일은 없다. 다시 볼 수 있고 다시 뛸 수 있게 되어 신나게 움직이다가 그만 호랑이 꼬리를 밟았다. 노한 호랑이가 물어서 크게 다쳤다. 이보다 흉한 일은 없다.

이처럼 『주역』 괘효사는 길이 흉으로, 흉이 길로 바뀌는 사건을 보여준다. 『노자』 2장의 첫 문장 "천하 사람들이 모두 길한 것이 길하다고 알고 있는데, 그것은 흉이다"라는 말은 이러한 『주역』의 사상을 명제로 만들어 표현한 것이다.

『노자』 37장의 "도는 늘 함도 없고 하지 않음도 없다"라는 말도 『주역』의 문장구조와 닮았다. 이 문장의 원문은 '도상道常 무위이무불위無爲而無不爲'이다. 여기서 무불위無不爲는 하지 않음이 없다는 뜻으로, 『주역』에 나오는 '무불리無不利'와 '무불無不~'의 구조가 같다. 무불리는 이롭지 않음이 없다는 뜻으로, 괘효사에 13번 등장하는 『주역』의 점단사 중 하나이다. 재미있는 점은 공자도 비슷한 문장을 말하였다는 것이다. 공자는 "옳음도 없고 옳지 않음도 없다"라고 했는데, 원문은 '무가무불가無可無不可'이다. 여기서 무불가無不可는 옳지 않음이 없다는 뜻으로, 『노자』의 무불위無不爲, 『주역』의 무불리無不利와 문장 구조가 같다.

결정적으로 『노자』 42장의 "도는 하나를 낳고, 하나는 둘을 낳고, 둘은 셋을 낳고, 셋은 만물을 낳는다. 만물은 음陰을 짊어지고 양陽은 감싸 안으며, 텅 빈 기氣로써 화합을 이룬다"라는 문장을 통해 노자 사상의 뿌리가 『주역』임을 알 수 있다. 나는 이 문장을 읽을 때마다 왜 꼭 삼☰이 만물을 낳는지 궁금함을 품었다.

이 문장에 관한 지금까지의 해석은 세계적인 노장 철학자 진고응의 해석이 잘 보여준다.

도는 독립되어 짝이 없는 것으로, 혼돈되어 나누어지지 않는 통일체가 하늘과 땅을 낳고, 하늘과 땅이 음양의 기운을 낳으며, 음양의 두 기운이 서로 주고받아 여러 가지 새로운 생물체가 형성된다. 만물은 음을 등지고 양을 향하니, 음양의 두 기운이 서로 격렬히 요동쳐 새로운 화합물을 이룬다. - 『진고응이 풀이한 노자』

진고응의 해석에는 삼☰에 관한 설명이 없다. 이에 대해 진고응은 일, 이, 삼은 단지 숫자이며 도가 만물을 낳는 것을 나타낼 뿐이라고 말한다. 진고응의 해석대로 하자면, 삼은 빠져도 되므로 삼생만물三生萬物(셋이 만물을 낳는다)이 아니라 이생만물二生萬物(둘이 만물을 낳는다)로 해야 한다. 그런데 노자는 이생만물도 아니고, 사생만물四生萬物(넷이 만물을 낳는다)도 아닌 삼생만물이라고 말했다. 그렇다면 노자가 셋에 특별한 의미를 부여했다고 봐야 한다.

나는 노자가 말한 삼☰이 『주역』의 삼획괘를 의미한다고 본다. 삼획괘란 팔괘이다. 팔괘는 모두 양효와 음효만으로 이루어진다. 양효와 음효는 노자가 말하는 둘이다. 그 둘은 하나에서 태어났다. 그리고 『노자』에 나오는 '하나'는 ONE이 아니다. 『설문해자』에서는 하나를 다음과 같이 설명한다.

하나[일一]는 처음의 태극이다. 도는 하나로부터 성립하여 하늘과 땅을 나누어 만들고 만물의 변화를 이루었다.

노자가 말하는 하나는 숫자 하나가 아니라 태극이다. 태극이란 쉽게 말하자면 맞선 둘이 얽힌 하나를 뜻한다. 『주역』에도 태극이라는 용어가 등장한다.

> 역易에 태극太極이 있으니 이것이 두 짝을 낳고, 두 짝이 네 상象을 낳고, 네 가지 상이 8괘를 낳고, 8괘는 길흉을 정하고, 길흉이 대업을 낳는다. - 『주역』「계사전」

태극이 두 짝을 낳는다. 두 짝이란 노자가 말한 '이 둘'이다. 이 둘이 하나로 얽혀 있어 하나라고 했다. 노자는 도가 하나를 낳는다고 말했지만, 노자에게 있어 도는 곧 하나이며, 하나는 곧 둘이 얽힌 하나로 맞얽힘이다.

『주역』에서는 음과 양이 맞얽혀 세 번 겹쳐져서 하나의 사건이 이루어진다고 보았다. 그리고 8괘를 겹쳐서 만든 64괘가 세계의 모든 만물을 상징한다. 이 과정을 노자는 "도는 하나를 낳고, 하나는 둘을 낳고, 둘은 셋을 낳고, 셋은 만물을 낳는다"라고 하였다. 『노자』 42장은 노자 사상의 뿌리가 『주역』이라는 점을 분명하게 보여주는 문장이다.

그리고, 노자는 『주역』의 핵심 사유인 상사유象思惟를 물려받았다. 앞서 갑골복과 『주역』에 등장하는 상사유에 관해 설명하였다. 상象은 상징으로, 상사유는 사물을 상징에 빗대어 설명하는 사유방식이다. 상사유는 사물을 직접 가리키지 않고 상징을 들어 설명한다. 그래서 복잡한 원리나 사물을 설명할 때는 효율적이지만, 상징과 그 상징이 가리키는 원대상을 혼동하기 쉽다. 이러한 혼란은 같은 원대상을 비유하는 상징이 여러 개일 때 더 복잡해진다.

예를 들어 점을 좋아하는 사람들은 사주를 많이 보는데, 사주를 본 사람들은 자기 사주에 물이 많다거나 나무만 있다고 하더라는 등의 말을 한다. 여기서 물은 차가움을 상징하는 것으로, 사주에 물이 많다는 것은 차가움이 많다는 뜻이다. 그런데 물이 차가움을 상징한다는 이치를 모르는 점쟁이들은 곧이곧대로 물이 많다고 설명한다.

이와 비슷한 일이 고전 해석에서 벌어졌다. 『주역』의 원리인 맞얽힘을 사람들이 이해하기 쉽게 설명하기 위해 '음양', '강유剛柔'라는 단어를 사용하였다. 강剛과 유柔를 지금까지 학자들은 강剛은 굳셈, 단단함으로 유柔는 부드러움으로 이해하였는데, 이는 잘못 해석한 것이다. 『설문해자』에서는 유柔를 나무의 굽음과 곧음이다(목곡직야木曲直也)라고 설명한다. 즉 나무의 구부러지기도 하고 곧기도 한 성질을 동시에 가리켜 유柔라고 한 것이지 부드러움을 뜻하지 않는다. 강剛은 굳세서 부러짐이(강단야彊斷也)라고 설명한다. 즉 유柔가 구부러지기도 하고 곧기도 한 것인데 반하여, 강剛은 오로지 단단하기만 해서 부러지고 끊어짐을 의미한다.

처음에 음양, 강유剛柔를 만들어 사용한 사람들은 그것이 맞얽힘을 의미한다는 점을 알았다. 그런데 수백 년이 흘러 상징만 남고 뜻이 전해지지 않게 되자, 맞얽힘은 사라지고 음양, 강유만 남았다. 그러자 사람들은 음양이 실재라고 생각하게 되었다. 실제로 주희는

"음양은 기氣이다"라고 하였다. 음양을 그것이 상징하는 원리인 맞얽힘과 혼동하면서 동양 사상은 엉뚱한 길로 들어섰다.

사물과 상징을 분간하지 못해서 해석이 엉뚱하게 발전한 경우는 너무도 많다. 특히 상사유의 대가인 노자와 장자의 경우에는 이러한 점이 노자와 장자 사상의 원래 뜻에 다가서는 데 큰 장애로 작용한다. 『주역』의 사유 방식인 상사유를 가장 잘 계승한 이들이 노자와 장자이다. 『노자』와 『장자』를 읽을 때는 무엇이 상징이고 무엇이 사물인지 잘 분간해야 한다. 지금까지 사람들이 『노자』에 대해 오묘하고 신비한 문장, 매우 난해한 사상이라고 한 이유도 상징과 그 상징이 비유하는 원리를 분간하지 못했기 때문이다.

2. 만물은 맞얽힘성을 지닌다

먼저 『노자』 1장을 읽어 보자.

1. 도道라 할 수 있는 도는 항상 도가 아니다.

   이름이라 할 수 있는 이름은 항상 이름이 아니다.

2. 천지天地의 처음을 없음이라 이름 짓고,

   만물의 어미를 있음이라 이름 짓는다.

   그러므로 항상 없음으로써 그 작은 모양을 만들고자 하며,

항상 있음으로써 그 순환하는 모양을 만들고자 한다.

3. 이 둘은 같은 것이나 나와서 이름이 달라졌다.

그 같음을 일컬어 가믈타고 한다.

가믈고 또 가믈하니, 모든 신묘함이 나오는 문이다.

- 『노자』 1장

1장을 세 문장으로 나누어 설명하겠다. 먼저 첫 번째 문장을 보자. "도道라 할 수 있는 도는 항상 도가 아니다. 이름이라 할 수 있는 이름은 항상 이름이 아니다"라는 말을 분해하면 아래와 같다.

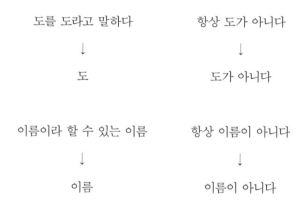

'도라 할 수 있는 도'는 '도'를 뜻한다. 우리는 일반적으로 오리를 '오리'라 말하고 책을 '책'이라 말한다. 마찬가지로 도를 가리켜 '도'라고 말하면 그것은 '도'이다. "항상 도가 아니다"라는 문장은 "도가 아니다"라는 뜻이다. 따라서 "도라 할 수 있는 도는 항상 도가 아니다"

라는 말을 간단히 하면 "도는 도가 아니다"라는 뜻이 된다.

여기서 '도'는 상징이다. 다른 단어로 바꿀 수 있다. "도道라 할 수 있는 도는 항상 도가 아니다"라는 원문은 '도가도道可道 비상도非常道'인데, 아래와 같이 바꿀 수 있다.

1. 길가길吉可吉 비상길非常吉

2. 흉가흉凶可凶 비상흉非常凶

3. 음가음陰可陰 비상음非常陰

4. 양가양陽可陽 비상양非常陽

5. 명가명名可名 비상명非常名

1번 문장은 길吉이라 할 수 있는 길은 항상 길이 아니라는 뜻이다. 대부분의 사람이 꿈꾸는 로또 1등을 예로 들어 보자. 로또 1등에 당첨된 사람들 모두 길할까? 그렇지 않다. 로또 당첨금을 둘러싼 가족 간 다툼으로 살인까지 저지르게 된 경우도 있고, 재산 탕진에 이르러 로또가 오히려 재앙이 된 경우도 적지 않다. 길이 항상 길은 아니다. 길이 길이 아닌 것처럼 길과 맞얽힌 흉도 흉이 아니다. 2번 문장은 흉이라 할 수 있는 흉은 항상 흉이 아니라는 뜻이다.

3번 문장에서 음陰은 '어둠'이다. 3번 문장은 어둠이라 할 수 있는 어둠은 항상 어둠이 아니라는 뜻이다. 4번에서 양陽은 '밝음'이다. 4번은 밝음이라 할 수 있는 밝음은 항상 밝음이 아니라는 뜻이다. 아무리 캄캄한 밤도 시간이 지나면 새벽이 오고 동이 트기 마련이다. 또 붉은 태양도 시간이 지나면 아름다운 노을을 남기고 서쪽 하늘 아래로 사라지고 밤이 오기 마련이다. 5번 문장은 노자 1장의 첫 번째 문장에 나오는 이름이라 할 수 있는 이름은 항상 이름이 아니라는 뜻이다.

이처럼 '도'는 상징이므로 다른 물物로 얼마든지 대체가 가능하다. 그러므로 1장의 첫 번째 단락은 '도'나 '이름'이 아니라 'A라 할 수 있는 A는 항상 A가 아니다' 뜻이 핵심이다. 'A는 A가 아니다' 이것이 노자가 말하고자 하는 요지이다. A를 A가 아니라고 하는 것은 A를 부정하는 것이다. A와 A가 아니라는 말은 서로 정반대의 의미를 지니고 있거나 서로 맞서는 사물이다. 그런데 이 둘이 같은 것이다. 그것을 A는 A가 아니라고 표현하였다.

'도가도道可道 비상도非常道'에서 비상非常은 시간의 흐름, 변화를 의미한다. 상常은 늘 그러함, 항상, 영원함이라는 뜻이다. 그 앞에 부정사인 비非를 붙여서 영원하지 않다는 뜻을 만들었다. 영원하지 않다는 것은 변화한다는 의미이다. 우리는 흔히 '인생무상'이라는 표현을 쓰는데, 무상은 비상과 같은 뜻이다. 인생무상은 사람의 삶이 계속 변하여 인생이 덧없다는 의미로 사용한다.

'도가도道可道 비상도非常道'는 도가 시간이 흘러 변화해서 도가 아니게 된다는 의미이다. 로또 1등에 당첨되었을 때는 날아갈 듯이 기뻤는데, 시간이 흘러 변화해서 그것이 길한 것이 아니게 되었다. 중천에 떠서 세상을 환히 밝히던 해가 시간이 흘러 서녁으로 지고 밤이 찾아왔다. 이처럼 비상非常은 지금은 드러나지 않지만, 시간이 흘러 만물이 변화하면 그 반면이 드러남을 의미한다. 그것을 나는 '맞얽힘의 통시태'라고 부른다.

맞얽힘은 통시태通時態와 동시태同時態로 나눈다. 동시태는 동시에 나타나는 맞얽힘의 상태이다. 동시에 나타나는 맞얽힘의 사례는 대칭 구조가 있다. 나비, 인간의 얼굴, 인간의 몸, 꿈틀거리는 애벌레 등은 그 구조가 대칭을 이룬다. 대칭 구조 안에 또 다른 대칭 구조가 있다. 예를 들어, 인간의 뇌와 몸은 대칭으로 연결되었다. 뇌의 좌반구는 몸의 오른쪽과 연결되고, 뇌의 우반구는 몸의 왼쪽과 연결된다.

통시태는 시간이 흐르면서 나타나는 맞얽힘의 상태이다. 시간이 지나야 나타나는 맞얽힘은 길과 흉, 낮과 밤, 삶과 죽음 등이 있다. 내가 살아 있을 때는 살아 있는 것이다. 이십 대의 나는 내가 늙을 것이라고 상상도 못 했다. 그런데 늙을 뿐 아니라 시간이 지나면 나는 언젠가 죽는다. 통시태로 맞얽힌 두 인소 중 하나가 겉으로 드러나면 하나는 겉으로 드러나지 않다가, 시간이 지나야 드러난다. 이것을 다른 말로는 겹쳐 있다고 표현한다. 겹쳐 있어서 맞얽힌 하나만 보이고 다른 하나가 보이지 않는다.

『주역』의 괘는 이 맞얽힘의 겹쳐 있음을 표현하고 있다. 예를 들어, 기제䷾괘는 양과 음이 번갈아가며 이루진 괘이다.

기제괘의 효이름은 초구, 육이, 구삼, 육사, 구오, 상육이다. 초初는 처음, 시작이라는 뜻이고, 상上은 꼭대기라는 뜻이다. 초는 시간을, 상은 공간을 상징한다. 효이름은 시간이 변화하면서 공간이 변화합을 보여준다. 기제괘는 시간이 지나면서 양이 음이 되고 음이 양으로 변한다. 서로 바뀌는 음과 양은 같은 공간에 나타나지 않고 다른 공간에 나타난다. 시간이 변하면서 공간이 변하는 현상을 괘에서는 효를 위로 쌓아서 보여준다. 괘는 맞얽힌 두 인소가 시간이 지나면서 다른 인소를 부정하며 다른 공간에 나타나는 현상을 그림으로 표현한다.

맞얽힘이 통시태로 나타나는 것은 시간과 공간 때문이다. 즉 통시태와 동시태의 차이는 시공의 차이이다. 시공으로 인해 맞얽힘이 다르게 나타나는 것을 노자는 비상非常과 상常으로 표현했다. 상常은 영원함을 의미하고, 영원함은 변하지 않는다. 비상은 영원하지 않음, 변화를 의미한다. 비상은 상을 부정하는 글자로, 그 자체로 상과 비상이 맞얽혀 있음을 보여준다.

그런데 이 세계는 늘 변한다. 변하지 않는 건 없다. 내가 움직이지 않는다고 해서 움직이지 않는 건 아니다. 지금 이 순간에도 지구는 초속 400m(북위 40도 기준)의 속도로 자전하고 있으며, 초속 약 30km의 속도로 태양을 돈다. 또 태양계는 초속 220km의 속도로 우리 은하 중심을 돌며, 우리 은하는 시속 약 91만 km의 속도로 공전한다. 이뿐만 아니다. 우리 은하와 안드로메다은하는 가까워지고 있으며, 그 외 다른 은하와 굉장히 빠른 속도로 멀어진다.

이번에는 우리의 몸을 들여다보자. 인간의 몸은 수십조 개의 세포로 구성되었다. 세포는 주기적으로 만들어지고 분열하고 죽는다. 허파세포는 2~3주마다, 간세포는 5개월에 한 번씩 만들어진다. 창

자세포들이 교환되는 데는 2~3일이 걸리고, 4개월에 한 번씩 '중고' 적혈구들은 새로운 적혈구들로 바뀐다. 피부세포는 시간당 3만~4만 개씩 죽어 매년 3.6kg이나 되는 세포가 몸에서 떨어져 나간다. 우리는 매일 조금씩 변한다. 우리 몸은 안부터 바깥까지 변하지 않는 것이 없다. 모든 것이 변하는 근본 원인은 만물이 시간과 공간 속에 있기 때문이다.

아인슈타인은 1905년에 특수상대성이론을, 1915년에 일반상대성이론을 발표했다. 아인슈타인은 상대성이론을 통해 시간과 공간이 하나의 연속체임을 증명하였고, 나아가 시간과 공간이 상대적으로 변화하고 있음을 증명하였다. 아인슈타인의 이론들은 나중에 각종 실험과 관측을 통해 사실로 확인되었다.

1971년도에 두 과학자가 모든 면에서 똑같고 아주 높은 정확도를 가진 세슘 원자시계 두 개를 준비해서 하나는 지상에 두고 다른 하나는 제트항공기 객석에 묶어두고 지구를 돌며 두 시계의 시간을 비교했다. 상대성이론에 따르면, 시간은 중력과 운동에 영향을 받으므로 항공기에 있는 시계는 지상에 있는 시계보다 더 느리게 가야 했다. 실험 결과는 비행기에 있던 시계가 지상의 시계보다 10억분의 59초가 느리게 간 것으로 확인되었다. 이로써 상대성이론은 사실로 검증되었다. 10억분의 59초면 인간의 감각 경험에서는 거의 없는 거나 마찬가지 아니냐고 생각할 수 있다. 그런데 움직이는 속도가 빠르면 시간이 더 느려진다.

예를 들어 인공위성이 그렇다. 요즘 우리 생활에서 내비게이션은 없어서는 안 될 물건이다. 내비게이션을 사용해서 약속 장소를 찾아간다. 이 내비게이션은 지구 궤도에서 지구를 돌고 있는 인공위성에서 보내주는 신호로 우리의 위치를 확인한다. 그것을 흔히 우리는 GPS라고 한다. 인공위성은 초속 3.8km의 속도로 움직이기 때문에 인공위성의 시간은 지상에 있는 우리에 비해 하루에 7마이크로초(마이크로초는 백만분의 1초) 느려진다. 우리에게 7마이크로초는 무시할 수 있을 정도의 시간이지만, 초속 약 3.8km의 속도로 움직이는 인공위성은 7마이크로초에 2.66cm를 움직인다. 이를 보정해 주지 않으면 얼마 지나지 않아 우리는 엉터리 내비게이션을 사용할 수밖에 없다.

상대성이론에 따르면 움직이는 물체의 길이는 짧아지고 시간은 느려진다. 빨리 움직이면 빨리 움직일수록 시간이 느려진다. 시간을 반으로 늦추려면 광속의 86.7%인 초속 약 26만 km의 속도로 움직이면 된다. 유럽입자물리연구소에 있는 대형 강입자충돌기에서는 양성자를 충돌시키는 실험을 하고 있다. 이 충돌기에서는 양성자를 빛의 속도인 초속 약 30만 km의 99.999999%까지 가속할 수 있다. 이때 양성자의 시간은 우리의 시간보다 약 7,000배 느리게 흐른다고 한다. 우리의 시간이 약 117분 흐르는 동안 양성자의 시간은 고작 1초 흐른다는 얘기이다. 양성자보다 우리의 시간이 엄청나게 빠르게 흐르고 있다.

우리의 시간이 이토록 빠르게 흐르는 것은 우리가 빛의 속도에 비해 엄청나게 느리게 움직이기 때문이다. 이처럼 공간 속에서 빨리 움직이면 시간이 느려지고, 공간 속에서 느리게 움직이면 시간이 빨라진다. 이것을 시간과 공간의 상대성이라 한다. 그런데 시간과 공간의 상대성은 시간과 공간이 맞얽혀 있어서 생겨난다. 즉 시간과 공간은 서로 다른 속성을 지니며 서로 얽혀 있다. 그래서 시간이 없으면 공간이 없고, 공간이 없으면 시간이 없다.

노자가 말한 비상非常과 상常은 시간과 공간의 변화와 불변을 의미한다. 우리는 시공의 변화와 시공의 불변이 맞얽힌 지점에서 산다. 우리는 그 지점을 현재라고 부른다. 우리는 현재를 흔히 오늘이나 며칠 아니면 지금 우리가 살아가는 이 시간을 말하는 것으로 생각한다. 한번 현재에 대해 생각해 보자. 현재란 무엇인가? 현재는 정확하게 말하자면 지금 이 순간이다. 그런데 이 순간은 지금도 계속해서 지나간다. 내가 "이 순간이다"라고 말하는 동시에 순간은 지나가서 과거가 된다. 그러므로 현재란 미래와 과거가 만나는 지점이다. 우리는 미래와 과거가 맞얽힌 시공의 지점을 산다. 과거는 이미 지나간 것이니 바꿀 수 없다. 그러므로 과거는 불변을 의미한다. 미래는 아직 오지 않은 것이니 바꿀 수 있다. 나의 선택이 미래를 만든다. 그러므로 미래는 변화를 의미한다. 현재는 불변(과거)과 변화(미래)가 맞얽힌 지점이다. 노자가 말한 비상非常은 미래를 의미하고 상常은 과거를 의미한다.

시간과 공간은 만물의 존재 틀이다. 시간과 공간의 맞얽힘으로 인해 변화와 불변의 맞얽힘이 생겨난다. 세계에 존재하는 모든 사물은 변화와 불변의 맞얽힘에서 벗어날 수 없다. 이로부터 만물의 맞얽힘성이 생겨난다. 맞얽힘은 세계의 원리이다. 이것이 노자 1장의 첫 번째 문장이 요지이다.

이제 노자 1장의 두 번째 문장을 읽어 보자.

2. 천지天地의 처음을 없음이라 이름 짓고,

만물萬物의 어미를 있음이라 이름 짓는다.

그러므로 항상 없음으로써 그 작은 모양을 만들고자 하며,

항상 있음으로써 그 순환하는 모양을 만들고자 한다.

이 문장을 이해하려면 『노자』 2장의 다음 문장을 먼저 이해해야 한다.

있음과 없음은 서로 낳고,

어려움과 쉬움은 서로 이루어주며,

긺과 짧음은 서로 겨루며,

높음과 낮음은 서로 기울며,

음音과 성聲은 서로 조화를 이루며,

앞과 뒤는 서로 따른다.

이 문장에서 있음과 없음, 어려움과 쉬움, 긺과 짧음, 높음과 낮음, 음音과 성聲, 앞과 뒤는 모두 맞얽힘의 상징이다. 이 문장은 맞얽힌 두 인소가 서로 낳고 서로 이루어준다고 말한다. 1장의 두 번째

문장에 등장하는 없음과 있음도 상징으로 봐야 한다. 없음과 있음이 상징이라면 두 번째 문장에 대한 해석은 아주 쉽다. 두 번째 문장은 만물이 맞얽힘으로 만들어졌음을 말한다.

어떤 사람들은 천지의 처음, 만물의 어미라는 표현 때문에 천지가 먼저이고 만물이 나중이라고 해석하는데, 백서본에는 천지 대신 만물이라고 적혔다. 즉 천지가 만물이고, 만물이 천지이다. 어미와 처음도 같은 뜻이다. 처음이 있고 그다음에 어미가 있다고 생각하기 쉬운데, 무엇에서 생겨나야 처음이 시작되는 것이니 어미와 처음은 같은 뜻이다.

다음 1장의 세 번째 문장을 읽어 보자.

3. 이 둘은 같은 것이나 나와서 이름이 달라졌다.
　그 같음을 일컬어 가믈타고 한다.
　가믈고 또 가믈하니, 모든 신묘함이 나오는 문이다.

첫 번째 문장 "이 둘은 같은 것이나 나와서 이름이 달라졌다"라는 원문은 '차양자동출이이명此兩者同而異名'이다. 이 문장은 아래에서처럼 두 가지 방식으로 끊어 읽을 수 있다.

차양자동此兩者同, 출이이명出而異名
이 둘은 같으나 나와서 이름이 달라졌다

차양자동출此兩者同出, 이이명而異名

이 둘은 동시에 나와서 이름이 달라졌다.

이 두 가지 해석은 모두 맞다. '차양자동출이이명此兩者同出而異名'은 두 가지 뜻을 모두 지닌 것으로 해석해야 한다. 맞선 두 인소는 하나로 얽혀 있기 때문에 동시에 출현해야 한다. 왼쪽이 없으면 오른쪽은 없고, 위가 없으면 아래가 없다. 우리가 왼쪽, 위를 말할 때 무언가를 기준으로 왼쪽과 위를 말한다. 그 기준이 되는 것이 오른쪽과 아래이다. 오른쪽이 없으면 왼쪽이 없고, 왼쪽이 없으면 오른쪽이 없다. 맞얽힌 두 인소 중 하나가 없으면 다른 하나도 없다. 그 둘이 존재하려면 동시에 출현해야 한다. 동시에 출현해서 왼쪽과 오른쪽, 위와 아래처럼 이름이 달라졌을 뿐이다.

맞선 두 인소는 하나로 얽혀 있어서 그 하나만을 본다면 둘은 같다. 노자는 그 같음을 하나로 표현하였다.

성인은 하나를 꺼안아 천하의 모범이 된다. - 『노자』 22장

옛날에 하나를 얻은 것이 있다. 하늘은 하나를 얻어 맑고, 땅은 하나를 얻어 편안하고, 신은 하나를 얻어 신령하고, 골짜기는 하나를 얻어 가득 차고, 만물은 하나를 얻어 낳고, 제후와 왕은 하나를 얻어 천하를 평안히 다스린다. 이는 하나로써 이룬 것이다. - 『노자』 39장

그리고 노자는 하나를 통나무에 비유하였다.

도탑도다. 그것이 통나무같이. -『노자』 15장

흰 바탕을 드러내고 통나무를 껴안고 -『노자』 19장

통나무로 되돌아간다. -『노자』 28장

장차 이름 없는 통나무로 그것을 억누를 것이다. -『노자』 37장

내가 욕망이 없으니 사람이 스스로 통나무가 된다. -『노자』 57장

『노자』 22장에서는 하나를 껴안는다고 했는데, 19장에서는 통나무를 껴안는다고 하였다. 그런데 왜 노자는 통나무에 비유한 것일까? 통나무 사진을 보자. 사진의 통나무는 분명 하나이다.

그런데 이 통나무는 좌우, 위아래, 앞뒤로 구분할 수 있다. 통나무에는 분명히 왼쪽과 오른쪽이 있다. 둥그런 통나무를 아무리 이리 굴리고 저리 굴려 봐도 왼쪽과 오른쪽은 없앨 수 없다. 왼쪽과 오른쪽은 둘이다. 또 통나무는 위아래로도 구분할 수 있다. 분명 하나의 통나무에는 위와 아래라는 두 가지 구분이 존재한다. 또 통나무는 앞과 뒤로도 구분할 수 있다. 왼쪽과 오른쪽, 위와 아래, 앞과 뒤는 맞얽힘의 관계이다. 통나무는 하나지만, 그 통나무에는 왼쪽과

상

좌 앞 우

하

통나무의 맞얽힘

오른쪽이라는 둘이 존재한다. 위와 아래라는 둘이 존재한다. 앞과 뒤라는 둘이 존재한다. 그래서 노자에게 하나는 말 그대로 하나가 아니라 둘이 얽힌 하나이다. 맞선 둘이 얽힌 하나. 그것이 노자가 말하는 하나의 본질이자 통나무가 상징하는 의미이다.

통나무의 왼쪽과 오른쪽을 서로 바꾸어도 된다. 위와 아래를 서로 바꾸어도 된다. 앞과 뒤를 서로 바꾸어도 된다. 통나무를 뒤집어서 위를 아래로 보내고 아래를 위로 보내면, 위는 아래가 되고 아래는 위가 된다. 즉, 위와 아래는 같다. 왼쪽과 오른쪽, 앞과 뒤도 마찬가지이다. 이것을 가리켜 노자는 같음이라 했다. 노자가 말하는 같음이란 맞선 둘의 같음이다.

하나로 얽힌 맞선 둘은 같다. 그 같음을 일컬어 노자는 가믈하다고 하였다. 가믈하다 원문은 '현玄'이다. 『설문해자』에서는 현玄을 "멀리 숨어 있음이다. 숨은 것 위에 ㅅ를 덮은 모양이다. 검으면서 붉은색을 띠는 것을 현玄이라 한다"라고 설명한다. 그러니까 현玄의 뜻은 두 가지이다. 하나는 검붉은 색이고, 하나는 멀리 숨어 있음이다. 현玄을 가믈하다고 번역한 이유는 멀리 숨어 있어 보이지 않는 것을 가믈가믈하다고 설명하는 것에서 취하였다. 노자는 맞선 둘이 하나로 얽혀서 만든 같음을 인식하기가 어렵기 때문에 가믈하다고 한 것이다.

생각해 보라. 길과 흉이 같다고 할 수 있는가? 밝음과 어둠이, 부귀와 가난이 같다고 할 수 있겠는가? 그래서 그 같음이 가믈한 것이다. 그런데 이 가믈한 맞얽힘에서 모든 것이 생성된다. 그것을 노자는 "가믈고 또 가믈하니, 모든 신묘함이 나오는 문"이라고 했다. 맞선 둘이 하나로 얽혀서 세계가 생성되고 운행되니 어찌 오묘하고 신묘하다 아니 할 수 있겠는가. 이 신묘하고 가믈한 맞얽힘을 인식하기가 얼마나 어려운지 노자는 다음과 같이 말했다.

> 훌륭한 사람은 도를 들으면 열심히 행하고, 그저 그런 사람은 도를 들으면 긴가민가하고, 형편없는 사람은 도를 들으면 크게 비웃는다. 그런데, 그들이 비웃지 않으면 도라 하기에는 부족하다. - 『노자』 41장

3. 맞얽힘으로 처세하라

『노자』 2장은 다음과 같다.

1. 천하 사람들이 모두 길한 것이 길하다고 알고 있는데, 그것은 흉이다. 모두 선한 것이 선하다고 알고 있는데, 그것은 선하지 않은 것이다.

2. 그러므로 있음과 없음은 서로 낳고,

    어려움과 쉬움은 서로 이루어주며,

    긺과 짧음은 서로 겨루며,

    높음과 낮음은 서로 기울며,

    끊어지는 소리인 음音과 이어지는 소리인 성聲은 조화를 이루며,

    앞과 뒤는 서로 따른다.

3. 그러므로 성인은 이룸이 없음에 머물고,

    사람들이 욕망할 만한 것을 말하지 않는 가르침을 행한다.

4. 만물은 생성하되 다루지 않으며,

    낳되 소유하지 않으며,

    이루되 뽐내지 않는다.

    공功이 이루어져도 머무르지 않는다.

    오로지 머무르지 않음으로써 떠나지 않게 된다.

2장은 네 문장으로 나누어서 설명하겠다. 『노자』를 읽어본 사람들은 첫 번째 문장의 번역이 다르다는 것을 알아챘을 것이다. 첫 번째 문장의 원문은 아래와 같다.

천하개지미지위미天下皆知美之爲美, 사악이斯惡已;

개지선지위선皆知善之爲善, 사불선이斯不善已.

첫 번째 구절의 미美와 악惡을 기존 번역과 다르게 하였다. 기존

번역은 아래와 같다.

> 하늘 아래 사람들이 모두 아름다움의 아름다움 됨을 알고 있다. 그런데 그것은 추함이다. - 김용옥, 『노자가 옳았다』

> 세상 사람들이 모두 아름답다고 하는 것을 아름다운 것으로 알면 이는 추하다. - 최진석, 『노자의 목소리로 듣는 도덕경』

> 천하 사람들 모두 아름다움을 아름다움으로 알지만, 그것은 곧 추함일 수 있다. - 이석명, 『백서 노자』

> 천하가 모두 아름다운 것이 아름다운 줄만 알면 이것은 추악한 것이다. - 김홍경, 『노자』

모두 미美를 아름다움으로, 악惡을 오로 읽고는 추함으로 번역한다. 나는 미美를 길吉로, 악惡은 악으로 읽고, 흉凶으로 번역한다. 『설문해자』에서는 악惡자를 '화야過也'로 설명한다. 화過를 찾아보면 '도야度也'로 설명한다. 도度를 찾아보면 '법제야法制也'로 설명한다. 오늘날 도度는 주로 법도의 뜻으로 쓰인다. 화過는 지나간다는 뜻으로 쓰일 때는 '과'로 읽고, 재앙의 뜻으로 쓰일 때는 '화'로 읽는다. 『설문해자』에서 과過를 도度라 한 것은 법도를 지나치다는 의미로 보인다. 법도를 지나치면 재앙이 된다. 따라서 악惡은 추함이 아니라 재앙이라는 뜻이다. 인간의 생활에서 재앙은 흉이다. 『설문해자』에서 흉을 찾아보면 '악야惡也'로 설명한다. 그래서 나는 악을 흉이라고 번역하였다.

『설문해자』는 기원후 100년경 편찬된 최초의 한자 사전이다. 춘추전국시대에 한자들이 어떠한 뜻으로 사용되었는지 설명한다. 춘추전국시대는 지금으로부터 이천여 년 전의 시대이다. 이천 년 세월이 흐르면서 그동안 한자의 의미가 많이 변화했다. 우리는 변화된 의미, 우리가 현재 사용하는 의미로 고전을 해석하고 있는데, 고전의 해석이 애초의 뜻과는 다르게 이루어졌다. 춘추전국시대와 가장 가까운 시대에 만들어진 한자 사전의 뜻 그대로 고전을 해석하는 방식이 고전의 진의를 파악하는 올바른 길이다.

미美를 『설문해자』에서는 감甘이다. 미와 선善은 같은 뜻이라고 설명한다. 감甘을 찾아보면 미야美也로 설명한다. 이래서는 되돌이표밖에 되지 않으니 미美와 같은 뜻이라고 한 선善을 찾아보자. 선은 길야吉也로 설명한다. 선善은 길吉이다. 미는 선과 같은 뜻이라고 했으므로 미도 길吉이다. 그래서 나는 미는 길吉, 악은 흉凶으로 풀이했다. 길과 흉은 『주역』의 주요 점단사이다. 노자는 길吉과 흉凶 대신에 미美와 악惡을 사용했다.

그런데 미와 선이 모두 길의 의미라면 노자가 미와 선을 따로 사용할 이유가 없다. 선善을 『설문해자』에서는 譱으로 그리고, "길吉이다. 경誩과 양羊으로 이루어져 있다"라고 설명한다. 양羊은 동물 양을 뜻한다. 그리고 양은 무리를 이루어 산다. 『설문해자』에서 '독獨'을 찾아보면 "개가 서로 만나면 싸우는 것이다. 양은 무리를 이루어 살지만 개는 혼자 산다"라고 설명한다. '경誩'은 "말을 다투는 것이다(경언야競言也)"라고 설명한다. 䜁의 모양을 보면 말다툼하는 둘 사이에 다투지 않는 짐승인 양羊이 자리한 모양이다. 그러므로 선의 뜻은 말다툼하는 둘 사이 가운데에 자리하여, 어느 쪽으로도 치우치지 않고 다투지 않음에서 나왔음을 알 수 있다. 그렇다면 선은 다투지 않음이고, 불선은 다툼이라는 뜻이다.

사실 미美를 아름다움으로 풀이하나 길로 풀이하나 큰 상관이 없다. 여기서 미와 악, 선과 불선은 맞얽힘의 상징이기 때문이다. 2장의 첫 구절을 통해 노자가 말하고자 하는 의미는 미와 악, 선과 불선이 상대방으로부터 기인한다는 점이다. 미와 악, 선과 불선이 서로를 낳는다는 뜻이다. 이는 그다음 문장을 통해 명확하게 드러난다.

> 있음과 없음은 서로 낳고, 어려움과 쉬움은 서로 이루어주며, 긺과 짧음은 서로 형성되게 하며, 높음과 낮음은 서로 드러나게 하며, 끊어지는 소리인 음音과 이어지는 소리인 성聲은 서로 조화를 이루며, 앞과 뒤는 서로 나타나게 해준다.

있음과 없음, 어려움과 쉬움, 긺과 짧음, 높음과 낮음, 음音과 성聲, 앞과 뒤는 모두 서로 반대 의미이고 상대방과 맞선다. 맞섬이 서로를 낳고, 서로를 이루어주며, 서로 조화하게 해준다. 그러므로 있음과 없음, 어려움과 쉬움, 깊과 짧음, 높음과 낮음, 음音과 성聲, 앞과 뒤는 모두 맞얽힘의 상징이다. 이 문장에서 중요한 것은 맞서는 두 인소가 서로를 낳고, 서로를 이루어주며, 서로 형성되게 하며, 서로 조화하게 하며, 서로 나타나게 해준다는 데 있다. 맞선 두 인소는 서로의 존재근거이자 서로의 생성 근거이다.

'있음과 없음이 서로를 낳고'의 원문은 '유무상생有無相生'이다. 우리는 상생相生이라는 단어를 서로 같이 살자는 뜻으로 사용하는데, 이 해석은 틀렸다. 상생相生은 같이 살자는 뜻이 아니라 '서로를 낳는다'는 의미다. 서로를 낳는다는 맞선 두 인소가 서로의 존재근거이고, 나의 적이 나의 존재근거라는 뜻이다. 나의 경쟁자가 나의 존재근거이고, 나와 극렬하게 대립하는 자가 나의 존재근거이다. 나의 존재근거를 없애면 나도 사라진다. 나의 경쟁자를 없애면 나도 사라진다. 그러므로 내가 존재하려면, 내가 살려면 나와 맞서는 자가, 나와 대립하는 자가 있어야 한다. 남이 있어야 내가 산다. 따라서 맞선 두 존재는 조화할 수밖에 없다. 조화를 이루어야 서로 살 수 있다.

그러므로 우리는 이 사회에 만연한 경쟁에 대해 다시 숙고해봐야 한다. 우리는 모두 경쟁을 통해 남을 이기고, 남을 쓰러뜨리고, 남을 짓밟고, 남을 없애는 것을 당연하게 생각한다. 경쟁에서 이긴 자의 권리라고 생각한다. 그러나 맞얽힘에 따르면 남을 이기고, 남을 쓰러뜨리고, 남을 짓밟는 행동은 나를 죽이고, 나를 쓰러뜨리고, 나를 짓밟는 것과 같다. 그렇다고 경쟁을 부정할 수는 없다. 경쟁을 없앨 수는 없다. 맞얽힘이란 나와 남이 맞서는 관계임을 포함한다.

나와 남이 맞서 있으므로 경쟁은 필수이다. 문제는 경쟁에서 남을 무너뜨리는 데에 있다. 맞얽힌 남을 없애면 나도 사라진다. 그러므로 경쟁은 유지하되 경쟁에서 이긴 자가 남을 무너뜨리지 말아야 한다. 경쟁에서 이긴 승자가 모든 것을 독식하는 승자독식을 없애야 한다. 승자가 패자에게 승리의 결과물을 나눠주어야 한다. 패자와 승자는 맞얽혀 서로의 존재근거이므로 패자가 있어야 승자가 산다. 이것이 상생의 진정한 의미이다.

이 외에도 노자는 곳곳에서 만물의 맞얽힘을 말한다.

정은 반과 같다.(정언약반正言若反) - 「노자」 78장

정과 반은 맞얽힌 두 인소이다. 음과 양, 강剛과 유柔와 같은 맞얽힘의 상징이다. 정면과 반면은 서로 대립하지만 서로 얽혀 있다. 동전의 양면을 떠올리면 이해하기 쉽다. 동전의 양면에 그림이 새겨져 있지 않다면 앞과 뒤를 구분할 수 없다. 정면은 반면이 되고, 반면은 정면이 된다. 이것을 노자는 같다고 하였다.

크게 이루어진 것은 모자람과 같으나 그 쓰임은 다하지 않는다. 가득 찬 것은 텅 빔과 같으나 그 쓰임은 끝이 없다. 크게 곧음은 구부러짐과 같고, 크게 교묘한 솜씨는 서투름과 같고, 크게 뛰어난 언변은 더듬는 것과 같다. - 「노자」 45장

크게 이루어짐은 모자람과 맞얽힘의 관계이고, 가득 참은 텅 빔과 맞얽힘의 관계이고, 곧음은 구부러짐과 맞얽힘의 관계이고, 교묘함은 서투름과 맞얽힘의 관계이고, 뛰어난 언변은 말을 더듬는 것과 맞얽힘의 관계이다. 그래서 크게 이루어짐은 모자람과 같고, 가득 참은 텅 빔과 같고, 곧음은 구부러짐과 같고, 교묘함은 서투름과 같고, 뛰어난 언변은 말을 더듬는 것과 같다.

밝은 도는 어둠과 같고, 나아가는 도는 물러남과 같고, 평탄한 도는 울퉁불퉁한 것과 같고, 뛰어난 덕은 골짜기와 같고, 큰 결백은 욕된 것과 같고, 너른 덕은 부족한 것과 같고, 건실한 덕은 엷은 것과 같고, 단순한 진리는 엉터리 같다. - 『노자』 41장

맞얽힘을 인식하기는 쉽지 않다. 엉터리 같기 때문이다. 밝음이 어둠과 같고, 나아감이 물러남과 같다는 말은 우리의 상식으로는 말이 안 되기 때문이다. 그러나 노자는 밝음을 밝음으로만 아는 우리 상식이 엉터리이고 맞얽힘이 진리라고 말한다.

다음은 2장의 세 번째 문장이다.

그러므로 성인은 이룸이 없음에 머물고, 사람들이 욕망할 만한 것을 말하지 않는 가르침을 행한다(시이성인처무위지사是以聖人處無爲之事, 행불언지교行不言之敎).

내 번역은 기존과 다르다. 김용옥은 다음과 같이 번역하였다.

그러므로 성인은 함이 없음의 일에 처하고, 말이 없음의 가르침을 행한다. - 『노자가 옳았다』

김용옥은 무위無爲를 "함이 없음"이라고, 불언不言을 "말이 없음"이라고 번역하였다. 김용옥뿐 아니라 모든 학자가 이 문장의 무위를 함이 없음으로 해석한다. 나아가 함이 없음은 자연이며, 유위有爲 즉, 함이 있음은 인위라고 해석한다. 이러한 해석은 위나라 왕필(226년~249년)부터 시작하였다. 왕필은 무위를 자연, 위爲를 인위로 해석하고 그 둘을 대립시켰다.

스스로 그러한 채로 이미 족하니, 인위로 하면 실패한다(자연이족自然己足, 위즉패야爲則敗也). - 임채우 옮김, 『왕필의 노자주』

왕필은 위爲를 인간의 행위로 보고 자연과 대립시켰다. 대립시킨 뒤 인간은 무위자연을 지향해야 한다고 말하였다. 지금까지 무위에 관한 해석은 왕필의 해석을 그대로 이어받았다. 세계적으로 유명한 노장 철학자 진고응의 해석은 이러한 계승을 잘 보여준다.

무위: 방해하지 않다. 자연을 따르고 함부로 하지 않는다. 억지로 하지 않는다. 무위는 곧 자연이다.

홈즈 웰치가 말했다. "무위는 결코 일체 행동을 피한다는 뜻이 아니라, 모든 적의가 가득한 침범성의 행동을 피하는 것이다."

진영첩이 말했다. "무위는 우리 행위의 특이한 방식으로, 더 확실히 말하자면, 자연방식이다. … 무위의 도는 자발적인 도이다."

후쿠나가 미츠지가 말했다. "노자의 무위란 자의적으로 행하지 않으며, 사적인 것을 경영하는데 부지런하지 않고, 자기 한 몸의 모든 생각과 계획을 버리고, 오로지 천지자연의 이법에 의지하여 행한다는 뜻이다. 천지자연의 세계는 만물이 각종 형태로 생겨나고 각양각색의 형태로 성장 변화하여 각기 충실한 생명의 발전이 있다. 강가에 버드나무는 녹색의 뜻을 피우고, 산중의 차꽃은 분홍 꽃술을 피운다. 새는 창공을 날아다니고, 고기는 깊은 물에서 뛰어오른다. 이 세계에는 어떠한 작위적인 의지도 없으며 어떠한 가치 의식도 없다. 모두가 자연적으로 그렇게 되었으며 저절로 된 것이지 결코 어떠한 조작도 없다." - 『진고응이 풀이한 노자』

진고응은 무위를 "억지로 하지 않는다", "자연을 따르고 함부로 하지 않는다"라고 해석했다. 자연에 대해서는 작위나 억지 없이 자유롭게 전개되는 상태로 설명한다.

일본의 유명한 노장 철학 연구자인 후쿠나가 미츠지는 무위를 "천지자연의 이법에 의지하여 행한다"라는 뜻으로 해석하였다. 천지자연의 이법이란 새가 창공을 날고 고기가 깊은 물에서 뛰어오르고 나무가 꽃을 피우는 것을 만들어 내는 원리를 뜻한다. 후쿠나가 미츠지는 새가 창공을 날고 고기가 깊은 물에서 뛰어오르는 것을 무위라고 말한다.

그런데 인위人爲를 자연에 대립한 행위로 정의하면 '어디까지가 인위인가' 하는 문제가 발생한다. 진고응은 무위자연을 작위나 억지가 없이 자유롭게 전개되는 상태로 설명하였다. 그렇다면 인위는 작위나 억지로 부자유스럽게 전개되는 상태가 될 것이다. 후쿠나가 미츠지는 버드나무가 녹색 잎을 피우고, 차꽃이 꽃술을 피우는 것을 자연으로 보았다. 버드나무가 녹색 잎을 피우는 것은 광합성을 해서 빛에너지를 화학에너지로 바꾸어 생장하기 위해서이다. 차꽃이 꽃술을 피우는 것은 씨를 널리 퍼뜨려 번식하기 위해서이다. 그렇다면 사람이 음식을 먹고 성행위를 하는 일도 무위자연이다. 사람이 더 맛있는 음식, 더 좋은 옷, 더 넓은 집을 가지려 함은 남보다 더 자신의 DNA를 남기기 위한 것이므로 사람의 행위도 무위자연이다.

무엇이 인위인가? 무엇이 억지로 함인가? 인간의 행위 중 어디까지가 무위자연이고, 어디까지가 인위인가? 그 기준은 누가 어떻게 정하는가? 우리 모두가 인정하는 무위자연과 인위의 기준이란 있을 수 없다. 김용옥은 이러한 문제점을 알았다. 그래서 무위를 다음과 같이 해석한다.

생명의 최대 특질은 살아있다는 것이고, 살아있음은 그 자체로서 위爲가 되는 것이다. 따라서 인간은 태어나서 죽을 때까지 위 즉 함Doing의 존재이다. 그러니까 '무위'라는 것은 '함이 없음'이 아니라 '무적인 함'을 하는 것이다. - 「노자가 옳았다」

　김용옥은 인간이 그 자체로 유위의 존재여서 무위할 수 없다고 말한다. 우리는 무위의 일을 할 수 없는 존재이다. 그런데 왜 노자는 무위의 일을 하라고 했단 말인가? 여기에 대답하기 위해 김용옥은 인간의 함을 무적인 함과 유적인 함으로 분리하였다. 그렇다면 무無적인 함이란 도대체 무슨 뜻일까? 이에 대해 김용옥은 다음과 같이 말한다.

　　생명을 거스르는 "함"이 아닌 우주 생명과 합치되는 창조적인 "함"이
　　며, 자연自然(스스로 그러함)에 어긋나는 망위妄爲가 없는 "함"을 하는 것
　　이다. - 「노자가 옳았다」

　망위란 망령된 행위를 뜻한다. 그렇다면 자연에 어긋남이 없는 망령되지 않은 함이란 무엇인가? 결국 김용옥도 왕필과 진고응이 봉착한 문제와 같은 문제에 도달한다. 진고응 등의 주장과 차이가 있다면 인간을 무위할 수 없는 존재로 본 것뿐이다.
　말없음의 가르침을 행한다는 것에 대해서도 지금까지 억지스러운 해석이 이루어졌다. 가르침이란 언어로 전달되는 것이다. 우리가 노자의 사상을 이천 년이 지난 지금도 볼 수 있는 것은 노자의 사상이 언어로 적혀서 전해졌기 때문이다. 즉 말이 없으면 가르칠 수가 없다. 그런데 왜 노자는 말없는 가르침을 행하라고 한 것일까?

이해가 안 되니까 사람들은 노자가 한 말은 그 말이 아니라고 주장하였다.

> 불언 : 호령하거나 명령을 내지 않고, 정령政令을 쓰지 않는다. 언言은 정교政敎의 호령을 가리킨다. '불언지교'는 비형식적 조례의 가르침으로, 모르는 사이에 감화되어 이끌고 나가는 것을 의미한다. - 『진고응이 풀이한 노자』

진고응은 노자가 말한 '말'을 호령, 명령, 정령이라고 해석하였다. 그러므로 말없음이란 호령, 정령, 명령을 말하지 않음이다. 김용옥은 다음과 같이 불언을 해석하였다.

> 동방인들은 예로부터 논리로써 사람의 마음을 움직이려 하지 않았고, 말 없는 솔선수범Teaching by Example으로서 세상을 리드하려 했다. - 『노자가 옳았다』

김용옥은 말 없는 가르침을 실천으로 가르치라고 해석했다. 말이 아닌 직접 행동을 보여줌으로써 가르침을 일깨우라는 것이다. 그런데, 방송에 나와서 강의하는 김용옥을 보면 그렇게 박학다식하고 말을 잘할 수가 없다. 끊임없이 유창하게 동양철학과 한국 역사를 강의하는 그를 보면서 경탄을 금치 못한 적이 한두 번이 아니다. 왜 그는 방송에까지 나와서 말로 사람들을 가르치려 하는가? 가르침은 언어로 전달되기 때문이다.

그렇다면 노자가 말한 무위지사와 불언지교를 어떻게 이해해야 할 것인가? 나는 2장의 주제를 '맞얽힘의 이치를 깨달아 극단으로 치우치지 않음'으로 본다. 노자는 세계가 맞얽힘의 원리로 운행되고 있으며, 나아가 그로부터 인간이 어떻게 살아야 하는지를 말한다. 그 처세법은 극단에 치우치지 않음이다. 길이 흉으로 전화하는 것은 길이 극에 이르렀기 때문이다. 흉은 누구나 싫어한다. 흉을 피하려면 길이 극한에 이르도록 하지 않으면 된다. 그 방법은 욕망을 다 채우지 않는 것뿐이다. 그래서 노자는 인간의 욕망을 다 채우면 안 된다고 말한다.

무위의 위為를 지금까지 학자들은 하다, 되다는 것으로 해석하여, 무위를 "함이 없다"라고 해석한다. 그런데 『노자』에 나오는 위為의 용례를 살펴보면 하다, 되다 외에 다른 의미로 사용되는 경우도 있다. 먼저 곽점본만 가지고 무위의 의미를 살펴보겠다. 곽점본만으로 무의의 의미를 살펴보는 이유는 『노자』 2장이 곽점본부터 출현하기 때문이다. 따라서 곽점본에 실린 위為와 무위의 의미가 진의에 가깝다.

곽점본 갑조 6장에 보면 "그것을 위為하는 자는 패하고, 그것을 잡는 자는 멀어진다. 그러므로 성인은 무위한다. 그러므로 패함이 없다(위지자패지為之者敗之, 집지자원지執之者遠之. 시이성인무위是以聖人亡為. 고무패故亡敗)"라는 문장이 나온다. "위為하는 자는 패하고, 잡는 자는 멀어진다"라는 말에서 잡음과 멀어짐이 맞얽혀 있는 것처럼, 위為와 패敗도 맞얽힌 단어로 해석해야 한다. 『설문해자』에서는 패敗에 대해 훼손 (훼야毁也)이라고 설명한다. 훼는 결缺이라고 설명한다. 결缺은 그릇이 깨진 것(기파야器破也)이라고 설명한다. 패敗는 이지러지다, 무너지다, 깨진다는 뜻이다. 그렇다면 위爲는 이지러지다, 무너진다 반대인 '이루다'는 뜻으로 봐야 한다. 따라서 위지자패지爲之者敗之는 이루려는 자는 이지러진다는 뜻이다. 이룬다를 뜻하는 한자는 성成이다. 『노자』 2장 마지막 구절에 공성功成이 나온다. "공功이 이루어져도 머무르지 않으며, 오로지 머무르지 않음으로써 떠나지 않게 된다"라는 마지막 구절과 연결하여 무위를 해석하면 무위의 뜻이 명확해진다. 무위는 '이루지 않음'이다. 그래서 곽점본에서 "그러므로 성인은 이루지 않으니 따라서 무너지지도 않는다(시이성인무위是以聖人亡爲 고무패故亡敗)"라고 한 것이다.

『노자』 2장 위爲는 이룬다는 뜻으로 『설문해자』를 통해서도 확인된다. 『설문해자』에서는 위爲를 "어미 원숭이다. 그 짐승됨은 조爪를 좋아한다. 조爪는 어미 원숭이의 상징이다(모후야母猴也. 기위금호조其爲禽好爪. 조爪, 모후상야母猴象也)"라고 설명한다. 조爪는 "극丮이다. 손으로 덮는 것을 조라고 일컫는다(극야丮也. 부수왈조覆手曰爪)"라고 설명한다. 극丮에 대해서는 손으로 쥠(지야持也)이라고 설명한다. 우리가 알듯이 원숭이는 나무를 손으로 잡고 이동한다. 이로부터 원래 원숭이를 뜻하는 위爲자에서 잡다, 가지다, 이룬다는 뜻이 파생되어 나왔다.

그렇다고 『노자』에 나오는 위爲를 모두 가지다, 이룬다고 해석할 수는 없다. 이는 위爲에 대한 『설문해자』 설명에 나오는 기위금호조其

爲禽好爪를 통해 알 수 있다. 이 문장에서 위를 가진다는 의미로 해석하면 문장이 안 된다. 이 문장에서 기위금其爲禽은 그 짐승 됨으로 해석해야 한다. 중요한 것은 위爲의 뜻을 하다 한 가지 뜻으로만 해석해서는 안 되며, 맥락에 따라 이룬다, 가지다, 하다, 되다 중 무슨 뜻인지를 파악해야 한다.

처무위지사處無爲之事에서 처處를 진고응은 세상일을 처리한다는 의미로 이해하고, 대부분의 『노자』 번역서에서는 처한다는 뜻으로 해석한다. 그런데 『설문해자』에서는 처處를 지止라고 설명한다. 지止에 대해서는 "아래에 자리잡는 것이다. 풀과 나무가 뚫고 나와 아래에 자리잡은 모습을 상형하였다. 그러므로 지止를 발의 뜻으로 사용하였다"라고 설명한다. 그렇다면 처處의 뜻은 처하다, 처리한다는 의미가 아니라 욕망을 다 채우지 않고 아래에 머무는 것을 뜻하는 글자이다. 처의 이러한 뜻은 무위를 이루지 않음으로 해석하는 것과 맞아떨어진다. 처무위지사는 이루지 않고 아래에 머무름을 말한다.

말없음의 가르침을 행하다(행불언지교行不言之敎) 뜻도 곽점본 갑조 6장을 통해 알 수 있다. 앞에 인용한 문장에 이어서 곽점본 갑조 6장에서는 "성인은 욕망하지 않음을 욕망하고, 얻기 어려운 재화를 귀하게 여기지 않고, 가르치지 않음을 가르치고, 사람들의 재앙을 회복케 하네(성인욕불욕聖人欲不欲, 불귀난득지화不貴難得之貨, 교불교敎不敎, 복중지소화復衆之所過)"라고 말한다. 가르치지 않음을 가르침(교불교敎不敎)과 말없음의 가르침(불언지교不言之敎)은 서로 뜻이 통한다. 곽점본의 맥락으로 보았을 때 가르치지 않음을 가르침의 의미는 얻기 어려운 재화를 귀하게 여기는 것을 가르치지 않음을 의미한다. 즉 불언지교에서 말은 인간 욕망의 대상에 대한 말을 가리킨다.

"얻기 어려운 재화를 귀하게 여기지 않는다"라는 말은 왕필본 3장에도 나온다. 왕필본 3장에서는 생민들이 욕망할 만한 것을 알지 못하게 하고 나아가 욕심을 없게 하라고 말한다. 2장의 주제와 곽점본 갑조 6장, 왕필본 3장에 비추어 보았을 때 행불언지교는 인간들이 욕망할 만한 것을 말하지 않는 가르침을 행하라는 뜻으로 해석해야 한다. 이렇게 해석해야만 무위지사와 그 뜻이 연결된다.

이제 2장의 마지막 문장으로 가보자.

> 만물은 생성하되 다투지 않으며, 낳되 소유하지 않으며, 하되 뽐내지 않는다. 공功이 이루어져도 머무르지 않는다. 오로지 머무르지 않음으로써 떠나지 않게 된다.

첫 번째 문장 "만물은 생성하되 다투지 않으며, 낳되 소유하지 않으며, 하되 뽐내지 않는다"라는 원문은 만물작언이불사萬物作焉而不辭, 생이불유生而不有, 위이불시爲而不恃이다. 만물작언이불사萬物作焉而不辭에서 작作은 만들다, 창작한다는 뜻이다. 이는 만물이 스스로 생성함을 말한다. 사辭를 『설문해자』에서는 송訟이라고 설명한다. 송訟에 대해서는 다툼이라고 설명한다. 따라서 사辭는 다툼이다. 만물은 생성하되 다투지 않는다는 것은 만물은 스스로 생성할 뿐 다른 사물과 다투려고 생성되는 것이 아님을 말한다. 그러므로 만물은 스스로 낳되 자신이 낳은 것을 소유하지 않는다. 만물은 생성하되 자신이 만들었다고 뽐내지 않는다. 뽐내지 않는다는 원문은 불시不恃이다. 시恃는 기대다, 뽐낸다는 뜻이다. 보통 기댄다는 뜻으로 번역하는데, 뽐낸다고 번역해야 맞다. 노자는 다른 장에서도 계속 뽐내지 말 것을 말한다.

낳되 소유하지 않고, 하되 뽐내지 않으므로 공이 이루어져도 머무르지 않는다. 공이 이루어지면 머무르지 않고 떠난다. 이것이 만물의 본래 모습이다. 그런데 떠나게 됨으로써 떠나지 않게 된다. 떠나게 됨으로써 도리어 영원토록 머무를 수 있다.

마지막 문장에서 노자는 만물이 그러한 것처럼 맞얽힘으로 처세할 것을 말한다. 머무름과 떠남은 맞얽힘의 관계이다. 그러므로 머무름과 떠남은 상호전화된다. 앞에서 맞얽힌 두 인소가 서로 같음을 통나무로 예로 들어 설명했다. 머무르는 것이 떠나는 것이고 떠나는 것이 머무르는 것이다. 그러므로 머무르지 않음은 떠나지 않음이 되고, 떠나지 않음은 머무르지 않음이 된다.

노자는 다른 장에서도 맞얽힘으로 처세할 것을 말한다.

> 함은 함이 없음이고, 일은 일이 없음이고, 맛은 맛이 없음이고, 큰 것은 작은 것이고, 많은 것은 적은 것이니, 원한은 덕으로 갚는다. - 『노자』 63장

함과 함이 없음은 맞얽혀 있으므로 하나이다. 그러므로 함은 함

이 없음이다. 일과 일이 없음은 맞얽혀 있으므로 하나이다. 그러므로 일은 일이 없음이다. 맛은 맛이 없음과 맞얽혀 있으므로 하나이다. 그러므로 맛은 맛이 없음이다. 원한과 덕(은혜)도 맞얽혀 있으므로 하나이다. 그러므로 원한은 덕(은혜)으로 갚는다.

> 도는 늘 함도 없고 하지 않음도 없다(도상道常 무위이무불위無爲而無不爲).
> - 『노자』 37장

무불위無不爲는 하지 않음이 없다는 말이다. 하지 않음이 없다는 이중부정으로, 이중부정은 강한 긍정이다. 그러므로 하지 아니함이 없다는 말은 함의 뜻이다. 함은 유위이다. 따라서 무위이무불위는 무위이유위이다. "도는 늘 함도 없고 하지 않음도 없다"라는 말은 도가 맞얽힘이므로, 무위와 유위의 맞얽힘으로 처세하라는 뜻이다.

4. 만물은 맞얽힘으로 스스로 이룬다

세계는 맞얽힘에 의해 만들어졌으며, 맞얽힘의 원리로 운행된다. 그러므로 만물은 맞얽힘에 의해 스스로 이룬다.

혼돈 속에서 만들어진 물物이 있었으니 천지보다 앞서 생겼다. 고요하도다. 쓸쓸하도다. 홀로 서서 변하지 않으며, 두루 행하여 위태롭지 않으니 천하의 어미가 될 만하다. 나는 그 이름을 알지 못하니, 그것을 글자로 말하자면 도道라 하고, 억지로 이름을 지어 큼[대大]이라고 한다. 큰 것은 떠나가고, 떠난 것은 멀어지고, 멀어진 것은 되돌아온다. 그러므로 도는 크고, 하늘은 크고, 땅은 크고, 왕 또한 크다. 세상에 네 가지 큰 것이 있으니, 왕은 그중 하나이다. 사람은 땅을 본받고, 땅은 하늘을 본받고, 하늘은 도를 본받으며, 도는 스스로 이루어짐을 본받는다. - 『노자』 25장

노자는 만물의 생성 원리가 맞얽힘이므로, 천지만물에 앞서 생겨나야 한다고 생각했다. 그러므로 온 우주에 맞얽힘만이 홀로 서서 변하지 않으며, 맞얽힘을 행하여 우주 만물이 이루어지니 위태롭지 않다. 맞얽힘에 의해 천하 만물이 태어나니 천하의 어미라 할 만하다. 이 맞얽힘을 도道라고 한다. 큼[대大]이라고 한 것은 한쪽 인소만을 보는 것이 아니라 맞얽힌 양쪽 인소에 모두 걸쳐 있으므로 크다고 했다. 공자의 표현으로 말하자면 맞얽힌 양극과 끝을 두드리는 것을 노자는 큼이라고 한 것이다.

통시태로 나타나는 맞얽힘은 하나가 먼저 나타난다. 먼저 나타난 하나의 변화가 극에 달해야 또 다른 하나로 전화하기 시작한다. 그것을 노자는 "큰 것은 떠나가고, 떠난 것은 멀어지고, 멀어진 것은 되돌아온다"라고 하였다. 되돌아오는 까닭은 두 인소가 얽힌 하나이기 때문이다. 맞얽힌 다른 인소로 전화하기 시작하는 것이 되돌아

오는 것이다. "사람은 땅을 본받고, 땅은 하늘을 본받고, 하늘은 도를 본받으며, 도는 스스로 이루어짐을 본받는다"라는 말은 사람도 땅도 하늘도 모두 스스로 이루어진 것이라는 의미이다. 이 문장의 원문은 '인법지人法地, 지법천地法天, 천법도天法道, 도법자연道法自然'으로, 자연이라는 말이 여기서 나왔다.

오늘날 우리는 자연이라는 단어를 인간 외부에 존재하는 세계를 지칭하는 의미로 사용하고 있는데, 그것은 왕필이 자연과 인위를 대립시키면서부터 비롯되었다. 그러나 노자가 말한 자연自然은 인간을 포함한 세계가 스스로 생성되었음을 말하는 용어이다. 자연自然은 스스로 자自, 생성할 연然, 즉 스스로 생성한다는 뜻이다. 대부분의 학자가 연然을 그러하다로 번역하고 있는데, 중국 위나라 때에 장읍이 지은 자전 『광아』에서는 연然을 이룬다[성成]고 설명한다. 이처럼 25장은 만물이 맞얽힘에 의해 스스로 생성되었음을 말한다.

도는 낳고, 덕은 기르고, 사물은 형태를 만들고, 세勢는 이루어준다. 그러므로 만물은 도를 높이 여기고 덕을 귀히 여기지 않음이 없다. 도의 높음과 덕의 귀함은 명하지 않았는데도 늘 스스로 이룬다. 그러므로 도는 낳고, 덕은 기른다고 한 것이다. 만물을 키우고 기르며 보듬고 여물게 하며 보살피고 감싸준다. 그러나 낳되 소유하지 않고, 하되 뽐내지 않으며, 기르지만 다스리지 않으니, 이를 일컬어 가믈한 덕德이라고 한다. - 『노자』 51장도는 맞얽힘이다. 그 맞얽힘으로 만물이 태어났다. 그렇게 만들어진 만물은 덕에 의해 자란다. 덕德은 『설문해자』에서는 승升이라고 설명한다. 승升은 오른다는 뜻으로, 만물은 아래에서 위로 오르므로 만물이 자란다, 기르다 등의 뜻도 지닌다. 덕은 만물이 자라나게 한다. 도가 낳고 덕이 기르면 만물이 스스로 형태를 갖추고, 형태를 갖춘 만물은 무성해지면서 세를 이룬다. 도와 덕은 변하지 않고, 스스로 낳고, 스스로 이루고 보듬고 여물게 하며, 보살피고 감싸준다. 만물이 스스로 이루어진 것처럼 인간의 삶도 스스로 이루어진다.

> 가장 뛰어난 다스림은 아랫사람들이 다스리는 자가 있지만 알 뿐이다. … 공이 이루어지고 일이 이루어져도 백성들이 모두 스스로 이루었다고 한다. - 『노자』 17장

그런데 여기서 문제가 발생한다. 욕망이 일어난다.

> 만물은 장차 스스로 자란다. 그러나 자라면서 욕망이 일어날 것이다. - 『노자』 37장

욕망이 일어나고, 누군가는 남들보다 잘하게 되어 더 좋은 결과를 얻는 건 피할 수 없다. 사람이 지닌 능력은 제각각이라 누군가는 더 잘한다. 잘하게 되면 더 많은 욕망이 생겨나고 그 욕망을 채우기 위해 더 잘하게 된다. 그런데 문제는 욕망은 채우면 채울수록 커진

다는 데 있다. 채우면 채울수록 커지는 욕망은 욕망이 아니라 재앙이다.

삶에 무엇을 더하려 하는 것을 재앙이라 한다. - 『노자』 55장

욕망은 삶에 무엇을 더하려는 행위이다. 삶과 죽음은 맞얽혀 있다. 삶은 죽음이 아니다. 죽음은 무無에 가깝고, 삶은 그 자체로 유有에 가깝다. 삶은 이미 있음이다. 이미 있는 것에 무엇을 더하는 행위를 노자는 재앙이라 하였다.

5. 만물은 맞얽힘으로 운행한다

맞얽힘은 만물의 생성 원리이자 운행 원리이다.

큰 모양을 잡아 천하는 운행한다. - 『노자』 35장.

나는 그 이름을 알지 못하니, 그것을 글자로 말하자면 도道라 하고, 억지로 이름을 지어 큼[대大]이라고 한다. - 『노자』 25장

노자에게 도는 맞얽힘이다. 맞얽힘의 이름을 큼[대大]이라고 한

것은 맞얽혀 있는 두 인소 중 어느 한쪽으로도 치우치지 않고 모두 포괄하고 있는 상태를 표현한 말이다. 두 인소 중 어느 한쪽에 처하지 않고 양쪽 모두에 걸쳐 있는 것이 맞얽힘이므로, 큼이라고 했다. 그리고 맞얽힘으로 세상이 운행되고 있는 것을 가리켜 "큰 모양을 잡아 천하는 운행한다"라고 표현하였다. 큰 모양이란 맞얽힘을 의미한다.

> 큰 사각형은 모서리가 없고, 큰 그릇은 이루어지지 않고, 큰 소리는 소리가 없고, 큰 형상은 모습이 없다. - 「노자」 41장

아래 그림은 유명한 「이것은 파이프가 아니다」 그림이다. 그림 속에 있는 것은 파이프이다. 그런데 파이프를 파이프라고 우리가 인식하게 된 것은 파이프를 둘러싸고 있는 경계선 때문이다. 즉 파이프와 파이프 바깥이 만들어 내는 경계선 때문에 우리는 그림 속의 사물을 파이프라고 인식한다. 그런데 그 경계선이 없다면 우리는 파이프

「이것은 파이프가 아니다」, 르네 마그리트 작.

를 인식할 수 없다. 노자가 말하는 큼이란 이와 같다. 그것을 노자는 "큰 사각형은 모서리가 없고, 큰 그릇은 이루어지지 않고, 큰 소리는 소리가 없고, 큰 형상은 모습이 없다"라고 묘사했다.

> 큰 도는 흘러넘치는구나. 왼쪽으로도 갈 수 있고 오른쪽으로도 갈 수 있다. - 『노자』 34장

큰 도는 맞얽힌 왼쪽과 오른쪽을 모두 포용하고 있어 왼쪽으로도 갈 수 있고 오른쪽으로도 갈 수 있다. 이 문장은 맞얽힘으로 사물이 운행되며, 사물의 변화 발전은 맞얽힌 두 인소 중 한 인소로 치우침으로써 발생하는 것을 말한다.

6. 맞얽힌 두 인소는 서로 뒤바뀐다

맞얽힌 두 인소는 맞얽혀 있어서 서로 전화한다. 통나무의 왼쪽과 오른쪽이 맞얽혀 있을 때 통나무를 반 바퀴 굴리면, 오른쪽이 왼쪽이 되고 왼쪽이 오른쪽이 된다. 이런 현상을 맞얽힘의 전화라고 한다. 통나무의 왼쪽과 오른쪽은 동시태이므로 이해하기 쉽지만, 통시태는 시간의 흐름에 따라 나타나기 때문에 맞얽힘의 전화를 인식하기 어렵다. 노자는 맞얽힘의 전화를 다음과 같이 설명하였다.

장차 움츠러들게 하려면 반드시 먼저 펴주어라. 장차 약하게 하려면 반

드시 먼저 강하게 해라. 장차 망하게 하려면 반드시 먼저 흥하게 해라.

장차 뺏으려 하면 반드시 먼저 주어라. 이것을 일컬어 어둠과 밝음이라

고 한다. 유柔와 약함이 강剛과 힘셈을 이긴다. - 『노자』 36장

약하게 하려면 먼저 강하게 해주고, 망하게 하려면 먼저 흥하게

해주라니, 언뜻 보기에 간교한 술책을 적어놓은 것 같다. 많은 사람

이 술책 같아 보이는 이런 내용 때문에 『노자』를 병법서라고 생각하

였다. 노자가 말한 것은 맞얽힘의 전화를 이용한 술책이다. 노자가

말한 것들은 전부 맞얽힘 관계를 이룬다.

<table>
<tr><td>움츠러듦</td><td>↔</td><td>폄</td></tr>
<tr><td>약함</td><td>↔</td><td>강함</td></tr>
<tr><td>망함</td><td>↔</td><td>흥함</td></tr>
<tr><td>뺏다</td><td>↔</td><td>주다</td></tr>
<tr><td>어둠</td><td>↔</td><td>밝음</td></tr>
<tr><td>유柔</td><td>↔</td><td>강剛</td></tr>
</table>

맞선 두 인소는 하나로 얽혀 있기 때문에 서로 전화한다. 움츠러

지면 펴지게 되고, 약한 것은 강하게 되고, 망함은 흥함이 되고, 어

둠은 밝음이 되고, 유柔는 강剛이 된다. 그런데 그 전화가 이루어지기

위해서는 먼저 한 인소의 치우침이 극에 달해야 한다. 먼저 유柔가

극에 달해야 강剛이 되고, 움츠러듦이 극에 달해야 펴지고, 약한 것이 극에 달해야 강하게 되고, 망함이 극에 달해야 흥함이 되고, 어둠이 극에 달해야 밝음으로 전화하기 시작한다. 극에 달하도록 해주면 저절로 맞얽혀 있는 반면으로 전화하므로, 누군가를 망하게 하고 싶다고 저주를 퍼붓고 망하게 하도록 노력할 게 아니라 흥하도록 해주면 된다. 싸워 이기고 싶다고 싸우면 나도 피해를 본다. 맞얽힘을 아는 사람은 싸우지 않고, 오히려 상대방을 강하게 해준다. 강함은 약함과 맞얽혀 있으므로 강하게 된 자는 언젠가는 약하게 된다. 그러니 왜 애써서 남을 망하게 하려고 하고 왜 힘들여 남을 약하게 하려고 하겠는가. 그러므로 노자가 말하고자 한 것은 맞얽힘의 전화를 이용한 처세법이다.

7. 극에 달하면 되돌아간다

인간사에 일어나는 맞얽힘은 대부분 통시태이다. 삶과 죽음, 있음과 없음은 통시태로, 시간이 흘러야 맞얽힌 다른 인소가 드러난다. 그 맞얽힌 다른 인소로 전화하기 위해서는 먼저 한 인소의 변화가 극에 달해야 한다. 극에 달하면 맞얽힌 다른 인소로 되돌아간다. 삶이 극에 달하면 맞얽힌 죽음으로 되돌아가고, 있음이 극에 달

하면 맞얽혀 있는 없음으로 되돌아간다. 이 현상을 노자는 반反, 복
귀復歸라는 용어로 표현하였다.

되돌아감은 도의 움직임이다(반자反者, 도지동道之動). - 『노자』 40장

만물과 함께 되돌아간다. - 『노자』 65장

만물은 무성하게 자라지만 각기 그 뿌리로 복귀한다. - 『노자』 16장

무물無物로 복귀한다. - 『노자』 14장

거센 바람은 아침을 넘기지 못하고, 소나기는 하루 내내 쏟아지지 못한
다. 누가 이렇게 하는가? 하늘과 땅이다! 하늘과 땅도 오래가지 못하거
늘 하물며 사람에게 있어서랴? - 『노자』 23장

거센 바람과 소나기가 하루를 넘기지 못하는 것은 바람과 비가
극에 달했기 때문이다. 극에 달하였으므로 하루 내내 쏟아지지 못
하고 금방 그친다. 하늘과 땅의 운행도 극에 달하면 맞얽힌 다른 인
소로 되돌아가는데 인간의 삶은 말할 것도 없다.
    공자는 음식남녀를 사람들이 크게 욕망하는 것이고, 사망빈고死
亡貧苦를 사람들이 크게 싫어하는 것이라 하였다. 그리고 욕망과 싫어
함은 마음의 크나큰 극단이라 하였다. 공자가 욕망과 싫어함을 극

단이라 한 것은 이 두 가지가 맞얽혀 있기 때문이다. 음식남녀와 사망빈고도 맞얽혀 있다. 사람들은 이 둘이 맞얽혀 있음을 모르고 극단적으로 음식남녀를 추구한다. 공자는 이것을 "하나에 치우쳐 궁극에 이른다"라고 묘사하였다. 음식남녀가 극에 달하면 사망빈고로 전화한다. 노자가 말한 재앙이 이것이다. 노자는 가지되 가지는 것이 극단에 이름을 재앙이라 하였다. 음식남녀도 적당히 해야 하는데, 멈출 줄 모르고 극단적으로 추구하는 것을 재앙이라 했다.

8. 만족과 겸손, 물극필반을 피하는 방법

재앙은 누구나 싫어한다. 그런데 그 재앙은 만족을 모르는 내가 불러온다.

만족할 줄 모르는 것보다 더 큰 재앙은 없고, 얻으려 욕망하는 것보다 더 큰 허물은 없다. 그러므로 만족을 아는 만족이 영원한 만족이다.
- 『노자』 46장

만족을 알면 욕되지 않고, 멈춤을 알면 위태롭지 않다.(지족불욕知足不辱, 지지불태知止不殆) - 『노자』 44장

욕망은 깊이가 없는 항아리와 같아 채우면 채울수록 더 커진다. 오늘날 우리 사회에 마약을 하는 이들이 점점 늘어나는 현상은 음식남녀로도 그 욕망을 채울 수 없기 때문이다. 더 많은 쾌락을 추구하다 마약을 하고, 마약을 하다 심신이 피폐해져서 남들보다 일찍 없음으로 되돌아간다. 그러므로 만족할 줄 모르는 것보다 더 큰 재앙은 없다. 만족할 줄 아는 만족이 진정한 욕망의 채움이다. 만족으로 욕망을 채우면 욕되지 않고 위태롭지 않게 된다.

> 갖고 있으면서도 가득 채우는 것은 그만두는 것만 못하고, 갈아서 그것을 날카롭게 만들면 오래 보존할 수 없다. 금옥이 집에 가득하면 그것을 지킬 수 없고, 돈 많고 귀하다고 교만하면 스스로 그 허물을 남기게 된다. 공을 이루면 몸은 물러나는 것이 하늘의 도다. - 「노자」 9장

냉장고에 음식이 있는데도 먹을 것이 없다며 장을 봐와 가득 채운다. 옷방에 옷을 잔뜩 갖고도 입을 옷이 없다며 옷을 사서 가득 채운다. 자동차를 갖고 있으면서도 더 좋은 자동차가 나왔다며 새로운 차로 바꾼다. 집을 갖고 있으면서도 집이 작다며 더 큰 집으로 옮긴다. 남들이 주식으로 돈을 버니 나도 주식으로 돈을 벌고자 한다. 남들이 부동산으로 돈을 버니 나도 부동산에 투자하고자 한다. 노자는 이러한 행위들을 모두 그만두는 것만 못하다고 얘기한다. 그만두는 것만 못한 이유는 오래 지킬 수 없기 때문이다. 돈을 벌고자 남을 해친 적도 없고 남보다 더 많은 재화를 가진다고 남에게 손

해를 끼친 적도 없는데, 왜 내가 오래 지킬 수 없는가? 욕망을 충족하는 건 인간의 큰 본성인데 왜 그만두어야 하는가? 남들보다 가진 것이 많기는 하지만 교만하지는 않아 허물도 없는데, 왜 그만두어야 하는가?

우리가 입고 먹고 쓰는 물건 대부분은 공장에서 생산된다. 옷, 안경, 종이, 플라스틱, 비닐봉지, 신발, 스마트폰, 컴퓨터, TV, 정수기, 세탁기, 건조기, 건축자재, 자동차 등 먹는 것 일부를 제외하고는 전부 공장에서 생산된다. 공장들은 석유를 기반으로 돌아가고, 오염 물질을 대기 중으로 방출한다. 그렇게 지난 백여 년간 방출된 이산화탄소, 메탄 등 각종 오염 물질은 이제 지구 대기의 균형을 깨뜨리는 수준에 이르렀다. 그로 인해 일어난 기후변화는 인간의 생명을 위협한다.

기후변화는 나의 욕망이 만들어 낸 현상이다. 인간의 욕망이 극에 달하여 반면으로 전화하려고 나타나는 현상이 기후변화이다. 공자는 욕망과 싫어함이 맞얽혀 있다고 보았다. 욕망이 극에 달하면 내가 싫어하는 것으로 전화한다. 인간이 가장 싫어하는 것은 사망빈고이다. 기후변화는 인류를 사망빈고로 만들기 위한 물극필반의 법칙이 일으킨 현상이다.

지난 2년여 동안 인간의 삶을 심각하게 흔들고 있는 코로나19도 인간의 욕망에 대한 경고이다. 코로나19와 기후변화는 자연이 우리에게 보내는 신호이다. 인간의 질주하는 욕망을 이제 그만 멈추어야 한다는 신호이다. 여기서 멈추지 않는다면 더 심각한 바이러스, 더

위협적인 기후변화가 인간의 생명을 해칠 것이다. 이 재앙을 피하는 방법은 하나뿐이다. 만족할 줄 아는 만족이 그것이다.

노자는 물극필반을 피하는 또 다른 방법을 제시한다.

> 다투지 않는 최고의 방법은 물처럼 사는 것이다. 물은 만물을 선하고 이롭게 해주되 다투지 않으며, 사람들이 싫어하는 곳에 거처한다.
> - 『노자』 8장

"다투지 않는 최고의 방법은 물처럼 사는 것이다"라는 원문은 상선약수上善若水이다. 앞서 선善은 다투지 않음이라고 설명하였다. 사람들이 다투는 이유는 더 가지려 하고 더 쌓으려 하기 때문이다. 그런데 물은 위에서 아래로 흐른다. 사람들은 재물과 부귀와 명성을 자꾸 위로 쌓으려고 한다. 만물도 모두 아래에서 위로 자란다. 하지만 물은 위에서 아래로 흐른다. 그러므로 물은 만물과 다투지 않고 만물을 길하고 이롭게 한다. 아래로 흐른다는 것은 겸손 즉 나를 낮추는 일이다. 겸손은 물극필반을 피하는 또 다른 방법이다.

> 큰 나라는 아래로 흘러 자신을 낮추니, 천하가 모여들고 천하의 암컷이 된다. 암컷은 늘 고요함으로써 수컷을 이기니, 고요함으로써 자신을 낮춘다. - 『노자』 61장

물처럼 큰 나라도 아래로 흘러 자신을 낮추어야 한다. 번쩍이는

무기가 아닌 자신을 낮추는 겸손으로 다른 나라를 대하니 온 세계의 나라들이 모여든다.

다투지 않아 좋은 결과가 있으니, 감히 강자가 되려고 하지 않는다. 성과가 있더라도 뽐내지 않고, 성과가 있더라도 자랑하지 않으며, 성과가 있더라도 교만하지 않는다. 성과가 있는 것은 어쩔 수 없이 그리 된 것일 뿐이니, 성과를 얻었다고 강자가 되려 하지 말라. 만물은 왕성하면 곧 늙게 되나니 이를 일컬어 도가 아니라고 한다. 도가 아니면 일찍 끝나버릴 뿐이다. -『노자』 30장

성과를 자랑하지도 말고 교만하지도 말라. 내가 이룩한 성과 위에 우뚝 서서 강자가 되려고 하지 말라. 강자는 약자와 맞얽혀 있어, 강자가 되는 순간 약자로 전화하기 시작한다. 이러한 맞얽힘의 이치를 모르는 자들이 교만해지고 강자가 되니, 어찌 불을 보면 뛰어드는 불나방 같은 인생이 아니라 하겠는가!

굽히면 온전해지고, 구부리면 곧아진다. 파이면 채워지고, 낡으면 새로워진다. 적으면 얻고, 많으면 미혹된다. 이 때문에 성인은 하나를 껴안아 천하의 모범이 된다. 스스로 드러내지 않으므로 밝고, 스스로 옳다 하지 않으므로 빛난다. 스스로 뽐내지 않으므로 공이 있고, 스스로 자만하지 않으므로 으뜸이 된다. 오직 다투지 않으므로 천하에서 그와 다툴 자가 없다. -『노자』 22장

구부러진 것은 다시 펴지고, 움푹 파인 것은 다시 채워지고, 낡아진 것은 다시 새로워진다. 이것이 맞얽힘이다. 그러므로 성인은 맞얽힘이라는 하나의 도를 껴안는다. 그 도는 인간의 세상살이에 있어서는 드러내지 않고, 옳다고 주장하지 않고, 뽐내지 않고, 자만하지 않고 다투지 않는 일이다. 드러내지 않으면 맞얽힘에 따라 저절로 밝게 드러나고, 옳다고 주장하지 않으면 맞얽힘에 따라 저절로 빛나게 되고, 뽐내지 않으면 맞얽힘에 따라 저절로 공적이 있고, 자만하지 않으면 맞얽힘에 따라 저절로 으뜸이 되고, 다투지 않으면 맞얽힘에 따라 저절로 그와 다툴 자가 없게 된다.

발꿈치를 든 자는 오래 서지 못하고 크게 내딛는 자는 멀리 가지 못한다. 스스로 드러내는 자는 밝지 않고, 스스로 옳다 하는 자는 빛나지 않고, 스스로 뽐내는 자는 공이 없고, 스스로 자만하는 자는 으뜸이 될 수 없다. 이것들은 도에 있어서는 음식 찌꺼기요 군더더기 행동이라 한다. 만물은 이를 싫어하므로, 도를 체득한 자는 이에 머물지 않는다.
- 『노자』 24장

발꿈치를 든 자, 크게 내딛는 자, 스스로 드러내는 자, 스스로 옳다 하는 자, 스스로 뽐내는 자, 스스로 자만하는 자는 모두 그 행위가 극에 달한 자들이다. 만물은 물극필반하므로 극에 달하면 오래 가지 못한다. 그래서 발꿈치를 든 자는 오래 서지 못하고, 크게 내딛는 자는 멀리 가지 못하고, 스스로 드러내는 자는 밝지 못하고,

스스로 옳다 하는 자는 빛나지 않고, 스스로 뽐내는 자는 공이 없고, 스스로 자만하는 자는 으뜸이 될 수 없다. 스스로 하는 극에 달한 행위를 노자는 일컬어 음식 찌꺼기요 군더더기 행동이라 하였다. 그러므로 물극필반이라는 도의 움직임을 아는 자는 이러한 행위를 하지 않는다.

> 높이 떠받들려도 욕을 먹어도 늘 놀란 것같이 하라. 큰 걱정을 귀하게 여기기를 내 몸과 같이 하라. 높이 떠받들려도 욕을 먹어도 늘 놀란 것같이 하라는 말은 무슨 말인가? 높임은 낮춤이 되기 마련이니, 그것을 얻어도 놀란 것같이 하고 그것을 잃어도 놀란 것같이 하라. 이것을 일컬어 높임을 받으나 욕을 받으나 늘 놀란 것같이 하라고 한 것이다. 큰 걱정을 귀하게 여기기를 내 몸과 같이 하라는 말은 무슨 말인가? 나에게 큰 걱정이 있는 까닭은 내가 몸을 가지고 있기 때문이다. 나에게 몸이 없는데 이르면 무슨 걱정이 있겠는가. 그러므로 제 몸을 귀하게 여기는 것처럼 천하를 귀하게 여기는 사람에게는 천하를 맡길 수 있고, 제 몸을 사랑하는 것처럼 천하를 사랑하는 사람에게는 천하를 맡길 수 있다. - 『노자』 13장

사람이 높이 떠받들리면 즐거워하고 기뻐하며, 욕을 먹으면 화가 나고 고통스러워하기 마련이다. 즉 높이 떠받들리는 것은 사람들이 좋아하고, 욕을 먹는 일은 사람들이 싫어한다. 그런데 노자는 둘 다 그것이 내 몸에 가해지면 놀라야 한다고 말한다. 왜냐하면 높이

떠받들림은 언젠가는 낮춤이 되니까. 높이 떠받들리다가 어느 순간 땅에 내팽개쳐서 욕받이가 되기 때문이다. 그런데 욕을 먹으면 왜 놀라야 하는가? 원문에는 생략되었지만 "욕을 먹는 것은 낮춰지는 것이다"라는 문장이 들어가야 한다. 높임과 낮춤은 맞얽힘의 관계이다. 따라서 높임은 낮춤이 되고, 낮춤은 높임이 된다. 내가 지금 욕을 먹는 것은 언젠가는 내가 다시 높이 떠받들리게 된다는 징조이다. 그러므로 높이 떠받들리나 욕을 먹으나 놀란 듯이 하라는 것이다. 놀란 듯이 하라는 말은 경계하라는 말이다. 깜짝 놀랐는데 경계하지 않는 사람은 없다. 내가 경계한다는 것은 그것이 나의 걱정거리라는 뜻이다. 높이 떠받들리지 않을까 걱정하고, 모욕을 당하지 않을까 걱정하라. 그 걱정을 내 몸처럼 귀하게 여겨 늘 높이 떠받들림과 모욕을 당함을 경계하라.

9. 수중守中, 물극필반을 피하는 방법

만족과 겸손 외에 물극필반을 피하는 또 다른 방법이 있다.

말이 많으면 자주 궁하게 되니 중中을 지키는 것만 못하다. - 『노자』 5장

궁하게 된다는 것은 극에 달했다는 뜻으로 궁극이라 한다. 극에

달하면 맞얽힌 반면으로 전화가 일어난다. 흥盛이 극에 달하면 망하게 된다. 가득 채우면 텅 비게 된다. 이러한 되돌아감을 피하려면 궁극에 도달하지 않으면 된다. 궁극에 도달하지 않으려면 욕망을 채우는 행동을 멈추면 된다. 그것을 가리켜 '수중守中(중을 지킴)'이라 한다. 노자가 말하는 중中은 『주역』에서 가져왔다.

『주역』 건괘에서 오효는 맨 위에 있는 상효보다 길하다. 오효의 효사는 "용이 날아올라 하늘에 있다"라고 하였으며, 상효의 효사는 "끝까지 올라간 용은 후회가 있다"라고 하였다. 상효는 궁극에 달하여 후회하는 것을 말한다. 오효는 아직 궁극에 이르지 않았으며 그렇다고 그 아래에 있는 것도 아니므로 용이 하늘에 있다고 비유했다. 『주역』에서 괘는 팔괘를 겹쳐서 만들고, 팔괘는 세 개의 효를 겹쳐서 만든다. 세 개의 효 중 가운데 있는 효를 중효라고 부른다. 중효가 길한 것은 아래에 있지도 않고 위에 있지도 않기 때문이다. 여기서 중을 중시하는 사상이 나왔다. 그러므로 중은 맞얽힌 두 인소의 어느 쪽에도 치우치지 않음을 뜻한다. 사건의 변화로 말하자면, 중은 이제 막 시작한 상태도 아니고 궁극에 달하지도 않은 상태이다. 이 상태를 유지하는 것이 수중守中이다.

앞에서 설명한 큼 또한 중과 같은 의미를 지닌다.

큰 도는 흘러넘치는구나. 왼쪽으로도 갈 수 있고 오른쪽으로도 갈 수 있다. - 『노자』 34장큼[대大]은 맞얽힌 두 인소를 모두 포괄한다. 큰 도는 맞얽혀 있는 왼쪽과 오른쪽을 모두 포용하고 있어 왼쪽으로도 갈 수 있고 오른쪽으로도 갈 수 있다. 여기서 포괄, 포용의 의미는 인식한다는 뜻이다. 맞얽힘을 인식하고 있으니, 길한 일을 길하다고 좋아하지 않으며 흉한 일을 흉하다고 애석해하지 않는다.

IO. 장구長久, 궁극의 욕망

하늘은 너르고 땅은 오래간다. 하늘과 땅이 너르고 또 오래갈 수 있는 까닭은 스스로 살려고 하지 않기 때문이다. 그러므로 오래 살 수 있다. 그러므로 성인은 그 몸을 뒤로 두었는데도 오히려 앞서게 되고, 그 몸을 외면하는데도 오히려 보존된다. 이것은 사사로움이 없기 때문이 아니겠는가? 그러므로 도리어 그 사사로움을 이룰 수 있다. - 「노자」 7장

"하늘은 너르고 땅은 오래간다"라는 원문은 천장지구天長地久이다. 장長을 『설문해자』에서는 구원久遠으로 설명한다. 구久는 오래가는 것이고, 원遠은 멀다는 뜻이다. 멀다는 것은 넓다는 것과 같다. 그러므로 장長은 공간을 뜻하고 구久는 시간을 뜻하는 글자이다. 공간에서 널리 퍼져있고, 시간에서는 오래가는 것이 장구이다. 노자는 장구를 인간 궁극의 욕망으로 본다.

이름과 몸 중에 무엇이 더 가까운가? 몸과 재화 중에 무엇이 더 중요한 가? 얻음과 잃음 중에 무엇이 더 병통인가? 그러므로 심하게 아끼면 반 드시 크게 흩어지게 되고, 많이 갈무리하면 반드시 크게 망한다. 만족 함을 알면 욕되지 않고, 그침을 알면 위태롭지 않으니, 그리하면 장구長 久하리. - 『노자』 44장

명예와 재물과 내 몸 중에 무엇이 더 중요한가? 사람들은 흔히 말한다. 건강을 잃으면 모든 것을 잃는다고. 그렇다면 노자의 질문 에 대한 답은 나와 있다. 명예와 재물과 내 몸 중에서 가장 중요한 것은 몸이다. 내 몸, 내 건강은 세상 그 무엇보다 중요하다. 내가 있 어야 남이 있고, 내가 사랑하는 사람이 있고, 이 세계가 있다. 이것 은 자명한 사실이다. 그런데도 사람들은 내 몸보다 명예와 재물을 앞세운다. 명예와 재물을 더 귀하게 여겨 재물을 쌓아 올리고, 명예 를 아낀다. 세계는 맞얽혀 있다. 아끼는 것은 흩어지게 되고, 많이 쌓을수록 크게 망하게 된다. 그러므로 지금 재물과 명예를 욕망하 기를 그쳐 만족함을 알면 내 몸이 장구하게 된다.

사람을 다스리고 하늘을 섬기는 데 아껴 씀만 같은 게 없다. 대저 오직 아껴 씀을 일컬어 일찍 회복함이라 한다. 일찍 회복함을 일컬어 덕을 거듭 쌓음이라 일컫는다. 덕을 거듭 쌓으면 못 이루는 것이 없고, 못 이 루는 것이 없으면 그 끝을 알 수 없다. 그 끝을 알 수 없으면 나라를 얻 을 수 있으니, 나라를 얻은 그 어미는 널리 퍼지며 오래갈 수 있다. 이

것을 일컬어 뿌리 깊고 단단한 도, 오래 살고 오래 보는 도라고 한다. -
『노자』 59장

욕망의 충족을 자제하고 아껴 써야 한다. 아껴 쓰고 욕망을 채우기를 멈추면 사망빈고로 전화하더라도 얼마 안 가서 다시 회복된다. 다시 회복되면 내 삶을 오래도록 기를 수 있다. 그것이 오래 살고 오래 보는 도이다.

빔[허虛]에 이르기를, 극진히 하고 고요함을 지키기를 도탑게 하면 만물이 다 함께 자라나니 나는 되돌아감을 본다. 만물은 무성하게 자라지만 각기 그 뿌리로 되돌아간다. 뿌리로 되돌아감을 고요함이라 하고, 또 이를 일컬어 명命으로 되돌아간다고 한다. 명으로 되돌아감을 늘 그러함이라 하고, 늘 그러함을 아는 것을 밝음이라 하는데, 늘 그러함을 모른다면 망령되어 흉한 짓을 한다. 늘 그러함을 알면 모든 것을 포용하니, 포용하면 공평하고, 공평하면 왕이 되고, 왕은 곧 하늘이 되고, 하늘은 곧 도道이다. 도는 곧 오래가니, 몸이 다하도록 위태롭지 않다. -
『노자』 16장

노자가 말하는 늘 그러함이란 되돌아감을 말한다. 되돌아감이란 맞얽힌 두 인소의 전화를 말한다. 맞얽힘 법칙을 아는 사람은 맞얽힌 두 인소가 늘 서로 전화함을 안다. 두 인소가 맞얽혀 있음을 알아서 어느 하나에 치우치지 않고 두 인소를 포용한다. 좌파와 우파를 포용하고, 진보와 보수를 포용하고, 가난한 자와 부자를 포용하고, 훌륭한 자와 어리석은 자를 포용하고, 나아가 만물을 포용한다. 맞얽힌 두 인소를 포용함은 어느 쪽으로 치우치지 않고 공평하게 대하는 일이다. 만물을 공평하게 대하는 자는 세상을 다스리는 왕이 될 수 있다. 만물을 포용하고 공평하게 대하지 않는 자는 나라를 다스리는 자리에 있어도 왕이라 할 수 없다. 진정한 왕은 세계의 맞얽힘을 아는 자이므로 곧 하늘이다. 하늘은 도를 본받는다. 우리가 사는 우주가 죽어 사라져도 맞얽힘에 의해 다시 우주가 태어나므로 맞얽힘이라는 도는 사라지지 않고 오래간다. 그러므로 우주의 도인 맞얽힘을 알고 실천하는 자야말로 오래간다. 이것이 노자 사상의 요지이다.

2장

공자, 나와 남의 맞얽힘을 말하다

나는 남을 만들고 남은 나를 만든다. 관계는 서로를 만든다. 이것이 바로 관계의 맞얽힘이다

관계의 맞얽힘을 모르는 자는 자신의 적을 자신이 만들었음을 모른다.

못돼먹은 놈은 없다. 못돼먹은 관계만 있을 뿐이다. 그러므로 문제아도 없고 문제 부모도 없다. 문제 견도 없고 문제 보호자도 없고, 오직 '문제 관계'만 있다.

인자가 오래 사는 것은 인을 편안히 여기기 때문이다. 인자가 편안한 것은 스스로 절제하면서 타인을 배려하기 때문이다. 타인을 배려하면서 살기 때문에 타인으로부터 위협받을 일이 없으며, 나의 요망을 절제하기 때문에 그로 인해 타인의 것을 뺏거나 다른 생명을 해치는 일이 없게 된다. 따라서 인한 삶은 결국 내가 타고난 수명대로 사는 것으로 이어진다.

I. 공자, 노년에 주역의 원리를 깨닫다

공자의 성은 공孔이고 이름은 구丘이다. 자子는 선생님이라는 뜻으로, 후세 사람들이 제자백가의 사상가를 존숭하여 붙이는 호칭이다. 공자의 이름 구丘는 언덕이라는 뜻이다. 구丘라는 이름에 대하여, 공자의 생애를 기록한 『사기』 「공자세가」에서는 "그가 태어났을 때 머리 중간이 움푹 패어 있었기 때문에 구丘라고 이름하였다"라고 전한다. 머리 한쪽이 움푹 꺼지면서 한편이 언덕처럼 불쑥 솟아오른 머리를 우리는 '짱구'라고 부른다. 그래서 나는 공자를 공 선생님보다는 짱구 형이라는 애칭으로 부르길 좋아한다. 가수 나훈아가 소크라테스를 테스 형으로 부르듯이.

짱구 형은 기원전 551년에 태어나 기원전 479년, 73세에 죽었다. 짱구 형이 살았던 때는 춘추시대 말기에서 전국시대로 넘어가는 시기였다. 나라 간의 전쟁이 더 빈번하게 일어나고 한 나라 안에서도 재물과 권력을 둘러싸고 대부들 간에 반란과 다툼이 자주 일어나던 때였다. 자식이 아버지를 죽여 권력을 빼앗고, 대부가 제후를 죽이고, 제후가 왕의 명령을 따르지 않는 시대였다.

반란과 혼란의 시대에 태어난 짱구 형은 어려서 부모를 여의고 가난하고 천대받는 삶을 살았지만, 홀로 공부하여 인과 예를 중심으로 하는 위대한 인문 정신을 세웠다. 비록 살아 있었을 때는 어느 나라에서도 등용되지 못하는 자신의 신세를 '집 잃은 개'라고 한탄하였지만, 그의 사상은 수천 년 세월 동안 면면히 이어져 내려온다. 공자는 스스로 책을 저술하지는 않았지만, 제자들이 공자의 언행을 모아서 편찬한 『논어』와 『공자가어』가 전해 내려온다. 공자의 어록과 사상들이 『중용』, 『예기』 같은 여러 고전에 실려 있는데, 『주역』과 관련한 공자의 해석은 『주역』 「역전」에 실려 있다.

공자는 『주역』 공부를 나이 오십이 다 되어서야 시작한 것으로 보인다.

공자가 말했다. "내가 몇 년 동안 틈을 내 공부하여 50세에 역을 다 배워 큰 잘못이 없게 할 수 있었다." - 『논어』 「술이」

공자는 만년에 『주역』을 가까이하여 「단전」, 「계사전」, 「상전」, 「설괘전」, 「문언전」을 서序했다 - 『사기』 「공자세가」

『사기』에서 말하는 만년은 공자 나이 50세를 말한다. 50세가 왜 만년, 노년이냐고 의문을 가지겠지만, 2백여 년 전만 해도 인간의 평균 수명은 60세가 안 되었으니, 지금으로부터 2,500여 년 전에 50세면 당장 죽어도 이상하지 않은 나이였다.

뒤늦게 공자는 『주역』 공부를 열심히 하였던 것으로 보인다. 『백서 주역』 「요」 편에 이와 관련한 재미있는 일화가 실렸다.

공자가 늙어서 역을 좋아하여 집에 있을 때는 옆에 두고 길을 갈 때는 자루에 넣어 다녔다. 자공이 말했다. "선생님께서 예전에 제자들에게 가르치시기를 '덕행이 없는 자가 신령을 좇고, 지모가 없는 사람은 복서 卜筮를 찾는다'고 말씀하셨습니다. 저는 이 말씀이 옳다고 생각하였습니다. 그런데 선생님의 말씀을 가지고 생각해 보면, 저는 선생님의 모습을 이해할 수 없습니다. 선생님께서는 어떻게 노년에 역을 좋아하십니까?"

공자가 말했다.

"군자는 법도를 갖추어 말을 한다. 내가 역을 좋아하는 것이 예전의 가르침을 어긋나는 것 같아 네가 책망하고 있지만, 나는 내 말을 어기지 않았다. 『주역』의 요지를 살펴보면, 내가 한 말을 어긴 것이 아니다. 지금 전해 내려온 옛날 책에는 결함이 많으나 『주역』은 완전하다. 게다가 또 옛날 성인이 남긴 말이 있다. 나는 『주역』을 복서로 사용하는 것에 그치지 않고, 나는 그 사辭를 즐기고자 하는 것이니, 어찌 내가 『주역』을 좋아하는 것이 잘못이겠는가?" - 백서 『주역』 「요」

자공은 공자의 제자 중 한 명으로, 위 대화에서 자공은 『주역』
은 점치는 책인데 왜 그걸 좋아하냐고 신랄하게 공자를 비판한다.
자공은 예전에는 공자가 『주역』을 점치는 책으로 여겨 "덕행이 없는
자가 신령을 좇고, 지모가 없는 사람이 복서를 찾는다"라고 말하면
서 『주역』을 멀리하라고 했는데, 지금은 왜 항상 『주역』을 손에서
놓지 않느냐는 말이다. 이에 대한 공자의 대답은 어딘가 궁색해 보
인다. 공자가 변명하기를 자신은 『주역』을 점치는 책으로만 보지 않
고 『주역』에 실린 괘효사를 완미하고자 한다고 강변한다. 공자는 당
시 존재했던 책들은 결함이 있으나 『주역』만은 완전하게 전해 내려
온 책으로 본다. 그 속에 옛날 성인들이 한 말이 남아 있으니, 자신
이 지금 『주역』을 가까이하는 것이 예전 자신의 가르침과 어긋나는
일이 아니라고 말한다. 공자도 처음에는 『주역』을 점치는 책으로 바
라보았으나, 노년에 이르러 『주역』을 덕을 말하는 책으로 바라보고
있음을 알 수 있다.

공자를 궁지에 몰아넣은 자공은 계속 공자를 비판한다.

자공이 말했다. "이와 같다면, 군자는 이미 중대한 잘못을 저지른 것입
니다. 저는 선생님에게 '올바름을 좇아 의를 행하면 미혹되지 않는다'고
들었습니다. 지금 선생님께서 말씀하신 『주역』을 복서로 사용하는 것
에 그치지 않고, 그 괘효사를 즐기는 것'은 그릇된 것인데, 이렇게 해도
됩니까?"
공자가 말했다.

"터무니없구나! 사賜(자공의 이름)야! 내가 너에게 역의 도를 가르쳐주겠다. 무릇 역易은 강한 사람으로 하여금 두려움을 알게 하고, 유柔한 사람으로 하여금 강함을 알게 하며, 어리석은 사람은 망령되지 않게 하고, 간사한 사람은 남을 속이는 짓을 하지 않게 한다. 문왕은 인仁하였으나 뜻을 얻지 못하여 그가 생각한 것을 이루지 못하였다. 주왕이 무도하니 문왕이 역을 지어 이를 숨겨서 주紂왕의 박해를 피한 연후에 역은 비로소 흥하였다. 나는 역이 미래를 아는 것을 즐긴다. 문왕이 역을 짓지 않았다면 내가 어찌 문왕이 주왕을 섬긴 일을 알겠는가?"

자공이 말했다. "부자夫子(고대 중국에서 타인에 대한 존칭)께서도 그 서筮를 믿습니까?"

공자가 말했다. "내가 백 번 점을 쳐 칠십 번을 맞혔다. 다만 주양산의 점은 또한 많은 사람이 얻은 것을 따를 뿐이다. 역에서 나는 축祝(무巫와 같은 뜻)과 복卜은 뒤로한다. 나는 역에서 덕과 의義를 볼 뿐이다. 은밀히 신명의 도움을 받아 수數에 통달하면, 수를 밝혀 덕에 통달하고 또 인을 지키고 행할 뿐이다. 은밀하게 신명의 도움을 구하고도 수에 통달하지 못하면 무당에 불과하고, 수에 밝으나 덕에 이르지 못하면 그것은 사史(사는 천문역법과 복서를 담당하는 관리)에 불과하다. 사무史巫의 서筮는 주역점을 우러러보나 이르지 못하고, 점을 쳐 맞히는 것을 좋아하나 그렇게 하지 못한다. 훗날의 선비들이 나를 역 때문에 의심할지 모르지만, 나는 그 덕을 구할 뿐이다. 나와 사무는 길은 같으나 지향하는 것은 다르다. 군자는 덕을 행함으로써 복을 구하므로 제사를 통해 복을 구하는 것이 적다. 인의를 행함으로써 길함을 구하므로 복서로 길함을 구하는 일이 드물다. 이것은 축祝과 무巫와 복서卜筮를 뒤로한 것이 아닌가?" - 백서『주역』「요」

공자는『주역』이 점치는 책임을 부정하지 않았을 뿐 아니라 매우 자주 주역점을 쳤던 것으로 보인다. 그것도 백 번 점을 쳐 칠십 번을 맞힐 정도로 용한 점쟁이였다.

물론 공자가『주역』을 통해 통달한 것은 점술만은 아니었다. 공자는『주역』을 통해 도달할 수 있는 세 가지 단계에 대해 말하였다. 첫째는 점을 쳐서 신의 뜻을 구하지만 수에는 통달하지 못하는 무당, 두 번째는 수에는 통달하여도 덕에 통달하지 못하는 사史, 세 번째는 역을 통해 덕을 구하는 군자이다. 공자의 말에 따르면, 공자는 점을 쳐 수에도 통달하였고 이로써 덕에 통달하는 단계에 이르렀다.

이것은 춘추 시대에『주역』을 둘러싼 혼란상을 보여준다. 한편에서는 여전히『주역』을 점치는 책으로 여기면서도 한편에서는『주역』의 괘상과 괘효사를 이용하여 덕을 구하고자 하였다. (주역에 관한 더 깊은 이해를 위해서는 별첨 〈주역편〉을 참고하기 바란다.)

나아가 공자는『주역』을 통하여 덕에 통달하였을 뿐 아니라 괘상과 괘효사를 탐구하여 세계의 원리도 깨달았다.

공자가 역을 읽다가 손익損益 두 괘에 이르러서는 책을 덮으면서 감탄하지 않은 적이 없었다. 제자들에게 훈계하시기를, "이삼자二三子(이삼자는 공자가 제자들을 가리키는 말이다) 무릇 손익의 도는 신중히 살피지 않을 수 없는데 그것은 길흉이 드나드는 문이기 때문이다. 익益이라는 괘는 봄에서 여름으로 옮겨가는 때로 만물이 소생한다. 낮이 길어져 그 극에 이르러 만물을 낳는 방이다. 그러므로 익이라고 한다. 손損이라는 괘는 가을에서 겨울로 옮겨가는 때로 만물이 늙어 쇠퇴한다. 밤이 점점 길어져 그 극에 이르러 만물이 죽는 방이다. 그러므로 손이라고 한다. 도는 궁극에 이르면 낳고, 도가 궁극에 이르면 사라진다. 익괘는 처음은 길하나 그 끝은 흉하다. 손괘는 처음에는 흉하나 그 끝은 길하다. 손익의 도는 천지의 변화와 군자의 일을 살펴보기에 충분하다. 그래서 손익의 변화를 살피는 자는 근심과 기쁨으로써 움직여서는 안 된다. - 백서 『주역』「요」

손損(䷨)괘, 익益(䷩)괘는 괘명의 뜻과 괘상이 서로 맞얽힘의 관계이다. 손損은 손해, 감손, 덜어 냄의 뜻이고, 익益은 증익, 더함, 보탬의 뜻이다. 괘상도 손(䷨)을 뒤집으면 익(䷩)이 되고, 익(䷩)을 뒤집으면 손(䷨)이 된다. 공자는 익괘를 봄에서 여름으로 옮겨가는 계절을 상징하는 괘로 보았다. 봄에서 여름으로 가는 과정은 점차 날이 따뜻해지다가 여름에 이르러 더위가 극에 달한다. 겨우내 얼어있던 만물이 점차 소생하다가 여름에 이르러 왕성해진다. 그러므로 익괘는 도가 궁극에 이르러 만물을 낳음을 보여준다.

반면에 손괘는 가을에서 겨울로 옮겨가는 계절을 상징한다. 가을에서 겨울로 가는 과정은 점차 날이 추워지다가 겨울에 이르러 추위가 극에 달한다. 여름에 왕성해졌던 만물이 점차 사그라지며 겨울에 그 자취를 감춘다. 그러므로 손괘는 도가 궁극에 이르러 만물이 사라짐을 보여준다. 도가 궁극에 이르면 왕성해지고, 도가 다시 반면으로 전환하여 궁극에 이르면 사라진다. 사라진 것처럼 보이는 도는 봄이 오면 다시 살아난다. 공자는 이것을 손괘와 익괘가 상징하는 현상이라고 한다.

세계는 맞얽힘의 원리로 운행되므로, 한 인소가 궁극에 이르면 맞얽혀 있는 다른 인소로 전화된다. 그렇게 전화된 다른 인소도 궁극에 이르면 맞얽혀 있는 인소로 전화된다. 이처럼 맞얽힌 두 인소의 왕복 운동으로 변화가 이루어진다. 도가 궁극에 이르면 낳고 궁극에 이르면 사라진다는 공자의 말은 왕복 생성 운동을 뜻한다. 그러므로 왕성해졌다고 기뻐할 것도 없고, 사라졌다고 근심할 것도 없다. 많이 가지면 다시 잃게 되므로 기뻐할 일도 없고, 하나를 잃게 되면 다른 것을 가지게 되므로 근심하거나 슬퍼할 일도 없다. 공자는 손익으로 변화를 살피는 자가 근심과 기쁨으로 움직여서는 안 된다고 했는데, 바로 이러한 이치에서 한 말이다.

공자는 손익 두 괘의 괘상과 괘명에서 맞얽힘의 관계를 읽어 내고, 그로부터 사물의 소장消長(줄어들고 늘어남)과 변화를 말한다. 그래서 손익 두 괘로 천지의 변화와 군자의 일을 살펴보기에 충분하다. 64괘 중에서 손익 두 괘만으로도 천지의 변화를 알 수 있는데 굳이 미래를 예측하기 위해 점을 칠 필요가 있을까.

그러므로 현명한 군주는 천시도 묻지 않고 별자리도 보지 않으며, 좋은 날을 따지지도 않고 좋은 달을 따지지도 않으며, 거북복을 치지도 않고 서점을 행하지도 않으면서도 길과 흉을 알아 천지의 이치에 순응하니 이것을 역도易道라고 한다.

그러므로 역에는 천도天道가 있다. 그러나 천도는 일월성신으로 모두 말할 수 없으므로 음양으로써 말한다. 또 지도地道가 있다. 그러나 지도는 수화금토목의 오행으로 모두 말할 수 없으므로 강유剛柔의 법칙으로써 말한다. 또 인도人道가 있다. 그러나 인도는 부자·군신·부부·앞뒤로 모두 말할 수 없다. 그러므로 상하上下로써 요지를 말하였다. 또 사계절의 변화가 있다. 그러나 사계절의 변화는 만물로써 모두 말할 수 없다. 그러므로 팔괘로써 말하는 것이다. -『백서 주역』「요」

맞얽힘의 원리를 깨달은 자는 무엇 때문에 인간사의 길흉이 발생하는지를 알기에 각종 점을 칠 필요가 없고 택일할 이유도 없다.

공자가 말한 천도의 음양, 지도의 강유, 인도의 상하, 사계절의 팔괘는 모두 맞얽힘의 상이다. 맞얽힘이 하늘에 구현되면 음양 즉 어둠과 밝음으로 나타나고, 땅에 구현되면 강유로 나타나고, 사람에게 구현되면 상하 즉 위아래로 나타나고, 사계절에 구현되면 팔괘로 나타난다. 팔괘의 건(☰)은 곤(☷)과, 태(☱)는 손(☴)과, 리(☲)는 감(☵)과, 진(☳)은 간(☶)과 맞얽힘 관계이다. 사물에 따라 나타나는 현상은 다르지만, 그 모든 것은 맞얽힘에 의해 이루어진다고 공자는 설명한다.

지도를 말할 때 오행으로 모두 말할 수 없다고 한 것은 오행이 세계의 원리나 법칙이 아님을 뜻한다. 지금은 음양오행을 한 단어로 사용하여 같은 개념으로 인식하지만, 음양과 오행은 매우 다른 개념이며 그 기원부터가 다르다. 음양은 만물이 맞얽힌 두 인소의 상호작용으로 인해 생성·운행된다고 보는 개념이고, 오행은 이 세계의 운행을 목·화·토·금·수 다섯 가지 요소의 상생상극으로 이해하는 개념이다. 상생상극은 '서로를 낳지만 서로 대립한다' 뜻으로 맞얽힘을 의미한다. 오행은 맞얽힘으로 세계의 운행을 파악하는 점에서 음양과 같다. 그러나 세계의 운행 원리가 다섯 가지 요소의 맞얽힘으로만 한정되지 않기에 오행은 틀렸다. 오행은 이제 버려야 한다. 동양 사상이 비합리적인 길로 가게 된 이유 중 하나는 맞얽힘이라는 세계의 실재 원리를 발견해 놓고도 오행과 같은 비합리적인 개념을 도입하였기 때문이다.

『주역』이 맞얽힘을 말하고 있음을 공자의 다음 글에서도 알 수 있다.

공자가 말했다. "건곤은 『주역』의 문門인가? 건은 양陽의 물상이고, 곤은 음陰의 물상이다. 음과 양이 덕을 합하고 강剛과 유柔가 형체를 이루게 되니, 두 형체로써 천지가 갖추어지고, 두 실체가 통함으로써 신명神明의 덕이 이루어진다. 건곤, 음양, 강유와 같은 이름으로 일컬은 것은 서로 섞이지만 서로를 넘어서지 않기 때문이다. 그 분류를 살펴보니 衆와 같은 세계의 뜻을 드러낸 것이 아닌가?" - 『주역』「계사전」

건(☰)은 양이 여섯 개이고, 곤(☷)은 음이 여섯 개이다. 건곤을 『주역』의 문이라 한 것은 『주역』 64괘 중에서 건괘와 곤괘가 각각 양효와 음효로만 이루어졌기 때문이다. "음과 양이 덕을 합한다"라는 말에서 덕은 '성질'을 뜻하며, 덕을 합한다라는 말은 음양의 성질이 섞임을 뜻한다. "강과 유가 형체를 이루게 되니"라는 말은 맞얽힘 작용으로 사물이 만들어짐을 뜻한다. 강과 유라는 맞얽힘으로 "천지가 갖추어지고, 두 실체가 통합으로써 신명의 덕이 이루어"지게 된다.

위 인용문에서 𧊅로 되어 있는 글자는 원문에서는 사蝏로 쓰여 있다. 사蝏는 도롱이를 뜻할 때 사로 읽고, 쇠망을 뜻할 때 쇠로 읽는다. 사蝏를 『주역 왕필주』를 비롯한 모든 『주역』 책에서 쇠미, 쇠잔으로 해석하였다.

> 그 종류를 고찰해 보면 쇠미한 세상의 뜻이 아닌가. - 임채우 역, 『주역 왕필주』

> 그 종류를 상고하니 쇠한 세상의 뜻일 것이다. - 성백효 역주, 『주역전의』

그런데 그 바로 앞 문장에서 "건곤, 음양, 강유와 같은 이름으로 일컬은 것은 서로 섞이지만 서로를 넘어서지 않기 때문"이라고 말하였다. 이 문장은 건곤, 음양, 강유와 같은 용어들이 의미하는 바가 서로 섞이지만 서로를 넘어서지 않는다고 설명한다. 서로 섞이지만 서로를 넘어서지 않는다는 것은 맞얽힘을 뜻한다. 서로 섞인다는 것은 얽힘을 말하며, 서로 넘어서지 않는다는 것은 맞섬을 뜻한다. 그런데 갑자기 공자가 쇠미한 세상의 뜻이라고 말했다는 것은 맥락에 맞지 않는다.

사袞를 『설문해자』에서는 袞, 袞로 그리고 초우의艸雨衣로 설명한다. 초우의艸雨衣는 풀로 만든 비옷의 뜻으로 도롱이를 말한다. 이 비옷은 풀로 만들었기 때문에 한 번 쓰고 나면 망가져서 다시 쓸 수 없다. 이로부터 쇠망, 쇠미라는 뜻이 후대에 나왔다. 춘추시대에 사袞는 쇠미라는 뜻이 아니라 도롱이라는 뜻으로 썼다. 그런데 여기서 도롱이라는 뜻으로 해석하면 문장이 되지 않는다. 그렇다면 여기서 사袞를 쓴 이유가 무엇일까?

나는 이에 대해 궁리하다가 『설문해자』에 있는 사袞의 모양을 보고서는 사袞가 뜻 문자가 아니라 상형문자로 쓰였다는 점을 깨달았다. 『설문해자』에 그려져 있는 사袞는 하나의 도롱이 아래 두 사람이 들어가 있는 모양(袞)이거나 비옷 아래 사람의 팔다리가 양쪽으로 뻗어 있는 모양(袞)이다. 『설문해자』를 편찬한 허신은 전서체를 썼는데, 전서체는 상형문자에서 현대 한자의 서체로 변화하는 과정에 있는 서체이다. 그래서 그 모양에 상형문자의 특징이 많이 남았다. 예를 들어 마음 심心은 『설문해자』에는 ψ로 그려져 있다. 이 모양은 심心의 갑골문 ♡에 가까운 모양이다.

공자는 袞, 袞와 같은 글자의 모양으로 음양, 강유, 건곤의 두음절어가 하나의 단어를 구성하고 있음을 드러냈다. 위에 쓴 삿갓은 서로 섞임을 상징하고, 삿갓 안에 분리된 팔다리는 넘어서지 않음을 상징한다. 여기서 우리는 공자가 음양을 '서로 섞이지만 넘어서지 않음'이라는 세계의 원리를 설명하는 글자로 보았음을 알 수 있다. 즉 공자는 역을 통해 세계의 원리를 깨달은 것이다. 그 원리는 바로 맞얽힘이다.

2. 인仁, 나와 남의 맞얽힘

공자 언행집인 『논어』를 보면 공자의 중심 사상은 '인仁'이다. 공자가 인을 얼마만큼 중시하였는가는 살신성인殺身成仁이라는 글귀에서도 드러난다.

> 공자가 말했다. "뜻을 품은 선비와 인자는 생을 구하여 인仁을 저버리지 않고, 자신을 죽여서라도 인을 이룬다." - 『논어』「위령공」

나의 목숨과 인을 선택해야 하는 상황이 온다면 나를 죽여서라도 인을 이루어야 한다는 살신성인을 말할 정도로 공자는 인을 중시하였다. 인仁은 『논어』에 나오는 글자 중에 가장 많은 105번 나온다. 공자가 이토록 중시한 인이지만 이천오백여 년이 지난 지금도 인이 무엇을 뜻하는지 학자마다 해석이 다르다. 어떤 사람은 여러 가지 덕성이 완성된 인격의 명칭이라고 하고, 어떤 사람은 자비심이라고 하고, 어떤 사람은 인문정신으로 보고, 어떤 사람은 덕의 절정, 즉 인간성의 완성을 표시하는 전문용어로 설명한다. 보통 인仁을 우리말로는 어질다, 인자하다고 번역하는데, 혹자는 인을 어질다고 번역하면서 인의 뜻이 어지러워졌다고 비판하며 인을 번역하지 않고 그대로 사용한다. 어떤 학자들은 현賢도 어질다고 번역하여 어지러움을 더욱 부채질하였다. 그런데 인의 뜻이 어지러워진 것은 공자에게도 책임이 있다. 『논어』에 보면 공자는 사람들이 누가 인하느냐고 물을 때마다 모르겠다고 대답하였다.

맹무백이 물었다. "자로는 인仁합니까?"
공자가 대답했다. "모른다."
재차 물으니, 공자가 대답했다. "자로는 천 대의 전차를 가질 정도의 국력을 지닌 나라의 군대 재정을 맡길 만하지만, 인한지는 모르겠다."
"구求는 어떻습니까?"
공자가 대답했다. "구는 천 가구의 읍이나 백 대의 전차를 가지고 있는 대부 가문에서 가신을 맡길 만하지만, 인한지는 모르겠다."
"적赤은 어떻습니까?"
"적은 예복을 입고 조정에 서서, 다른 나라에서 온 빈객을 맞이하여 말을 나누게 할 만하지만, 그가 인한지는 모르겠다." - 『논어』 「공야장」

어떤 이가 말하기를 "염옹冉雍은 인仁하기는 한데 말재주가 없습니다."

공자가 말했다. "말을 잘해서 어디에 쓰겠는가? 입을 잘 놀리는 것으로 남을 상대하는 자는 자주 남에게 미움만 살 뿐이다. 염옹이 인한지는 모르겠으나, 말을 잘해서 어디에 쓰겠는가?"

- 『논어』「공야장」

자장이 물었다. "자문은 세 번 벼슬길에 나아가 영윤이 되었는데도, 기뻐하는 기색이 없었습니다. 세 번 벼슬을 그만두었는데도 서운해 하는 기색이 없었습니다. 그리고 자신이 맡았던 영윤의 정사政事를 새로 부임해 오는 영윤에게 반드시 알려주었습니다. 어떻습니까?

공자가 대답했다. "충忠하구나."

자장이 물었다. "인하다고 할 수 있습니까?"

"모르겠다. 어찌 인하다고까지 할 수 있겠는가?"

- 『논어』「공야장」

공자는 왜 "인한지는 모르겠다.", "인하다고 할 수 있겠는가?"라고 이야기했을까? 공자가 이렇게 애매모호하게 대답한 것은 혹시 인에 대해 몰랐기 때문은 아닐까?

이에 대한 사실을 알고자 한다면 먼저 인의 기원이 어디서부터 유래했는지를 알아야 한다. 인仁은 공자가 만든 글자가 아니다. 이는 『시경』, 『서경』, 『춘추좌전』을 통해 확인할 수 있다. 『시경』에는 인이 세 번 등장한다.

숙叔이 사냥 나가니

거리에는 사는 사람 없는 듯.

어찌 사는 사람이 없을까요?

숙처럼

정말 멋지고 인仁한 사람이 없는 거지.

- 『시경』「정풍」<숙이 사냥 나가다>

사냥개 방울 딸랑딸랑

그 사람 멋지고 인仁하도다.

사냥개 큰 목걸이 작은 목걸이 달았고

그 사람 멋지고 씩씩하기도 하지.

- 『시경』「제풍」<사냥개 방울>

『시경』에 등장하는 인은 모두 사람의 외양을 가리키는 용어로 사용되어, 사람의 외모가 멋지고 씩씩하다는 느낌을 담는다. 『춘추좌전』에 등장하는 인에 대해서는 목강의 말에 등장한다. 목강은 수괘 괘사 원형이정 중의 원元을 해석하여 "인仁을 몸소 행하면 사람의 으뜸이 될 수 있다"라고 말하였다. 여기서 인은 사람을 다스리는 지도자가 되기 위한 덕목을 의미한다.

이처럼 여러 고전 중에 등장하는 인의 용례를 볼 때 인은 사람의 외모와 성품을 가리키는 단어로 사용하였지만, 그 뜻은 불분명하다. 따라서 공자가 어떤 사람이 인한지에 관해 물으면 애매모호하게 대답하는 것도 이해할 수 있다. 즉 공자 시대까지도 인仁이 무엇인지 정확하게 정의가 내려지지 않았다고 볼 수 있다.

그렇다고, 공자가 인을 정의한 적이 없었던 것은 아니다. 『논어』에 다음과 같은 대화가 나온다.

> 번지가 인仁에 대해 물었다. 공자가 말했다. "사람을 사랑하는 것이다."
> - 『논어』 「안연」

여기서 인은 "사람을 사랑하는 것"이라는 뜻이다. 그런데 이 정의를 가지고 "자로는 인仁합니까?"라는 질문에 나오는 인을 해석하면 이상해진다. 자로는 사람을 사랑하냐고 물었는데 "자로가 사람을 사랑하는지는 모르겠다"라고 공자가 대답했다는 건 말이 안 된다. 그러므로 공자가 인을 사람을 사랑하는 것이라고 말한 정의를 인의 보편적 정의라고 볼 수는 없다. 공자가 인은 사람을 사랑하는 것이라고 한 말은 번지라는 사람의 성격에 맞춰서 대답했다고 봐야 한다. 이러한 점은 다음 공자의 말을 통해 알 수 있다.

> 번지가 인에 대해 묻자, 공자가 말했다. "평소에는 공손하고, 일할 때는 경敬하며, 사람을 대할 때는 충忠해야 한다." - 『논어』 「자로」

번지가 똑같이 인에 대해 물었는데, 공자의 대답은 다르다. 그것은 상황에 따라 질문자의 성격에 따라 답변을 달리했음을 의미한다.

그런데 후세 사람들이 사랑을 인의 정의라고 오해하기 시작했다. 오해의 대열에 첫 번째로 등장한 사람이 맹자이다. 『맹자』「이루 상」편에 "맹자가 말했다. 인자仁者는 남을 사랑한다"라는 말이 나오고, 「진심 상」편에 "맹자가 말했다. 인자仁者는 사랑하지 않는 것이 없다"라는 구절이 나온다. 나아가 맹자는 남을 측은하게 여기는 마음, 즉 측은지심은 인仁의 단서(측은지심이 남을 사랑하는 마음의 단서라는 뜻이다)로 말함으로써 인의 뜻을 사랑으로 왜곡, 축소하는 데 결정적 역할을 하게 된다. 유가들이 공자의 도통을 이었다고 생각해 온 맹자가 사실은 수천 년 동안 공자의 뜻을 잘못 이해하게 만든 장본인이었다.

공자에게 인仁은 사람을 사랑하는 것을 의미하지는 않는다. 다음 공자의 말을 통해서도 알 수 있다.

공자가 말했다. "오직 인자만이 다른 사람을 좋아할 수 있고, 미워할 수 있다." - 『논어』「이인」

맹자는 인자가 사랑하지 않는 것은 없다고 말했는데 왜 공자는 인자만이 남을 미워할 수 있다고 말했을까? 공자 나이 56세에 노나라의 대사구라는 벼슬에 올랐을 때, 노나라의 정치를 어지럽힌 대부 소정묘를 죽인 일이 있었다. 인의 뜻이 사랑이라면 공자가 사람을 죽인 일에 대해서는 어떻게 이해할 수 있단 말인가?

그렇다면 공자가 말한 인의 뜻은 사랑이 아니다. 공자가 강조한 인의 뜻은 무엇일까? 『중용』에 공자가 인을 정의하는 장면이 나온다. 정치에 관해 묻는 노나라 군주 애공의 질문에 공자가 대답하는 장면이 있는데, 그 답변 중에 공자는 '인仁은 사람'으로 정의한다.

공자의 정의처럼 인仁을 사람이라는 뜻으로 사용한 용례가 『논어』에 등장한다. 공자가 제자인 재아와 대화를 나누는 장면에 정유인언井有仁焉 문장이 나온다. 이 문장은 우물에 사람이 빠졌다는 뜻으로, 여기서 인仁은 사람을 뜻한다. 이 문장의 인仁을 어짊으로 번역하면 우물에 어짊이 빠졌다고 해석되어 정말로 인이 어지러워진다.

공자의 말대로 인仁이 사람을 뜻한다면 사람을 뜻하는 인人이라는 글자가 있었는데, 왜 굳이 인仁을 사용하여 강조한 것일까? 그 까닭은 인仁이라는 글자의 모양에서 찾을 수 있다. 인仁을 파자하면 인人과 두 이二로 구성된다. 인人은 한 명의 사람을 가리키고, 인仁은 사람과 사람을 의미한다. 인人과 인仁의 차이는 이와 같은 글자의 구성에서 생겨난다. 인仁에서 앞의 인人은 나를 뜻하고, 그다음 인人은 남을 뜻한다. 또는 남과 나, 사람과 사람으로 보아도 된다. 그런데 나는 남이 될 수 없고, 남은 내가 될 수 없다. 내가 아무리 자식을 사랑한다 해도 내가 먹는 건 내 뱃속으로 들어가는 것이지 자식 뱃속으로 들어가는 건 아니다. 그런 점에서 자식이라도 남이다. 이처럼 우리는 모두 남과 분리된다. 나는 남과 맞선 존재이다. 하지만 그렇다고 나와 남이 전혀 관계가 없다고 할 수 있을까? 자식과 가족과 내가 아무 관계가 없을까? 모든 사람이 이 질문에 아니라고 대답할 것이다. 왜냐하면, 나는 남이 없으면 살 수 없기 때문이다. 나와 남은 우리를 이루어 함께 산다. 이처럼 서로 얽혀 있다. 얽혀서 사회를 이룬다.

나와 남은 맞서면서 서로 얽힌, 맞얽힘의 관계이다. 이것을 한 글자로 표현하면 인仁이다. 인仁은 관계의 맞얽힘을 상징하는 글자이다.

관계의 맞얽힘을 쉽게 말하자면 '남이 나를 대하는 태도는 나로 인해 결정된다'고 할 수 있다. 이때 '나'는 나의 '존재'일 수도 있고 나의 '태도'일 수도 있다. 내 주위에 없던 존재가 나타나면 누구나 신경이 쓰이기 마련이다. 설령 그 존재가 나에게 아무런 행위를 하지 않아도 존재만으로 나에게 영향을 끼친다. 존재도 영향을 끼치지만 남이 나를 대하는 태도에 더 큰 영향을 미치는 것은 남을 대하는 나의 태도이다.

어느 날 내 지인이 이런 이야기를 들려준 적이 있었다. 며칠 전 점심때쯤 회사에 있는 남편에게서 전화가 걸려 왔단다. 전화를 받았더니 대뜸 이렇게 묻더란다.

"여보, 당신은 나를 존중하오?"

"당근이죠!!"

"뭐라고요?"

"당연히 당신을 존중한다고요."

이 소리를 들은 남편이 갑자기 전화를 뚝 끊더란다. 남편은 한참 뒤에 전화를 걸어서 자초지종을 설명했다. 내용인즉슨 다음과 같다. 같이 식사하던 직장 동료가 아내들은 남편을 존중하냐며 묻기에 당연히 서로 존중하는 거 아니냐고 남편이 대답했단다. 그랬더니 확인해 본다며 동료가 자기 아내에게 스피커폰으로 전화해서 물었단다.

"자기는 나를 존중해?"

"뭐? 미친. 시끄러! 끊어!!"

뚝.

직장 동료는 형님도 똑같은 답을 들을 거라며 술값 내기를 하자고 했단다. 그래서 바로 아내에게 전화했었던 것이라고 한다.

이 에피소드를 들으면서 나는 지인 남편의 말에서 지인 남편과 동료의 차이점을 알 수 있었다. 지인 남편은 아내와 남편이 서로를 존중하는 관계로 생각한 반면에 남편의 동료는 다음과 같이 말했다고 한다. "아내는 남편을 존중하냐고" 그 동료는 자신이 존중받으려면 자신이 아내를 존중하면 된다는 관계의 맞얽힘을 모르는 사람이다.

남이 나를 대하는 태도는 나로 인해 결정된다는 문장에서 나와 남을 바꾸면 다음 문장이 된다. 내가 남을 대하는 태도는 남으로 인해 결정된다.

내가 젊은 시절 좋아하던 소설가 중에 이문열 작가가 있었다. 『젊은 날의 초상』, 『변경』, 『사람의 아들』, 『추락하는 것은 날개가 있다』 등을 읽으며 십 대의 한 시절을 보냈었다. 1990년대 후반쯤 어느 날 신문에 소위 진보적인 사람들이 이문열 책 장례식과 화형식을 연다는 기사가 실려서 의아해했다. 내가 읽었던 어느 책에서도 이문열을 극우보수라고 단정할 만한 내용이 없었기 때문이었다. 아무튼 그 이후 이문열은 보수 우익 논객의 대명사가 되었다. 그런데 몇 년 전 이문열은 어느 인터뷰에서 그것이 자의가 아니라 타의에 의한 변화였다고 고백했다. 진보 진영을 좋아하진 않았지만, 심정적으로 동정적이긴 했다고. 그런데 그쪽에서 집요하게 미워하기만 하니까 그 서운함 때문에 더 반대쪽으로 이동하게 되었다고 밝혔다. 애초 이문열은 진보도 보수도 아니었다. 그런 그가 바뀌게 된 것은 좌파들이 이문열을 자기편 안 든다고 미워하면서부터였다. 이문열 책 장례식과 화형식은 증오의 상징적 장면이자 이문열 작가가 보수로 돌아서게 된 결정적 계기가 되었다. 이문열 작가가 어정쩡한 태도를 취하기는 했지만, 좌파들이 그를 보듬고자 노력했다면 이문열은 최소한 중립적 자세를 유지했을 것이다. 좌파들이 그를 미워하자 이문열은 보수 우익이 되어버렸다. 그렇다면 이문열 작가가 보수가 된 것은 이문열 자신의 선택인가 아니면 좌파가 그리 만든 것인가? 이문열 작가가 진보좌파를 대하는 태도는 진보좌파로 인해 결정된 것이다.

내가 즐겨 보는 TV 프로그램 중에 〈금쪽같은 내 새끼〉라는 육아 프로가 있다. 부모들이 자식 교육을 상담하는 프로그램으로, 부모가 아이에게 문제가 있다고 상담을 원하는 경우가 대부분이다. TV에 나오는 아이들 중 일부는 정말 심각한 문제가 있어 보인다. 그런데 아이와 부모가 같이 생활하거나 대화하는 장면을 보면 아이의 문제는 부모가 만들었다는 것을 알 수 있다. 그래서 자식의 문제를 고치는 것이 아니라 부모가 자식을 대하는 태도를 고치면 자식의 문제는 저절로 고쳐진다.

자식만 그러할까? 요즘 개나 고양이를 키우는 사람이 많다 보니 TV 예능 프로그램에서도 개를 키우는 방법을 가르쳐 준다. 그중 〈세상에 나쁜 개는 없다〉나 〈개는 훌륭하다〉를 보면 집에서 키우는 개의 문제 행동은 모두 보호자가 만들었다. 개의 문제 행동을 자세히 들여다보면 대부분 보호자의 과잉 사랑이 원인이다. 그래서 훈련사들은 개를 훈련하면서 동시에 보호자가 과잉 사랑을 하지 않도록 보호자를 훈련한다. 그래야 개의 문제 행동을 고칠 수가 있기 때문이다.

나는 남을 만들고 남은 나를 만든다. 관계는 서로를 만든다. 이것이 바로 관계의 맞얽힘으로, 공자는 이 점을 이렇게 표현했다.

공자가 말했다. "남이 나를 알아주지 않는다고 걱정하지 말고 내가 남을 알아보지 못하는 것을 걱정하라." -『논어』「학이」

남이 나를 알아주기를 바라면 내가 먼저 남을 알아주면 된다. 남이 나를 칭찬하기를 바라면 내가 먼저 남을 칭찬하면 된다. 이러한 관계의 맞얽힘을 아는 자는 남이 나를 왜 이렇게 대하는지를 남에게서 찾지 않고 나에게서 찾는다.

공자가 말했다. "군자는 자신에게서 찾고, 소인은 남에게서 찾는다."
-『논어』「위령공」

공자가 말했다. "스스로 자신을 많이 꾸짖고 남을 적게 꾸짖으면, 원망이 멀어질 것이다." - 『논어』「위령공」

관계의 맞얽힘을 모르는 자는 자신이 아내에게서 존중받지 못하는 이유를 아내에게서 찾지 자신에게서 찾지 않는다. 관계의 맞얽힘을 모르는 자는 자신의 적을 자신이 만들었음을 모른다. 이문열을 보수 우익이라고 비난한 사람들이 이문열을 자신의 적으로 만들었고, 이문열 또한 보수 우익이 됨으로써 진보 좌파를 적으로 만들었다. 내가 나의 적을 만들었는데 그걸 모르고 도대체 누구 탓을 한단 말인가.

남이 나를 대하는 태도는 나로 인해 결정되므로, 공자는 남에게 온화, 선량, 공경, 검소, 양보로써 대하라고 말한다.

자금이 자공에게 물었다. "선생님께서는 한 나라에 이르시면 반드시 그 나라의 정치에 대해 들으시는데 이는 스스로 구하신 것입니까? 아니면 그들이 들려주는 것입니까?

자공이 대답했다. 선생님께서는 온화, 선량, 공경, 검소, 양보로써 그것을 얻으셨다." - 『논어』「학이」

번지가 인에 대해 묻자, 공자가 말했다. "평소에는 공손하고, 일할 때는 경敬하며, 사람을 대할 때는 충忠해야 한다." - 『논어』「자로」

내가 남에게 원하는 것이 있을 때 온화, 선량, 공경, 검소, 양보로써 그것을 요청한다면 내가 원하는 것을 못 얻을 리가 없다. 남편이 아내에게 존경을 받고 싶다면, 평소에 아내를 온화, 선량, 공경, 검소, 양보의 자세로 대해야 한다. 아내가 절로 존경하지 않을 리가 없다.

윤리는 내가 어떠한 존재인가의 문제가 아니라 내가 남으로부터 어떠한 대우를 받고 싶은가의 문제이다. 못돼먹은 놈은 없다. 못돼먹은 관계만 있을 뿐이다. 그러므로 문제아도 없고 문제 부모도 없다. 문제 견도 없고 문제 보호자도 없고, 오직 '문제 관계'만 있다. 내가 착하게 살아야 하는 것은 남을 착한 마음으로 대할 때 남도 나를 착하게 대하기 때문이다. 내가 남에게 못되게 굴면 남도 나에게 못되게 굴기 마련이다.

혹자는 인을 관계의 맞얽힘으로 해석하는 나의 주장에 동의하지 않을 수도 있다. 그런데 인을 관계의 맞얽힘으로 인자仁者는 맞얽힘을 깨달은 자로 해석하지 않으면, 다음 공자의 말을 설명할 수 없다.

공자가 말했다. "지혜로운 자는 미혹되지 않고, 인자는 걱정하지 않고, 용기 있는 자는 두려워하지 않는다." - 『논어』 「자한」

지혜로운 자가 미혹되지 않고 용기 있는 자가 두려워하지 않는 것은 쉽게 이해할 수 있다. 그런데 왜 인자는 걱정하지 않는가? 인자는 왜 근심에 휩싸이지 않는가?

앞서 공자는 『주역』 손괘와 익괘에 대해 설명하면서 "손익의 변화를 살피는 자는 근심과 기쁨으로써 움직여서는 안 된다"라고 말했다. 공자가 잃었다고 근심하고 얻었다고 기뻐하지 말라고 한 것은 손해와 이익이 맞얽혀 있기 때문이었다. 인자는 맞얽힘을 아는 자이므로 얻어도 기뻐하지 않고 잃어도 걱정하지 않는다. 그래서 공자가 "인자는 걱정하지 않고"라고 말한 것이다.

공자가 맞얽힘을 깨달았음을 보여주는 또 다른 증거는 과유불급過猶不及이다.

> 자공이 물었다.
> "자장과 자하 중에 누가 더 낫습니까?"
> 공자가 말했다. "자장은 지나치고 자하는 미치지 못한다."
> 자공이 말했다. "그렇다면 자장이 더 낫습니까?"
> 공자가 말했다. "지나침은 미치지 못함과 같다."
>
> - 『논어』「선진」

지나침은 『주역』 건괘로 설명하자면 상구에 해당한다. 상구 효사는 끝까지 올라간 용이니 후회하게 된다는 말이다. 끝까지 올라갔다는 것은 지나쳤다는 것이다. 미치지 못함은 초구에 해당한다. 초구 효사는 잠겨 있는 용이니 움직이지 말라는 말이다. 건괘의 변화가 상구에 이르러 극에 달하면 다시 초구로 돌아온다. 그러므로 건괘에서 상구는 초구와 같다. 지나침은 미치지 못함과 같다. 공자는 맞얽힘을 깨달았으므로 과유불급이라 말했다.

인仁을 관계의 맞얽힘을 뜻하는 글자로 여긴 공자는 인仁을 사람의 주체성과 타인과의 관계성을 동시에 뜻하는 글자로 바라보았다. 사람은 홀로 존재하면서도 타인과의 관계를 통해서만 사람이 될 수 있음을 인仁은 드러낸다. 나는 나라는 주체이자 관계이다. 그러므로 공자는 나를 말하면서 타인과 어떻게 관계를 맺을지 말한다. 먼저 공자는 내가 어떻게 살아야 할지 말한다.

공자가 말했다. "군자는 스스로 소중히 여기지 않으면 위엄이 없으니, 배워도 견고하지 않게 된다. 충忠과 신뢰를 위주로 하며, 나보다 못한 벗은 없으니, 허물이 있으면 고치기를 꺼리지 말아야 한다." - 『논어』 「학이」

공자는 말했다. "교묘한 말과 아부하는 표정에는 인이 드물다." - 『논어』 「학이」

공자가 말했다. "지위가 없음을 걱정하지 말고, 어떻게 똑바로 설 것인가를 걱정하라. 아무도 나를 알아주지 않음을 걱정하지 말고, 알아줄 만한 실력을 갖춰라." - 『논어』 「이인」

공자가 말했다. "제자들은 집에 들어오면 효도하고, 밖에 나가서는 모든 이를 공경하고, 정중하고 믿음직스럽게 처신하며, 사람을 널리 사랑하고 인仁한 자를 가까이하여야 한다. 이것을 행한 후 여력이 생기면 그때서야 학문을 한다." - 『논어』「학이」

"인이 멀리 있다고? 내가 인을 원하면 인은 바로 나에게 다가온다." - 『논어』「술이」

인은 나와 남의 맞얽힘을 인식하는 데에서 출발한다. 그러므로 내가 인하고자 하면 인은 바로 나에게 다가온다.

공자가 말했다. "인하지 못한 사람은 곤궁한 생활을 오래 견디지 못하고 안락한 생활도 오래 즐기지 못한다. 인자仁者는 인에서 편안하며, 지자知者는 인을 이용한다." - 『논어』「이인」

인자가 인에서 편안한 것은 맞얽힘을 깨달아 근심, 걱정이 없기 때문이다. 지자는 맞얽힘을 아는 사람이므로 인의 맞얽힘을 이용한다. 인하지 못한 사람은 가난한 생활도 안락한 생활도 오래 즐기지 못한다. 스스로 자신의 욕망을 통제하지 못하기 때문이다. 자신의 욕망을 통제하지 못하는 이는 끊임없이 그 욕망을 충족하려 하나 욕망은 충족하면 할수록 더 새롭고 자극적인 욕망을 원하게 된다. 그러므로 곤궁한 생활은 말할 것도 없고, 안락한 생활도 즐기지 못하고 계속 새로운 안락함을 추구하게 된다. 반면에 물극필반과 과유불급의 이치를 아는 인자는 늘 스스로 욕망을 통제하여 어떠한 환경에 처해도 편안해한다.

　나라는 주체가 어떻게 살아갈 것인지를 말한 공자는 그다음 나와 남의 관계를 말한다. 먼저 내 옆에 있는 사람과의 관계에서 시작한다.

　유자가 말했다. "효제孝弟라는 것은 그 인을 실천하는 근본이다." - 『논어』「학이」

　유자는 공자의 제자 중 한 명이다. 유가에서 효제를 중시하는 것은 그것이 바로 나와 가까운 사람에서부터 인을 실천하는 것이기 때문이다. 효孝는 부모에게 인을 행하는 마음이고, 제弟는 형제에게 인을 행하는 마음이다.

　내 가족과의 관계에서부터 인을 실천하고, 그 인을 실천하는 범위를 확장해나가야 한다. 공자는 말한다.

　공자가 말했다. "군자는 자신의 무능함을 병폐로 여기지, 남이 자신을 알아주지 않는 것을 병폐로 여기지 않는다." - 『논어』「위령공」

　공자가 말했다. "나는 아직 인仁을 좋아하는 자와 인하지 않음을 미워하는 자를 보지 못했다. 인을 좋아하는 자는 더 보탤 것이 없다. 인하지 않음을 미워하는 자는 그 인을 행함에 있어, 인하지 않음이 자신에게 영향을 미치지 않도록 한다. - 『논어』「이인」

공자가 말했다. "인한 자는 자기가 서고자 하면 남도 서게 하며, 자기가 달성코자 하면 남도 달성케 한다. 능히 나와 가까운 데서 취할 줄 알게 되면, 그것은 인을 실천하는 방법이라 일컬을 만하다." - 『논어』「옹야」

인자는 내가 일어서고자 하면 남도 서게 하며, 내가 달성하고자 하면 남도 달성하게 해준다.

이 지점에서 문제가 발생한다. 문제는 나와 남의 욕망이 같지 않다는 데 있다. 욕망은 좋아함과 싫어함으로 구분한다. 욕망은 좋아함과 싫어함이 맞얽혀 있다. 좋아함과 싫어함의 맞얽힘은 다음과 같은 네 가지 상태를 만든다.

좋아함과 싫어함의 맞얽힘

(1) 좋아함 – 좋아함	(2) 좋아함 – 싫어함
(나) – (남)	(나) – (남)
(3) 싫어함 – 좋아함	(4) 싫어함 – 싫어함
(나) – (남)	(나) – (남)

(1), (3), (4)번은 문제가 없다. (3)번이 왜 문제가 없냐면 내가 싫은 것은 안 하게 되므로 문제가 생기지 않는다. 남이 좋아하는 것은 남이 알아서 욕망을 채운다. 문제는 내가 좋아하고 남이 싫어하는 (2)번이다. 인간은 내가 좋아하면 남도 좋아하리라고 생각한다. 그래서 내가 좋아하는 것을 싫어하는 사람에게 강요하게 된다. 그러므로 공

자는 내가 싫어하는 것으로 남의 마음을 헤아리라고 했다. 그것을 공자는 서恕라고 불렀다.

> 중궁이 인을 물었다. 공자가 말했다. "내가 원하지 않는 것을 남에게도 베풀지 말라." - 『논어』「안연」

> 자공이 말했다. "나는 남이 나에게 가하기를 원치 않는 일을 나도 또한 남에게 가하지 않으려 합니다." 공자가 말했다. "자공아, 이는 네가 도달할 수 있는 것이 아니다." - 『논어』「공야장」

> 자공이 물었다. "죽을 때까지 평생 실천할 만한 한마디 말이 있습니까?" 공자가 대답했다. "그건 바로 '서恕'다. 내가 원하지 않는 것은 남에게도 시키지 마라." - 『논어』「위령공」

서恕의 핵심은 남이 나에게 하지 않았으면 하는 일은 나도 남에게 하지 않는 것이다. 내가 싫어하는 것으로 남의 마음을 헤아리는 것이다. 서는 내가 싫어하는 것으로 남의 마음을 헤아리는 일이지, 결코 내가 좋아하는 것으로 남의 마음을 헤아리는 일이 아니다. 내가 좋아하는 것으로는 남의 마음을 헤아릴 수 없다.

이 사실은 선물하기에서 잘 드러난다. 선물하는 이유는 축하하거나 남을 기쁘게 하기 위해서이다. 선물을 받는 사람을 기쁘게 하려면 받는 사람의 마음에 들거나 그 사람이 갖고 싶은 것을 선물해야 한다. 그것을 모르면 그 사람에게 무슨 선물을 받고 싶은지 물어봐야 한다. 그러나 물어보면 선물을 받는 사람의 기쁨이 반감된다. 그래서 대부분의 사람은 이것을 좋아할 것이라고 미루어 짐작하여 선물을 사준다. 그러나 이렇게 받은 선물은 대체로 선물을 받는 사람이 좋아하는 것이 아니다. 그것은 도리어 선물하고자 하는 사람이 좋아하는 종류다. 자기가 좋아하거나 원했던 선물을 받지 못한 상대방은 실망을 금치 못한다. 만약 그 선물이 악화된 관계를 개선하려는 목적이었다면 오히려 선물하지 않았을 때보다 관계가 악화할 수도 있다. 그래서 선물하기란 참으로 어렵다. 이처럼 남에게 무엇을 줌으로써 남을 기쁘게 하는 것조차 어려운 일인데 내가 좋아하는 것으로써 남의 마음을 헤아린다는 것은 불가능하다.

내가 좋아하는 것으로써 남의 마음을 헤아리면 안 되는 이유는 또 있다. 내가 좋아하는 것으로써 남의 마음을 헤아리게 되면 못하는 일이 없게 된다. 저 사람이 좋아하겠지 하는 지레짐작만으로 저질러 놓은 뒤 남이 싫다고 말하면 그제야 좋아할 줄 알았다고 말하는 경우가 적지 않다. 이처럼 좋아하는 것으로 남의 마음을 헤아리면 낭패를 볼 수가 있다. 그러나 내가 싫어하는 것으로써 남의 마음을 헤아리면 적어도 낭패는 보지 않게 된다. 내가 싫어하는 것으로써 남의 마음을 헤아리면 안 하게 되는 일이 있다. 그래서 공자는 서恕를 말하면서 내가 싫어하는 것을 남에게 시키지 말라고 말했지, 내가 좋아하는 것으로 남의 마음을 헤아리라고 하지는 않은 것이다. 따라서 주희가 서를 가리켜 추기급인推己及人[나를 미루어 남을 헤아린다]이라고 한 것은 서를 잘못 이해한 것이다. 서는 내가 싫어하는 것으로만 남을 헤아리는 것이지 내가 싫어하고 좋아하는 모든 것으로 남을 헤아리는 것이 아니다.

이처럼 서는 싫어함과 좋아함의 맞얽힘을 이용한 관계 맺기의 처세법이다. 관계의 맞얽힘을 이용한 관계 맺기의 처세법은 이외에도 화이부동和而不同이 있다.

> 공자가 말했다. "군자는 사람들과 조화하지 같아지지는 않는다. 소인은 사람들과 같아지지 조화하지 않는다.[군자화이부동君子和而不同 소인동이불화小人同而不和]" - 『논어』 「자로」

화和는 남과 조화하는 것이고, 동同은 남과 조화하지 못하고 같아지는 것이다. 화和와 동同은 맞얽힘 관계이다. 조화하려면 나와 남이 서로 주체로 굳건히 서 있어야 한다. 둘 중 하나라도 주체로 굳건히 서 있지 못한 상태에서 관계 맺음은 일방으로 기울기 마련이다. 그 기우는 것을 공자는 동同이라 하였다.

화和와 동同의 차이점은 다음 고사에서 분명하게 드러난다.

> 제나라 공公이 물었다. "화和와 동同이 다른가?"
> 안영이 대답했다. "다릅니다. 화는 국과 같습니다. … 군신 관계도 또한 그러합니다. 임금이 옳다고 한 것에 이미 그름이 있습니다. 신하는 그 그름을 드러냄으로써 그 옳음을 이루어줍니다. 임금이 그르다고 한 것

에 이미 옳음이 있습니다. 신하는 그 옳음을 드러냄으로써 그 그름을 제거합니다. 그러므로 정치가 화평하게 되어 충돌이 없어지고 생민들이 다투는 마음이 없어지게 됩니다. … 지금 양구거는 그렇지 않습니다. 임금이 옳다고 한 것을 양구거 또한 옳다고 하고, 임금이 그르다고 한 것을 양구거 또한 그르다고 합니다. 마치 물에 물 탄 듯하니 누가 먹겠으며, 비파와 거문고가 한 가지 소리만 내는 것 같으니 누가 듣겠습니까. 동이 불가한 것이 이와 같습니다." - 『춘추좌전』 소공 20년

임금이 옳다고 하면 그 안에 맞얽혀 있는 그름이 있고, 임금이 그르다고 하면 그 안에 맞얽혀 있는 옳음이 있다. 화和란 옳음 안에 있는 그름을 드러내서 옳음이 옳다는 것을 확인하는 것이고, 그름 안에 있는 옳음을 드러내서 그름을 제거하는 일이다. 그러므로 화和란 단맛을 내게 하려면 국에 설탕을 계속 넣을 게 아니라 소금을 집어넣는 것과 같은 이치이다. 반면에 동同이란 임금이 옳다고 한 것을 옳다 하고, 임금이 그르다고 한 것을 그르다고 한다. 안영이 말한 화和는 나와 남이 주체성을 잃지 않고 섞이는 것을 뜻하고, 동同은 맞선 두 인소가 서로 주체성을 잃어버리는 것을 뜻한다.

화이부동은 맞얽힘에 기반한 인간관계론이자 사회 조직론이다. 우리가 스트레스를 받는 가장 큰 이유는 남을 나와 같게 하려고 하기 때문이다. 내 생각과 다른 남의 생각을 내 생각과 같게 하려고 하기 때문이다. 그런데 나와 남은 맞얽혀 있는 존재이므로 본래 나와 남의 생각이 같을 수 없다. 남의 생각을 내 생각에 맞추지 마라.

맞얽혀 있음을 인정하라. 화이부동하라.

3. 맞얽힌 두 존재, 군자와 소인

『논어』에는 군자와 소인이 매우 자주 등장한다. 군자의 경우는 백여 번이 넘게 등장한다. 갑골문에서 군君은 지휘용 막대를 든 손과 입 구□가 결합하여 고대 사회에서 족장의 뜻으로 사용했음을 보여준다. 족장의 의미로 사용되었던 군은 주나라에 이르러서 그 의미가 격상되어 황군皇君, 천군天君, 군왕君王이라는 용례로 사용되었다. 왕의 지배를 받는 족장을 뜻하는 군이 왕과 동일한 지위로 상승하였음을 알 수 있다. 정치적 지배자를 의미했던 군은 군자라는 단어를 통해 도덕적 인격적 완성자라는 의미로 변형되었다. 이러한 변화에는 나라를 다스리는 데 왕족이라는 혈통적 지위뿐 아니라 도덕적, 인격적으로 생민을 감화시켜야 한다는 변화된 정치관이 반영되었다. 공자는 군자를 소인과 대비하여 사용한다. 공자는 군자가 되라고 강조하고 소인이 되어서는 안 된다고 말한다.

공자가 자하에게 말했다. "너는 군자다운 유자儒者가 되어야지, 소인 같은 유자가 되지 마라." - 『논어』「옹야」

소인小人은 작은 사람이라는 뜻이다. 사람이 작다는 것은 어린아이를 말하며, 옛날에는 어림은 어리석음과 같다고 여겼다. 소인의 반대어는 대인大人이다. 대인은 글자 그대로는 어른을 뜻한다. 그런데 『주역』에서 대인을 만나 보는 것이 이롭다고 할 때, 대인은 마을의 어른, 나라의 어른이나 유력자이거나 사람들의 존경을 받는 사람을 가리킨다. 군자는 이 대인과 뜻이 같다. 소인이 어리석은 존재라면 군자는 대인으로 도덕적 인격적으로 완성된 지배자이다. 이로부터 소인과 군자는 서로 대립하는 존재의 의미로 사용되었다.

소인은 어리석은 사람이고, 군자는 현명한 사람이다. 소인은 어리기 때문에 일차적 욕망에 즉각적으로 반응한다. 어린아이는 배가 고프면 울면서 밥을 달라고 떼를 쓰며, 자기가 사고 싶거나 하고 싶은 일이 있을 때는 그것을 하지 못해서 안달한다. 하지만 어른은 배가 고파도 먹을 만한 때가 아니면 참을 줄 알며, 하고 싶은 일이 있어도 그로 인해 타인에게 피해를 주게 된다면 자제할 줄 안다. 공자가 사용하는 군자와 소인은 어리석은 사람과 현명한 사람이라는 뜻이다.

『논어』에 자주 등장하는 군자와 소인이라는 용어는 사람의 맞얽힘을 잘 드러낸다. 공자는 군자와 소인을 대비시켜 사람이 지향해야 할 바를 확실히 드러내고자 했다.

공자가 말했다. "군자는 두루두루 어울리지 끼리끼리 어울리지 않으며, 소인은 끼리끼리 어울리지 두루두루 어울리지 않는다." - 「논어」「위정」

원문은 '군자주이불비君子周而不比, 소인비이부주小人比而不周'이다. 『설문해자』를 찾아보면 주周와 비比 둘 다 친밀로 설명한다. 친밀하되 주周는 두루두루 친밀한 것을 말하고, 비比는 몇몇이 끼리끼리만 어울리는 것을 말한다. 현명한 사람인 군자는 두루두루 어울리고, 어리석은 사람인 소인은 끼리끼리만 어울린다. 사람이 끼리끼리만 어울리다 보면 동이불화하게 된다. 현명한 사람은 두루두루 어울려 화이부동한다.

> 공자가 말했다. "군자는 덕을 생각하고 소인은 땅을 생각한다. 군자는 형벌을 생각하고 소인은 은혜를 생각한다." - 『논어』「이인」

덕과 땅, 형벌과 은혜는 서로 맞얽힌 글자이다. 땅은 이익의 상象이고, 덕은 의義의 상이다. 어리석은 사람은 이익을 생각하고 현명한 사람은 의를 생각한다는 뜻이다. 인과 의를 실천하여 사람의 내면에 형성되는 것이 덕이다. 그래서 덕성德性을 갖추었다고 표현한다. 형벌은 타인이 나에게 가하는 고통이고, 은혜는 타인이 나에게 베풀고, 나를 이롭게 한다. 사람은 잘못을 저지르면 형벌을 받는다. 사람이 저지르는 잘못의 대부분은 자신의 욕망을 채우기 위해서이다. 군자가 형벌을 생각한다는 것은 욕망을 자제하지 않았을 때 나에게 찾아오는 고통을 생각하여 욕망을 절제한다는 뜻이다. 소인이 은혜를 생각한다는 것은 욕망을 채우기 위해 잘못을 저지른 뒤에도 형벌을 받는 것을 피하거나 용서받기만을 생각한다는 뜻이다. 그래서 소인은 계속 잘못을 저지른다.

> 공자가 말했다. "군자는 마음이 넓고 관대하지만, 소인은 늘 걱정에 사
> 로잡혀 있다." - 『논어』「술이」

군자는 마음이 넓디넓어 세상일에 대해 "그럴 수 있어", "그러라
고 해"라며 스스로 고통스럽게 하지 않지만, 소인은 자신의 좁디좁
은 지식과 경험만으로 세상일을 판단하여 '어떻게 저럴 수 있지', '그
렇게 하면 안 되지'하고 생각하여 늘 마음이 불화와 근심에 사로잡
혀 있어 자신을 고통스럽게 한다.

여기서 우리가 주의할 점은 군자와 소인을 서로 대립하는 것으
로만 여겨서는 안 된다는 점이다. 군자는 소인이 있기 때문에 생겨
날 수 있고, 소인 또한 마찬가지이다. 군자와 소인은 서로를 낳는 관
계이다. 군자와 소인은 맞얽힌 두 존재이다.

4. 문질빈빈, 맞얽힘의 처세법

송나라의 사상가 정이천은 대대가 "위가 있으면 아래가 있고, 이
것이 있으면 저것이 있고, 문文이 있으면 질質이 있음"이라고 예를 들
었다. 문과 질은 공자가 말한 단어이다.

공자가 말했다. "질質이 문文을 압도하면 야野해지고, 문文이 질質을 압도하면 사史해진다. 문과 질을 겸비한 뒤에야 군자라 할 수 있다."

자왈 질승문즉야 문승질즉사 문질빈빈연후군자
子曰: "質勝文則野, 文勝質則史. 文質彬彬然後君子."

- 『논어』, 「옹야」

문文은 무늬로, 겉으로 드러난 꾸밈을 의미하고, 질質은 타고난 그대로의 바탕이자 내재하는 본질로, 소박하여 꾸밈이 없는 상태이다. 문과 질은 그 상태와 의미가 정반대이다. 문과 질 중에서 질로 지나치게 기운 사람은 야野해진다. 야野는 성 밖, 사람이 살지 않는 들판을 뜻한다. 들판이 지닌 상象은 거칠고 투박하고 비속하다. 야해진다는 것은 질박함, 순박함을 의미한다. 문으로 지나치게 기운 사람은 사史해진다. 사史는 일이나 사건을 기록하는 것을 말한다. 기록할 때는 글[문文]로 하게 되고, 글을 쓰다 보면 점점 꾸며서 쓴다. 사史는 지나치게 꾸민 상태를 뜻한다. 그래서 지나치게 문文으로 기운 사람은 사史해진다고 했다.

빈彬은 겸비하다의 뜻으로, 문질빈빈文質彬彬은 문과 질의 맞서는 두 성질을 두루 겸비하고 있음을 뜻한다. 문과 질을 두루 겸비할 때만이 문이나 질 중 어느 한쪽으로 치우치는 것을 막을 수 있다. 빈빈彬彬은 맞얽힌 두 인소 중 어느 한쪽으로 치우쳐서는 안 되며, 두 인소 모두를 두루 갖추고 있어야 함을 의미한다. 공자가 말한 문질빈빈은 맞얽힘의 원리에서 나온 처세법으로, 빈빈彬彬은 우리가 삶에서 가져야 할 중요한 자세이다.

요즘 유행하는 워라밸이라는 단어는 일을 뜻하는 Work와 삶을 뜻하는 Life 간의 Valance를 뜻한다. 워라밸을 공자의 말로 표현하면 워라빈빈(Work-Life 빈빈彬彬)이다. 일에만 치우치면 삶이 없고, 삶에만 치우치면 돈 없이 살아야 한다. 일과 삶, 양쪽을 모두 움켜쥔 빈빈의 삶이라야 행복한 삶을 산다.

문文	질質
몸	마음
일	삶
교육	경험
개념	직관
이성	감정

교육과 실제 경험 중 무엇이 중요하다고 말할 수는 없다. 교육과 경험 양쪽을 모두 병행할 때 더 나은 교육, 더 나은 경험이 이루어진다. 이성과 감정 중 어느 한쪽으로 치우치면 이상한 사람이 된다. 사람은 이성과 감정이 빈빈한 상태가 되어야 한다.

5. 예禮는 절제와 멈춤을 뜻한다

예禮 또한 인과 함께 공자가 중시한 덕목 중 하나이다. 예는 갑골복과 주역점 등 점복 활동과 함께 발달하였다. 갑골복과 주역점을 행할 때는 반드시 제사를 함께 지냈고, 이때 필요한 물품과 절차, 문화와 정신 등이 규범화, 체계화된 것이 예이다. 상제나 조상신에게 제사를 지낼 때 쟁반에 옥을 가득 담아서 신과 조상에게 바쳤는데 그 쟁반을 풍豊이라 하고, 신과 조상에게 받들어 올리는 술을 예禮라 하였다. 이로부터 발전하여 신과 조상의 일을 받드는 것을 모두 예禮라고 칭하였다. 제사와 예는 종법제(가부장제)와 봉건제로 이루어진 주나라에서 혈통을 중심으로 왕족과 사대부의 가족 사회를 지속하기 위한 핵심적인 의례 역할을 하였다. 예는 봉건제 사회에서 공동체를 유지하기 위한 질서와 규범의 체계로 발달하였다. 그것은 까다롭고 형식적인 예절을 포함한다. 예의 형성과 발달의 중심에는 조상신에 대한 제사가 자리하였고, 공자, 맹자를 비롯한 유자儒者들은 점복 등의 무술巫術과 제사를 담당했던 관리에서 기원하였다.

『논어』에 보면 공자가 말하는 예의 대부분은 이러한 당시 사회를 지탱하기 위한 질서와 규범 체계로서 예를 말한다. 하지만 예가 다른 의미로 쓰인 경우도 발견된다.

공자가 말했다. "공손하되 예가 없으면 피곤하기만 하고, 신중하되 예가 없으면 주눅이 들기만 하고, 용감하되 예가 없으면 난폭하기만 하고, 정직하되 예가 없으면 사람 목을 조른다."

- 『논어』 「태백」

예가 없는 공손함은 사람을 피곤하게 만들고, 예가 없는 신중함은 사람을 지치게 하고, 예가 없는 용기는 난폭함에 불과하고, 예가 없는 정직은 사람을 답답하게 만든다. 여기서 예는 윤리도 질서도 규범도 아니다. 여기서 공자가 말한 예는 절제이다. 공손하되 공손함을 절제해야 남이 피곤하지 않으며, 신중하되 신중함을 절제해야 사람이 주눅 들지 않으며, 용감하되 용기를 절제해야 난폭해지지 않으며, 정직하되 정직함을 절제해야 사람을 답답하게 만들지 않는다. 예에 있어 절제는 기본 정신이다. 우리는 제사를 지낼 때 저절로 말과 행실을 조심하게 된다. 말은 누가 들을세라 소곤소곤 낮추고, 행실은 누가 볼세라 느릿느릿 조심스럽게 움직인다. 마음속으로 공경하는 마음을 품고 언행에서 드러나도록 한다. 여기서 예는 기본적으로 나의 낮춤과 겸손, 절제를 요구한다.

안연이 인仁에 대해 물었다.

공자가 말했다. "나를 이기고 예로 돌아가는 것[극기복례克己復禮]을 인을 이룸이라 한다. 하루라도 나를 이기고 예로 돌아가면 천하가 인으로 돌아간다. 인을 이루는 것은 나로부터 시작되는 것이니, 어찌 남으로부터 이루어질 수 있겠는가?"

안연이 말했다. "그 실천 조목은 무엇인지요?"

공자가 말했다. "예가 아니면 보지 말고, 예가 아니면 듣지 말고, 예가 아니면 말하지 말고, 예가 아니면 움직이지 마라."

안연이 말했다. "제가 비록 민첩하지는 않으나 이 말씀을 실천하도록 하겠습니다." - 『논어』 「안연」

공자가 이 대화에 등장하는 극기복례克己復禮를 처음으로 말하지는 않았다. 『춘추좌전』 소공 12년 기사에 "공자가 말했다. 옛 기록에 나를 이기고 예로 돌아가는 것이 인이라고 하였다"라고 적혀 있다. 『춘추좌전』에 나오는 공자의 말에 따르면 "나를 이기고 예로 돌아가는 것이 인"이라는 정의는 공자 이전부터 존재했다.

극기克己는 나를 이긴다는 뜻이다. 누가 나를 이기는가? 남인가? 아니다. 나를 이기는 주체는 나이다. 내가 나를 이긴다는 것은 무슨 뜻인가? 내가 나와 싸움이라도 한다는 것인가? 그렇다. 우리는 살면서 한순간도 나와의 싸움을 멈추지 않는다. 그 싸움은 나의 본능의 싸움이자 욕망과 싸움이다. 공자는 "음식남녀飮食男女는 사람의 큰 욕망이 자리한 것이요, 사망빈고死亡貧苦는 사람이 크게 싫어함이 자리한 것"이라고 하였다. 인간이면 누구나 식욕, 성욕을 원하고, 죽거나 망하거나 가난하거나 고통을 겪는 것은 싫어한다. 인생은 내가 크게 욕망하고 내가 크게 싫어하는 것의 경계에서 끝없는 줄다리기를 하는 것과 같다. 인생은 한순간도 내가 크게 욕망하고 내가 크게 싫어하는 것과 싸움이 아닌 때가 없다. 극기란 나의 욕망과 싸워 이기는 것이다. 극기란 나의 욕망을 절제함이다.

공자는 나의 욕망을 절제하여 예로 돌아가라고 말하였다. 그리고 그 실천 조목으로 사물잠四勿箴을 들었다. 사물잠이란 공자가 말한 비례물시非禮勿視(예가 아니면 보지 말라), 비례물청非禮勿聽(예가 아니면 듣지 말라), 비례물언非禮勿言(예가 아니면 말하지 말라), 비례물동非禮勿動(예가 아니면 움직이지 말라)을 말한다.

공자가 말한 예가 무엇인지 가장 잘 설명하는 사람은 연암 박지원이다.

진사 장중거는 걸출한 인물이다. 키는 팔 척 남짓하고, 기개가 남보다 뛰어나 사소한 일에 얽매이지 않았으나 천성이 술을 좋아하여 호방한 까닭에 취하게 되면 빗나가는 말이 많았다. 이 때문에 동네 사람들이 그를 싫어하고 괴롭게 여긴 나머지 미친 사람이라 지목하고 친구들 사이에서도 비방하는 말들이 자자하였다.

급기야 그를 가혹한 법으로 얽어 넣으려는 자가 생기자 장중거 또한 자신의 행실을 뉘우치며 말했다. "내가 아마 이 세상에서 용납되지 못할 모양이다." 그래서 그는 비방을 피하고 해를 멀리할 방도를 생각하다가, 거처하는 방을 깨끗이 쓸고 문을 닫아걸고 발을 내리고 살면서 크게 '이존以存'이라 써서 집에 걸어 놓았다. 『주역』에 "용과 뱀이 칩거하는 것은 몸을 보존하기 위함[용사지칩龍蛇之蟄 이존신야以存身也]"이라고 했으니, 여기서 가져온 것이다. 하루아침에 상종하던 술꾼들을 사절하며 그가 말했다. "자네들은 그만 물러가라. 나는 장차 내 몸을 보존하려 한다." 나는 이 소식을 듣고 크게 웃으며 말했다.

"장중거가 몸을 보존하려는 방법이 고작 이에 그친다면 화를 면하기 어렵겠다. 독실하고 경건했던 증자曾子(공자의 제자)도 종신토록 외우며 실행한 것이 어떠했는가. 항상 하루의 아침저녁도 무사히 넘기기 어려울 듯이 하다가 죽는 날에 이르러서야 손발을 살펴보게 하고 비로소 그 온전히 살다가 돌아감을 다행으로 여겼는데, 더더구나 일반 사람들에게 있어서랴. 한 집을 미루어 한 지방을 알 수 있고, 한 지방을 미루어 천하도 알 수 있다. 천하가 저와 같이 크나, 일반 사람들의 처지에서 보자면 거의 발을 용납할 땅조차 없을 지경이다. 하루 사이에도 '보고 듣고 말하고 행동하는 것'을 몸소 증험해 보면 요행히 살고 요행히 화를 면한 것 아님이 없다.

이제 장중거는 외물(술을 뜻한다)이 자기를 해칠까 두려워 밀실에 칩거함으로써 자신을 보존하고자 하나 자신을 해치는 것이 제 몸안에 있음을 모르고 있다. 비록 발자취를 멈추고 그림자를 감추어 스스로 옥살이와 같이한다 한들 더욱더 사람들의 의혹을 사고 분노를 모으기에 족할 뿐이니, 그 몸을 보존하는 방법이 서투르지 아니한가.

슬프다! 옛사람 중에 남들의 시기를 걱정하고 헐뜯음을 무서워한 자가 얼마나 많았던가! 그래서 대개는 농사터에 숨고, 산골에 숨고, 낚시터에 숨고, 백정이나 행상 노릇에 숨었는데, 숨는데 교묘한 자는 흔히 술에 몸을 숨겼으니 유백륜(죽림칠현의 한 사람으로 술을 무척 좋아하여 술의 덕을 칭송하는 글을 지었다)과 같은 무리야말로 교묘하다 하겠다. 그러나 삽을 짊어지고 뒤를 따라다니게 한 것(유백륜은 자신이 길에서 죽으면 바로 묻을 수 있도록 하인 한 명에게 삽을 지고 따라다니게 하였다)에 이르면 또한 몸의 보존을 도모함에 치졸하였다 할 것이다. 이는 왜 그런가?

저 농사터, 산골, 낚시터, 백정이나 행상 노릇 같은 것은 모두 외물을 빙자하여 숨은 것이지만, 술의 경우에는 부지중 아득히 빠져 스스로 그 본성을 미혹시키는 것이니 자기 형체를 잊어버리고도 깨닫지 못하고 자기 시체가 구렁텅이에 내버려져도 걱정하지 않게 되는데, 까마귀와 솔개, 땅강아지와 개미 따위가 뜯어먹는 것쯤이야 안중에 있을 까닭이 있겠는가! 이는 음주로써 자기 몸을 보존하고자 함인데 삽을 짊어지게 하는 바람에 누를 끼치고 만 것이다.

이제 장중거의 과실은 술에 있는데, 여전히 자신의 몸을 잊지 못하고 몸 보존할 바를 생각한 나머지 손님을 사절하고 깊이 숨어 살게 되었다. 깊이 숨어 사는 것으로 자기를 지키는 데 부족하게 되자 또 함부로 스스로 당호를 써서 남들이 보게 걸어 놓았으니, 이는 유백륜이 삽을 짊어지게 한 것과 무엇이 다르겠는가."

장중거는 두려워하며 한참 있더니 물었다.

"그대의 말이 맞는다면 나의 팔 척 몸을 들어 장차 어디로 던진단 말인가?"

내가 그에게 대답하여 말했다.

"나는 능히 그대의 몸을 그대의 귓구멍이나 눈구멍 속에 집어넣을 수 있다. 아무리 천지가 크고 사해가 넓다지만 그 눈구멍이나 귓구멍보다 더 여유가 있을 수 없으니 그대가 이 속에 숨기를 바라는가? 무릇 사람이 외물과 교접하고 일이 도리와 합치하는 데에는 도道가 있으니 그것을 예禮라고 한다. 그대가 그대 몸을 이기기를 마치 거대한 적을 막아

내듯이 하고, 예에 따라 절제하고 예를 본받으며 예에 맞지 않는 것을 귀로 듣지 않는다면 몸을 숨기는 데 무한한 여지가 있을 것이다. 보는 것도 역시 그러하니, 예에 맞지 않는 것을 보지 않는다면 남이 나를 흘겨보지 않을 것이다. 말하는 것도 또한 그러하니, 예에 맞지 않는 것을 입에 올리지 않는다면 남이 나를 헐뜯지 않을 것이다. 마음은 귀와 눈보다 더욱 광대하니, 예가 아닌 것에 마음이 동요되지 않는다면 내 몸과 그 움직임이 진실로 마음에서 벗어나지 않게 되어 장차 어디로 가든지 보존되지 않음이 없을 것이다."

장중거가 손을 휘저으며 말했다.

"이는 그대가 나로 하여금 내 몸안에 몸을 숨기고, 몸을 보존하지 않음으로써 보존하게 하고자 함이니, 감히 벽에 써 붙여서 돌아보고 살피지 않을 수 있겠는가." - 『연암집』「이존당기」

박지원은 장중거에게 공자가 말한 '극기복례'를 가지고 몸을 보존하는 방법을 말한다. 박지원은 극기克己를 "그대가 그대 몸을 이기기를 마치 거대한 적을 막아 내듯이 하고"라며 설명하였다. 그리고 복례를 "예에 따라 절제하고 예를 본받으며 예에 맞지 않는 것을 귀로 듣지 않는"이라고 설명하였다.

자기 한 몸을 보존하고자 한다면, 예가 아닌 것을 보지 않고 듣지 않고 말하지 않고 움직이지 않는 것으로 충분하다. 술을 마실 때도 예로써 절제한다면 남으로부터 비방당하고 고발당할 지경까지 이르지 않는다. 그러므로 극기복례는 나의 욕망을 절제하는 것에서 출발하여 타인과 조화를 이룸을 뜻한다. 그래서 공자는 극기복례가 인을 이루는 방법이라 말한다. 인은 나와 남의 조화를 중시한다. 예는 나의 절제로부터 남과 조화를 이루고 나와 남의 조화가 쌓여서 서로 화합하는 사회를 만든다. 그래서 공자는 예를 인의 실천 방법이라 말한다. 예절은 이러한 예의 절제성을 표현하는 단어이다. 예절은 윤리적인 행위나 사소한 행실의 법도 같은 것이 아니라 절제를 뜻한다.

> 자공이 말했다. "가난해도 아첨하지 않고, 부유해도 교만하지 않는다
> 면 어떻습니까?" 공자가 말했다. "좋다. 그러나 가난하면서도 즐거워하
> 고, 부유하면서도 예를 좋아하는 것만 못하다."
> - 『논어』「학이」

부자가 예를 좋아해야 한다고 말한 것은 부자일수록 절제할 줄 알아야 한다는 뜻이다. 여기서 예는 절제의 의미로 쓰였다. 왜 절제해야 하는가? 그것은 조화를 위해서이다.

> 유자가 말했다. "예禮의 작용은 조화를 귀하게 여긴다. 선왕先王의 도는
> 이것을 아름답게 여겼다." - 『논어』「학이」

예는 공동체를 유지하기 위한 질서와 규범으로서 작용하기 때문에 그 근본적 쓸모는 공동체에서 사람들의 조화를 유지하는 데 있

다. 그래서 공자는 극기복례하면 천하가 인으로 돌아간다고 말한다. 인자란 나와 남의 맞얽힘을 깨달아 이를 실천하는 사람이니 인은 조화를 이루는 한 방법이다. 그러므로 개인이 모두 극기복례를 실천하면 천하가 인으로 돌아가게 된다.

6. 맞얽힘을 아는 자는 즐겁게 오래 산다

공자가 인을 자신의 핵심 사상으로 삼은 궁극의 이유는 즐겁게 오래 사는 것에 있다.

공자가 말했다. "지자는 즐겁게 살며, 인자는 오래 산다." - 『논어』「옹야」

공자는 "인자는 인에서 편안하며, 지자는 인을 이용한다"라고 하였다. 지자는 맞얽힘을 알아 이용하기 때문에 근심하지 않고 즐겁게 산다. 인자가 오래 사는 것은 인을 편안히 여기기 때문이다. 인자가 편안한 것은 스스로 절제하면서 타인을 배려하기 때문이다. 타인을 배려하면서 살기 때문에 타인으로부터 위협받을 일이 없으며, 나의 욕망을 절제하기 때문에 그로 인해 타인의 것을 뺏거나 다른 생명을 해치는 일이 없게 된다. 따라서 인한 삶은 결국 내가 타고난 수명대로 사는 것으로 이어진다. 이와 관련하여 『공자가어』에서 전하는 일화가 있다.

노나라 애공이 물었다. "지자가 오래 삽니까? 인자가 오래 삽니까?"
공자가 말하였다.

"그러합니다. 사람에게는 세 가지 죽음이 있는데 그것은 타고난 수명이
아니고 스스로 그렇게 만든 것입니다. 잠자고 거처하는 것이 때에 맞지
않고, 마시고 먹는 것을 절제하지 않고, 쉬고 일하는 것이 과도한 자는
병이 그를 죽입니다. 아랫자리에 있으면서 위로 임금에게 자주 간언하
고, 즐기고 욕망하는 것에 만족이 없어 구하는 것에 멈춤이 없는 자는
형벌이 그를 죽입니다. 적은 것으로 많은 것을 침범하고, 약한 것으로
강한 것을 업신여기며, 분노를 일으킬 때 물불을 가리지 않고, 움직일
때 자신의 역량에 맞지 않게 하는 자는 병기에 맞아 죽습니다. 이 세
가지 죽음은 수명에 따라 죽은 것이 아니라 사람이 스스로 취한 것입
니다. 그러나 지혜로운 선비와 인자로 말하자면 몸가짐에 절제가 있고,
움직이고 멈춤을 의義에 따라 하며, 기쁨과 분노를 때에 맞춰 일으키니
본성을 해치지 않습니다. 그러니 오래 살더라도 그 또한 마땅하지 않겠
습니까." - 「공자가어」 「오의해五儀解」

인자가 오래 사는 것은 절제하기 때문이다. 공자가 생명과 삶을
소중하게 여겼음은 다음 말에서도 드러난다.

공자가 말했다. "위태로운 나라에는 들어가지 말고, 어지러운 나라에는

살지 아니한다. 천하에 도가 있으면 나타나고, 도가 없으면 숨어라." -
『논어』「태백」

어떤 이들은 공자의 이 말을 두고 비겁한 행실이라며 비난한다.
확실히 "도가 없으면 숨어 살라"라는 공자의 말은 우리가 아는 선비
의 모습과는 다르다. 나라에 도가 없으면 목숨을 걸고서라도 충언
을 하는 것이 전통적 지식인의 모습이었다. 하지만 공자는 나라에
도가 없는데 쓸데없이 목숨 걸고 간언하지 말고 숨으라고 말한다.
움직이고 멈춤을 의에 따라 하라고 말한다. 자신의 욕망을 절제하
라고 말한다. 그리되면 절로 오래 산다. 이것이 공자가 인을 중시한
이유이다.

3장

손자, 맞엮힘으로
병법을 만들다

군대를 부리는 법은 적국을 온전히 보전하는 것이 최상
이고, 적국을 파괴하는 것은 그다음이다. 적군을 완전히
보전하는 것이 최상이고, 적군을 파괴하는 것이 그다음
이다. - 『손자병법』「모공」

국가가 전쟁에서 이기고자 하는 것은 생민들이 잘살고 나
라를 영원토록 이어지게 하기 위해서이다. 이기는 것 그
자체가 목적이 아니다. 적국을 파괴하고 이기는 것은 적
을 파괴하는 정도만큼 나의 전력도 소모될 수밖에 없다.
이기기 위해서는 그만큼 대가가 따른다. 최고의 승리는
적국과 적군을 온전히 보전하고 이기는 것이다. 그럼으로
써 나도 보존될 수 있다.

I. 맞얽힘으로 승부를 계산하라

손자의 성은 손孫, 이름은 무武이다. 공자와 같은 시대의 사람이다. 오나라 왕 합려가 손자를 장군으로 삼아 초나라를 정벌하기 시작한 해는 기원전 512년으로 당시 공자의 나이는 39세였다. 『사기』에서 이때 상황을 전하는데, 오나라 왕 합려는 손자를 만날 때 손자가 지은 병서 13편을 읽어보았다고 말하였다. 그렇다면 『손자병법』은 그보다 이전에 쓴 책임을 알 수 있다.

손자가 태어난 시대는 전쟁이 끊이지 않았던 춘추시대 말기였다. 그가 지은 병법서는 중원에서 변방으로 취급받던 오나라 왕이 읽었을 정도로 당대에 베스트셀러였다. 당대뿐 아니라 이천오백여 년 동안 동서고금에 걸쳐 장수나 병법가 중에서 『손자병법』을 읽지 않은 사람은 드물다. 최근에는 기업경영을 전쟁으로 간주하면서 경영자들이 『손자병법』을 경영 전략서로 읽는다. 이처럼 『손자병법』을 병법서로만 간주하고 있는데 이는 『손자병법』에서 병법만 보았지 그 병법을 만들어 낸 원리까지는 읽지 못했기 때문이다. 손자는 맞얽힘으로 병법을 만들었다. 따라서 『손자병법』은 병법서일 뿐 아니라 맞얽힘을 실제 삶에 어떻게 적용 가능한지 이해할 수 있는 이론서이기도 하다. 지금부터 손자가 어떻게 맞얽힘의 원리와 법칙으로 병법을 만들었는지 설명하겠다.

『손자병법』은 첫 문장에서 전쟁의 정의를 내리는 것부터 시작한다.

> 손자가 말했다. 전쟁은 나라의 큰일로, 죽음과 삶이 갈라지는 지경이고, 존재와 망실의 갈림길이니 자세히 살피지 않을 수 없다. - 『손자병법』, 「계計」

손자는 전쟁을 나라의 큰일로 정의했다. 왜 큰일이냐면 사람들의 죽음과 삶, 국가의 존재와 망실이 갈라지기 때문이다. 섣부르게 전쟁을 벌이면, 수많은 사람이 생을 마칠 수도 있고 그로 인해 한 국가가 흥할 수도 쇠퇴할 수도 있고 존재할 수도 있고 망할 수도 있다. 죽음과 삶, 존재와 망실은 인간이 경험할 수 있는 맞얽혀 있는 실재 중 가장 극적 상황이다. 이렇게 중대한 문제가 걸린 전쟁을 쉽게 일으킬 수 있을까? 그럴 수는 없다. 생사와 존망이 걸린 문제이므로 그 어느 때보다도 냉정한 이성으로 판단해야 한다. 『손자병법』의 첫 편이 「계計」인 이유는 바로 그래서이다. 계計는 적과 내가 전쟁을 벌이면 누가 이기고 누가 지는지 먼저 계산해 보자는 것이다.

손자는 다섯 가지를 가지고 전쟁에서 승부를 계산할 수 있다고 말한다.

> 다섯 가지로써 경經을 삼아, 서로 비교하고 계산하여 그 정황을 살펴야 한다. 첫째는 도道, 둘째는 천天, 셋째는 지地, 넷째는 장將, 다섯째는 법法 이다. ─『손자병법』「계計」

첫째, 도道에 대해 손자는 "임금과 생민의 뜻이 같은 것"이라고 하였다. 임금은 지배자이고 생민은 피지배자이다. 지배자와 피지배 자는 서로 맞얽힌 관계로, 생민이 없으면 임금은 다스릴 사람이 없 게 되고, 임금이 없으면 생민은 살 나라가 없게 된다. 임진왜란 때 선조처럼 임금이 생민을 버리고 도망가면 생민은 임금을 배신하게 마련이다. 생민들이 왕자를 붙잡아 왜적에게 넘긴 것은 선조가 먼저 생민을 버렸기 때문이다. 그러므로 나라의 존망이 걸린 전쟁을 앞두 고는 임금과 생민의 뜻이 같아야 한다. 임금과 생민의 뜻이 같다는 것은 생사를 함께 한다는 말이다.

둘째, 천天에 대해 손자는 "음양, 추위와 더위, 시제時制"라고 하였 다. 음양은 음양의 원래 글자 뜻 그대로 밝음과 어둠, 낮과 밤을 뜻 한다. 시제時制에서 제制는 옷을 짓는다는 뜻으로, 옷은 공간성을 지 닌다. 그러므로 시제는 시간과 공간을 뜻한다. 낮과 밤, 추위와 더위 는 모두 시간과 공간 속에서 시공이 변하면서 벌어지는 사건들이다.

시공의 변화, 이것이 손자가 말하는 천의 의미이다.

셋째, 지地에 대해 손자는 "높고 낮음, 멀고 가까움, 험하고 쉬움, 넓고 좁음, 삶과 죽음"이라고 하였다. 손자가 말한 지地를 대부분의 『손자병법』 해설서들은 지형으로 해석한다. 즉 땅의 높고 낮음, 멀고 가까움, 험하고 쉬움, 넓고 좁음이 만들어 내는 형세를 뜻하는 것으로 해석한다. 그런데 마지막에 지형과 어울리지 않는 삶과 죽음이 들어가 있다. 왜 손자가 지를 정의하면서 삶과 죽음을 넣었는지를 이해하지 못한 사람들은 당황했다. 그래서 어떤 번역서에는 삶과 죽음을 빼놓고 번역했다. 그러나 높고 낮음, 멀고 가까움, 험하고 쉬움, 삶과 죽음은 모두 맞얽힘의 관계를 이루고 있는 단어들이다. 천과 지를 설명하면서 손자는 하늘과 땅에서 맞얽힘 관계를 분간해내는 능력을 갖춰야 한다고 말한다.

넷째, 장將에 대해 손자는 "지혜, 믿음, 인仁, 용기, 근엄"이라고 하였다. 이 다섯 가지는 장수가 갖춰야 할 성품으로, 그래서 장將이라 한 것이다.

다섯째, 법法에 대해 손자는 "상벌, 행정, 보급"이라고 하였다. 앞의 두 가지가 하늘과 땅이 만들어 내는 환경이라면 넷째와 다섯째는 인간이 갖추고 있어야 하거나 만들어 내는 전쟁 환경이다. 손자는 이 다섯 가지를 아는 자는 이기고, 이것을 알지 못하는 자는 이기지 못한다고 말했다.

전쟁은 아군과 적군이 승부를 놓고 맞서 싸우는 것이다. 승부勝負는 말 그대로 이기고 지는 것이다. 손자가 말한 다섯 가지로 적군과 아군을 비교해서 계산해 보면 아군의 강함과 약함, 적군의 강함과 약함이 드러난다. 아군이 어떤 점에서 유리하고 어떤 점에서 불리한지가 드러난다. 즉 이익을 기준으로 승부를 판단해 볼 수 있다.

> 이익을 계산하여 그것으로 세勢를 만들어, 이익 밖에서 이익을 돕는다. 세勢는 이익에 따라 권權으로 제어하는 것이다. - 『손자병법』 「계計」

이익은 불리不利와 유리有利가 맞얽혀 있다. 그리고 전쟁은 적과 내가 승부를 놓고 맞서 싸우는 것이다. 그러므로 다음과 같은 네 가지 관계의 상태가 나온다.

유리와 불리의 맞얽힘	
유리 - 유리 (적) - (나)	유리 - 불리 (적) - (나)
불리 - 유리 (적) - (나)	불리 - 불리 (적) - (나)

유리와 불리의 맞얽힘에 의해 세勢가 발생한다. 세勢에는 천세天勢, 지세地勢, 인세人勢가 있다. 천세는 손자가 말한 음양, 추위와 더위, 시간과 공간이 만드는 세이다. 지세는 땅의 높고 낮음, 멀고 가까움, 험하고 쉬움이 만드는 세이다. 인세는 정치, 행정, 보급, 법령, 인심 등이 만드는 세이다. 전쟁을 벌이려면 세가 적국보다 좋아야 한다. 세는 유리와 불리의 맞얽힘이 만들어 내는 것이므로 상황에 따라

달라진다. 사람이 어떻게 대처하고 개입하느냐에 따라 달라진다. 그것을 손자는 "권權으로 제어하는 것이다"라고 하였다. 권權은 저울추를 뜻한다. 저울추는 지금은 보기 쉽지 않지만, 예전에는 저울에 물건을 올려 무게를 잴 때 추를 옮겨 평형을 맞추어 무게를 재는 용도로 사용하였다. 이로부터 권權은 상황에 따라 변화함을 뜻한다. 세는 이익과 손해의 맞얽힘으로 인해 발생하면 변화한다. 그러므로 계속 변화하는 상황에 맞추어 권으로 세를 제어해야 한다.

며칠 전에는 낮에 전투를 벌이는 것이 나에게 이익이었는데 지금은 밤에 전투를 벌이는 것이 나에게 이익이 된다. 그렇다면 밤에 전투를 벌일 수 있도록 세를 조정해야 한다. 이것이 바로 손자가 말한 "세는 이익에 따라 권으로 조정하는 것"이라는 의미이다. 권으로 세를 조정해서 적군을 속여야 한다.

전쟁은 속임이다. 유능하지만 무능하게 보이고, 쓸모 있는 것은 쓸모가 없는 것처럼 보여라. 가까운 곳을 공격하려면 먼 곳을 공격하고, 먼 곳을 공격하려면 가까운 곳을 공격하라. 이익으로 유인하고 혼란에 빠지면 취하라. 적이 견실하면 대비하고 적이 강하면 피하라. 분노케 하여 흔들어라. 나를 낮춰 적을 교만에 빠트려라. 적이 편안하다면 피곤하게 만들어라. 적의 임금과 신하가 친밀하다면 이간질하라. 적이 방비하지 않는 곳을 공격하고, 적이 예상하지 못하는 곳으로 출격하라. 이것이 병가의 승리 비결이므로 사전에 새어나가서는 안 된다.
- 『손자병법』「계計」

이 글은 다음과 같이 맞얽혀 있는 것들로 구성된다.

수비	↔	공격
유능	↔	무능
쓸모 있음	↔	쓸모없음
먼 곳을 공격	↔	가까운 곳을 공격
강	↔	약
낮춤	↔	교만
편안	↔	피곤
친밀	↔	이간

전쟁은 맞얽힘을 이용하여 상대를 속이는 일이다. 세로써 나의 약점은 감추고 나의 강점은 속여라. 적의 강함은 나의 약함이다. 내가 약할 때 강한 적을 공격하면 패배를 자초한다. 그러므로 적이 강하다면 공격하지 말고 대비하고, 강한 적이 공격해 온다면 맞서 싸우지 말고 피해야 한다. 피한 다음에 속임수로 강한 적을 약하게 만든다. 속임수로 적의 분노를 돋우어 흔들고, 나를 낮추고 적을 높여 적을 교만에 빠트린다. 분노하면 냉철한 판단을 못 하고, 교만에 빠지면 대비를 소홀히 한다. 그런 다음 적이 방비가 소홀해진 곳, 적이 예상하지 못하는 곳을 공격하라.

『손자병법』「허실」편은 이 속임에 대해서 말한다. 사람들은 흔히 허허실실을 허를 찌르고 실을 꾀하는 계책으로 생각한다. 하지만 손자가 말한 허실의 진정한 의미는 적의 변화에 따라 승리를 쟁취하는 것을 뜻한다.

> 적이 미처 구하러 오지 못할 곳을 공격하라. 적이 생각지 못한 곳으로 급히 진격하라. 천 리를 행군해도 힘들지 않은 것은 적이 없는 땅을 행군하기 때문이다. 공격하면 반드시 승리한다는 것은 지키지 않는 곳을 공격하기 때문이다. 지키면 반드시 견고해진다는 것은 적이 공격하지 않을 곳을 지키기 때문이다. 그러므로 공격을 잘하는 자는 적이 지켜야 할 곳을 모른다. 잘 지키는 자는 적이 공격해야 할 곳을 모른다. 미묘하도다! 미묘하도다! 그 형체 없음이 지극함에 이르렀도다! 신묘하도다! 신묘하도다! 소리 없음이 지극함에 이르렀도다! 그러므로 적의 생명을 쥐락펴락할 수 있다. - 『손자병법』 「허실」

내가 어디를 공격할지 모르게 하고, 내가 어디를 지키는지 모르게 하고, 나의 모습을 적이 보지 못하게 하고, 나의 소리를 적이 듣지 못하게 하는 것이 허실이다. 허와 실의 맞얽힘이 가져오는 변화가 지극함에 도달한 상태를 손자는 미묘와 신묘라고 말한다. 미묘란 보이지 않음이고, 신묘란 예측 불가능하다는 뜻이다. 내가 어디를 공격하는지 볼 수 없으니 적이 예측할 수 없으며, 내가 어디를 지키는지 볼 수 없으니 예측할 수 없다.

무릇 군대의 형체는 물의 상象이어야 한다. 물의 형체는 높은 곳은 피하고 낮은 곳으로 달린다. 군대의 형체는 실한 곳을 피하고 허한 곳을 공격한다. 물은 땅에 따라서 그 흐름이 제어되고, 군대는 적에 따라서 승리가 제어된다. 그러므로 군대는 정해진 세勢가 없고, 물은 정해진 형체가 없다. 적의 변화에 따라 승리를 쟁취하는 것을 일컬어 신묘함이라 한다. 그러므로 오행은 정해진 승리가 없고, 사계절은 정해진 자리가 없으며, 해는 길고 짧음이 있고, 달은 죽음과 삶이 있다. - 『손자병법』 「허실」

적의 허실에 따라서 나의 허실이 정해진다. 전쟁에서 정해진 것은 없다. 만고불변의 좋은 계책이라도 적과 나의 허실에 따라 하책이 될 수 있다. 그러므로 허실은 물이 땅을 흘러가는 것과 같다. 땅이 움푹 파인 곳을 만나면 물이 그 파인 곳을 메우고 흘러가며, 땅이 치솟은 곳을 만나면 그 치솟음을 둘러싸고 흐른다. 물이 땅의 모양에 따라 흘러가는 것처럼, 허실도 정해진 바가 없고 적의 변화에 따라 나의 용병과 작전이 이루어진다. 이것이 허허실실의 의미이자 맞얽힘의 원리로 말하는 병가의 승리 비결이다.

2. 계산이 끝났으면 전쟁은 졸속으로 끝내라

전쟁을 벌이기 전에 적과 나의 우열을 계산해서 승산이 높으면 싸우고 승산이 낮거나 없으면 싸우면 안 된다. 일단 전쟁이 벌어지면 졸속拙速으로 해야 한다. 자세하게 정황을 살피고 교묘한 술책을 펼쳐 오래 끌어서는 안 된다. 흔히 졸속拙速을 어설프고 빠르게 뜻으로 생각하는데, 손자가 말한 졸속의 의미는 속전속결의 뜻이다. 자세하게 정황을 살피는 것은 전쟁 개시 전에 미리 해야 한다. 적과 나의 우열을 비교하여 승산을 계산하고 이길 가능성이 있으면 철저하게 전략을 짜고 준비를 한다. 그래야 전쟁을 개시하고 나서 우물쭈물 이것저것 살피지 않게 된다. 일단 전쟁이 시작되면 좌고우면할 것 없이 속전속결로 전쟁을 끝낸다. 전쟁을 오래 해서 나라에 이익이 된 적이 전쟁사에서 한 번도 없었다.

무릇 전쟁을 오래 해서 국가에 이익이 된 적이 지금까지 없었다. 그러므로 전쟁의 해로움을 낱낱이 알지 못하는 자는 전쟁의 이로움을 낱낱이 알 수 없다. -『손자병법』「작전」

이로움과 해로움은 맞얽힘의 관계이다. 그러므로 이로움이 있는 곳에는 해로움이 있고, 해로움이 있는 곳에는 이로움이 있다. 전쟁에서 이기는 것은 이로움이고 지는 것은 해로움이다. 문제는 이긴다 해도 해로움이 발생할 수밖에 없다. 왜 그럴 수밖에 없는지에 대해 손자는 다음과 같이 설명하였다.

전쟁을 잘하는 자는 징병을 두 번 하지 않고, 양식을 세 번 싣지 않는다. 군수물자는 국내에서 조달하나 양식은 적국으로부터 빼앗아 해결하니 군량미는 충분하다. 국가가 전쟁으로 빈곤해지는 이유는 멀리 양식을 운반해야 하기 때문이다. 멀리 양식을 운반하게 되면 생민이 빈곤해진다. 군대 주둔지 주변은 물가가 급등하는데, 물가가 급등하면 생민의 재화가 고갈된다. 재화가 고갈되면 세금과 노역이 급증한다. 국력이 소진되고 재화가 고갈되면 국내는 집집마다 파산하여 생민의 재산은 70%가 소모된다. - 『손자병법』 「작전」

적국을 침략하는 것은 보급선이 길어진다는 의미이다. 보급선이 길어지면 그만큼 보급에 문제가 생길 수밖에 없다. 또 전쟁이 길어지면 그만큼 오랫동안 전쟁 병기와 군수물자의 생산에 자원을 동원해야 한다. 그러면 국가가 빈곤해지고 생민의 재산이 소모된다. 전쟁에서 이겨도 해로움이 막심하다. 그러므로 전쟁에서 진정 이기고 싶은 자는 졸속으로 이겨야 한다. 오래 끌면 이기고 짐의 맞얽힘 때문에 이겨도 지게 된다. 이기는 것이 극에 달하면 지게 된다.

그러므로 전쟁은 승리를 귀하게 여기고 오래 끄는 것을 귀하게 여기지 않는다. - 『손자병법』 「작전」

3. 지피지기知彼知己 – 적과 나의 맞얽힘

흔히 손자 하면 '백 번 싸우면 백 번 이긴다'는 뜻의 백전백승을 떠올린다. 그러나 손자는 백전백승을 좋은 것으로 여기지 않았다.

백전백승은 가장 좋은 것이 아니다. 싸우지 않고 적의 군대를 항복시키는 것이 가장 좋은 것이다. - 『손자병법』 「모공」

전쟁은 삶과 죽음이 걸려 있다. 전쟁이 일어나면 아군이 승리하더라도 누군가는 소중한 목숨을 희생하기 마련이다. 손자는 아무도 목숨을 잃지 않고 생민의 재화가 손실되지 않는 승리가 가장 좋은 승리라고 말한다. 이것이 곧 손자가 주장하는 전쟁에 있어서 핵심 사상인 '보전保全'이다.

군대를 부리는 법은 적국을 온전히 보전하는 것이 최상이고, 적국을 파괴하는 것은 그다음이다. 적군을 완전히 보전하는 것이 최상이고, 적군을 파괴하는 것이 그다음이다. - 『손자병법』 「모공」

국가가 전쟁에서 이기고자 하는 것은 생민들이 잘살고 나라를 영원토록 이어지게 하기 위해서이다. 이기는 것 그 자체가 목적이 아니다. 적국을 파괴하고 이기는 것은 적을 파괴하는 정도만큼 나의 전력도 소모될 수밖에 없다. 이기기 위해서는 그만큼 대가가 따른다. 최고의 승리는 적국과 적군을 온전히 보전하고 이기는 것이다. 그럼으로써 나도 보존될 수 있다. 그렇게 이겨야만 그 승리가 나라를 더 부강하게 해준다. 적을 보전하면서 이기는 방법은 군대를 통해서는 달성할 수가 없다.

> 최고의 전략은 적의 모략을 공격하는 것이고, 그다음은 적의 외교를 공격하는 것이고, 그다음은 적의 군대를 공격하는 것이다. - 『손자병법』 「모공」

전쟁을 일으키고자 하는 자는 사전 준비를 하면서 적의 정황을 파악하고, 그 정황을 바탕으로 모략을 꾸민다. 최고의 전략은 그 모략을 공격하는 것이다. 그것이 어렵다면 적국의 외교관계를 공격하여 고립시켜야 한다. 감히 혼자서는 전쟁을 일으킬 수 없게 해야 한다. 그것이 어렵다면 최후의 방법으로 바로 군대를 이용하여 적을 공격하는 것이다.

> 승리할지 알 수 있는 다섯 가지 사항이 있다. 싸워야 할지 싸우지 말아야 할지를 알면 이긴다. 많고 적은 병사들을 부릴 줄 알면 이긴다. 윗사람과 아랫사람의 욕심이 같으면 이긴다. 대비함으로써 대비하지 않음을 상대하면 이긴다. 장군이 유능하고 군주가 군대를 부리지 않으면 이긴다. 이 다섯 가지로 승리할 방법을 알 수 있다. - 『손자병법』 「모공」

손자가 말한 다섯 가지 사항은 모두 맞얽힘의 관계에 놓였다. 싸움과 싸우지 않음, 병사의 많음과 적음, 윗사람의 욕심과 아랫사람의 욕심, 대비와 대비하지 않음, 장군과 군주는 모두 맞얽힘의 관계이다. "대비함으로써 대비하지 않음을 상대한다"라는 말은 대비하지 않음을 대비와 대조함으로써 대비의 중요성을 강조한 문장이다.

> 그러므로 말한다. 적을 알고 나를 알아야 백 번 싸워도 위태롭지 않다. 적을 모르고 나를 알면 한 번 이기고 한 번 진다. 적을 모르고 나도 모르면 매번 싸울 때마다 반드시 위태로워진다. - 『손자병법』 「모공」

이 문장이 유명한 지피지기를 말하는 문장이다. 손자가 말한 앎의 대상은 천세, 지세, 인세에 있어서 내가 유리한 점과 불리한 점, 나의 강점과 단점을 안다는 말이다. 나의 어떤 점이 유리한지 불리한지는 적과 비교해서 결정된다. 예를 들어 설명해 보자. 한국 공군은 현재 최첨단 스텔스 전투기인 F-35 두 대와 주력인 F-16 전투기 168대 등이 있다. 이것을 가지고 필리핀의 공군력과 비교해본다면 압도적으로 유리하다. 반면에 한국의 공군력과 일본의 공군력을 비교해 보면 일본의 공군력이 유리하다. 그렇다면 나를 안다는 것은 내가 싸워야 할 적을 안다는 말이다. 적과 나를 비교, 계산해 봐야 적과 나의 강점과 약점을 안다. 그러므로 적과 나의 강점과 약점을 속속들이 알고 있다면 백 번 싸워도 위태롭지 않다.

적을 모르고 나를 안다는 말은 적을 알고 나를 모른다는 말과 같다. 둘 중 하나만 알면 승률은 반반이다. 적도 모르고 나도 모르면 싸울 때마다 위태로워진다.

손자가 말했다. 옛날에 전쟁을 잘했던 자는 먼저 적이 나를 이길 수 없게 만들고 나서 내가 적을 이길 수 있을 때를 기다렸다. 적이 나를 이기지 못하는 것은 나에게 달려 있고, 내가 적을 이기는 것은 적에게 달려 있다. 그러므로 전쟁을 잘하는 자는 내가 적을 이길 수 없다 하더라도, 적이 나를 반드시 이기도록 만들지 않는다. 그러므로 말했다. 이길지 알 수는 있지만 이기도록 할 수는 없다. - 『손자병법』 「형形」

내가 적을 이기는 것이 왜 적에게 달려 있냐면, 적이 강하면 이길 수 없고 적이 약하면 이길 수 있기 때문이다. 적이 강하고 나도 강하면 승패를 가리기 힘들어 전쟁이 길어질 가능성이 너무 크다. 긴 전쟁은 모두에게 해로우므로 피해야 한다. 적이 약하고 나도 약한 경우에도 마찬가지이다. 그러므로 이길 수 있는 조건은 적이 약하고 내가 강할 때이다. 결국, 내가 적을 이기는 것은 적에게 달려 있지 나에게 달려 있지 않다. 거꾸로 적의 입장에서 생각해 보면 적이 나를 이길 수 있는 것은 나에게 달려 있다. 내가 강하면 적은 나를 이길 수 없다. 그러므로 전쟁을 잘하는 자는 먼저 나를 강하게 해서 적이 나를 이길 수 없게 만들고 난 후에 적이 약해지기를 기다린다.

우리는 단순하게 생각해서 내가 강하면 모두 이길 수 있으리라 생각하겠지만 나와 적, 강함과 약함이 얼기설기 맞얽혀 있는 관계에서는 승부란 단순하게 이루어지지 않는다.

이길 수 없으면 지킨다. 이길 수 있으면 공격한다. 지키는 것은 내가 부족하기 때문이며, 공격하는 것은 여유가 있기 때문이다. 잘 지키는 자는 땅속 깊숙한 곳에 숨고, 잘 공격하는 자는 하늘 높은 곳에서 움직인다. 그러므로 스스로 지키고 완전히 승리할 수 있다. - 『손자병법』 「형形」

승리는 내가 강하고 적이 약할 때 얻을 수 있다. 그러므로 이 상황이 아니면 지켜야 한다. 공격은 이길 수 있을 때 한다. 전력이 적보다 월등하게 앞섰다고 확신할 수 있을 때 공격을 한다.

옛날에 소위 전쟁을 잘하는 사람은 쉽게 이길 전쟁에서 이겼다. 그러므로 전쟁을 잘하는 자의 승리는 지혜와 명성이 없고 용맹과 공적이 없다. 따라서 싸움에서 이기는 자는 어긋남이 없었는데, 어긋남이 없었다는 것은 그 두었던 수가 반드시 이기게 만드니 이미 패한 자를 이겼던 것이다. - 『손자병법』 「형形」

손자가 말한 것은 사전에 철저하게 계산하고 대비하여 전쟁을 벌이기 전에 전쟁에서 반드시 이기게 만든다는 뜻이다. 그것을 전쟁을 잘하는 사람은 쉽게 이길 전쟁에서 이겼고 이미 패한 자를 이겼다고 말한다. 싸우기도 전에 이미 이겼으니 진정으로 전쟁을 잘하는 자는 명장이라 이름이 알려지지도 않고, 전쟁에서 이겼다고 소문날 것도 없으니 공적이 없다. 전국시대에 명장이라 알려진 백기니 염파니 왕전이니 하는 사람들은 실은 명장이 아니라는 것이다.

전쟁을 잘하는 자는 명성이 없고 공적이 없다는 말을 손자는 실제로 자신의 행적을 통해서 증명하였다. 지금까지 이천오백여 년 동안 동서고금을 통해 가장 유명한 『손자병법』을 집필한 손자로 이름을 떨치고 있지만, 정작 손자가 실제 전쟁에서 행한 전술과 전략에 대해서는 전하는 바가 없다. 『사기』에는 오나라 왕 합려가 손자를 장군으로 임명했다는 기록만 전하고 있을 뿐이다. 『오월춘추』라는 역사서에 초나라를 공격할 때 활약을 전하고 있으나 오나라 생민들의 고달픔이 크니 그만 철수하자고 조언했다는 것이 전부이다.

손자의 말은 『노자』 27장과 비슷하다.

잘 행하면 흔적이 없고, 잘 말하면 흠이 없고, 잘 계산하는 자는 산가지를 쓰지 않고, 잘 닫으면 빗장을 걸지 않아도 열 수 없고, 잘 묶으면 끈으로 묶지 않아도 풀 수 없다. - 『노자』 27장

무언가를 행하는 사람은 그 일을 했다는 흔적을 남기기 마련이고, 말을 하다 보면 엇나가 흠이 생기게 마련이고, 물건을 묶을 때는 끈으로 묶어야 잘 묶게 마련이다. 그런데 노자는 진짜 잘하는 사람은 했다는 흔적을 남기지 않고, 말을 해도 흠이 없고, 끈으로 묶지 않아도 풀 수 없게 한다고 말했다. 노자의 말을 손자의 말로 이해하자면 잘 행하는 사람은 자기가 그것을 행하기 전에 그것이 행

하여지게 만들며, 말하기 전에 이미 그 뜻이 전해지게 하며, 끈으로 묶어도 풀리지 않게 한다는 뜻이다. 잘 행하는 사람은 흔적을 남기지 않게 되고 말을 해도 흠이 없게 된다. 노자는 말한다.

> 공功이 이루어져도 머무르지 않는다. - 『노자』 2장

> 공功이 이루어지더라도 그 이름을 가지려 하지 않는다. - 『노자』 34장

공적이 이루어져도 그 공적이 전쟁을 잘하는 사람 덕분에 이루어진 것을 아무도 알 수 없다. 그러므로 명성이 없고, 공이 이루어져도 그 공에 머무르지 않게 된다. 머무름과 떠남은 맞얽힘의 관계이므로 머무르게 되면 반드시 떠나야 할 때가 온다. 그러나 공적에 머무르지 않게 되면 공적에서 떠나지 않게 된다. 그것이 전쟁을 잘하는 자가 영원히 공적에 머무르는 비결이다.

4. 세勢는 같음과 다름의 맞얽힘

무엇이 전쟁을 하기도 전에 이길 수 있게 만들 수 있는가? 세勢이다. 그 세는 무엇으로 만들어지는가?

다수를 다스리는 이치가 소수를 다스리는 이치와 같은 것은 나눈 숫자가 같기 때문이다. 다수로 전쟁을 하는 것이 소수로 전쟁을 하는 것과 같은 것은 형形과 이름이 같기 때문이다. 삼군三軍(좌군, 우군, 중군)의 무리가 적의 공격을 받아도 패하지 않도록 하는 것은 기奇(다름)와 정正(같음)이 같기 때문이다. 군사가 공격할 때 마치 바위로 달걀을 치는 것과 같음은 허虛와 실實이 같기 때문이다.

무릇 전쟁이란 정正(같음)으로 합하고, 기奇(다름)로 승리한다. 그러므로 기奇(다름)를 잘 부리는 자는 천지처럼 궁하지 않고 강과 바다처럼 마르지 않는다. 끝은 처음이 다시 돌아온 것이니, 해와 달과 같다. 죽어야 다시 살아나는 것은 사계절이 하나인 것과 같다. 소리는 불과 다섯 가지에 불과하지만 다섯 소리의 변화는 아무리 들어도 끝이 없다. 색깔은 다섯 가지에 불과하지만 다섯 색깔의 변화는 아무리 보아도 끝이 없다. 맛은 다섯 가지에 불과하지만 다섯 맛의 변화는 아무리 맛보아도 끝이 없다. 전쟁의 세는 기정奇正(같음과 다름)에 불과하지만, 기정의 변화는 궁함이 없다. 기와 정이 서로를 낳음은 돌고 도는 것이 그 끝이 없음과 같다. 누가 궁하게 할 수 있겠는가! - 『손자병법』 「세勢」

이 글은 다음과 같이 나누어서 이해하면 쉽게 이해할 수 있다.

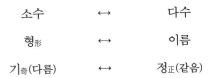

소수	↔	다수
형形	↔	이름
기奇(다름)	↔	정正(같음)

허	↔	실
천	↔	지
강	↔	바다
끝	↔	처음
해	↔	달
여름	↔	겨울

왼쪽 단어와 오른쪽 단어는 맞얽힘 관계를 이룬다. 『설문해자』에서 기奇는 다름이라고 설명한다. 정正은 같음이라고 설명한다. 그리고 손자는 "다름과 같음이 서로를 낳는다"라고 하였다. 원문은 기정상생奇正相生으로, 『노자』에 나오는 유무상생有無相生과 같은 문장이다. 다름과 같음이 서로를 낳으니, 같음은 다름에서 나오고 다름은 같음에서 나온다. 같음과 다름은 서로 뜻이 맞선 관계로, 그 둘이 서로를 낳는다고 한 것은 맞얽힘을 말한다.

손자가 말한 핵심은 맞얽힘으로 전쟁을 하라는 것이다. 그것을 손자는 "전쟁이란 정正(같음)으로 합하고, 기奇(다름)로 승리한다"라고 말하였다. 전쟁은 아군과 적군이 벌이는 승부이다. 같음으로 합한다고 말한 것은 아군과 적군의 강점과 약점이 비슷하면 싸움을 걸지 말고 화해해야 함을 말한다. 화해해서 적이 방심하게 만든 다음에 속전속결로 공격한다. 그것이 바로 기奇(다름)로 승리하는 방법이다. 아군과 적군의 강점과 약점이 같다면 그것을 다르게 만든 다음에 승리할 수 있다. 같음을 다르게 하고 다름을 같게 하는 것에서 세勢

의 변화가 나타난다. 그래서 손자는 "전쟁의 세는 기정奇正에 불과하지만, 기정의 변화는 궁함이 없다"라고 한 것이다. 손자는 세란 맞얽혀 있는 사물의 변화가 만들어 내는 것이고, 그 세를 잘 다루는 자가 전쟁을 잘하는 자라고 말한다.

4장

장자, 맞얽힘의
상대성 이론

———

삶과 죽음은 맞얽혀 있는 두 인소이고, 생生에서 사死로 가는 것은 그저 하나의 변화이다. 죽음에서 다른 생명으로 가는 것도 또 하나의 변화일 뿐이다. 만물은 이처럼 끊임없이 변화한다.

한쪽으로 치우쳐 사물의 한 면만을 바라보는 마음을 비우면, 사물의 맞얽힘을 깨닫게 된다.

I. 장자, 언어의 맞얽힘을 말하다

『장자』는 「내편」, 「외편」, 「잡편」으로 이루어졌다. 학자들은 「내편」만 장자가 지었으며 「외편」, 「잡편」은 장자가 지은 것이 아니라고 본다. 그 이유는 「내편」과 「외편」, 「잡편」의 사상이 다르기 때문이다. 심지어 어떤 이는 「외편」, 「잡편」에는 철리哲理라고 할 만한 것이 없다고 말한다. 이 책에서도 「내편」만 장자가 지은 것으로 보고, 「내편」의 내용을 중심으로 장자의 사상을 설명한다. 「내편」은 「소요유」, 「제물론」, 「양생주」, 「인간세」, 「덕충부」, 「대종사」, 「응제왕」의 7편으로 이루어졌다.

『장자』의 지은이는 장자이다. 『사기』에서는 장자에 대해 다음과 같이 전한다.

장자는 몽蒙지방 사람으로 이름은 주周이다. 그는 일찍이 몽 지방의 칠

원이라는 곳에서 관리를 했고, 양혜왕, 제선왕과 같은 시대 사람이다. 그의 학문은 관여하지 않은 것이 없었다. 그 학문의 요체는 노자의 말에 근본하고 노자의 말로 돌아간다. 십여만 자에 이르는 그의 저서는 대부분 우언寓言으로 이루어져 있다. … 초나라 위왕은 장주가 현명하다는 말을 듣고 많은 예물을 사신을 통해 보내서 경상卿相으로 맞아들이려고 했다. 그러나 장주는 웃으며 초나라 왕의 사신에게 이렇게 말했다. "천금은 막대한 이익이고 경상은 높은 지위입니다. 그대는 교郊 제사에서 희생물로 바쳐지는 소를 보지 못했습니까? 그 소는 여러 해 동안 잘 먹다가 화려한 비단옷을 입고 결국 종묘로 끌려 들어가게 됩니다. 이때 그 소가 몸집이 작은 돼지가 되겠다고 한들 그렇게 될 수 있겠습니까? 그대는 나를 욕되게 하지 말고 빨리 돌아가시오. 나는 차라리 더러운 시궁창에서 스스로 유쾌하게 노닐지언정 나라를 가진 제후들에게 얽매이지는 않을 것입니다. 죽을 때까지 벼슬하지 않고 내 뜻대로 즐겁게 살 것입니다." - 『사기』「노자한비열전」

『사기』에는 장자가 언제 태어나 죽었는지 나와 있지는 않다. 양혜왕, 제선왕과 같은 시대 사람이라고 적혀 있으므로 이를 통해 어느 시대 사람인지 알 수 있다. 양혜왕은 BC 400년에 태어나 BC 319년에 죽었다. 『맹자』의 첫 문장은 맹자가 양혜왕을 만나는 장면부터 시작한다. 그러므로 장자는 맹자와 같은 시대 사람이다. 이때는 진시황이 전국시대를 끝내고 중원 천하를 통일하기 백여 년 전으로, 전쟁의 혼란함이 극에 달한 시기였다. 사마천은 당시의 혼란함을 다음과 같이 전한다.

진秦나라는 상앙을 등용하여 부국강병을 추구하고 있었고, 초나라와 위나라는 오기를 등용하여 약한 상대국을 전쟁으로 제압했으며, 제나라 위왕, 선왕은 손자, 전기의 무리를 등용하여 제후들을 굴복시켜 패주 노릇을 하고 있었다. 온 천하는 바야흐로 합종과 연횡을 놓고 고심하고 있었고, 공격과 정벌 전쟁을 능사로 여기고 있었다. - 『사기』「맹자순경열전」

제후국 간의 전쟁과 합병이 격화되면서 제자백가 사이의 논변도 격화되었다. 장자와 맹자가 활약하던 시기는 공자가 죽은 지 대략 150여 년이 흐른 뒤였다. 삼천여 명에 달하는 공자의 제자는 제후국으로 퍼져 유가 사상으로 천하를 다스리려 하였으나 실패로 돌아갔고, 이에 유가 사상을 비판하는 사상가들이 맹활약하던 때였다. 그 대표적인 사상가로는 묵자와 양주가 있었다.

공도자(맹자의 제자)가 말했다. "바깥사람들이 모두 선생님께서 논변을 좋아한다고 말합니다. 감히 묻습니다만, 왜 그러십니까?"
맹자가 말했다. "내가 어찌 논변을 좋아하겠는가? 어쩔 수 없이 논변하고 있을 뿐이다. 천하가 생긴 지 오래되었다. … 양주楊朱와 묵적墨翟의 말이 천하를 채웠다. 천하의 모든 말이 양주로 돌아가거나 아니면 묵적으로 돌아갔다. 양씨는 자기만을 위하니 군주가 없다. 묵씨는 겸애兼愛

를 말하니 어버이가 없다. 어버이가 없고 군주가 없으니 그들은 짐승이
다.” - 『맹자』「등문공 하」

양주의 사상은 위아爲我이다. 위아는 나만을 위한다는 뜻으로 나
만을 귀하게 여긴다. 묵자의 사상은 '겸애兼愛'를 핵심으로 한다.

양주는 '나만을 위한다'는 주장을 하며, 자기의 털 하나를 뽑아서 온
천하가 이롭게 된다고 해도 행하지 않는다고 말한다. 묵적은 겸애를 말
하여 머리부터 발꿈치까지 다 닳아 없어진다 하더라도 천하를 이롭게
하는 일이라면 행한다고 말하였다. - 『맹자』「진심 상」

양주와 묵자의 사상은 극과 극으로, 양주는 나만을 위하여 살
아야 한다고 말하고, 묵자는 남을 나처럼 위해야 한다고 말한다. 맞
얽힘으로 말하자면 양주는 나와 남의 맞섬, 나와 남의 분리만 진리
라고 주장하며, 묵자는 나와 남의 얽힘만 진리라고 주장한다. 맹자
는 자신과 뜻이 다른 양주와 묵자를 반대하는 일에 적극 나섰다.
그래서 천하가 맹자, 양주, 묵자의 논변으로 시끄러웠다. 이 논변에
뛰어든 제자백가 중에는 혜자와 공손룡도 있었다. 혜자는 혜시를
높여 부른 말로, 혜시는 당대에 변자辯者로 유명하였다. 변자는 논변
을 일삼는 무리를 일컫는 말이었다. 제자백가의 사상을 분류하고
요약하여 논평한 『장자』「천하」편에서 "혜시는 논변으로써 천하의
일대 관심을 끌었고 변자들을 계도했다. 천하의 변자들은 그와의

논변을 즐겼다"라는 글로 혜시를 소개한다.

공손룡은 "손가락으로 사물을 가리킴"과 "흰말은 말이 아니다"
라는 논변으로 당대에 유명하였다.

> 공손룡이 말했다. "사물 중에는 가리킴이 아닌 것이 없지만 가리킴은
> 가리킴이 아니다. 세상에 가리킴이 없다면 사물도 사물이라고 할 수 없
> 을 것이다."
>
> "가리킴 아닌 것이 세상이라면 사물을 가리킴이라고 할 수 있는가? 가
> 리킴이라는 것은 세상에 없는 것이고, 사물이라는 것은 세상에 있는 것
> 이다. 세상에 있는 것을 두고 세상에 없는 것이라고 할 수 없다."
>
> 공손룡이 말했다. "세상에 가리킴이 없다면 사물을 가리킴이라고 할
> 수 없을 것이다. 사물을 가리킴이라고 할 수 없다면 가리킴이 아닌 것
> 이다. 사물이 가리킴이 아니라면 사물은 가리킴이 아님이 없을 것이다.
> '세상에 가리킴이 없다면 사물은 가리킴이라고 할 수 없다'는 것은 가리
> 킴 아닌 것이 있는 건 아니기 때문이다. 가리킴 아닌 것이 있는 건 아니
> 라는 것은 사물은 가리킴이 아님이 없기 때문이다. 사물이 가리킴이 아
> 님이 없다는 것은 가리킴이 가리킴이 아니기 때문이다." - 『공손룡자』「지물
> 론指物論」

> "'흰말은 말이 아니다'가 말이 됩니까?"
>
> 공손룡이 말했다. "그렇다."
>
> "어째서입니까?"

공손룡이 말했다. "말이라는 것은 형체를 부르는 데 쓰이는 단어고, 희다는 것은 색을 부르는 데 쓰이는 단어다. 색을 부르는 것은 형체만을 부르는 것과 다르다. 그러므로 '흰말은 말이 아니다'라고 하는 것이다."

- 『공손룡자』 「백마론」

공손룡의 주장은 다음과 같다. 말은 인간이 타고 다닐 수 있는 말이다. 이것은 말이라는 이름이 지시하는 형태이다. 희다고 하는 이름은 색깔을 의미한다. 흰말이라는 이름은 말이라는 형태의 한 색깔을 뜻한다. 이 세 가지가 의미하는 것은 제각각 다르다. 그러므로 흰말은 흰말일 뿐이지 말이 아니라는 것이다.

당시에는 이처럼 언어를 이용한 논변이 유행하였다. 그래서 장자도 언어를 이용하여 이들의 주장을 반박하였다.

가리킴으로 가리킴의 가리킴 아님을 설명하는 것은 가리킴 아님으로 가리킴의 가리킴 아님을 설명하는 것과 같다. 말[馬]로 말의 말 아님을 설명하는 것은 말 아님을 가지고 말의 말 아님을 설명하는 것과 같다[1]. 천지는 하나의 가리킴이고, 만물은 하나의 말이다. - 『장자』 「제물론」

---

1) 원래 문장은 "가리킴으로 가리킴의 가리킴 아님을 설명하는 것은 가리킴 아님으로 가리킴의 가리킴 아님을 설명하는 것과 같지 않다. 말로 말의 말 아님을 설명하는 것은 말 아님으로 말의 말 아님을 설명하는 것과 같지 않다"라는 문장이다. 원 문장의 '같지 않다'를 '같다'로 바꾸었다. 그 이유는 "같지 않다"라고 하면 마지막 문장에 나오는 "천지는 하나의 손가락이고 만물은 하나의 말이다"라는 문장과 맥락이 맞지 않기 때문이다. '같다'고 해야 천지는 하나의 손가락, 하나의 만물이라고 한 것과 논리가 맞아떨어진다.

장자의 논리를 쉽게 설명하면 다음과 같다. '말은 말 아님과 같다', '말은 말 아님과 하나다' 이 논리를 가지고 공손룡의 주장을 설명해 보자. 공손룡은 "흰말은 말이 아니다"라고 주장하였다. 그런데 '흰말'이라는 단어 속에 이미 '말'이라는 단어가 들어있다. 즉 '흰말'은 '말'이다. 따라서 공손룡은 말을 가지고 말의 말 아님을 주장한 것이다.

장자는 우리가 사용하는 언어가 맞얽힘의 구조로 이루어져 있음을 보여준다. 장자는 계속 언어의 맞얽힘으로 논리를 펼쳐 나간다.

> 시작이 있으면 시작이 아직 시작되기 이전이 있었을 것이고, 시작이 아직 시작되기 이전마저 아직 시작되기 이전이 있었을 것이다. 있음이 있다면 없음이 있었을 것이고, 또 없음이 아직 시작되기 이전이 있었을 것이며, 없음이 아직 시작되기 이전마저 아직 시작되기 이전이 있었을 것이다. 그런데 갑자기 없음이 있게 된다면, 있음과 없음 중에 무엇이 있음이고 무엇이 없음인지 알 수 없다. 지금 내가 있음을 말했지만, 내가 말한 것이 과연 있음을 말한 것인지 과연 없음을 말한 것인지 모르겠다. - 『장자』 「제물론」

장자가 말한 것들은 전부 맞얽힘의 관계이다. 시작이 있어야 시작되기 이전이 있고, 시작되기 이전이 있어야 시작이 있으므로, 이 둘은 맞얽힘의 관계이다. 나머지도 마찬가지이다. 이 문장은 다음과 같이 분해하면 이해하기 쉽다.

시작이 있음 ↔ 시작이 시작되기 이전이 있음

시작이 시작되기 이전이 있음 ↔ 시작이 시작되기 이전의 이전이 있음

있음이 있음 ↔ 없음이 있음

없음이 시작되기 이전이 있음 ↔ 없음이 시작되기 이전의 이전이 있음

여기서 시작을 우주의 시작이라고 해 보자. 우리는 모두 현대 과학을 통해 우주가 빅뱅을 통해 탄생하였다는 것을 안다. 우주의 나이가 약 138억 년이라는 것도 안다. 내가 처음 우주에 나이가 있다는 사실을 알게 되었을 때가 생각난다. 나는 속으로 '우주에 나이가 있다고? 그럼 우주가 태어났다는 말이야?' 하고 생각했다. 그렇다. 우주는 태어났다. 우주가 태어났다는 말은 우주의 시작이 있다는 말이다. 우주가 시작되었다는 것은 우주가 시작되기 이전이 있었음을 뜻한다. 우주가 시작되기 이전은 우주의 없음이다. 우주의 시작은 우주의 있음이다. 이 논리에 의하면 우주의 있음은 우주의 없음으로부터 나온다. 우주의 없음은 우주의 없음 이전부터 나온다. 우주의 없음 이전은 우주의 없음 이전의 이전부터 나온다. 우주의 없음 이전은 우주의 있음이다. 우주의 없음 이전의 이전은 우주의 없음이다. 그렇다면 나는 지금 우주의 있음을 말하는가? 아니면 우주의 없음을 말하는가? 아니면 있음과 없음이 동시에 출현해야 한다고 말하는가?

장자는 계속해서 같은 논리를 펼친다.

사물은 저것 아닌 것이 없고, 사물은 이것 아닌 것이 없다. 저쪽에서 보면 보이지 않지만, 앎에서 보면 알 수 있다. 그러므로 말한다. '저것은 이것에서 나오고, 이것은 저것에서 기인한다.' 이 말은 저것과 이것이 상대방을 낳는다는 설說이다. 그러므로 상대방을 낳음은 상대방을 죽임이요, 상대방을 죽임은 상대방을 낳음이다. 상대방을 옳다 하는 것은 상대방을 그르다 하는 것이요, 상대방을 그르다 하는 것은 상대방을 옳다 하는 것이다. 옳음에서 기인하는 것은 그름에서 기인한다. 그름에서 기인하는 것은 옳음에서 기인한다. - 『장자』 「제물론」

"저것과 이것이 상대방을 낳는다"라는 말은 손자와 노자의 문장과 똑같다. 손자는 "다름과 같음이 서로를 낳는다"라고 말하였고, 노자는 "있음과 없음이 서로를 낳는다"라고 말했다. 있음과 없음, 다름과 같음이 서로를 낳는 것은 서로 맞얽혀 있기 때문이다. 이처럼 장자는 노자와 손자가 말한 맞얽힘의 논리로 언어의 맞얽힘성을 드러내면서 공손룡과 같은 변자를 비판하였다.

2. 옳음과 그름은 맞선 둘이지만 하나다

『장자』 「내편」의 두 번째 편 제목은 「제물론齊物論」이다. 제齊에 대해 『설문해자』에서는 "벼와 보리는 위로 가지런하게 이삭이 나온다"

라고 설명한다. 이로부터 가지런하다, 같다는 뜻이 나왔다. 제물齊物은 만물은 같다는 뜻이다.

저것과 이것이 상대방을 낳는다는 논리를 통해 장자는 저것과 이것이 같다는 결론에 도달하였다.

> 상대방을 옳다 하는 것은 상대방을 그르다 하는 것이요, 상대방을 그르다 하는 것은 상대방을 옳다 하는 것이다. 옳음에서 기인하는 것은 그름에서 기인한다. 그름에서 기인하는 것은 옳음에서 기인한다. 그러므로 성인은 이런 것들로부터 말미암지 않고, 하늘에 비추어본다. 이 또한 이것에서 기인하는 것이고, 이것은 또 저것이고, 저것은 또 이것이다. 저것 역시 하나의 옳음과 그름이고, 이것 역시 하나의 옳음과 그름이다. 그렇다면 과연 저것과 이것이 있는 것일까. 과연 저것과 이것이 없는 것일까? - 『장자』 「제물론」

장자는 언어로 논리를 펼치기 때문에 장자의 말을 제대로 이해하려면 문장 하나하나를 주의 깊게 읽어야 한다. 장자의 논리를 차근차근 따져 보자. 상대방을 낳는 관계라는 것은 상대방에게서 기인함을 뜻한다. 기인은 서로서로 원인이라는 뜻이다. 옳음의 원인은 그름이다. 그름의 원인은 옳음이다. 장자가 보기에 옳음의 원인이 그름이라는 것은 옳음과 그름이 같다는 뜻이다. 이것과 저것도 마찬가지다. 이것과 저것은 서로를 낳으므로 서로의 원인이다. 그러므로 이것과 저것은 같다. 이 논리를 장자는 "이것은 또 저것이고, 저것은 또 이것이다"라는 말로 표현한다.

설결이 왕예에게 물었다.

"선생님께서는 누구나 옳다고 동의할 수 있는 무엇을 알고 계십니까?"

"내가 그것을 어떻게 알겠나?"

"선생님께서는 자신이 모른다는 것을 알고 있습니까?"

"내가 그것을 어떻게 알겠나?"

"그러면 선생님께서는 사물을 알 수 없다는 것입니까?"

"내가 그것을 어떻게 알겠나? 그러나 그 문제에 대해 한번 논해 보자. 내가 말하는 안다는 것이 정말로 아는 것임을 어떻게 알겠는가? 내가 말하는 알지 못한다는 것이 정말로 알지 못하는 것임을 어떻게 알 수 있는가? 그럼 어디 자네에게 물어보겠네. 사람은 습한 곳에서 자면 허리가 아프고 반신불수가 되겠지만 미꾸라지도 그럴까? 사람이 나무 위에서 산다면 벌벌 떨면서 무서워하지만 원숭이도 그런가? 이 셋 중에서 어느 쪽이 올바른 거처에 대해 알고 있는 것일까? 또 사람은 가축을 먹고, 사슴은 풀을 먹고, 지네는 뱀을 맛있다고 먹고, 올빼미는 쥐를 즐겨 먹는다. 이 넷 중에 어느 쪽이 올바른 맛을 안다고 할 수 있겠는가? 원숭이는 비슷한 원숭이와 짝을 맺고, 고라니는 사슴과 교미하며, 미꾸라지는 물고기와 논다. 모장과 여희는 사람들이 미녀라고 하지만 물고기가 그들을 보면 물속 깊이 들어가 숨고, 새가 그들을 보면 높이 날아가 버리고, 사슴이 그들을 보면 급히 도망가 버린다. 이 넷 중에서 어느 쪽이 세상의 올바른 아름다움을 안다고 하겠는가? 내가 보기에 인의의

義를 일어나게 하는 단서나 시비是非를 가리는 길은 번잡하고 혼란스럽다. 내가 그것을 어찌 구별할지 알겠는가? - 『장자』「제물론」

왕예는 장자를 상징하는 인물이다. 왕예의 말은 공자의 말이 생각나게 한다.

공자가 말했다. "자로야, 앎에 대해 가르쳐주겠다. 아는 것을 안다고 하고 모르는 것을 모른다고 하는 것, 이것이 아는 것이다." - 『논어』「위정」

내가 무엇을 모르는지 어떻게 알 수 있을까? 앎을 통해서이다. 내가 안다는 것은 어떻게 알 수 있는가? 모름을 통해서이다. 그렇다면 모름은 앎에서 기인하고, 앎은 모름에서 기인한다.

아름다움, 맛, 인의, 시비도 마찬가지이다. 아름다움과 아름답지 않음은 맞얽힘의 관계이다. 아름다움은 아름답지 않음에서 기인하고, 아름답지 않음은 아름다움에서 기인한다. 미녀를 보면 사람은 아름답다고 생각하지만, 물고기는 아름답다고 생각하지 않는다. 오히려 무서워한다. 대상은 하나인데 그 대상을 보고 각각 다르게 생각한다. 여기서 미녀는 아름다움과 아름답지 않음을 동시에 지닌 대상이 된다. 미녀는 하나인데 나는 아름답다고 생각하고 물고기는 아름답지 않다고 생각한다. 아름다움과 아름답지 않음을 분별하는 것은 결국 원래 하나인 것을 놓고 분별하는 것에 불과하다. 원래 하나인데 왜 그것을 분별하고자 애쓰는가?

마지막 문장에 나오는 "인의를 일어나게 하는 단서, 시비를 가리는 길"이라는 말은 맹자가 한 말이다.

> 사람은 누구나 남에게 모질지 못한 마음이 있다. … 가령 우물에 막 빠지려는 아이를 보면, 누구라도 깜짝 놀라 측은지심이 생길 것이다. 그것은 속으로 아이의 부모와 어떤 교섭을 한 때문도 아니요, 마을 친구들의 칭찬을 사려는 때문도 아니요, 아이의 울음소리가 싫기 때문도 아니다. 이로써 고찰하건대, 측은지심惻隱之心이 없으면 사람이 아니요, 수오지심羞惡之心(자신의 불의를 부끄러워하고 남의 불의를 증오하는 마음)이 없어도 사람이 아니요, 사양지심辭讓之心이 없어도 사람이 아니요, 시비지심是非之心(옳음과 그름을 분간할 줄 아는 마음)이 없어도 사람이 아니다. 측은지심은 인仁의 단서요, 수오지심은 의義의 단서요, 사양지심은 예禮의 단서요, 시비지심은 지智의 단서이다. - 『맹자』 「공손추 상」

앞서 공자 편에서 설명했지만, 공자의 인仁과 맹자의 인은 다르다. 맹자는 인을 사랑으로 오해하였다. 그래서 남을 측은하게 생각하는 마음이 인의 단서가 된다고 한 것이다. 맹자는 옳음과 그름을 분간할 줄 아는 마음이 지智의 단서라고 말하였다. 그 분간을 잘한 맹자는 인의는 옳고 묵자와 양주의 사상은 그르다고 말하였다. 각각 겸애와 위아를 내세운 묵자와 양주가 보기에는 자신이 옳고 맹자가 그른 것이었다. 맹자, 묵자, 양주, 공손룡, 혜시 등의 제자백가가 서로 자신이 옳고 남이 그르다는 논쟁으로 천하가 시끄러웠다.

유가와 묵가의 시비가 있게 되었다. 유가가 옳다고 한 것을 묵가는 그르다 하고, 유가가 그르다고 한 것을 묵가는 옳다고 한다. -『장자』「제물론」

천하가 너무 시끄러워지자 제자백가의 사상을 일통하기 위해 장자가 나섰다. 장자는 옳음은 그름에서 기인하고, 그름은 옳음에서 기인한다고 말하였다. 미녀는 하나인데 왜 각자의 기준에서 아름다우니 아름답지 않으니 하고 싸우는 것인가? 아름다움과 아름답지 않음은 하나이고, 옳음과 그름도 하나이다. 그러니 이제 그만 싸우자.

이제 그만 좌파니 우파니, 진보니 보수니 하고 싸우는 것을 멈추자. 좌파는 우파로부터 기인하고, 우파는 좌파로부터 기인한다. 진보는 보수로부터 기인하고, 보수는 진보로부터 기인한다. 자기가 상대방을 낳아 놓고 자기랑 닮지 않았다고 자기 자식과 싸우는 볼썽사나운 집안싸움은 이제 그만하자. 그만하고 맞얽혀 있는 하나임을 깨닫자.

한쪽에서 그르다 한 것을 옳다 하고, 한쪽에서 옳다 하는 것을 그르다 하는 것은 밝음으로써 살펴보는 것만 못하다. -『장자』「제물론」

성인은 (옳음이나 그름과 같은) 것들로부터 말미암지 않고, 하늘에 비추어본다. -『장자』「제물론」

밝음으로써 살펴보고 하늘에 비추어 본다는 것은 두 인소가 맞얽혀 하나임을 깨닫는 것을 말한다.

> 저것과 이것이 짝 삼지 않음을 가리켜 말하기를 도의 경첩이라고 한다. 경첩은 중심축으로서 뱅글뱅글 도는 가운데에 있어 무궁한 변화에 호응한다. 옳음 역시 하나의 무궁한 변화이고, 그름 역시 하나의 무궁한 변화이다. 그러므로 말한다. "밝음으로써 살펴보는 것만 못하다." - 『장자』「제물론」

경첩을 영어로는 힌지hinge라고 한다. 가운데가 비어 있고, 양쪽에 서로 맞서 있는 구조물이 매달렸다. 그 구조물들이 경첩에 매달려 뱅글뱅글 돌아가므로 가운데 비어 있는 곳이 중심축이다. 사물은 저것과 이것이 하나의 중심축에 매달린 경첩과 같다. 뱅글뱅글 돌아가는 저것은 이것이 되고 이것은

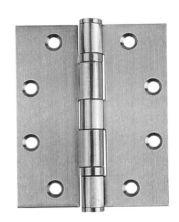

문을 여닫는데 쓰는 경첩

저것이 된다. 「노자」편에서 설명했지만, 통나무가 회전할 때마다 우가 좌가 되고 좌가 우가 되는 것과 같다. 그러므로 둘로 나누어졌지만 하나라는 것을 생각하자. 하나이므로 서로를 짝 삼지 않는다. 너와 나, 진보와 보수, 옳음과 그름이 경첩이라는 것을 깨닫자. 그것이

밝음이다.

> 천하에 가을 짐승 털끝보다 더 큰 것은 없으니, 태산(중국 산둥성에 있는 1,535m 높이의 산으로 고대 중국인들은 태산을 가장 높은 산이라 여겼다)도 작은 것이다. 태어나자마자 죽은 아기보다 오래 산 사람은 없으니, 700년을 살았다고 전해지는 팽조도 일찍 요절한 것이다. 하늘과 땅이 나와 함께 생겨났고, 만물이 나와 하나가 되었다(천지여아병생天地與我並生 만물여아위일萬物與我爲一). 이미 하나가 되었으니 무슨 말이 있을 수 있겠는가? 이미 하나가 되었으니 무슨 말이 없을 수 있겠는가? -『장자』「제물론」

털끝은 가장 작은 것을 상징하고 태산은 가장 큰 것을 상징한다. 작은 것은 큰 것과 비교해서 작은 것이므로 작은 것은 큰 것이 낳았다. 큰 것은 작은 것과 비교해서 큰 것이므로 큰 것은 작은 것이 낳았다. 서로를 낳았다는 말은 서로를 품었다는 것이므로 작은 것과 큰 것은 하나이다. 같은 논리로 오래 산 팽조와 태어나자마자 죽은 아기는 하나이다. 이 논리를 확장해 나가면 만물은 나와 하나이다. 그러므로 장자는 천지가 나와 함께 생겨났고 만물이 나와 하나가 되었다고 말한다.

여기서 우리가 혼동하지 말아야 한다. 장자가 말하는 하나는 ONE이 아니다. 사마천은 장자의 학문이 노자의 말에 근본한다고 말하였다. 하나에 대해서는 1장 〈노자〉편에서 설명하였다. 노자가 말한 하나는 맞얽힘이라는 하나의 원리를 말한다. 노자가 맞얽힘의 상징으로 삼은 통나무는 하나이자 둘을 상징한다. 장자가 맞얽힘의 상징으로 삼은 경첩도 둘이 얽힌 하나이다. 그러므로 "만물이 나와 하나가 되었다"라는 적확한 의미는 만물과 나는 각자이자 하나라는 뜻이다. 만물과 나는 분리되어 있지만 연결되어 있다는 뜻이다.

그런데 문제는 후세 사람들이 장자가 말한 하나를 진짜 하나로 생각하면서 발생하였다. 장자가 물아위일物我爲—을 말한 것은 서로 옳고 그름을 다투는 제자백가의 논쟁을 종결시키기 위해서였다. 물아위일 사상은 극심한 사상적 분열을 통일하려고 나왔다. 그런데 후대에 오면서 이런 시대 배경과 문제의식은 사라지고 물아위일의 사상만 남아서 후세 사람들이 만물과 내가 하나라고 생각한다. 후대에 노자의 사상과 장자의 물아위일론은 인도에서 건너온 불교를 중국화하면서 동아시아 사회의 세계관에 엄청난 영향을 끼쳤다.

도를 도로 여기고 도 아닌 것을 도 아닌 것으로 여기면 좋고 싫은 감정이 한꺼번에 일어나 각종 번뇌가 가중되니, 어떻게 마음이 심오한 이치를 깨우쳐 평등의 도를 통달할 수 있겠는가? 그러나 도를 도로 여기지 않고 도 아닌 것을 도 아닌 것으로 여기지 않으면, 시비의 관념이 마음에서 끊어져 사물을 만나면 곧 적응하게 된다. 그리하여 옳은 일에 처해도 옳음을 옳다고 여기는 감정이 없어지고, 그른 일에 처해도 그름을 그르게 여기는 의도가 없어진다. 그래서 좋고 싫음을 평등하게 관조하고 어긋난 일에도 항상 순응하고 화광동진하여 어두울수록 더욱 밝아지게 되면 무애無礙의 평등한 불도를 통달했다고 할 수 있다. - 승조, 『유마경주』

인도에서 중국으로 전해진 불교는 기원후 2세기경에 불경이 한문으로 번역되면서 본격적으로 널리 퍼지기 시작하였다. 초기 불경 번역자들은 불경을 전파하기 위해 중국인들에게 친숙한 노장의 용어와 사상을 가져다 번역하였다. 승조는 이 당시 불경의 번역자로 유명했던 사람으로, 남과 나를 하나로 여기고, 옳음과 그름도 하나로 여기고, 도와 도 아님도 하나로 여김으로써 불도에 통달할 수 있다고 말했다.

원래 『주역』의 사상은 '맞선 둘이 얽힌 하나'를 의미하는 맞얽힘이었고, 공자, 노자, 손자, 장자는 모두 그것을 깨달아 세상의 운행 법칙과 처세법을 밝혔다. 그러나 맞얽힘의 의미가 후대로 오면서, 한편으로는 음양이라는 용어에 가려져 사라지고 한편으로는 노자와 장자가 말한 하나라는 의미에 가려져 사라졌다. 이로부터 동양의 세계관이 맞얽힘이 아닌 얽힘과 연결이 되었다.

장자가 말한 하나가 맞선 둘이 얽힌 하나임을 양행에서도 알 수 있다.

조삼모사란 무엇인가? 원숭이 키우는 사람이 원숭이에게 도토리를 주면서 "아침에 세 개, 저녁에 네 개를 주겠다"라고 말했다. 그러자 원숭이들은 화를 냈다. 원숭이 키우는 사람이 다시 "그렇다면 아침에 네 개, 저녁에 세 개를 주겠다"라고 말했다. 그러자 원숭이들이 모두 기뻐하였다. 이름과 실제 도토리 개수가 전혀 변함이 없는데도 원숭이들은 그것으로 인해 기뻐하거나 분노하였다. 이 또한 자신이 옳다고 믿은 이

것에 기인한 것이다. 그러므로 성인은 옳음과 그름을 조화시킨 천균天鈞 속에서 쉰다. 이것을 일컬어 '양행兩行(양쪽을 모두 행함)'이라고 한다. - 『장자』 「제물론」

누구나 알고 있는 조삼모사朝三暮四(아침에 세 개 저녁에 네 개)의 출처가 되는 이야기이다. 원숭이가 도토리를 아침에 세 개, 저녁에 네 개를 얻은 것은 아침에 네 개, 저녁에 세 개를 얻은 것과 같다. 그런데도 원숭이는 화를 냈다. 나는 옳고 남은 그르다 하는 것은 원숭이가 조삼모사와 조사모삼을 구분하는 것과 같은 행위이다. 진보와 보수를 구분하고 진보가 옳으니 보수가 옳으니 하는 자들은 모두 조삼모사에 좋아하고 조사모삼에 화를 내는 원숭이와 다를 바가 없다. 조삼모사에 좋아하는 원숭이를 보고 비웃지 않는 인간은 없다. 그런데 정작 자신들이 조삼모사에 좋아하고 있다는 생각은 못한다. 맞얽힘을 인식하지 못하는 자들은 모두 조삼모사를 좋아하는 자들이다.

그러므로 성인은 맞얽힌 두 인소를 조화시킨 천균 속에서 노닌다. 이것을 일컬어 양행이라고 한다. 양행은 양쪽을 모두 행한다는 것으로, 맞얽힌 두 인소 중 어느 쪽으로도 치우치지 않음을 뜻한다.

3. 만물은 스스로 이룬다

남곽자기가 책상에 기대앉아 하늘을 쳐다보며 한숨을 쉬었다. 멍하니 있는 모습이 스스로를 잃어버린 것 같았다. 안성자유가 앞에 서서 시중을 들고 있다가 물었다.

"어떻게 하신 것입니까? 어떻게 몸을 마른 나무처럼 만들고, 마음을 불 꺼진 재처럼 만들 수 있는 겁니까? 지금 책상에 기대고 계시는 분은 예전에 책상에 기대고 계시던 그분이 아닙니다."

자기가 대답했다.

"언아, 참 좋은 질문이로구나! 지금 나는 나를 잃어버렸다. 너는 그걸 알아차렸구나. 내가 어떻게 한 것인지 이제부터 얘기해 주마. 너는 사람이 부는 퉁소 소리는 들었겠지만 땅이 부는 퉁소 소리는 듣지 못했겠지. 땅이 부는 퉁소 소리는 들었을 수도 있지만 하늘이 부는 퉁소 소리는 듣지 못했을 것이다."

자유가 말했다.

"감히 그 방법을 묻습니다."

"대저 큰 땅덩어리가 내뿜는 기氣를 가리켜 그 이름을 바람이라고 한다. 바람이 불지 않으면 그만이지만 불었다 하면 온갖 구멍에서 성난 소리가 울린다. 너는 저 멀리서 불어오는 바람 소리를 들어 봤겠지? 높고 낮은 산에 있는 아름드리나무에 뚫린 온갖 구멍들은 코 같고, 입 같고, 귀 같고, 술병 같고, 술잔 같고, 절구 같고, 연못 같고, 동굴같이 생겼는데, 이것들은 제각각 콸콸 흐르는 소리, 씽씽 화살 나는 소리, 꾸짖는 소리, 숨 쉬는 소리, 외치는 소리, 울부짖는 소리, 흐느끼는 소리, 새가 지저귀는 소리 등 온갖 소리를 내지. 앞서 부는 바람이 휭휭 울면 뒤에 부는 바람이 윙윙 따르지. 산들바람이 불면 살짝 흔들리고 거센 바람이 불면 요란하게 흔들린다네. 그러다 바람이 멎으면 모든 구멍이 다시 고요해지네. 너도 나무들이 크게 휘거나 가볍게 흔들리는 걸 보았겠지."

"땅이 부는 퉁소 소리란 결국 여러 구멍에서 나는 소리이군요. 사람이 부는 퉁소 소리는 대나무로 만든 악기 소리일 터이니 그렇다면 감히 하늘의 퉁소 소리에 대해 묻습니다."

"내뿜는 소리는 만물마다 다르지만 각기 제 소리를 내도록 한다. 모두 스스로가 소리를 내고 있다고 여기지만 그 소리가 나게 하는 건 무엇이겠는가?" - 『장자』 「제물론」

만물이 만물에게 하는 것은 무엇인지 하늘의 퉁소 소리로 질문한다. 무엇이 만물을 있게 하고, 어떻게 만물이 소리를 내게 하고, 어떻게 만물의 모양이 있게 하는지를 묻는다.

되는 것을 가리켜 됨이라 하고, 되지 않는 것을 가리켜 되지 않음이라고 한다. 길은 걸어 다님으로써 생기고, 만물은 스스로 그렇게 되니 그렇게 부르게 된 것이다. 어찌해서 그렇게 되는가? 스스로 그러함에서 그렇게 된다. 어찌해서 그렇게 되지 않는가? 스스로 그렇게 되지 않으니 그렇게 되지 않는 것이다. 만물에는 고유하게 스스로 그러함이 있고, 만물에는 고유하게 됨이 있다. 스스로 그러하지 않은 만물은 없고, 됨이 없는 만물도 없다. - 『장자』「제물론」

"만물에는 고유하게 됨이 있다"라는 원문은 '물고유소연物固有所然'이다. 노자가 사물이 스스로 생성함을 일컬어 자연自然이라 한 것을 장자는 소연所然이라 하였다. 소연所然은 이룸이라는 뜻이다. 만물은 그 자체에 고유하게 이룸이 있다.

4. 삶과 죽음은 맞얽힌 두 인소의 상호전화이다

만물은 맞얽힘에 의해 스스로 생성하고 맞얽힘에 의해 스스로 변화한다. 장자는 이것을 삶과 죽음을 가지고 설명한다. 『장자』에는 삶과 죽음에 관한 여러 다양한 형태의 이야기가 실렸다.

자래子來가 갑자기 병에 걸려 숨을 헐떡거리며 죽어가고 있었다. 자리子犁가 문병을 가서 말했다.
"위대하구나! 만물의 생성과 변화는. 그대를 다시 무엇이 되게 할까? 그대를 어디로 보낼까? 그대를 쥐의 간으로 만들까? 그대를 벌레의 다리로 만들까?"
자래가 말했다.

"부모가 동서남북 중 어느 쪽으로 가라고 하든 자식은 오직 그 명命을 따라야 해. 사람에게 있어 음양은 부모와 같다 … 그러므로 나의 삶이 좋다면 같은 이유로 나의 죽음도 좋은 것이야. … 지금 하나로써 천지는 큰 용광로가 되었고, 하나로써 조화를 만들어 큰 대장장이가 되었다네. 어디로 가든, 무엇이 되든 좋지 않을 것이 있겠나?" - 『장자』「대종사」

인간이 죽음을 두려워하고 슬퍼하는 것은 삶과 죽음을 분리해서 생각하기 때문이며 삶과 죽음은 맞선 둘이 얽힌 하나라는 점을 인식하지 못하기 때문이다. 내가 죽으면 나를 구성하는 원자들은 흩어져 다른 사물을 구성하는 원자가 된다. 영원히 사는 원자들은 그렇게 계속 하나의 사물을 형성했다가 흩어지고 또 형성했다가 흩어지기를 반복한다. 그래서 지금 나를 이루는 원자나 바이러스들은 다른 인간의 몸속으로 이동할 수도 있고 내가 죽은 뒤에 다른 인간의 몸을 구성할 수도 있다. 또 장자의 말대로 쥐의 간이 되거나 벌레의 다리가 될 수도 있다.

장자는 이러한 변화를 만들어 내는 것이 음양 즉 맞얽힘이라고 말한다. 그래서 음양은 부모와 같다고 말한 것이다. 삶과 죽음의 맞얽힘은 삶과 죽음을 반복하게 한다. 맞얽힘이 만드는 변화는 내가 선택할 수 없다. 장자는 이렇게 사물을 생성하고 변화시키는 맞얽힘을 큰 용광로와 대장장이에 비유하였다.

공자가 말했다. " … 맹손씨는 태어나는 까닭을 알지 못하고 죽는 이유를 알지 못한다. 삶과 죽음 중에 무엇이 먼저 이루어지는지 알지 못하고 무엇이 뒤에 이루어지는지 알지 못한다. 그저 변화하여 사물이 됨에 의지할 뿐 무엇으로 변화하는지는 알 수 없을 뿐이다. 또한 막 변화하려고 할 때 변하지 않음을 어찌 알겠으며, 변화가 멈추는 순간에 이미 변화했다는 것을 어찌 알겠느냐?" - 『장자』 「대종사」

변화는 불변과 변화의 맞얽힘으로 이루어진다. 장자는 그것을 말한다.

나와 너는 아마도 아직 깨닫지 못하고 있는 것 같구나. 그의 몸이 흩어져도 마음의 손상은 없으며, 육체의 변화는 있어도 정신의 죽음은 없다. … 우리들은 자신의 몸을 가리켜 내 것이라고 말하지만 내가 말한 것이 나의 것임을 어찌 알겠느냐? - 『장자』 「대종사」

내 몸은 몸과 몸 아님의 맞얽힘으로 이루어져 있다. 한때 내 몸을 구성했던 것들은 빠져나가 지금은 내 몸이 아닌 것들을 구성하고 있으며, 언젠가 다시 음식물, 공기, 바이러스 등의 형태로 다시 내 몸안으로 들어와 내 몸을 구성한다. 그렇게 들어온 것들이 시간당 3만~4만 개씩 죽어 나가는 피부세포와 2~3일마다 교체되는 창자세포 그리고 4개월에 한 번씩 교체되는 적혈구들을 교체한다. 그런데 어떻게 내 몸이 온전히 나의 것이겠는가? 몸뿐만이 아니다.

나는 남과의 맞얽힘으로 존재한다. 나는 수많은 남과 맞얽혀서 사회를 이루고 살아간다. 내 생각, 의지, 정신에 나와 맞얽혀 있는 수많은 사람이 영향을 미친다. 그러므로 오로지 나의 자유만으로 움직인다는 생각은 착각이다. 자유自由란 나로부터 비롯됨이다. 하지만 온전히 나로부터 비롯되는 것이 얼마나 있을까? 코로나 팬데믹 사태는 내가 숨을 쉬는 것조차도 남과 깊이 연결된다는 사실을 깨닫게 해주었다. 그러므로 자유는 허상이다. 우리가 자유라고 생각한 것은 실로 자타유自他由이다. 내 생각, 내 행동은 남과 나로부터 함께 비롯된다.

> 죽음과 삶은 운명이다. 밤과 낮은 천지의 영원한 이치이다. 그러므로 사람이 소유하고자 하나 그 욕망을 채울 수 없음은 모든 사물의 본성이다. 사람은 저 하늘을 아버지로 삼아 특별하게 여기고, 그 하늘로부터 받은 몸을 사랑하는데, 하물며 저 높디높은 도에 대해서야 말할 나위가 있겠는가. 사람은 군주가 자기보다 낫다는 이유만으로도 그를 위해 몸을 바쳐 죽는데, 하물며 저 높디높은 도에 대해서야 말할 나위가 있겠는가. …… 그런데 사람들은 겨우 사람의 모습으로 태어나서는 그것만 좋아한다. 사람의 모습을 하고 있다는 것은 천변만화하여 아직 시작도 하지 않은 극한일 뿐이니 그 즐거움을 이루 다 헤아릴 수 있겠는가! 그러므로 성인은 장차 사물이 사라지지 않고 모두 보존되는 경지에서 소요유하고자 한다. - 『장자』「대종사」

밤과 낮은 맞얽힘의 상이다. 그러므로 천지의 영원한 이치라고

한 것이다. 세계로부터 받은 몸을 사랑하듯이 맞얽힘을 사랑해야
한다. 맞얽힘에 의해 우리가 죽고 우리가 태어난다. 죽음이란 살아
있는 것이 다른 사물로 변화하는 것이다. 삶과 죽음은 맞얽혀 있는
두 인소이고, 생에서 사로 가는 것은 그저 하나의 변화이다. 죽음
에서 다른 생명으로 가는 것도 또 하나의 변화이다. 만물은 이처럼
끊임없이 변화한다.

꿈에 술을 마시며 웃던 사람이 아침에 꿈에서 깨자 곡을 하며 슬피 울
수도 있지. 꿈에서 곡을 하며 울던 사람이 아침이 되면 사냥하러 나가
기도 하고. 꿈을 꿀 때는 그것이 꿈인 줄 모르고 꿈속에서 또 꿈을 점
치기도 하다가, 깨어난 뒤에야 그것이 꿈이었음을 알게 되지. 그리고 크
게 깨달으면 이후 그것이 큰 꿈이었다는 것을 알게 되는데, 어리석은
사람들은 자기들은 깨어 있으며 그 점을 분명하게 알고 있다고 생각한
다네. 그러면서도 군주니 신하니 따지면서 꽉 막혀있다네. 공구孔丘도
자네도 다 꿈을 꾸고 있는 거야. 내가 자네에게 꿈을 꾸고 있다고 말하
는 것도 역시 꿈일세. 내가 지금 한 말은 그 이름을 '조궤弔詭(매우 괴이한
일)'라고 한다네. 만세 후에라도 위대한 성인을 한 번 만나 그 뜻을 알
수 있다면, 그것은 아침저녁의 만남처럼 찰나일걸세. …
예전에 장주가 꿈에 나비가 되었는데, 기뻐하며 **훨훨** 날아다니는 나비
였다. 즐거워하며 마음대로 이리저리 날아다녔으므로 자신이 장주임을
몰랐다. 그러다 갑자기 깨어보니 인간의 모양을 한 장주였다. 장주가 꿈
에 나비가 되었던 것인지, 나비가 꿈에 장주가 되었던 것인지 알 수가

없었다. 장주와 나비 사이에 분명히 구분이 있기는 있을 것이다. 이런 것을 일컬어 '물화物化(만물의 변화)'라 한다. - 『장자』「제물론」

이 이야기로부터 나온 단어가 '호접몽'이다. 호접胡蝶은 나비를 뜻하고 몽夢은 꿈이라는 뜻이다. 장자가 나비가 되고 나비가 장자가 된다. 이 이야기의 핵심은 만물의 변화이다. 사람들은 죽으면 끝이라고 생각하지만, 죽음은 끝이 아니라 또 다른 변화의 시작이다. 그렇다면 우리가 왜 죽음을 슬퍼하고 거부해야 하는가? 그저 무궁한 변화에 순응하여 영원히 보존되는 경지에서 소요유할 뿐이다.

5. 심재心齋, 맞선 둘이 하나임을 인식하라

장자는 「인간세」 편에서 공자와 공자가 가장 아꼈던 제자 안연의 이름에 위탁하여 맞얽힌 처세법을 말한다. 장자는 안연을 이 나라 저 나라로 떠돌며 군주에게 간언하는 유세객으로 등장시키고, 공자는 자신을 표상하는 인물로 등장시킨다.

안연이 공자를 보고 길을 떠난다면서 허락을 구했다. 공자가 물었다.
"어디로 가느냐?"
안연이 대답했다.

"위나라로 가려 합니다."

"무슨 일로?"

안연이 대답했다.

"저는 위나라 임금이 나이가 젊고 행실은 독선적이라고 들었습니다. 그는 자기 나라를 함부로 다루면서도 자기의 잘못을 모른다더군요. 그는 민중의 죽음을 대수롭지 않게 여기기 때문에 국법에 저촉되어 죽은 자들이 잡초처럼 늪을 가득 채우고 있답니다. … 선생님에게서 들은 것을 원칙으로 삼아 위나라를 다스려 보고 싶습니다. 그렇게 하면 아마도 그 나라가 좋아질 겁니다."

공자가 대답했다.

"너는 위나라에 가면 분명히 형벌을 받을 거야. … 너는 덕이 어떻게 파괴되고 지식이 왜 생겨나는지 알고 있느냐? 덕은 명성을 과시하려는 데서 파괴되고, 지식은 다툼 가운데서 생겨난다. 명성이라는 것은 서로 차지하려고 다투는 대상이고, 지식은 분쟁의 도구이다. 이 두 가지는 흉기로서 행동의 지침으로 삼을 만한 것이 못 된다. 너는 덕이 높고 신념이 강하지만 다른 사람의 기분을 꿰뚫어 보는 데까지 이르지는 못했고, 명성을 다투지 않는다 해도 다른 사람의 마음을 꿰뚫어 보는 데까지 이르지는 못했다. 그런데도 인의나 법도와 관련된 말들을 포악한 사람 앞에서 기를 쓰고 늘어놓을 터인데, 그것은 다른 사람의 결점을 드러내 자기의 장점을 부각하는 짓이다. 이런 것을 남에게 해를 끼치는 행위라고 부른다. 남에게 해를 끼치면 남도 반드시 너에게 해를 끼쳐 보복할 것이니 너는 아마 남으로부터 해를 당하게 될 것이다. … 그러다가 틀림없이 포악한 위나라 임금 앞에서 죽음을 맞게 될 것이다. … 명성과 실리는 성인이라는 사람도 이겨내지 못하는 것들인데, 하물며 너야 더 말할 나위가 있겠느냐? 비록 그렇다 하더라도 너는 분명히 무슨 방법을 가지고 있을 것 같은데 나에게 한번 말해 보거라." - 『장자』「인간세」

위나라는 임금이 무도하고 흉포하여 함부로 생민을 죽여 쌓인 시체가 잡초처럼 늪을 가득 채울 정도였다. 이 소식을 들은 안연은 공자에게서 배운 인의와 법도를 가지고 위나라 임금에게 유세하고 직위를 맡아 위나라를 다스려 보고자 마음을 먹었다. 그런 안연을 말리며 공자는 위나라 임금이 간언을 들으려 하지 않는다는 점과 안연이 위나라로 간 뒤 뜻하지 않은 재앙을 겪다가 마침내 포악한 위나라 임금 앞에서 죽임을 당할 것이라고 말한다.

공자는 안연이 명성과 실리라는 양 측면으로 위나라 임금을 설득하려 해도, 명성과 실리는 흉기와 같아 잘못 쓰다가는 사람의 마음을 거스르며 도리어 안연이 죽게 될 것이라고 말한다. 여기서 공자는 사람들이 평생을 살면서 좇는 두 가지가 명성과 실리이며, 그 두 가지로 타인을 설득하기는 위험하다고 말한다. 그러면서 이것을 피할 다른 방법이 있는지 물어본다.

안연이 대답했다.

"몸을 단정히 하고, 마음을 비우고, 부지런히 힘쓰고, 한결같음을 유지하려 하는데, 그렇게 하면 될까요?"

"아니야, 그렇게 한다고 되겠느냐? 그는 자기의 강한 성격을 미덕으로 생각하며, 심할 때는 제멋대로 횡포를 부리고 또 변덕스럽기까지 하다. 그 때문에 보통 사람들은 누구도 그의 뜻을 거스르지 못하여, 그는 이 것을 이용하여 다른 사람이 충심으로 간언하는 것을 억누름으로써 자기 마음에 맞는 말만 받아들이려고 한다. 그러니 네가 말하는 방법으로 어찌 가능하겠느냐?"

"그렇다면 저는 속으로는 곧으면서도 겉으로는 완곡함을 유지하고, 공인된 주장을 하면서 옛사람들을 그 예로 들겠습니다. 이렇게 하면 괜찮겠습니까?"

"아니야, 그렇게 한다고 어찌 괜찮겠느냐? 그 방법을 쓰면 확실히 처벌받을 일은 없겠다. 그러나 그저 그뿐이겠지. 그 방법으로 어떻게 그를 교화하는 데 적용할 수 있겠느냐?" - 『장자』 「인간세」

안연은 자신이 스스로 한결같은 몸가짐을 보여 위나라 임금을 설득하는 방법을 제시하였으나, 공자는 위나라 임금이 변덕스럽고 자기중심적인 사람이라 그런 방법으로는 가능하지 않다고 말한다. 그러자 안연은 부드러운 태도로 옛 성인들의 예를 들어 자연스럽게 위나라 임금이 감화될 수 있도록 하겠다고 말하였다. 그러나 공자는 그 방법을 쓰면 안연이 목숨을 잃는 일은 없겠지만 위나라 임금이 교화되지는 않을 것이라 말한다. 더는 방법이 없게 된 안연은 공자에게 방법을 가르쳐 달라고 말한다.

"저는 더는 어떻게 해야 할지 모르겠습니다. 방법을 좀 가르쳐 주십시오."

"심재心齋를 하여라."

…

"심재心齋란 무엇입니까?"

"마음을 하나로 하는 것이다. 귀로 듣지 말고 마음으로 들어라. 마음으로 듣지 말고 기氣로 들어라. 귀는 소리를 듣는 것에 그치고, 마음은 마음과 맞는 것에서 그친다. 기라는 것은 텅 비었지만 만물이 기인할 수 있는 것이다. 오로지 도만이 비움을 집약할 수 있다. 마음을 비움이 심재이다."

"제가 선생님의 가르침을 받기 전에는 실제로 저 자신이 존재하는 것으로 알았습니다. 그런데 가르침을 받고 나니 저라는 존재는 아예 없어져 버렸습니다. 이런 것을 비움이라고 할 수 있을까요?"

"충분하다. 내 너에게 설명해 주겠다. 너는 위나라에서 노닐되 명성에 신경 써서는 안 될 것이다. 위나라 임금이 네 말을 들어주거든 말을 하고, 네 말이 통하지 않거든 말을 그쳐라. 병폐가 무엇인지 진단하지 말고, 어떻게 고쳐야 할지 처방도 하지 말아라. … 날개로 나는 것에 대해서는 들어 보았겠지만, 날개 없이 나는 것은 들어 보지 못했을 것이다. 지각을 통해 아는 것에 대해서는 들어 보았겠지만, 지각없이 아는 것에 대해서는 들어 보지 못했을 것이다. 저 보이는 것들을 눈을 감고 보지 않게 되면, 텅 빈 마음이 스스로 생겨나 길하고 상서로운 것들이 와서 머문다. 마음이 한곳에 머물지 못하는 것을 좌치坐馳(치馳는 '달린다'는 뜻으로, 좌치는 몸은 앉아 있지만 마음은 밖으로 달리는 상태)라고 한다. 귀와 눈을 안으로 통하게 하고 마음과 앎을 바깥과 차단하면 귀신도 와서 머물 터인데, 하물며 사람이야 말할 필요가 있겠느냐!" - 『장자』, 「인간세」

장자가 말하는 심재는 내 마음과 외물外物을 하나로 하여 텅 비움이다. 마음을 비우면 기氣처럼 그때그때 사물의 변화에 반응할 수 있다. 그것을 장자는 대물待物(사물로부터 기인하다)이라고 하였다. 마음을 텅 비우라는 건 무엇이 옳고 무엇이 그르다는 생각을 하지 말라는 것이다. 마음이 한쪽으로 치우치지 않음이다.

공자는 명성과 실리라는 모든 사람이 갖고자 욕망하는 것으로 타인을 설득하다가는 자신도 위험해질 수 있으니, 그보다는 심재로써 위나라 임금에 대응하라고 말한다. 여기서 위나라 임금은 남, 타인의 상징이다. 우리는 살아가면서 무수히 많은 사람과 관계를 맺으며 인간세를 만들어 산다. 많은 이들이 살면서 제일 어려운 것이 사람 관계라고 이구동성으로 말한다. 사람 관계에서 오는 스트레스로 인해 오늘도 많은 사람이 고통을 겪는다. 타인과의 관계에 어떻게 대응하며 살아갈 것인가에 대해 장자는 심재라는 방법을 제시한다. 심재는 내가 먼저 무엇을 하는 게 아니라 내 마음을 텅 비우고 상대의 언행에 따라 움직이는 것이다. 나의 언행을 상대방으로부터 기인하게 하는 것이다. 그래서 위나라 임금이 말을 들어주거든 말을 하고, 말이 통하지 않거든 말을 그치라고 한 것이다.

마음을 비움으로써 눈과 귀와 마음으로 인식하던 것을 넘어설 수 있게 된다. "마음은 마음과 맞는 것에서 그친다"라는 말은 우리가 무언가를 인식한다는 것은 내가 알고 있는 사실만 인식할 수 있다는 뜻이다. 인간은 모두 인지 편향이 있다. 인지 편향을 벗어나려면 마음을 비우고 심재로써 사물을 대해야 한다.

한쪽으로 치우쳐 사물의 한 면만을 바라보는 마음을 비우면, 사물의 맞얽힘을 깨닫게 된다. 심재는 사물의 맞얽힘을 깨닫는 방법이자 맞얽힌 세계에서 살아가는 처세법이기도 하다.

공자는 심재 외에 인간세에서 살아가기 위한 다른 방법들도 제시한다.

섭공 자고가 왕의 사신으로 제나라에 가게 되었다. 그는 공자에게 물었다.

"임금님께서 저에게 매우 중요한 일을 맡기셨습니다. 제나라에서는 사신을 대할 때 매우 정중하지만 질질 끌면서 서두르지 않습니다. 평범한 사람이라도 생각을 바꾸게 하기 힘들거늘 하물며 제후야 말할 나위가 있겠습니까? 이 때문에 저는 매우 두렵습니다. … 만약 일을 성공시키지 못한다면 반드시 그에 대한 책임을 져야 하는 재앙이 있을 것입니다. 만약 일을 성공시킨다면 그 일을 성공시키느라 음기와 양기의 조화가 깨어져 정신적인 병을 앓는 재앙이 있을 것입니다. … 이 두 가지 재앙은 신하로서 감당할 수 없습니다. 선생님께서 저에게 무슨 말씀이라도 좀 해주시지요."

"… 대개 외교에 있어서 가까운 나라와의 관계는 반드시 믿음을 가지고 서로 접촉해야 하고, 먼 나라와의 관계는 말을 통해 진정성을 보여야 합니다. 그 말은 반드시 누군가에 의해 전달되어야 합니다. 쌍방이 모두 즐거워할 만한 말이나 쌍방이 모두 분노할 만한 말을 전달하는 것은 세상에서 가장 어려운 것입니다. 쌍방이 모두 즐거워하게 하려면 듣기 좋은 말을 많이 덧붙여야 하고, 쌍방이 모두 분노하도록 하려면 듣기 싫은 말을 많이 덧붙여야 합니다. 덧붙이는 말은 모두 거짓이고, 거짓은 그 진정성을 의심받습니다. 의심을 받으면 말을 전달하는 사람이 재앙을 당합니다. 그래서 옛날 속담에 '상황을 사실 그대로 전달하고, 말을 전달할 때는 덧붙이지 말아야 한다. 그렇게 하면 대부분 자기를 보전할 수 있다'라는 말이 있습니다.

지력을 가지고 우열을 다투는 자들은 처음에는 정당한 방법으로 시작하지만 종종 음모로 끝을 맺고, 지나칠 경우에는 모략이 넘쳐납니다. 예의를 차리면서 술을 마시는 사람들은 처음에는 품위 있게 시작하지만 종종 난잡하게 끝을 맺고, 지나칠 경우에는 광란에 휩싸입니다. … 사람을 극한 상황으로 몰아가면 상대방은 필연적으로 악의가 생겨 그에 대항하려고 하지만, 그런 상황으로 몰고 갔던 사람은 상대방이 왜 그런 반응을 보이는지 연유를 알지 못합니다. 그러므로 옛 속담에 '부여받은 명령을 바꾸지 말고, 임무를 억지로 달성하려고 하지도 말아야 한다. 도를 넘으면 쓸데없는 화를 초래하게 된다'는 말이 있습니다. 명령을 바꾸고 임무를 억지로 달성하려 할 때 일을 그르칩니다. 그러니 신중해야 하지 않겠습니까?

그러므로 사물의 변화에 올라타 마음을 소요유해야 합니다. 어쩔 수 없이 양중養中에 맡겨야 합니다. - 『장자』「인간세」

장자가 말한 양중養中은 '중을 기른다'는 뜻이다. 중을 기른다는 것은 맞얽힌 두 인소 중 어느 쪽에도 치우치지 않고 중에 처하는 자세를 유지한다는 뜻이다. 외교 임무를 맡은 사신은 말로 일을 성사시켜야 하는 책무 때문에 자꾸 말에 말을 덧대어 부풀리게 되는데, 이것이 지나치면 거짓이 되고 진정성을 의심받게 된다. 결국에는 자신의 목숨이 위협받는 상황에 처한다. 지력을 가지고 우열을 다투는 자들도 처음에는 예의를 갖추고 품위 있게 시작하지만, 그 다툼이 지나치면 끝에는 승리의 광기에 사로잡혀 광란에 빠진다. 그러므로 사신이 일을 성사시키고 책사가 일을 꾸미는 것은 중으로 행해야 한다. 장자가 말한 중은 어느 한 극단에도 치우치지 않는 자세를 말한다. 양중의 자세를 갖춘 사람은 일을 억지로 달성하지 않아 화를 당하지 않는다.

6. 좌망坐忘, 나를 잊으면 만물과 하나가 된다

장자는 심재에 도달하는 방법을 제시한다.

안연이 말했다. "저는 진전이 있었습니다."

공자가 물었다. "무슨 말이냐?"

"저는 인의仁義를 잊었습니다."

"좋다. 그러나 아직은 부족하다."

다음에 다시 만나 안연이 말했다.

"저는 진전이 있었습니다."

"무슨 말이냐?"

"저는 예악을 잊었습니다."

"좋다. 그러나 아직 부족하다."

다음에 다시 만나 안연이 말했다.

"저는 좀 진전이 있었습니다."

"무슨 말이냐?"

"저는 좌망坐忘하였습니다."

공자가 깜짝 놀라서 말했다. "무엇이 좌망이냐?"

안연이 말했다. "사지와 몸이 없는 듯하며, 보고 듣는 것을 물리쳤고, 형체를 떠나 앎을 버렸더니 크게 통함과 같아졌습니다. 이것을 일컬어 좌망이라고 합니다."

공자가 말했다. "크게 통함과 같아졌으니 좋아하고 싫어함이 없겠구나. 크게 통함과 같이 계속 변화하니 무상無常하겠구나. 너는 과연 현명하구나! 나도 너의 뒤를 따르겠다." - 『장자』 「대종사」

좌망坐忘은 앉아서 잊는다는 뜻이다. 좌망은 말 그대로 앉아서 잊는 것으로, 안연의 말처럼 내 팔다리와 몸을 잊고, 보고 듣는 것을 잊고, 내 마음을 잊는 것이다. 내 몸과 내 마음을 모두 잊어 비움의 상태에 도달한다. 몸과 마음을 비워서 만물과 크게 통한다. 나와 외부 세계를 구분하는 나라는 몸, 마음, 의식을 모두 잊으면 나와 외부 세계의 경계가 사라진다. 그러므로 나와 세계가 크게 통한다. 이것이 바로 좌망이다. 인식하는 나를 잊으니 인식 대상도 잊게 된다. 인식하는 내가 없으니 인식하는 대상과 내가 하나가 된다. 인식하는 나와 인식하는 대상의 경계가 사라지니 마음속에서 하나가 된다. 이것이 바로 심재의 상태이다.

좌망은 먼저 나의 감각을 차단하고 내 생각을 없애는 것에서 시작한다. 조그마한 소음도 들리지 않는 곳에서 눈을 감아 청각과 시각을 차단한다. 나아가 나라는 의식, 마음을 비우기 위해서는 생각을 차단해야 한다. 생각을 없애는 방법은 눈을 감고 집중이라는 두 글자만 생각하면 된다. 무수히 많은 생각이 일어났다 사라질 것이다. 집중이라는 두 글자만 머릿속에 떠올려야 한다. 집중에 집중이 안 된다면 머리를 흔들어서 끊임없이 일어나는 다른 언어들을 털어버려라. 멈추지 않고 계속 집중을 생각하다 보면 어느 순간 집중이라는 언어조차 사라지고 나라는 의식이 사라진다. 나의 의식이 사라지면 나와 외물을 분리하던 경계가 사라진다. 그 순간이 내 속에서 만물이 하나되는 순간이다. 만물과 내가 하나임을 느낌으로써 우리는 자신을 고통스럽게 하는 수많은 욕망으로부터 해방된다.

어떤 이들은 좌망이 명상 또는 참선과 비슷하다고 느낄 것이다. 그러나 장자가 제시한 심재와 좌망은 나와 사물, 나와 세계의 맞얽힘을 깨닫는 방법으로 제시한 것이지 마음을 챙기라고 제시한 것이 아니다. 인간은 세계와 분리된 존재로 자신을 인식하기 쉽다. 먼저 나를 인식하고 그다음에 사물을, 세계를 인식하기 때문에 나와 남, 나와 세계를 분리해서 인식하게 된다. 그러니 자꾸 누가 옳으니 그르니 좌파니 우파니 따지게 되는 것이다. 나와 남, 나와 세계가 맞얽혀 있다는 것을 깨달으려면 둘로 분리된 것을 하나로 인식하는 과정이 필요하다. 그것이 바로 좌망과 심재이다. 좌망의 궁극적 목표는 나와 세계가 둘이 얽힌 하나임을 깨닫는 데에 있다.

좌망을 통해 심재의 상태에 도달한 사람을 장자는 지인, 진인, 대종사라고 부른다. 대종사大宗師라는 단어를 들으면 영화를 좋아하는 이들은 왕가위 감독의 쿵후 영화 〈일대종사一代宗師〉를 떠올릴 것이다. 일대종사에서 일대는 하나의 세대를 뜻한다. 종사에서 종宗은 으뜸을 뜻하고, 사師는 스승을 뜻하는 말로, 최고의 스승을 일컫는 말이다. 거기에 '크다'는 뜻을 지닌 대大를 붙였으니 대종사는 가장 최고의 스승이다. 그 대종사를 장자는 진인眞人이라는 또 다른 용어를 사용하여 지칭한다. 진인은 지인至人과 같다. 지인은 지극함에 도달한 사람이라는 뜻이다.

진인이란 무엇인가? 옛날의 진인은 시시한 것이라고 거절하지 않았고, 자기가 이룩한 것을 뽐내지 않았으며, 무슨 일을 꾸미지 않았다. 그와 같은 사람은 잘못한 것에 대해 후회하지 않고, 잘한 것에 대해 자만하지 않는다. 그와 같은 사람은 높은 데 올라가도 두려워 떨지 않고, 물에 들어가도 젖지 않고, 불에 들어가도 뜨겁지 않다. 도를 깨달은 자만이 이와 같다. 옛날의 진인은 잠이 들면 꿈을 꾸지 않았고, 깨어 있을 때는 근심을 하지 않았다. 진인은 음식을 먹을 때는 맛을 추구하지 않았고, 숨을 쉴 때는 깊고 깊었다. 진인은 발뒤꿈치로 숨을 쉬고, 보통 사람들은 목구멍으로 숨을 쉰다. 몸을 굽힌 사람은 목이 막혀 말을 토하듯이 하고, 탐욕이 심한 사람은 생명력이 약하다. 옛날의 진인은 사는 것을 좋아할 줄도 몰랐고, 죽는 것을 싫어할 줄도 몰랐다. 이 세상에 나오는 것을 기뻐하지 않았고, 다른 세상으로 들어가는 것을 거부하지도 않았다. 무심히 왔다가 무심히 갈 뿐이었다. 시작된 곳을 잊지 않으면서도 끝나는 곳을 알려고 하지 않았다. 생명을 받아 태어나서는 즐겁게 살다가 때가 되어서는 잊고 원래의 상태로 되돌아갔다. 이것을 마음으로 도를 손상하지 않는 것이라고 하고, 사람이 외물 세계에 가하지 않는 것이라고 한다. 이런 사람을 진인이라고 한다. - 『장자』 「대종사」

진인은 만물이 하나임을 깨달은 사람으로, 천인합일天人合一과 사생일여死生一如의 경지에 오른 사람이다.

앞서 「제물론」에서 등장한 남곽자기도 진인이다. 남곽자기는 자신을 잊어버린 경지에 오른 사람이다. 자신을 잊어버린 사람은 마른 나무 같고 불 꺼진 재처럼 보인다. 바싹 말라버린 나무와 불 꺼진 재는 외부에서 되살리기 위해 그 어떤 짓을 해도 다시 되살릴 수가 없다. 그 어떤 외물에도 전혀 영향을 받지 않는다. 그들이 그럴 수 있는 건 자신이 없기 때문이다. 그렇다고 마른 나무와 불 꺼진 재가 없는 존재는 아니다. 존재하긴 하지만 외물의 영향을 거의 받지 않는 존재, 그것이 장자가 생각하는 최고의 존재이다.

> 설결이 말했다. "선생님께서는 이로움과 해로움을 모르시는데, 그렇다면 지인은 원래 이로움과 해로움을 모릅니까?" 왕예가 대답했다. "지인은 신神이라 할 수 있다. 거대한 별이 불타올라도 그를 뜨겁게 할 수 없고, 황하와 한수가 얼어붙어도 그를 춥게 할 수 없고, 사나운 벼락이 산을 쪼개고 바람이 바다를 뒤흔들어도 그를 놀라게 할 수 없다. 이런 사람은 구름의 기를 타고 해와 달을 몰아 세상 밖으로 나가 소요유한다. 그에게는 삶과 죽음마저도 그를 변하게 하지 못하는데, 하물며 이로움과 해로움의 문제야 말할 나위가 있겠는가?" - 『장자』 「제물론」

뜨거움은 차가움과 맞얽힘의 관계이다. 뜨거움은 차가움으로부터 기인하고, 차가움은 뜨거움으로부터 기인한다. 뜨거움과 차가움이 하나로 얽혀 있다는 사실을 인식한 사람은 거대한 별이 불타올라도 뜨겁지 않고 황하가 얼어붙을 정도로 추운 날씨 속에서도 춥지 않다. 이러한 존재를 장자는 신神이라 한다. 만물은 둘이 얽힌 하나이다. 그것을 깨달은 자는 신이다. 장자에게 인간은 누구나 좌망을 통해 심재에 도달하고, 지인이 되며 신이 되는 존재이다.

7. 소요유, 맞얽힘을 체득한 자의 유유자적

장자는 지금까지 언어의 맞얽힘을 말했고, 그로부터 만물과 내가 하나임을 말했다. 심재와 좌망을 통해 그 하나되는 방법까지 제시했고, 지인이 되면 맞얽힘에 초월할 수 있음을 말하였다. 그런데 장자의 말은 세상 사람들이 이해하기 쉽지 않다. 자신의 사상이 세상 사람들에게 받아들여지지 않자 장자는 그 마음을 다음과 같이 표현하였다.

북녘 깊은 바다에 물고기가 있는데, 그 이름을 곤이라 한다. 곤의 크기는 몇천 리나 되는지 알 수 없다. 곤이 변해서 새가 되면 그 이름을 붕이라 한다. 붕의 등은 몇천 리나 되는지 알 수 없다. 힘차게 날아오르면 그 날개는 하늘 가득히 드리운 구름과 같다. 이 새는 장차 파도가 출렁일 때 남녘 깊은 바다로 날아가려 한다. 남녘 바다란 하늘 연못을 말한다.

제해는 괴이한 일을 아는 사람이다. 제해가 말하기를 "붕이 남녘 깊은 바다로 날아갈 때는 파도를 일으키기를 삼천 리, 회오리바람을 타고 9만 리를 날아올라 여섯 달 동안 날아가서야 쉰다"라고 하였다. 아지랑이, 먼지는 생물들이 숨을 내쉬면서 내뿜는 것이다. 하늘은 새파란데 그것이 과연 제 빛깔일까? 끝없이 멀어서 새파랗게 보이는 것은 아닐까? 붕이 9만 리 위에서 아래를 내려다볼 때 역시 그와 같이 새파랗게 보이고 아지랑이, 먼지처럼 보일 것이다.

또한, 물이 깊지 않으면 큰 배를 띄울 힘이 없다. 한 잔의 물을 움푹 파인 곳에 부으면 작은 풀잎은 떠서 배가 된다. 하지만 잔을 놓으면 바닥에 닿으니, 이는 물은 얕은데 배가 크기 때문이다. 마찬가지로 바람이 충분하지 않으면 큰 날개를 띄울 힘이 없다. 그러므로 9만 리나 올라가야 날개 밑에 바람이 충분해진다. 그런 뒤에 비로소 붕은 바람을 타고 푸른 하늘을 등에 진 채, 아무런 장애도 없이 바야흐로 남쪽을 향하게 된다.

매미와 비둘기가 붕을 비웃으며 말했다. "우리는 힘껏 날아올라 보았자 느릅나무나 다목나무에 다다를 뿐이다. 때로는 거기에도 이르지 못해서 땅에 내려앉고야 만다. 그런데 어찌하여 9만 리나 날아올라 남쪽으로 가려고 하는가." 가까운 푸른 숲으로 노닐러 가는 사람은 세 끼니만 가지고 가도 돌아올 때까지 배고픈 줄 모르지만, 백 리를 노닐러 가는 사람은 하룻밤 지낼 곡식을 찧어야 하고, 천 리를 노닐러 가는 사람은 석 달 먹을 식량을 준비해야 한다. 이것을 이 두 마리 짐승들이 어찌 알랴!

작은 지식은 큰 지식에 미치지 못하고, 짧은 삶은 긴 삶에 미치지 못한다. 어떻게 그렇다는 것을 아는가? 조균朝菌(아침에 났다가 저녁에 스러지는 버섯)은 밤과 새벽을 모르고 매미는 봄과 가을을 모른다. 이것이 짧은 삶이다. 초나라 남쪽에 명령冥靈이라는 나무가 있는데, 5백 년 동안은 봄이었다가 5백 년 동안은 가을이었다. 상고 시대에 대춘大椿이란 나무가 있었는데, 8천 년 동안은 봄이었다가 8천 년 동안은 가을이었다. 그런데 지금 고작 7~8백 년 살고도 오래 살았다고 유명해진 팽조를 세상 사람이 부러워하니, 이 어찌 슬프지 아니하겠는가.

은나라 임금 탕이 하극에게 물은 바도 이와 같다. 불모의 북녘땅에 깊은 바다가 있으며, 그곳을 하늘 연못이라고 한다. 거기에 물고기가 있는데 너비가 수천 리이고 길이는 아무도 모르는데 그 이름을 곤이라 한다. 또 새가 있는데 그 이름을 붕이라 한다. 그 등은 태산 같고 날개는 하늘에 드리운 구름 같다. 회오리바람을 타고 구름 위로 솟구쳐 9만 리를 올라갔다. 구름의 기를 흩트리면서 푸른 하늘을 등에 지고 남쪽을 향해 날아가서는 남녘 깊은 바다에서 노닐었다.

메추라기가 비웃으며 말했다.

"저 붕은 대체 어디로 노닐러 가는 것인가? 난 힘껏 날아올라도 불과 몇 길을 못 올라가고 내려와 숲 사이를 날아다니거늘. 이것도 매우 높이 날아오른 것인데 저 붕은 어딜 노닐러 가는 걸까?" 이것이 작음과 큼의 차이이다.

대개 관직 한자리를 맡을 만한 지혜를 가진 사람이나 한 고을의 민심을 얻기에 충분한 행실을 갖춘 사람이나, 한 나라의 군주가 되기에 적당한 덕망을 갖춘 사람이나, 한 나라를 세울 만한 능력을 갖춘 사람이나 모두 자기 자신을 바라볼 때 이와 같을 것이다. -『장자』「소요유」

『장자』를 읽을 때는 장자의 말이 우언 즉 상象이라는 점을 절대 잊으면 안 된다. 이 이야기에 나오는 곤, 붕, 매미, 비둘기, 조균, 명령, 대춘은 모두 상이다. 곤, 붕, 명령, 대춘은 깨달은 자의 상이고, 매미, 비둘기, 조균은 깨닫지 못한 자의 상이다. 장자는 자신이 하는 이야기를 아무도 믿지 않고 자신이 내세우는 사상을 아무도 귀담아듣지 않기 때문에 이를 풍자하여 비웃었다. 자신을 비웃는 이들을 매미, 비둘기, 메추라기에 비유하였다.

짧은 여름만 살다가는 매미나, 날아봤자 이 숲 저 숲을 오가는 정도인 메추라기와 비둘기가 9만 리를 날아오르고 지구의 북쪽 끝에서 남쪽 끝까지 날아다니는 붕과 곤이 왜 그리하는지 어찌 알 수 있을까? 따라서 조그마한 관직에 적합한 능력을 지닌 사람, 한 고을을 다스릴 만한 사람, 임금 하나를 섬길 만한 사람, 그 재능이 한 나라를 맡을 만한 사람, 이런 사람들은 장자가 하는 이야기를 이해하지 못한다. 그들이 장자의 이야기를 이해하지 못하는 것은 매미, 비둘기, 조균이 그러한 것처럼 모두 자기 자신의 처지와 환경에서 자신과 세계를 이해하기 때문이다.

도리어 송영자는 이런 인물들을 비웃었으며, 세상 모두가 그를 칭찬한다고 해도 더욱 애써서 일하지 않았고, 세상 모두가 그를 헐뜯는다고 해도 기가 꺾이지 않았다. 내심內心과 외물外物의 구별을 정하고 영광과 치욕의 경계를 분변하였을 뿐이다. 그는 세상에서 흔하지 않은 사람이지만, 아직 이르지 못한 경지가 있었다.

열자는 바람을 부리며 다니니 그 모습이 맑고 선하였다. 한 번 구름을 부리며 다니면 보름이 지나서야 돌아오곤 했다. 행복에 도달한 사람 가운데 그런 인물은 세상에 흔하지 않았다. 그러나 그는 비록 걷지 않아도 되었지만 여전히 무엇인가에 의존하였다.

만약 천지의 올바름에 올라타 여섯 기氣의 변화를 부림으로써 무궁하게 소요유할 수 있다면 대체 의존할 것이 무엇이 있으랴! 그리하여 말하기를 "지인至人은 자기 자신이 없고, 신인神人은 공적이 없으며, 성인聖人은 이름이 없다."라고 하였다. - 『장자』「소요유」

송영자는 자신의 처지에서 자신을 이해하면서 남을 비웃거나 칭찬하는 인물들을 비웃었다. 송영자의 이름은 송견宋鈃으로 송나라의 제자백가이다. 그의 주요 사상은 만물을 대하면서 먼저 편견이라는 울타리를 제거해야 한다, 마음의 관용이 바로 마음의 자연스러운 작용이다, 인간의 본심은 조금 욕망한다, 모욕당함은 수치가 아니라는 주장으로 사람들의 싸움을 막는다, 공격을 금지하고 병기를 버려야 한다는 주장으로 세상의 전쟁을 막는다, 천하의 안녕을 도모하여 민중의 목숨을 살리고 남과 나의 생계를 모두 충족시키는 데서 그친다 등 여섯 가지로 요약할 수 있다.

그는 전쟁을 반대하는 평화주의자로, 전쟁의 근본 원인이 모욕당하기를 싫어하는 마음, 욕망을 과도하게 충족하려는 마음에 있다고 보고 위와 같은 주장을 펼쳐서 전쟁을 없애려 하였다. 나아가 모욕당함을 수치로 여기거나 많이 욕망하는 것이 인간의 본성이라는 주장들은 모두 인간의 편견이므로 제거해야 한다고 주장하였다. 이런 송영자를 두고 장자는 "아직 이르지 못한 경지가 있었다"라고 평가하였다. 송영자가 아직 이르지 못한 경지란 무엇일까?

열자는 기원전 4세기경 정나라의 사상가로 그의 사상은 빔[허虛]

을 중시하였다. 그의 사상이 담긴 『열자』는 우공이산 같은 우화들이 실렸다. 장자는 열자가 바람을 타고 다녔다고 하였다. 그가 빔을 중시함을 비유한 말이다. 바람은 눈에 보이지 않으므로 텅 비어 있는 것으로 생각한 것이다. 열자가 "여전히 무엇인가에 의존하였다"라고 한 것은 그가 돌아다니기 위해서는 바람에 의존해야 함을 가리킨다. 그러므로 열자는 바람이 없으면 다닐 수 없다. 외물에 의존하는 한 장자가 말하는 소요유의 경지에 도달할 수 없다.

그렇다면 장자가 말한 경지란 무엇인가? 그것은 "천지의 올바름에 올라타 여섯 기氣의 변화를 부림으로써 무궁하게 소요유" 하는 경지이다. 천지의 올바름이란 하늘이 자기 자리에서 해야 할 일을 하고 땅이 자기 자리에서 해야 할 일을 하듯 만물이 각자의 자리에서 각자가 해야 할 일을 묵묵히 하는 것을 뜻한다.

여섯 기氣에 대해 음陰, 양陽, 바람, 비, 어두움, 밝음이라고 말하기도 하는데, 그보다는 『주역』의 여섯 효를 지칭한다. 『주역』「문언전」에서는 다음과 같이 표현하였다.

때에 맞게 여섯 용을 타고 하늘에서 운행한다. 구름이 흐르고 비가 내리니, 천하가 평화롭다.

장자가 말한 "천지의 올바름에 올라타 여섯 기의 변화를 부림"이라는 「문언전」의 문장과 서로 통한다. 「문언전」에 나오는 '여섯 용'은 여섯 효의 상이다. 따라서 용은 기氣의 상징이기도 하다.

천지天地의 올바름에 올라타고, 여섯 기氣의 변화를 부린다는 표현은 마치 장자가 말하는 경지란 오랫동안 깊은 산속에서 수양해야만 성취할 수 있는 신선의 경지를 생각하게 한다. 하지만 장자의 사상은 절대로 신선 사상이 아니다. 장자는 내가 발을 딛고 있는 현실에서 초월하는 법을 이야기한다. 여기서 장자가 말하는 바를 알기 쉽게 말하자면 다음과 같다.

"만물은 양과 음이 맞얽힘 관계를 이루어, 양기와 음기의 맞얽힘이 번갈아가면서 나타나 변화가 이루어진다. 이러한 우주 만물의 이치를 깨닫는다면 무엇에 의존할 필요 없이 무궁하게 소요유할 수 있다."

그리고 이 경지에 도달하기 위해서는 자기 자신이 없고, 공적이 없고, 이름이 없어야 한다. 이런 경지에 오른 사람들을 장자는 지인至人, 신인神人, 성인聖人이라 불렀다. 공적이 없다는 것은 3장 〈손자〉편에서 설명했듯이 맞얽힌 두 인소 중 한쪽에 치우치지 않음을 말한다. 이름이 없다는 것은 나와 내 바깥에 있는 외물과의 맞얽힘을 초월하는 경지에 올랐음을 뜻한다. 하나의 사물을 다른 사물과 분별하기 위해서는 제일 먼저 이름을 지어 부른다. 그 이름이 없다는 것은 물아일체의 경지에 올랐다는 뜻으로, 자기 자신이 없는 경지와 같다.

『설문해자』에서 소逍를 설명하기를 "소요逍遙이다. 고상翺翔과 같다"라고 하였다. 고상은 날다, 유는 노닐다는 뜻이다. 그러므로 소요유는 좌망으로 맞얽힘의 경계로부터 날아올라 노니는 것이다. 좌망으로 맞얽힘을 초월한 자의 유유자적이 소요유이다.

8. 신진화전薪盡火傳, 궁극의 경지

『장자』「내편」의 세 번째 편은 양생주養生이다. 양생주는 생명의
주인을 기른다는 뜻으로, 생명의 주인을 기르기 위해서 어떻게 해
야 하는지를 말한다.

앞서 공자가 인자는 장수한다고 말하였고, 노자는 오래감을 말
하였고, 손자도 나라가 오래가는 법을 말했다. 이들이 말하는 장수
와 오래감은 영원성을 의미한다. 장자가 말한 생명의 주인을 기르는
법도 바로 어떻게 해야 영원한가를 드러낸다. 먼저 장자는 몸을 오
래 보전하는 법을 말한다.

> 선을 행함은 명성이 없음에 가까워야 하고, 악을 행함은 형벌이 없음에
> 가까워야 한다. 그러므로 연독緣督을 삶의 원칙으로 삼으면, 몸을 보전
> 할 수 있고, 생명을 온전히 할 수 있고, 사람들과 친함을 쌓을 수 있어
> 수명이 다할 때까지 살 수 있다. - 『장자』「양생주」

선한 일을 행하는데, 그 선한 일로 선한 자라는 명성이 널리 퍼
져서는 안 된다. 즉 선한 일이 극에 달할 때까지 해서는 안 된다. 악

한 일을 행하는데, 그 악한 일로 법적 처벌을 받을 때까지 해서는 안 된다. 즉 악한 일이 극에 달할 때까지 해서는 안 된다. 사람들이 칭송해 마지않는 선한 일도 그 선한 일이 극에 달해서는 안 되는데, 다른 일이야 더 말할 나위가 없다. 무엇을 하더라도 지나치게 해서는 안 된다. 이것이 바로 연독緣督의 삶이다. 연緣은 실을 뜻하고 독督은 몸의 가운데에 있어 기가 지나가는 줄기이다. 기가 지나가야 하므로 텅 비어 있어야 한다. 연독은 가운데에 자리 잡아 실처럼 이어주면서도 텅 비어 있음을 뜻한다. 앞서 장자가 말한 경첩이 연독과 같은 것이다. 그러므로 연독은 어느 쪽에도 치우치지 않는 삶을 뜻한다.

장자는 다음에 유명한 포정해우包丁解牛(포정이 소를 해체하다)의 이야기를 통해 양생주의 방법을 말한다.

포정이 문혜군 앞에서 소를 잡았다. 손이 닿을 때, 어깨로 밀 때, 다리로 밟을 때, 무릎으로 누를 때마다 획획 소리가 나면서, 칼이 움직일 때마다 싹둑싹둑 울렸다. 어느 것 하나 음률이 맞지 않는 것이 없었다. 그것은 상림의 무악과도 일치했고, 경수의 박자에도 들어맞았다.

문혜군이 말했다.

"아. 참 훌륭하구나. 기술이 어떻게 이런 경지에까지 이를 수 있단 말인가?"

포정이 칼을 내려놓고 대답했다.

"제가 좋아하는 것은 도道입니다. 기술보다는 한 단계 앞선 것입니다.

제가 처음 소를 잡기 시작할 때 제 눈에는 소 아닌 것은 보이지 않았고, 소만 보였습니다. 3년이 지난 지금은 소의 모양이 보이지 않습니다. 지금도 저는 정신으로써 소를 대할 뿐 눈으로 보지 않습니다. 감각과 지각이 멈추면 정신의 작용이 시작됩니다. 천리天理(살 속에 나 있는 결을 뜻한다)를 따라 큰 틈으로 칼을 밀어 넣고, 뼈마디에 난 큰 구멍을 따라 칼을 당겨 본디부터 나 있는 길을 따라갑니다. 지맥과 경맥 그리고 근육이 미세하게 뒤엉킨 부위조차 칼날로 잘라낸 적이 없었는데, 하물며 큰 뼈야 말할 나위가 있겠습니까? 뛰어난 백정은 1년에 한 번 칼을 바꾸는데, 그것은 살을 자르기 때문입니다. 보통의 백정은 한 달에 한 번 칼을 바꾸는데, 그것은 뼈를 끊기 때문입니다. 지금 저의 칼은 19년이나 되었고 잡은 소만도 수천 마리나 되지만, 칼날은 마치 방금 숫돌에 간 것 같습니다. 소의 마디에는 틈이 있고 칼날은 두께가 없습니다. 두께가 없는 칼날을 틈 속으로 집어넣으니 넓고 넓어서 칼을 놀리는 데 반드시 넉넉함이 있기 마련입니다. 이 때문에 19년이 지났는데도 칼날은 마치 방금 숫돌에 간 것과 같습니다. 그러나 매번 근육과 뼈가 뒤엉켜 있던 곳에 이르면 저는 그 어려움을 알고 바짝 긴장하여 시선은 고정되고 행동은 느려지며 칼의 움직임은 매우 미세해집니다. 철퍼덕하는 소리와 함께 소 잡는 일이 끝나면 뼈와 살이 흙덩이처럼 땅으로 떨어져 쌓입니다. 그러면 저는 칼을 들고 일어나 사방을 돌아보고 머뭇거리다가 만족해하며 칼을 닦아 보관합니다."

문혜군이 말했다. "훌륭하구나. 나는 포정의 말을 듣고 양생을 깨달았다." - 『장자』 「양생주」

문혜군이 깨우친 양생법은 먼저 사물을 정신精神으로 인식하는 것이다. 시각, 촉각, 청각, 후각, 미각 등 내 모든 감각 기관의 작용을 멈추고 정신으로 인식하는 것을 말한다. 그렇게 정신의 작용이 시작되면 칼을 들어 소를 해체하기 시작한다. 칼로 소를 해체하는 방법에서도 양생법이 나온다. 그것은 천리天理를 따르는 것이다. 여기서 장자가 말한 천리는 자연이 만든 무늬, 자연의 이치라는 뜻이다. 그것은 억지로 뼈와 살, 핏줄과 힘줄을 잘라내는 것이 아니라 본디부터 나 있는 길을 따라 소를 해체하는 것이다. 그럴 때만이 칼이 망가지지 않고 19년이 지났는데도 새 칼과 같을 수 있다. 칼에 두께가 없다는 것을 주목하자. 칼에 두께가 없으니 아무리 작은 틈이라도 비집고 칼을 집어넣을 수가 있다. 근육과 뼈가 뒤엉킨 곳에서도 칼을 놀리는데 넉넉함이 있다. 그런데 두께가 없는 칼이 존재할 수 있을까? 장자가 말하는 두께가 없는 칼은 기氣를 의미한다. 소를 해체할 때 기로써 천리를 따르고 정신으로 소를 대하여 인식하는 것처럼, 생명을 기르는 방법은 정신으로 세계를 인식하고, 세계의 이치에 따라 행동하고, 기로써 사물에 작용하는 것이 장자가 말하는 양생법이다.

노담(담聃은 노자의 이름이다)이 죽자 진실秦失이 조문을 갔다. 세 번 곡을 하고는 밖으로 나왔다. 제자가 물었다.

"선생님의 벗 아닙니까?"

"그렇네."

"그렇다면 조문을 이렇게 하실 수 있습니까? 그래도 됩니까?"

"된다네. 나는 그대들의 사람 됨됨이가 되었다고 생각했는데 지금 보니 아니군. 내가 들어가서 조문할 때 늙은 사람들은 아들이 죽은 것처럼 구슬프게 곡을 하였고, 젊은 사람들은 그 어머니가 죽은 것처럼 구슬프게 곡을 하였네. 노담은 애도하는 말이 있기를 바라지 않았을 것인데 그 애도하는 말이 나오고, 곡하는 소리를 원하지 않았을 것인데 그 곡하는 소리가 나오고 있네. 이것은 천리天理로부터 멀어져 그 정신을 배반하는 것이고, 하늘로부터 부여받은 것을 잊어버린 행동이라네. 옛날에는 이것을 일컬어 하늘로부터 멀어졌기 때문에 받는 형벌이라고 하였네. 노담은 때맞춰 왔다가 때맞춰 간 것이라네. 변화의 때를 편안히 여겨 순응하면 슬픔도 즐거움도 내 마음으로 들어올 수 없다네. 옛사람들은 이것을 상제의 현해縣解라고 하였다네." - 『장자』 「양생주」

양생은 생명을 기르는 방법을 말하지만, 아무리 생명을 잘 기른다 하더라도 죽음을 피할 수는 없다. 살아 있는 것은 죽게 마련이고, 죽어 있는 것이 모여 생명을 만들어 낸다. 삶과 죽음은 맞얽힘의 변화에 따라 이루어진다. 그러니 죽음은 슬퍼할 일이 아니다. 변화의 때를 편안히 여겨 순응하는 것이 천리를 아는 자의 처세법이다.

기름은 땔감이 되어 한 번 타고나면 끝이지만, 불은 다음 땔감으로 이어져 끝날 줄 모른다. - 『장자』 「양생주」

내 몸은 화르르 한 번 타오르는 땔감과 같지만, 내 몸이 만들어 낸 불, 즉 정신은 다음 세대로 이어져 끝이 없다. 신진화전薪盡火傳(땔감은 끝을 다하지만 불은 전해진다)은 정신이 몸에 국한되지 않고 영원히 전해지는 것을 말한다. 장자가 말하는 생명의 주인은 내 몸이 아닌 정신이다. 영원히 살아남는 것은 정신인데, 어찌해서 몸을 구하고 몸의 욕망을 충족하려 애쓰는 것인가. 정신의 영원을 추구하는 것이 장자가 말한 생명의 주인을 기르는 법이다.

5장

중용, 물극필반을
피하는 방법

맞얽힌 두 인소 중 한쪽으로 치우쳐 변화가 일어나고, 그 변화가 극에 달하면 맞얽힌 다른 인소로 전화하는 물극필반이 일어난다. 채움과 비움은 맞얽힌 두 인소이다. 채움과 비움이 각각 극에 달하면 가득 참과 텅 빔의 상태가 된다. 가득 차면 엎어진다. 엎어져서 그릇에 가득 담긴 술을 다 쏟아져서 텅 빔의 상태로 돌아간다. 텅 비면 기운다. 기울면 무게중심을 잃고, 그 중심을 잡으려면 채워야 한다. 중간쯤 채우면 똑바로 선다.

하늘의 도인 '지극한 성실'을 실천하는 사람은 모든 것을 빠뜨리지 않고 촘촘히 그 변화를 느낄 수 있으므로 어떤 일이 일어나기 전에 미리 알 수 있다. 변화는 먼저 조짐을 통해 드러나기 마련이므로 지성을 갖춘 사람은 조짐을 놓치지 않는다. 그러므로 미래를 알고자 하는 자는 지극한 성을 실천하면 된다. 미래를 알기 위해 주역점이나 갑골복을 칠 필요가 없다. 그저 늘 성실하게 실천하면서 주변의 변화, 세계의 변화를 눈여겨보면 된다.

1. 중中은 비움과 절제를 뜻한다

『중용中庸』은 사서삼경 중의 하나로 유명하다. 「중용」과 「대학」은
원래 『예기』라는 책에 하나의 편으로 속해 있었다. 당나라 때 한유
가 그 내용을 강조하고 송나라 때 주희가 그 장구章句를 새롭게 나눠
『중용장구』, 『대학장구』라는 책으로 만들어 사서에 편입시키면서
널리 읽히게 되었다. 사마천은 『사기』에서 『중용』을 지은 사람이 공
자의 손자인 자사子思라고 밝혔다. 자사는 할아버지 공자의 사상을
충실하게 계승하였다. 『중용』은 33장으로 분장되어 있는데, 이 중
21개 장에서 '공자가 말했다'로 시작하는 문장이 보인다는 점에서
『중용』은 공자의 사상이 담긴 책이라 할 수 있다. 중용이라는 단어
가 처음 등장하는 책은 『논어』이다.

공자가 말했다. "중용中庸의 덕은 지극하도다. 하지만 생민이 그것을 거

의 실천하지 않은 지 오래되었다." - 『논어』 「옹야」

중용中庸의 용庸에는 두 가지 뜻이 있다. 하나는 항상, 또 하나는 사용하다는 뜻이다. 중용中庸은 중中을 항상 사용하다, 중中을 늘 유지하다는 뜻이다. 왜 중을 중시하게 되었는지는 별첨한 주역편 3장 효위설의 중정과 시중에 대한 설명에도 쓰여 있다. 다음은 『공자가어』에 있는 유좌宥坐의 그릇에 대한 일화이다.

공자가 노나라 환공의 사당에서 유기기宥欹器를 보았다. 공자는 사당지기에게 물었다.
"이것은 무슨 그릇입니까?"
"아마 유좌宥坐의 그릇일 겁니다."
"내가 듣기로는 유좌의 그릇은 비면 기울어지고, 중간을 채우면 바르게 서고, 가득차면 엎어진다고 하였습니다. 현명한 군주는 이 그릇을 지극한 경계심을 주는 그릇으로 여겨 항상 자신의 자리 옆에 두었다고 합니다."
공자가 제자들을 돌아보며 말했다. "유좌의 그릇에 시험 삼아 물을 부어 보아라." 이에 물을 부었더니 물이 중간쯤 채워지자 바르게 섰으며 가득 채워지자 곧 엎질러지고 말았다.
공자는 탄식하며 말했다. "오호! 가득차고도 엎어지지 않는 사물이 어찌 있겠는가!"
자로가 앞으로 나서며 물었다. "감히 묻건대 가득 채우고도 그대로 유지할 도는 없습니까?"

공자가 말했다. "총명하고 지혜가 있다 할지라도 자신을 지키는 데는 어리석은 듯이 하고, 공로가 천하를 다 덮을지라도 자신을 지키는 데는 양보로써 하며, 용기가 세상을 떨칠지라도 자신을 지키는 데는 겁먹은 듯이 하며, 부유함이 세계를 가득 메웠을지라도 자신을 지키는 데는 겸허로 해야 한다. 이것이 이른바 덜어 내고 또 덜어 내는 도라 하는 것이다." - 『공자가어』 「삼서」

공자의 이 대답이 중의 뜻이다. 즉 중中은 덜어 내고 또 덜어 내는 것이다. 유좌의 그릇은 맞얽힌 만물의 변화와 물극필반을 보여주는 상징이다. 맞얽힌 두 인소 중 한쪽으로 치우쳐 변화가 일어나고, 그 변화가 극에 달하면 맞얽힌 다른 인소로 전화하는 물극필반이 일어난다. 채움과 비움은 맞얽힌 두 인소이다. 채움과 비움이 각각 극에 달하면 가득참과 텅 빔의 상태가 된다. 가득 차면 엎어진다. 엎어져서 그릇에 가득 담긴 술을 다 쏟아내고 텅 빔의 상태로 돌아간다. 텅 비면 기운다. 기울면 무게중심을 잃는다. 그 중심을 잡으려면 채워야 한다. 중간쯤 채우면 똑바로 선다.

사물 변화의 법칙에 따라 사물은 끝까지 채우려는 성질이 있다. 하지만 끝까지 채우면 다시 반면으로 전화한다. 반면으로 전화한다는 것은 현재 내가 가진 것이 모두 사라짐을 뜻한다. 그러므로 현재의 이익을 영원히 지키려면 물극필반이 되지 않도록 해야 한다. 물극필반을 막으려면 가득 채우지 말아야 한다. 가득 채우지 않는다는 것은 중中을 유지함이다. 주희는 "중中이란 치우치지도 기울어지지도 아니함이며, 지나침도 미치지 아니함도 없음을 이름"이라며 중의 뜻을 정확하게 설명했다.

그러나 이미 극에 달한 상태라면 그 상태에서 중으로 돌아가는 방법은 덜어 내는 것밖에 없다. 그 덜어 내는 구체적 방법은 어리석음, 사양, 두려움, 겸허이다.

이 중에서 특히 주목할 단어는 겸謙이다. 현재 우리의 언어생활에서 겸은 공손, 즉 타인에게 나를 낮춘다는 의미로 주로 쓰인다. 공자가 말한 겸은 낮춤이라는 뜻과 비움, 덜어 냄의 의미이다.

장야가 선생님에게 물었다. "옛날부터 지금까지 천하 사람들은 모두 왕성하고 가득 찬 것을 귀하게 여깁니다. 그런데 지금 『주역』에서는 '겸허하면 형통하여 군자에게는 좋은 끝마침이 있다'고 합니다. 왜 군자는 이처럼 형통할 수 있는 것인지 감히 묻습니다."

공자가 말했다. "겸허란 공손한 태도를 취하는 것만으로는 부족하다. 하늘의 도는 가득 찬 것을 덜어 내어 겸허한 것에 더하며, 땅의 도는 가득 찬 것을 삭감하여 겸허한 것으로 흐르게 하며, 귀신은 가득 찬 것에 재앙을 가하여 겸허한 것에 복을 주며, 사람의 도는 가득 찬 것을 싫어하고 겸허한 것을 좋아한다. 겸허란 그 하나의 태도로 네 가지 이익을 얻음이며, 가득 참이란 그 하나의 태도로 네 가지 손해를 얻음을 말한 것이다. 겸허의 도. 군자는 이것을 귀하게 여긴다. 왕성하고 가득 찼으면서도 덜어 내어 아래로 낮추는 것을 군자가 아니라면 그 누가 할 수 있겠는가?" - 『백서 주역』「목화」

여기서 공자는 겸謙을 텅 빔 또는 덜어 냄의 의미로 사용하였다. 겸이란 단순히 나를 낮추는 것이 아니라 명예, 부귀, 지혜, 용기 등 가득찬 것을 덜어 냄을 의미한다. 오히려 덜어 냄으로써 하늘의 도와 땅의 도, 귀신의 도와 사람의 도가 모두 보태주는 이익을 얻는다. 그러나 왕성하고 가득찼으면서도 덜어 내지 않는 자는 하늘의 도와 땅의 도와 귀신의 도와 사람의 도가 재앙을 내린다. 그러므로 이익을 얻고자 하는 자는 겸허해야 한다. 이것이 공자가 겸허를 중요하게 여긴 이유이다. 『주역』에서 겸괘를 최고의 괘로 여기는 것은 겸이 덜어 냄을 뜻하기 때문이다. 덜어 냄으로써 물극필반을 막을 수 있다.

한편 공자가 말한 중의 덜어 냄은 이미 변화가 극에 달한 이후의 처세법이다. 공로가 천하를 다 덮고, 용기를 세상에 떨치고, 부유함이 세계를 가득 메웠다는 것은 물극의 상태이다. 그렇다면 물극이 아직 도래하지 않은 상태에서는 어떻게 해야 할까? 간단하다. 가득 채우지 않으면 된다. 이로부터 중은 만족과 절제의 뜻을 가진다. 절제는 욕망을 다 채우지 않는 것이다. 욕망을 다 채우지 않으면 물극필반하지 않으므로 현재의 내 이익을 유지할 수 있게 된다. 따라서 나의 이익을 지키는 처세법은 만족과 절제이다. 공자가 절제를 기본 정신으로 하는 예를 강조한 것도 이러한 이유에서이다.

그런데 어느 정도가 적당히 욕망을 채우는 것인지 판단하기가 어렵다. 언제 멈춰야 할지 그 시점을 잡기는 참으로 어렵다. 노자는 만족할 줄 아는 만족이 진정한 만족이라고 말했으니 지금 만족하면 되는 것일까? 조금만 더 채우면 안 될까? 다른 사람들에 비하면 내가 가진 것은 많이 가진 것도 아니지 않나? 어느 정도 찼을 때 만족해야 중용을 지킨 것이라 할 수 있을까?

나는 그 시점을 식사에서 찾을 수 있다고 생각한다. 비유하자면 배가 고파서 음식을 먹을 때 배부르게 먹는 것은 중용을 넘어선 것이다. 배부를 때 먹는 것을 그치는 것이 아니라 어느 정도 배가 찼으면 먹기를 그만두어야 한다. 술을 마실 때는 취해서 그만두는 것이 아니라 취기가 돌기 시작할 때 그만두는 것이 중용을 실천하는 것이다.

그런데 누가 배부르지도 않은데 먹는 것을 그만두겠는가? 더는 들어갈 자리가 없을 만큼 위장을 꽉꽉 채워야 멈추지 않는가. 세상에 얼마나 맛있는 음식이 많은데, 맛있는 음식을 먹는 것만큼 인생의 즐거운 일도 없는데, 어떻게 먹다 만 것처럼 배부르지도 않은데 먹기를 중단하란 말이냐. 이 책을 읽는 사람들이 이렇게 말하는 소리가 생생하게 들린다.

얼마 전에 대기업에 다니는 친구를 몇 년 만에 만났다. 나이가 나이인지라 건강 얘기부터 대화를 나누었다. 친구가 말하기를 "내 나이에 직장 다니면서 역류성 식도염, 고지혈증, 고혈압, 나쁜 콜레스테롤, 지방간 없는 사람이 어디 있겠냐"라며 한탄하기에 안 먹으면 된다고 대꾸했더니 그게 쉽냐는 대답이 돌아왔다. 현대 우리들이 앓는 질병은 과식의 원인인 경우가 많다. 한의사인 친구는 무릎 관절염의 원인도 비만으로 본다. 일부 의사들이 그만 좀 먹으라고 외치고 있지만, 쇠귀에 경 읽기이다.

몸무게로 비유하자면 표준 체중을 넘어섰다면 중용의 상태를 지난 것이다. 과체중을 넘어 비만에 도달했다면 몸의 상태가 극에 달한 것이다. 그래서 비만이 각종 질병을 일으키는 작용을 한다. 통계에 의하면 우리나라 3040 중년 남성의 45%가 비만이다. 고도 비만인 사람은 2015년 4.6%에 달했고, 2030년엔 9%까지 올라갈 것으로 예측됐다. OECD는 최근 20년 새 고도비만 환자가 두 배 수준으로 늘어난 나라는 세계적으로 한국과 노르웨이뿐이라고 발표했다.

비만은 개인의 욕망 추구가 궁극에 달하여 한 사람의 삶이 반면으로 전환한다는 증거이다. 더 먹으면 안 되는데 계속 먹으니까 몸이 견디지 못하고 각종 질병을 유발하다가 일찍 죽음에 이른다. 따라서 비만을 해결하려면 먹는 것을 줄여야 한다. 건강하게 오래 살려면 그만 먹어야 한다. 비만은 개인의 문제로 그치지 않는다. 한 사회에서 비만 인구의 증가는 그 사회 전체의 욕망이 극에 달했다는 증거이다.

비만이나 과체중인 사람이 코로나19 바이러스에 걸렸을 때 중증으로 진행할 확률이 더 높은 건 우연이 아니다. 비만인 사람이 코로나19에 걸렸을 때 그렇지 않은 사람보다 죽을 확률이 높다는 것은 세계의 욕망이 극에 달함을 허용하지 않는 증거이다. 선진국이라 불리는 나라들이 가난한 나라보다 코로나19 바이러스에 걸려 죽는 사람이 더 많은 것은 부강함과 욕망이 극에 달했다는 증거이다.

이것을 깨달은 공자는 "배부르게 먹는 것과 편안한 거처를 바라지 않는다"라고 한 것이다. 그래서 공자가 제자 중에서도 밥 한 그릇과 물 한 바가지로 끼니를 때우며 누추한 곳에서 사는 것을 즐기는 안연을 가장 아낀 것이다. 누군들 배부르고 부유한 삶을 싫어하겠는가? 누군들 춥고 가난하게 살기를 원하겠는가? 공자가 가난한 삶을 예찬한 것은 가난을 좋아해서가 아니라 그것이 바로 물극필반을 피할 수 있는 중용의 삶이기 때문이다. 그것이 오래 사는 비결이기 때문이다.

2. 중화中和, 자연과 인간의 조화

인간은 홀로 살지 않고 남과 같이 산다. 내가 절제와 겸손, 양보와 덜어 냄의 중용을 실천하면 타인과 화합이 이루어진다.

천명을 일컬어 성性이라 하고, 성을 따르는 것을 도라 하고, 도를 닦는 것을 일컬어 교敎라고 한다. 도라는 것은 잠시라도 떠날 수 없는 것이다. 도가 만약 떠날 수 있는 것이라면 그것은 도가 아니다. 그러므로 군자는 보이지 않는 데서 경계하며 삼가고 들리지 않는 데서 두려워한다. 숨은 것처럼 잘 드러나는 것이 없으며, 미세한 것처럼 잘 나타나는 것이 없다. 그러므로 군자는 신독한다. 희로애락이 아직 발출되지 않은 상태를 중中이라 일컫고, 그것이 발출되어 상황의 절도에 들어맞는 것을 화和라고 일컫는다. 중中이라는 것은 천하의 근본이요, 화和라는 것은 천하 사람들이 달성해야만 하는 도이다. 중화中和를 지극한 경지에까지 밀고 나가면, 하늘과 땅이 바르게 자리를 잡을 수 있고 만물이 자라나게 된다. - 『중용』1장

희로애락은 인간 본연의 감정이다. 그 감정이 아직 밖으로 발출되지 않은 상태가 중中이다. 공로가 천하를 다 덮었으니 얼마나 세상에 자랑하고 타인으로부터 인정받고 싶겠는가? 기운이 세상을 덮을만하니 그 용력을 얼마나 뽐내고 싶겠는가? 부유함이 세계를 가득 메웠으니 얼마나 그 부유함을 펼치고 싶겠는가? 그런 감정을 안으로 다스리고 겉으로 발출하지 않는 마음 상태가 중이다. 그런데 변화란 인간의 마음으로도 어쩔 수 없다. 공로를 세웠으니 당연히 포상이 뒤따르고, 용기가 있으니 세상이 그를 쓰고자 하며, 부유함이 있으니 세상이 그 부유함을 시기한다. 중하고자 하나 어쩔 수 없이 발출될 수밖에 없다. 발출되었다 하더라도 어리석음, 사양, 겸손, 두려움으로 처신하는 것이 바로 화和이다.

화和는 남과의 조화이다. 공을 세웠다고 으스대고 다니면 남과 조화가 깨지고, 시시때때로 용기를 뽐내면 누가 좋아할 것이며, 부유하다고 펑펑 쓰고 다니면 공동체의 조화가 흐트러진다. 개인의 욕망은 적당히 채우고 밖으로 드러내지 않아야 공동체의 조화가 이루

어질 수 있다. 그러므로 중中은 천하의 근본이요, 화和는 사람들이 실천해야 하는 도라고 한 것이다.

신독愼獨은 『중용』에도 나오고 『대학』에도 나온다. 『대학』과 『중용』에서 신독은 모두 "홀로 있음을 삼가다"라고 해석한다. 신독은 관계의 맞얽힘과 관련이 있다. 『주역』「계사전」에 강剛과 유柔가 서로를 밀어낸다는 말이 있다. 강과 유는 서로 맞얽혀 있으므로 강이 유를 밀어내면 유의 자리까지 강이 차지하여 강은 혼자가 된다. 반대로 유가 강을 밀어내면 강의 자리까지 유가 차지하여 유는 혼자가 된다. 강과 유는 맞얽혀 있으므로 홀로되는 순간 다른 인소로 전화되기 시작한다. 사람도 마찬가지이다. 사람은 남과 맞얽혀 있는 존재이다. 홀로 있음은 남과 조화하지 못하고 스스로 오만해질 수 있는 상태이다. 오만해지면 물극필반에 의해 다시 반면으로 전화가 된다. 그러므로 홀로 있음을 삼가라고 한 것이다.

우리가 홀로, 혼자라는 의미로 사용하는 독獨자를 『설문해자』에서는 "개가 서로 만나면 싸우는 것이다. 양은 무리를 이루어 살지만 개는 혼자 산다"라고 설명한다. 즉 독獨이 혼자라는 뜻은 개들이 만나면 서로 싸우므로 혼자 사는 것에서 유래하였다.

EBS와 KBS에서 방영하는 〈세상에 나쁜 개는 없다〉와 〈개는 훌륭하다〉를 보면 개를 여러 마리 키우는 집에서는 절대 먹이를 같이 먹게 하면 안 된다고 말한다. 같이 주면 싸움이 나기 때문이다. 싸움이 나니 이 방 저 방에 따로 먹이를 먹게 한다. 개는 이 방 저 방에서 홀로 밥을 먹어야 한다. 독獨은 개의 이러한 성격에서 유래한 글자로 홀로, 혼자 외에 혼자 차지하는 뜻으로도 해석 가능하다. 즉 독獨은 독차지이다. 따라서 신독의 뜻도 홀로 있을 때 삼가야 한다는 뜻도 있지만 독차지하는 것을 삼가야 한다고 해석할 수 있다. 혼자 다 가지는 독점, 혼자 지배하는 독재, 혼자 소유하는 독차지는 조화에 어긋난다. 그러므로 독獨을 삼가야 한다.

사람은 하늘과 땅 가운데에 살고 있다. 하늘과 땅이 위아래에서 감싸고 있는 가운데 사람과 만물이 태어나 자란다. 여기서 하늘과 땅은 인간과 만물이 생육되는 물질적 환경이다. 그래서 사람이 중을 지극하게 실천하면 사람의 모듬살이도 조화롭게 이루어지고, 하늘과 땅도 제자리를 잡고, 그 사이에서 만물이 자라난다. 이것이 "중화中和를 지극한 경지에까지 밀고 나가면, 하늘과 땅이 바르게 자리를 잡을 수 있고 만물이 자라나게 된다"라고 이야기한 의미이다.

중中은 인간의 존재적 숙명이다. 중화는 인간이 반드시 실천해야하는 당위적 행위이다. 인간이 당연히 자리해야 할 중의 자리에 있지 않으면 하늘과 땅의 조화가 어그러진다. 인간이 중의 자리에 있지 않다는 건 욕망을 절제하지 못하고 극한의 욕망을 추구하고 있음을 뜻한다. 기후변화는 인간이 중화를 실천하지 못하여 하늘과 땅의 조화가 어그러졌음을 보여주는 증거이다. 인간이 만족과 절제를 실천하지 못하여 그로 인해 기후변화가 일어난다.

그 증거 중 하나가 소의 방귀이다. 소와 양 같은 반추동물은 먹이를 소화하며 트림과 방귀로 메탄가스를 내뿜는다. 그런데 그 양이 어마어마하다. 인구가 늘어나고 육식하는 사람이 늘어나면서 전

세계에서 사육하는 소의 마릿수가 15억 마리에 달하게 된다. 소 네 마리가 한 해 동안 내뿜는 메탄가스 양은 차량 1대가 내뿜는 메탄가스 양과 비슷하다. 메탄은 이산화탄소보다 온실효과가 23배나 더 큰 물질이다. 인간의 소고기 소비는 전 세계 온실가스 배출의 10%를 차지한다. 인간의 과도한 육식은 온실가스 효과를 불러오고, 그로 인해 더워진 지구에서는 산불이 끊임없이 일어나 생태계를 파괴한다. 남미에서는 열대 우림의 울창한 숲을 계속 불태워 농지로 바꾸는데, 그 이유는 중국에서 사육하는 가축에게 먹일 옥수수를 재배하기 위해서이다. 우리가 즐겨 먹는 소고기가, 우리가 좋아하는 LA 갈비가 아마존 산불을 유발한다.

2019년에 호주, 브라질에서 지금까지 전례가 없었던 산불이 발생하였다. 2020년에 미국의 광활한 면적을 불태우며 몇 개월 동안 지속된 거대한 산불과 영구동토층이 있는 시베리아의 온도가 영상 40도까지 치솟아 이로 인해 산불이 연달아 났다. 심각한 기후변화는 앞으로 인류에게 닥칠 재앙의 징조이다. 만약 이대로 기후변화가 계속 진행된다면 인류는 불에 타 죽거나 물에 빠져 죽거나 숨을 못 쉬어 죽을 것이다. 2019년 한국인의 3대 사망원인은 암, 심장 질환, 폐렴으로 전체 사망자의 45.9%를 차지했다. 폐렴은 암과 심장 질환에 이어 세 번째 사망 원인 중 하나이다. 1999년 통계청 발표 자료를 보면 10대 사망원인 중에 폐렴은 없다. 20년 사이에 호흡기 질환 사망자 비중이 매우 많이 늘어났다. 이것은 대기 오염이 실제로 우리의 생명을 해치고 있음을 보여준다.

그러므로 기후변화를 막아 건강하고 오래 살고 싶다면 육식을 줄여야 한다. 과도한 육식을 멈추고 배부르게 먹는 것을 멈춰야 한다. 욕망을 극한에 이르도록 추구하는 것을 멈춰야 한다. 절제와 만족은 사람이 만물의 조화와 생육을 위해 반드시 행해야 할 덕목이다. 중화는 인류 생존을 위한 근본적 요청이다.

3. 지극한 성誠은 신神과 같다

하늘과 땅 사이에 자리한 것이 사람이므로, 사람의 덕은 만물의 덕을 따라야 한다. 그 자연의 덕은 성誠이다.

공자가 말했다. "귀신이 덕을 행함이 참으로 성대하도다! 보아도 보이지 않고 들어도 들리지 않지만, 귀신은 모든 사물을 체현시키며 하나도 빠뜨리지 않는다. 천하 사람이 재계하고 밝게 하며, 의복을 성대하게 하여 제사를 받들게 하도다. 바닷물이 사방에 넘실넘실 넘치듯 하구나. 저 위에도 있는 듯하며, 오른쪽에도 왼쪽에도 있는 듯하구나. 시경에 말하였다. '신이 오도다. 그 모습 헤아릴 길 없어라. 어찌 감히 역겨워하나이까' 대저 귀신은 숨겨져 있지만, 너무도 잘 드러난다. 만물을 하나도 빠뜨리지 않는 그 성誠을 가릴 수 없음이 이와 같구나!"
- 『중용』 16장

이 장은 "귀신이 덕을 행함이 참으로 성대하도다"라고 시작하므로 귀신장이라 불린다. 여기에서 귀신은 초월적 존재가 아니라 맞얽힘 힘이라는 이치의 신묘함을 뜻한다. 그 이치는 없는 곳이 없어 위에도 있고 아래에도 있고, 왼쪽에도 있고 오른쪽에도 있다. 또한 만물의 형체가 갖춰지게 하며 하나도 빠뜨리지 않는다. 그래서 그 덕을 성誠이라 한다. 성誠은 성실을 뜻한다. 귀신은 세계의 신묘함을 뜻하므로, 귀신의 덕인 성은 세계의 도이자 하늘의 도이다.

공자가 말했다. "성誠은 하늘의 도이다. 성해지려고 노력하는 것은 사람의 도이다. 성은 힘쓰지 않아도 중中이 되며, 생각하지 않아도 얻으며, 마음이 편안한데도 도에 들어맞으니 이것이야말로 성인의 경지이다. 성실해지려고 노력한다는 것은 선善을 택하여 굳게 잡고 실천하는 자세이다.

널리 배워라. 자세히 물어라. 신중히 생각하라. 분명하게 사리를 분변하라. 돈독히 행하라. 배우지 않음이 있을지언정, 배울진대 능하지 못하면 도중에 포기하지 마라. 묻지 않을지언정, 물을진대 알지 못하면 도중에 포기하지 마라. 생각하지 않을지언정, 생각할진대 결말을 얻지 못하면 도중에 포기하지 마라. 분변하지 않을지언정, 분변할진대 분명하지 못하면 도중에 포기하지 마라. 남이 한 번에 능하거든 나는 백 번을 하며, 남이 열 번에 능하거든 나는 천 번을 하라. 과연 성誠의 도에 능해지면, 비록 어리석은 자라도 반드시 현명해지며, 비록 유약한 자라도 반드시 강건하게 될 것이다. - 『중용』 20장

공자가 성誠은 하늘의 도라고 한 것은 자연의 운행과 변화가 끊임없이 이어져 쉼이 없기 때문이다. 자연이 쉬지 않고 운행하는 것을 본받아 사람도 성실해지려고 노력해야 한다. 그것이 사람의 도이다.

> 오직 천하의 지극한 성誠이라야 자기의 성性을 온전히 발현할 수 있다. 자기의 성性을 온전히 발현할 수 있게 되어야 타인의 성性을 온전히 발현케 할 수가 있다. 타인의 성을 온전히 발현케 할 수 있어야 모든 사물의 성을 온전히 발현케 할 수 있다. 모든 사물의 성을 온전히 발현케 할 수 있어야 천지의 변화와 생육을 도울 수 있다. 천지의 변화와 생육을 도울 수 있어야 비로소 천지와 더불어 온전한 일체가 되는 것이다. - 「중용」 22장

『중용』 1장에서 천명天命을 일컬어 성性이라 한다고 하였다. 이 말은 인간의 본성은 자연으로부터 받은 것임을 선언한 문장이다. 그런데 자연으로부터 받은 본성이 저절로 온전히 발현되지는 않는다. 내가 지극히 성실해야만 자연으로부터 받은 나의 본성이 온전히 발현될 수 있다. 나의 본성을 온전히 발현함으로써 나와 맞얽혀 있는 타인의 본성도 온전히 발현할 수 있도록 이끌어 줄 수 있고, 나아가 모든 사물의 본성이 온전히 발현하게 해줄 수 있다. 그럴 때만이 자연의 모든 사물이 온전하게 태어나 자랄 수가 있다. 나의 성실로부터 자연과 내가 일체가 되는 경지에 이를 수 있다.

지극한 성誠의 도를 구현한 사람은 어떤 일이 일어나기 전에 미리 알 수가 있다. 국가가 장차 흥하려면 반드시 상서로운 조짐이 나타나며, 국가가 장차 망하려면 반드시 요망스러운 재앙의 싹이 나타난다. 조짐은 서점이나 갑골복에도 드러나고, 사람들의 움직임에도 드러나게 마련이다. 화나 복이 장차 이르려고 할 때, 그것이 선한지 반드시 먼저 알게 되고, 그것이 불선한지 반드시 먼저 알게 된다. 그러므로 지극한 성誠은 신神과 같다. - 『중용』 24장

미래를 예지하는 일은 상제나 초월적 존재만 가능했다. 그렇기에 갑골복이나 주역점을 통해 상제에게 미래의 일에 관해 물었던 것이다. 그러나 하늘의 도인 지극한 성실을 실천하는 사람은 모든 것을 빠뜨리지 않고 촘촘히 그 변화를 느껴서 어떤 일이 일어나기 전에 미리 알 수 있다. 변화는 먼저 조짐을 통해 드러나기 마련이므로 지성至誠을 갖춘 사람은 조짐을 놓치지 않는다. 미래를 알고자 하는 자는 지극한 성을 실천하면 된다. 미래를 알기 위해 주역점이나 갑골복을 칠 필요가 없다. 그저 늘 성실하게 실천하면서 주변의 변화, 세계의 변화를 눈여겨보면 된다. 그러므로 지극한 성誠은 신神과 같다고 한 것이다.

6장

펑천하,
궁극의 이익

수신은 내가 좋아하는 사람의 악함을 알고, 내가 미워하는 상황에서 미美를 앎이다. 수신은 관계의 맞얽힘, 사물의 맞얽힘을 파악하여 한쪽으로 치우치지 않음이다.

맞얽힌 사물의 양면을 다 알지 못하고 어느 일방만 아는 것이 바로 치우침이다. 나라를 다스리는 자는 일방으로 치우쳐서는 안 된다. 치우치면 나라가 도륙된다.

I. 배움의 목표는 천하평이다

아마도 대부분의 사람이 『대학』은 안 읽어 봤어도 수신제가치국 평천하는 알 것이다. 정심, 성의, 격물, 치지와 같은 단어들도 많이 들어봤을 것이다. 주희는 이 여덟 가지를 일컬어 『대학』의 팔조목이라 하였다. 『대학』은 이 팔조목이 핵심이다.

그럼 먼저 『대학』이라는 책의 총강總綱을 의미하는 1장을 읽어보자.

> 큰 배움의 도는 밝은 덕을 밝히는 데 있으며, 생민들이 친하게 지내도록 하는 데 있으며, 지극한 선善의 사회로 나아가는 데 있다(대학지도大學之道, 재명명덕在明明德, 재친민在親民, 재지어지선在止於至善). - 『대학』 1장

대학은 오늘날의 대학과 같은 교육기관을 가리키는 것이 아니라

큰 배움, 큰 학문이라는 뜻이다. 대학의 첫머리는 배움의 목적에 대해 말한다. 그것은 천자가 천하에 밝은 덕을 밝혀(명명덕明明德), 생민들 간에 다툼과 불화 없이 친밀하게 지내는 천하를 만드는 것에 있으며(친민親民), 지극한 선의 사회(지선至善)를 만드는 일에 있다. 선善은 다투지 않음이라고 1장 노자편에서 설명하였다. 그렇다면 선한 사회란 사람들이 서로 다투지 않는 사회이다. 생민들이 모두 다투지 않는 사회를 만드는 것이 배움의 목표이다. 『대학』의 나머지 장들은 이 선의 사회, 모두가 길한 사회를 만들기 위해서는 어떻게 해야 하는지를 말한다.

> 멈춘 이후 마음에 정定함이 있고, 마음에 정함이 있은 이후 마음이 고요해질 수 있으며, 마음이 고요해진 이후 편안해질 수 있으며, 편안해진 이후 생각이 생겨날 수 있으며, 생각이 생겨난 이후 얻음이 있게 된다. 사물은 뿌리와 가지가 있고 일은 끝과 처음이 있다. 그 선후先後를 알아야 도에 가깝게 다가갈 수 있다. - 『대학』 2장 .

멈춤은 지극한 선의 사회를 만들고자 하는 목표를 정하였음을 말한다. 그래서 멈춘 이후 마음에 정함이 있는 것이다. 마음에 정함이 생기면 마음은 흔들리지 않는다. 흔들리지 않으니 고요해진다. 마음이 고요해지면 저절로 편안해진다. 편안해지면 주위를 천천히 둘러볼 여유가 생긴다. 사물을 편안하게 관찰하면서 궁리하면 생각이 생겨나고, 그 생각을 통해 사물의 이치에 관한 얻음이 있게 된다. 이것은 배움의 진행 과정을 말한다. 그러므로 배우기 전에 먼저 목표를 세워야 한다. 그 목표는 지극히 선善한 사회, 생민들이 서로 친한 사회를 만드는 것에 둔다.

옛날에 밝은 덕을 천하에 밝히고자 했던 사람은 먼저 그 나라를 다스렸다. 그 나라를 다스리고자 하는 사람은 먼저 그 집안을 가지런히 하였다. 그 집안을 가지런히 하고자 하는 사람은 먼저 그 몸을 닦았다. 그 몸을 닦고자 하는 사람은 먼저 그 마음을 바르게 하였다. 그 마음을 바르게 하고자 하는 사람은 먼저 그 뜻을 성실하게 하였다. 그 뜻을 성실하게 하고자 하는 사람은 먼저 그 앎에 이르려 하였다. 앎에 이르려 하는 것은 곧 격물格物에 달려 있다.

격물한 이후 앎에 이르게 되고, 앎에 이르게 된 이후 뜻이 성실해지고, 뜻이 성실해진 이후 마음이 바르게 되고, 마음이 바르게 된 이후 몸을 닦게 되고, 몸을 닦게 된 이후 집안을 가지런하게 되고, 집안이 가지런하게 된 이후 나라가 다스려지고, 나라가 다스려진 이후 천하가 평平하게 된다.

천자로부터 서인에 이르기까지 모두 수신으로써 근본을 삼는다. 그 근본이 어지러운데 말단이 다스려질 수는 없다. 두텁게 해야 할 것을 얇게 하고 얇게 해야 할 것을 두텁게 할 수 있는 자는 지금까지 있지 않았다. 이것을 일컬어 근본을 안다고 하고, 이것을 일컬어 앎의 지극함이라 한다. - 『대학』 3장격물格物은 사물을 헤아린다는 뜻이고, 사물이 어떻게 생성되고 운행되는지 그 이치를 궁구하는 것을 말한다. 그러므로 격물을 통해 치지致知 즉 앎에 도달할 수 있다.

3장에서는 명명덕 → 치국 → 제가 → 수신 → 정심 → 성의 → 치지격물을 말하고, 다시 격물치지 → 성의 → 정심 → 수신 → 제가 → 치국 → 천하평을 말한다. 그리고 천자부터 서인에 이르기까지 모든 사람이 수신을 근본으로 삼아야 한다고 말한다. 수신은 공자가 말한 극기로, 나의 욕망을 이기는 것, 나의 욕망을 통제하는 것이다.

제일 먼저 나오는 명명덕은 1장에서 말한 배움의 목표를 함축한다. 즉 명명덕은 친민과 지선을 포함한다. 그다음부터는 명명덕·친민·지선의 사회를 만들려는 사람이 왜 치지격물을 해야 하고, 왜 수신을 해야 하는지를 논리적으로 보여준다. 이 도식을 주의 깊게 읽어보면 처음에는 명명덕에서 시작해서 치지격물에 도달한 이후 다시 거꾸로 돌아오는 과정을 거친다. 그 마지막에 천하평天下平이 있다. 도식을 통해 천하평은 명명덕·친민·지선이 모두 구현된 사회라는 것을 알 수 있다. 나라를 다스리는 자가 밝은 덕을 밝게 드러내어, 생민들이 서로 친하게 지냄으로써 모두가 좋다고 하는 사회가 바로 천하평의 사회이다.

2. 수신修身, 좋아하면서 그 악함을 알라

이른바 그 뜻을 성실하게 한다는 것은 스스로 속이지 않는 것이다. 악취를 추하게 여기듯이 하고, 아름다운 얼굴을 아름답게 여기듯이 하는 것이다. 이것을 일컬어 자겸自謙(스스로 겸손함)이라고 한다. 그러므로 군자는 반드시 홀로 있을 때 삼가야 하는 것이다. 소인은 한가로울 때 불선不善한 짓을 행하여 못하는 짓이 없게 된다. 군자를 만나면 불선을 싫어하는 것 마냥 굴며 그 불선을 가리고, 그 선함을 드러낸다. 그러나 사람들이 소인을 볼 때는 그 뱃속의 폐와 간까지도 다 들여다보게 되니 더 보탤 것 없이 있는 그대로를 볼 수 있다. 이것을 일컬어 내면에 성실이 있으면 외면으로 드러난다고 하는 것이다. 그러므로 군자는 반드시 홀로 있을 때 삼가야 하는 것이다. 증자는 말했다. "열 개의 눈이 나를 보며, 열 개의 손가락이 나를 가리킨다. 두렵구나." 부富는 가옥을 윤택하게 하고 덕은 몸을 윤택하게 하니, 마음이 넓어지고 몸이 편안해진다. 그러므로 군자는 반드시 그 뜻을 성실하게 한다. - 『대학』 4장

4장에서는 성의誠意가 무엇인지 설명한다. 소인이 한가할 때 불선한 짓을 행함은 소인이 한가할 때 그 욕망을 드러낸다는 뜻이다. 욕망을 드러냄은 욕망에 치우친다는 일이다. 앞서 『중용』에서는 신독을 말하고 이어서 "희로애락이 아직 발출되지 않은 상태를 중中"이라고 한다. 홀로 있을 때 삼간다는 희로애락이라는 욕망의 감정을 발출하지 않는 일이다. 군자는 욕망에 치우치지 않음으로써 신독할 수

있고, 자신을 속이지 않게 되어 결국 스스로 세운 뜻에 성실할 수
가 있다.

> 이른바 몸을 닦는 것이 그 마음을 바르게 하는 데 있다고 한 것은, 내
> 몸에 분노하는 것이 있으면 마음의 바름을 얻지 못하며, 두려움이 있으
> 면 마음의 바름을 얻지 못하며, 쾌락을 좋아하면 마음의 바름을 얻지
> 못하며, 근심하는 바가 있으면 마음의 바름을 얻지 못하기 때문이다.
> 마음이 바름에 있지 않으면 보아도 보이지 않으며, 들어도 들리지 않으
> 며, 먹어도 그 맛을 알지 못한다. 이것을 일컬어 몸을 닦는 것은 그 마
> 음을 바르게 하는 것에 있다고 한다. - 『대학』 9장

마음이 바름에 있지 않으면 마음이 흐트러진다. 마음이 흐트러
졌다는 것은 마음이 분노, 두려움, 쾌락, 근심에 흐트러져 있음이다.
마음이 딴 데 가 있으면 보아도 보이지 않고, 들어도 들리지 않고,
먹어도 그 맛을 알지 못한다. 분노, 두려움, 쾌락, 근심은 모두 내가
무언가를 욕망하기 때문에 생긴다. 원하는 것을 하지 못하게 될 때
분노하고, 가진 것을 누군가 빼앗아갈까 봐 두려워하고, 욕망을 충
족하고자 할 때 쾌락을 느낀다. 그러므로 욕망을 다스리면 분노, 두
려움, 쾌락, 근심과 같은 것들이 마음을 흔들 수 없다. 마음이 흔들
리지 않으면 마음이 바르게 서 있게 된다. 그러므로 마음에 욕망을
두지 않는 일에서 몸을 닦는 것이 시작된다.

이른바 그 집안을 가지런히 하는 것이 그 몸을 닦는 데 있다고 한 것은 사람이 친애하는 바가 있으면 치우치게 되며, 천오賤惡(친애와 반대의 감정으로 멀리하고 싫어함)가 있으면 치우치게 되며, 외경畏敬(조심하며 공경하는 마음)이 있으면 치우치게 되며, 애긍哀矜(불쌍히 여기는 마음)이 있으면 치우치게 되며, 오타敖惰(오만하고 나태한 마음)가 있으면 치우치게 된다. 그러므로 좋아하면서 그 악함을 알고, 미워하면서도 그 미美를 아는 자는 천하에 드물다. 그러므로 속담에 이런 말이 있다. "사람이 제 자식 악한 줄 모르고, 자기 곡식 싹 크는 줄 모른다." 이를 일컬어 몸을 닦지 않으면 그 집안을 가지런히 하지 못한다고 하는 것이다. - 『대학』 10장

10장에서는 집안을 가지런히 하는 일이 왜 수신修身에 달려 있는지 설명한다. 여기서 수신은 치우치지 않음이며, 치우치지 않음은 좋아하면서 그 악惡함을 알고, 미워하면서 그 미美를 아는 것을 의미한다.

사람들은 흔히 어떤 대상을 좋아하면, 그 대상의 좋은 면만을 본다. 그래서 자기가 좋아하는 대상의 악함을 모른다. 반면에 미워하게 되면, 그 대상의 악함만을 보며 미美를 보지 못한다. 그러나 수신은 내가 좋아하는 사람의 악함을 알고, 내가 미워하는 상황에서 미美를 앎이다. 수신은 관계의 맞얽힘, 사물의 맞얽힘을 파악하여 한쪽으로 치우치지 않음이다. 여러 자식 중 한 명만을 편애하지 않기 때문에, 여러 가족 중 일부만을 편애하지 않기 때문에 집안을 가지런히 할 수 있다.

사물의 맞얽힘을 아는 자는 누군가를 친애하는 마음으로 치우치지 않으며, 누군가를 천오하는 마음으로 치우치지 않으며, 누군가를 외경하고 애긍하고 오타하는 마음으로 치우치지 않는다. 이것이 바로 맞얽힘으로 수신하는 도리이다.

3. 평천하, 치우침이 없는 사회

이른바 나라를 다스리고자 하는 사람이 반드시 먼저 그 집안을 가지런히 한다고 한 것은 그 집안의 사람은 가르치지 못하면서 다른 사람을 가르칠 수 있는 자는 없기 때문이다. 그러므로 군자는 그 집안을 나가지 않아도 나라 사람을 가르칠 수 있다. - 『대학』 11장

10장에서 집안을 바르게 하는 것은 수신에 있다고 하였다. 수신은 한쪽으로 치우치지 않음이다. 누구를 좋아하고 미워하며 한쪽으로 치우치지 않음으로써 집안을 가지런하게 하고, 집안사람을 가르칠 수 있다.

조선시대 유명한 선비들조차도 자식에게 학문을 직접 가르치지 않고 다른 사람에게 맡기는 일이 많았다. 그 이유는 자식을 사랑하기 때문에 직접 가르치다가 너무 꾸짖어서 관계가 악화하는 경우가 많아서이다. 자식을 가르칠 때는 사랑과 미움으로 치우치는 마음을

버려야 제대로 가르친다. 그러므로 사랑과 미움의 맞얽힘을 아는 자는 집안을 나가지 않아도 나라 사람을 가르친다. 나라를 다스리는 일이나 집안을 가지런하게 하는 일이나 그 이치는 하나이기 때문이다. 그 이치는 한쪽으로 치우치지 않음이다.

> 효는 군주를 섬기는 근본이 되고, 제弟는 나이 든 사람을 섬기는 근본이 되고, 자慈는 사람들을 거느리는 근본이 된다. … 한 집안이 인仁을 행하면 한 나라가 인으로 흥하고, 한 집안이 양보하면 한 나라가 양보로 흥한다. 한 사람이 탐욕을 부리면 한 나라에 전란이 일어난다. 그 징조가 이와 같으니, 이를 일컬어 한마디의 말이 일을 망치고 한 사람이 나라를 안정시킨다고 하는 것이다.
>
> 요와 순은 천하를 인으로써 이끌었고, 생민들이 이를 따랐다. 걸과 주는 천하를 난폭함으로 이끌었고, 생민들이 이를 따랐다. 그 명령이 군주가 좋아하는 바와 반대이면 생민들은 따르지 않는다. 그러므로 군자는 스스로 인이 있게 한 이후에 남에게서 구하고, 스스로 악이 없게 한 이후에 남을 비판한다. 자신에게 서恕를 갖추지 않고서 다른 사람을 깨우친다고 하는 자는 지금까지 있지 않았다. 그러므로 나라를 다스림은 그 집안을 가지런히 하는 데 있다. - 『대학』 11장

효孝는 부모를 향한 마음이고, 제弟는 나와 동급이거나 아랫사람을 향한 마음이다. 자慈를 한자 사전에서는 사랑이라고 설명한다. 자慈를 『설문해자』에서는 𢆶 로 그린다. 글자의 밑에 있는 〵〴모양은 마

음을 뜻한다. 자의 모양을 통해 알 수 있듯이 자는 사랑하되 어느 쪽으로도 치우치지 않고 양쪽 모두를 사랑한다. 효만 말하지 않고 효제를 같이 말하는 것도 그래서이다. 사랑이라는 마음을 어느 한 쪽으로만 발산하는 것이 아니라 내 집안의 모든 사람에게 발산하면 효제이고, 그로부터 타인에게로 그 마음을 발산하는 일이 자慈이다.

『대학』의 저자는 제가는 수신에 달려 있다고 말한다. 수신은 치우치지 않음이고, 좋아하면서 그 악惡함을 알고, 미워하면서 그 미美를 아는 것이다. 제가란 집안을 가지런히 한다는 뜻으로, 집안을 가지런히 한다는 것은 집안사람 누구에게도 치우치지 않고 골고루 사랑하고, 내 집안사람을 좋아하면서 그 악惡함을 알고, 미워하면서 그 미美를 아는 것이다. 이러한 타인과의 관계 맺음의 이치를 아는 자는 그로부터 군주를 섬기고, 사람을 다스릴 수 있다.

인仁은 관계의 맞얽힘을 의미한다고 2장 〈공자〉편에서 설명하였다. 서恕는 남이 나에게 하지 말았으면 하는 일을 나도 남에게 하지 않는 것이다. 서는 내가 싫어하면 남도 싫어하리라 생각하여 하지 않는다. 즉 내가 싫어하는 것으로 남의 마음을 헤아린다. 서도 실천하지 못하면서 다른 사람을 깨우칠 수는 없다. 남이 무엇을 좋아하고 무엇을 싫어하는지도 모르면서 남을 가르칠 수는 없다. 그래서 "자신에게 서恕를 갖추지 않고서 다른 사람을 깨우친다고 하는 자는 지금까지 있지 않았다"라고 한 것이다.

이른바 평천하가 그 나라를 다스리는 것에 있다는 것은 군주가 노인을 노인으로서 공경하면 생민 사이에 효심이 일어나고, 군주가 윗사람을 윗사람으로 대접하면 생민이 윗사람을 공경하는 마음이 일어나고, 군주가 홀로 어렵게 사는 사람들을 구휼하면 생민이 배반하지 않게 된다. 그러므로 군자는 혈구지도絜矩之道가 있다. 윗사람과의 관계에서 싫었던 것으로 아랫사람을 시키지 말며, 아랫사람과의 관계에서 싫었던 것으로 윗사람을 섬기지 말며, 앞사람에게서 싫었던 것으로 뒷사람에게 앞서지 말며, 뒷사람에게서 싫었던 것으로, 앞사람을 따르지 말며, 오른쪽 사람에게서 싫었던 것으로 왼쪽 사람과 사귀지 말며, 왼쪽 사람에게서 싫었던 것으로 오른쪽 사람과 교제하지 말라. 이것을 가리켜 혈구지도라 한다.

『시경』에서 말했다. "즐거우신 군자이시여! 생민의 부모이다." 군자는 생민이 좋아하는 바를 좋아하며, 생민이 싫어하는 바를 싫어한다. 이를 일러 생민의 부모라 하는 것이다. 『시경』에서 말했다. "깎아지른 듯 우뚝 선 저 남산이여, 둘러싼 바위들이 높고 높구나! 혁혁한 태사 윤 씨여, 생민이 모두 그대를 보고 있소." 그러니 나라를 다스리는 자는 신중하지 않으면 안 된다. 치우치게 되면 천하가 도륙된다. - 『대학』 13장

13장은 평천하가 나라를 치우치지 않게 다스림에 있다는 것을 설명한다. 혈구지도는 직역하면 곱자로 재는 방법이다. 곱자로 재듯이 내 마음으로 남의 마음을 헤아리는 것이 혈구지도이다. 그리고 그 마음의 핵심은 싫어함이다. 내가 싫어하는 것으로 남의 마음을 헤아리는 것이다. 이는 곧 서恕를 뜻한다. 서는 내가 싫었던 것을 남

에게 시키지 않는다. 내가 타인과의 관계에서 싫었던 것으로 남과 사귀지 않는다.

나는 이 혈구지도를 볼 때마다 군대에서 있었던 일이 생각난다. 1992년에 육군 15사단에서 군복무를 하였다. 아직도 자대에 배치 받아 갔을 때 일이 생생하게 떠오른다. 소대에 들어서는 순간 온통 병장들만 있어서 속으로 망했다고 생각했다. 어떻게 된 것이 이병, 일병, 상병은 찾아보기가 힘들었다. 하지만 얼마 지나지 않아 망한 것이 아니라 꽃길에 올라탔음을 알았다. 왜냐하면 삼십여 명의 소대 원 중 25명에 달했던 수많은 병장이 두어 달 뒤 전부 제대했고, 나 는 이등병일 때부터 소대 서열 4위가 되었다. 거기에다 한 달 뒤에 제대하게 될 병장들이 왕고참이 되자마자 중대 전체에서 폭력을 없 앴다. 그들은 소대 막내로 군 생활을 이년 넘게 한 이들이었다. 그동 안 이 년여 동안 계급이 올라가 병장이 되었지만, 여전히 소대에서 막내 취급을 받으며 살았다. 이들에게 소대 고참이라 해봤자, 고작 두어 달 먼저 입대한 사람들이었다. 나이 차이도 많지 않았다. 나이 도 비슷하고 입대 날짜도 그다지 차이 나지 않는 이들이 군기를 유 지하기 위해 무지막지하게 구타와 폭언을 했다. 2년여 동안 당했던 사람들은 자신들이 고참이 되자마자 그토록 싫어하던 구타와 폭언 을 없앴다. 이것이 바로 혈구지도이다. 내가 맞고 살았으므로 부하 들도 똑같은 고통을 당해야 한다고 생각하는 사람들은 폭력을 영원 히 대물림한다. 내가 싫어하는 것을 남에게 베푸는 자들이다. 모든 사람이 이런 생각으로 산다면 결국 그 피해는 나에게 돌아온다. 내가 싫어하는 것을 남에게 베풀면 그 싫어함은 다시 나에게 돌아온다.

나라를 다스리는 자는 혈구지도로 다스려야 한다. 군주가 생민에게 공경 받지 못하는 것이 싫으면 군주가 생민을 공경하면 된다. 생민이 군주를 배반하는 것이 싫으면 군주가 생민을 보살피면 된다. 군주가 자식으로부터 효도 받지 못하는 것이 싫으면 노인을 공경하면 된다. 이것이 바로 혈구지도로 나라를 다스리는 이치이다. 그래서 대학의 저자는 시경을 인용하여 "군자는 생민이 좋아하는 바를 좋아하며, 생민이 싫어하는 바를 싫어한다"라고 했다.

군주가 생민이 좋아하는 것을 좋아하지 않고 자기가 좋아하는 방식으로 나라를 다스리면 나라가 어지러워진다. 그 사실은 초나라 영왕의 사례를 통해 알 수 있다. 춘추전국시대 초나라 영왕이 허리가 가느다란 여자를 좋아하자 허리를 가늘게 만들려고 하다가 굶어죽는 여자들이 속출하였다.

따라서 군주는 자신이 좋아하는 것을 내세우지 않고, 생민들이 보편적으로 좋아하는 것을 좋아하고, 생민들이 보편적으로 싫어하는 것을 싫어해야 한다. 이렇게 혈구지도로 나라를 다스리면 그로부터 평천하平天下가 이루어진다. 평平을 『설문해자』에서는 丂으로 그린다. 이 모양은 악기 소리가 널리 퍼져나가는 모양을 형상화 했다. 그래서 『설문해자』에서는 평平의 뜻을 평서平舒라고 설명한다. 서舒는 퍼진다는 뜻이다. 소리는 어느 한쪽으로 치우치지 않고 모든 시공간으로 퍼져나간다. 평의 의미는 치우치지 않음이다. 평천하는 천하를 치우치지 않게 하는 것이다.

그런데 지금까지 사람들은 평천하의 평平을 평정平正으로 해석하여 천하를 바르게 하는 것이 평천하라고 해석하였다. 이러한 해석은 정치의 윤리화를 부추겼다. 맹자가 인을 사랑이라고 여기게 되면서 윤리 사상이 되어버린 유가의 비극은 평을 평정으로 해석하면서 극에 달했다. 이러한 해석은 모두 맞얽힘으로 『대학』을 해석하지 못하여 발생했다.

『대학』 10장을 다시 읽어보라. 『대학』의 저자는 분명히 사물의 맞얽힘을 인식하였기 때문에 좋아하면서 그 악함을 알고 미워하면서도 그 미美를 아는 것이 수신이라고 말한다. 좋아하면서 그 악을 알지 못하고, 미워하면서 그 미를 알지 못하는 것은 치우침이다. 맞얽힌 사물의 양면을 다 알지 못하고 어느 일방만 아는 것이 바로 치우침이다. 나라를 다스리는 자는 일방으로 치우쳐서는 안 된다. 치우치면 나라가 도륙된다.

『시경』에서 말했다. "은나라가 생민의 마음을 잃지 않았을 때는 상제가 항상 함께하였네. 지금은 망하였으니 마땅히 은나라를 거울로 삼을지어다. 큰 명命은 보존하기가 쉽지 않으니" 혈구지도로 생민을 얻으면 나라를 얻고, 생민을 잃으면 나라를 잃는다. 그러므로 군자는 먼저 덕을 혈구지도에 따라 행하도록 신중해야 한다. 덕이 있으면 사람이 있고, 사람이 있으면 토지가 있고, 토지가 있으면 재화가 있고, 재화가 있으면 쓰임이 있다. 그러므로 덕은 근본이요, 재화는 말단이다. 근본을 밖에 두고 말단을 안에 두는 것은, 생민들이 서로 다투게 하고 빼앗도록 만드는 것이다. 그러므로 재화가 모이면 생민이 흩어지고, 재화가 흩어지면 생민이 모인다. 그러므로 나라를 다스리는 자의 말이 도리에 어긋나게 나가면 또한 도리에 어긋나게 들어오고, 재화가 도리에 어긋나게 들어오면 또한 도리에 어긋나게 나간다. - 『대학』 14장

덕을 혈구지도에 따라 행한다는 의미는 생민들이 좋아하는 것을 군주가 좋아하고 생민들이 싫어하는 것을 군주가 싫어함이다. 그런데 재물은 모두가 좋아한다. 군주가 재물을 좋아해서 권력을 이용해 재물을 모으면 끝이 없다. 군주에게 재물이 집중되면 생민이 가난해진다. 가난해진 생민은 도둑이 되고 강도가 되고 급기야 살인까지 한다. 생민이 서로 다투면 조화가 깨져 나라를 잃는다. 이것을 『대학』의 저자는 "근본(덕)을 밖에 두고 말단(재화)을 안에 두는 것"이라고 하였다. 나라를 잃으면 군주도 없다. 이러한 이치를 아는 군주는 자신이 재물을 가지지 않고, 생민들이 재물을 가지게 한다. "(군주에게) 재화가 모이면 생민이 흩어지고, (군주로부터) 재화가 흩어지면 생민이 모인다"라고 했다. 나라를 다스리는 자는 혈구지도의 덕으로 다스려야 한다.

재화를 생산하는 것에도 대도大道가 있다. 생산하는 자가 많고, 먹는 자가 적고, 생산하는 자들이 재빠르게 하고, 쓰는 자들이 느리게 하면, 나라의 재화가 항상 풍족할 것이다. 인자仁者는 재물로써 몸을 일으키

고, 인仁하지 않은 자는 몸으로써 재화를 모은다. 윗사람이 인을 좋아하는데 아랫사람들이 의義를 좋아하지 않는 자는 없다. 아랫사람들이 의를 좋아하는데 일이 유종의 미를 거두지 않을 수 없다. 윗사람이 인을 좋아하고 아랫사람이 의를 좋아하여 재화를 많이 생산하여 국고에 쌓았으니 모두의 재화가 아닐 수가 없다.

노나라 대부 맹헌자가 말했다. "마차를 타고 다닐 수 있는 신분과 부를 지닌 자는 닭과 돼지를 기르지 않는다. 여름에 얼음을 잘라 쓸 수 있는 집은 소와 양을 기르지 않는다. 백승百乘(백 대의 수레를 둘 수 있을 만큼 재물이 있는 자)의 집을 다스리는 자는 생민의 재물을 거두는 신하를 두지 않는다. 생민의 재물을 거두는 신하를 둘 바에는 차라리 도둑질하는 신하를 두어라." 이것을 일컬어 나라를 다스리는 자는 이익을 이익으로 여기지 않고, 의義를 이익으로 여긴다고 한다.

국가의 수장이 된 자가 재화를 거두고 쓰는 것에만 힘을 쓴다면 반드시 소인들을 기용하지 않을 수 없다. 나라를 다스리는 자가 아무리 선을 행한다 해도 소인이 국가를 다스리게 하면 천재지변과 실정의 해악이 함께 이르게 된다. 아무리 선을 지닌 자들이 있다 하더라도 어쩔 수 없는 것이다. 이것을 일컬어 나라는 이익을 이익으로 여기지 않고, 의義를 이익으로 여긴다고 한다. - 「대학」 16장

인자가 재물로써 몸을 일으킨다고 함은 재물을 나라에 쌓아두고 자신의 집에 쌓아 두지 않음을 뜻한다. 나라의 창고에 재물이 쌓이게 하고 생민들이 필요할 때 꺼내 쓰니 모두의 재물이다.

노나라 대부 맹헌자는 이미 가진 자가 더 가지려 하면 안 된다고 말한다. 이미 가진 자가 더 가지려고 생민들로부터 재물을 걷으면 욕망이 극에 이르러 조화를 깨뜨린다. 조화를 깨뜨리기보다는 차라리 도둑질하는 신하가 낫다. 도둑질하는 신하도 재물을 쌓지만, 도둑질한 만큼만 쌓을 뿐이다. 그러나 조화를 깨뜨리는 자는 천재지변과 실정의 해악이 함께 있다. 천재지변과 실정이 함께 이르는데도 온전한 나라는 없다.

그래서 공자가 다음과 같이 말했다.

> 계씨가 주공周公보다 부유했는데, 염구가 계씨의 가신이 되어 더 부유하게 해주었다. 공자가 말했다. "나의 무리가 아니구나. 아이들아, 북을 울려 염구를 비난해도 좋다." - 『논어』 「선진」

계씨는 노나라의 대부 가문이다. 그런데 공자의 제자 중 한 명인 염구가 계씨의 가신이 되어 그를 더 부유하게 해줬다. 이는 계씨의 욕망을 극에 이르게 하여 조화를 깨뜨리는 짓이다. 그래서 공자는 염구를 비난해도 좋다고 했다.

> "내가 듣기로는, 군자는 급한 사람을 도와주지 부자에게 더 보태주지는 않는다." - 『논어』 「옹야」

급한 사람에게는 보태주지 않고 부자에게만 보태주는 것은 조화를 깨뜨리는 짓이다. 조화를 깨뜨리는 자는 공공의 적이다. 그래서 염구를 비난해도 좋다고 한다. 앞서 공자가 중시한 예에 절제의 의미가 있고, 극기는 나의 욕망을 이기는 것이라고 설명하였다. 그리고 절제와 극기의 궁극적 목표는 조화다.

『대학』에서 평천하는 나라를 다스림에 있다고 하였다. 나라를 다스리는 방법은 두 가지를 제시한다. 하나는 혈구지도이고, 하나는 덕을 근본으로 삼고 의義를 이익으로 여기는 것이다. 『대학』에서 말하는 덕과 의는 윤리적인 것이 아니다. 맹헌자를 예로 들어 가진 자가 재물을 더 가지려 하지 않는 것이 덕과 의임을 보여준다. 이미 대부라는 귀족의 지위에 있는 자가 더 가지려 하지 않는 것이 바로 노블레스 오블리주라고 말한다. 이것이 나라를 다스리는 자의 덕이자 의이자 이익이다. 평천하는 나라를 다스리는 자의 덕과 의를 통해 도달할 수 있는 사회라는 점을 『대학』은 말한다. 맹헌자와 같은 대부가 더 가지려 하지 않으면 그 부富를 생민들이 나눠 갖는다. 모두가 골고루 부를 나눠 가지면 사람들 사이에 다툼이 사라지고 조화가 이루어진다. 부와 가난이 한쪽으로 치우치지 않고 모두가 조화를 이룬 사회, 그 사회가 바로 평천하이다.

그러나 평천하가 되지 않고 치우치면 천하가 도륙된다. 천하가 도륙이 나는 이유는 부와 가난의 치우침이 극에 달하여 반면으로 전화하는 물극필반 때문이다.

가난과 부는 맞얽혀 있어 누군가는 부에 치우치고 누군가는 가난에 치우칠 수밖에 없다. 노자도 말했다. 어쩔 수 없이 공을 쌓게 된다고. 누군가는 공을 쌓고 재물을 쌓게 되지만, 누군가는 공을 쌓지 못하고 재물도 쌓지 못한다. 누군가가 재물을 쌓게 됨은 누군가가 재물을 쌓지 못하기 때문이다. 부는 가난을 낳고 가난은 부를 낳는다.

『주역』태泰괘 구삼 효사에서 "평평한 것은 기울지 않음이 없다"라고 하였다. 평평한 것이 기울지 않음이 없는 것처럼, 기운 것도 평평해지지 않음이 없다. 가난과 부로의 치우침을 해결하기 위해 지금까지 인류가 선택한 방법은 반란과 혁명뿐이었다. 반란과 혁명은 빈익빈, 부익부가 극에 달하여 반면으로 전화하기 위해 인류가 선택한 방법이다. 그런데 반란과 혁명은 수많은 생명이 목숨을 잃게 만든다. 천하가 도륙이 난다. 문제는 여기서 그치지 않는다. 그렇게 세워진 새로운 사회 또한 혁명 전에 가난했던 이들 중 일부에게만 부와 권력을 집중시킬 뿐이다. 사회주의 혁명이라고 다르지 않았다. 그렇게 치우친 부와 권력은 또 반란과 혁명을 불러일으킨다.

반란과 혁명은 더는 유효하지 않다. 인류는 반란과 혁명 대신 선거를 통해 지배 세력을 교체하여 평천하를 실현하고자 하였다. 한국 사회는 지난 수십여 년 동안 천하가 도륙되지 않으면서도 평천하를 만들 수 있는 비교적 온전한 형태의 방법을 선택해 왔다. 그런데도 상황은 점점 악화되었다.

지난 20여 년 동안 한국 사회의 불평등은 세계 어느 나라보다도 빠르게 커졌다. 소득 상위 1%가 전체 소득의 12.3%를 차지하며 소득 상위 10%가 전체 소득의 약 44.8%를 차지한다. 소득의 치우침은 그나마 낫다. 자산의 치우침은 훨씬 심각하다. 지금 한국 사회는 2080의 사회를 넘어서 1 대 99의 사회가 되었다.

혁명도 선거도 평천하의 사회를 만들지 못하자 사람들은 또 다른 물극필반의 방법을 선택하였다. 그것은 모두의 공멸이다. 공멸을 위해 사람들은 죽음을 선택하였다. 지금 우리 사회의 심각한 문제 중 하나인 자살과 저출산은 모두 죽음의 상(象)이다. 궁극에 도달한 부의 치우침이 평평해질 방법을 찾지 못하자 마침내 자신의 삶을 죽음으로 전환하거나 아예 생명을 낳는 것을 포기함으로써 한국 사회의 극심한 치우침을 다시 평평하게 만들려고 한다.

2019년 사망원인 통계에 따르면, 하루 평균 37.8명이 스스로 목숨을 끊었다. 2020년 코로나 팬데믹 이후 자살률이 더 높아졌다니 지금은 그보다 더 높은 자살률을 기록 중일 것이다. 한국 사회의 자살률은 2003년부터 2019년까지 2017년 한 해를 제외하고는 OECD 국가 자살률 1위의 자리를 놓치지 않았다. OECD 평균 자살률인 11.3명보다 2배 이상 높은 수치를 달성하면서 말이다.

출생률은 점점 더 떨어져 2020년은 인구 감소 원년으로 기록되었다. 태어나는 인구보다 죽는 인구가 더 많다. 출생률이 감소하면서 30여 년 뒤 전국 지자체의 시군구 46%가 사라질 것으로 예측한다. 지자체뿐이랴. 이대로 저출산이 진행되고, 태어난 생명도 스스로 목숨을 끊는 현상이 지속되면 한국이라는 나라는 인구 소멸로 백여 년 뒤에 사라진다.

물론 자살률과 저출생률의 원인이 부의 치우침 때문만은 아니다. 여러 가지 복합적인 원인이 작용한다. 그런데 공무원들이 주로 사는 세종시의 합계 출산율은 1.28명으로, 전국 평균 0.84명을 크게 웃돈다. 이것은 문제가 무엇인지 잘 보여준다.

지금 한국 사회는 자살과 저출산을 통해 도륙이 나고 있다. 혁명이 안 되니 선거로, 선거가 안 되니 자살과 저출산으로 물극필반하여 모두가 가난해지는 방법을 선택했다. 이 악순환을 벗어나는 방법은 하나뿐이다. 혈구지도와 가진 자의 덕과 의를 통해서만 가능하다. 『대학』에서 말하는 덕과 의는 절제와 만족이다.

『대학』은 나라를 다스리는 자가 목표를 평천하에 두어야 한다고 밝힌다. 평천하는 모두가 중용을 실천하는 사회이다. 개인의 욕망이 극에 이르도록 하지 않는 사회이며, 가진 자들의 채움으로 한쪽에만 치우친 사회가 아니며, 못 가진 자들의 비움으로 기울어지지 않는 사회이다. 그곳에서는 가진 자도 폭력에 의해 뺏기지 않을까 전전긍긍하지 않고, 못 가진 자도 굶어 죽을까 얼어 죽을까 걱정하지 않는다. 모두가 안녕한 천하이다. 중용과 평천하는 맞얽힘으로 이루어진 기묘한 세계에서 한 나라, 한 사회가 흥망과 성쇠의 맞얽힘을 벗어나 영원히 지속하는 치국책이자 인류의 항구적 안녕을 위한 유일한 대안이다.

7장

세계 생성의 원리와
운행 법칙

맞선 둘이 하나임을 제대로 인식하기는 무척 어렵다. 시공의 특성으로 맞얽힌 두 면 중 한 면만을 우리가 인식하기 때문에 맞섬이나 얽힘에 치우칠 수밖에 없다. 동양 사상은 맞얽힘을 발견해놓고도, 상사유, 천인상관론, 제물론 등의 영향에 의해 얽힘과 연결에 치우쳤다. 만물은 연결되면서도 분리되고, 하나이면서도 각자이다. 만물은 둘이 맞선 하나이다.

이 장에서 말하는 세계 생성의 원리와 운행 법칙은『주역』,『노자』,『장자』,『손자병법』,『여씨춘추』등 여러 동양 고전에서 뽑았다. 맞얽힘의 원리에 의해 탄생한 세계가 운행하면서 여러 법칙이 만들어졌는데, 제자백가는 각자 자신이 깨달은 법칙에 대해 말하였다. 이 장에서는 제자백가가 말한 법칙들을 모아서 세계가 맞얽힘에 의해 어떻게 생성되었고 어떻게 운행되고 있는지를 밝힌다.

Ⅰ. 도법자연道法自然 :

세계는 스스로 생성한다

　갑골복은 은나라 사람들이 세상을 주재한다고 생각한 상제上帝라는 신에게 미래의 사건에 관한 질문을 던지고 그에 대한 대답을 상징으로 받아 해석하는 행위였다. 하지만 갑골복이 만들어 낸 조짐을 해석하여 내놓은 예측이 빗나갈수록 신의 존재에 대한 믿음도 서서히 옅어졌다. 그러는 한편에서는 외물 세계의 변화와 운행을 관찰하여 세계의 운행 법칙과 원리를 깨닫기 시작했다. 그들은 자신들이 알아낸 세계의 운행 법칙으로 주역점을 만들어 신과의 소통 방식을 개선하였다. 미래를 예측할 수 있을 것이라 기대했으나, 그마저도 형편없는 적중률을 보이며 실패했다. 거듭된 점복의 예측 실패는 인간들에게 신의 존재에 대한 심각한 의문을 품게 하였다. 의문에 대한 흔적은 『주역』이나 『춘추좌전』, 『시경』에서도 드러난다.

> 조상들은 사람이 아닌가 보다
> 어찌 내가 이렇게 심한 고통을 겪는데
> 보고만 있는가
> - 『시경』「소아·사월」

> 여름 하늘의 상제는 나를 내몰아 도망갈 곳이 없게 하는구나. - 『시경』「대아·운한」

> 하늘이 나와 맞서며 나를 이기지 못하는 듯하네. - 『시경』「소아·정월」

첫 번째 시는 조상신이 자신을 보우하지 않음을 원망하는 내용이다. 두 번째 시는 보우는커녕 자신을 가혹하게 대하는 상제를 탓

하는 내용이다. 세 번째 시에 등장하는 하늘은 하늘이 상제를 대신하는 존재로 여겨졌음을 보여준다.

은나라 말기에 이르러 이 세상을 주재한다고 여겨지는 신의 이름은 상제에서 하늘(천天)로 바뀌었다. 주나라 무왕은 은나라를 정벌하면서 천명을 내세워 자신이 은나라를 정벌하는 정당성을 신으로부터 구하였다. 하늘이 신을 뜻하게 된 것은 상제가 하늘에 있다고 여겨 상제와 하늘을 동일시하는 관념에서 나왔다. 상제에 대한 불신이 커져 상제를 주재자로 여기지 않게 되면서 하늘만 남게 되었다. 천명은 하늘을 신으로 생각하는 관념에서 나왔다. 다음의 시는 천명과 상제의 명이 동시에 등장하는 시로, 하늘과 상제를 동일시하였음을 보여준다.

위대한 천명

상나라의 자손들에게도 있었고

상나라의 자손들

그 수가 수없이 많도다

상제 이미 명하시어

주나라에 복종시키시었다

주나라에 복종하게 하였음은

천명이 일정하지 않아서가 아니다

- 『시경』 「대아」 「문왕지십」 「문왕」

주나라 초기를 거치면서 서筮가 본격적으로 갑골복을 대체하기 시작하였다. 은나라 때까지만 해도 복서병용을 하면서도 서보다는 복을 중시하였으나, 춘추시대에 이르러서는 복보다는 서를 중시하였다. 서는 세계의 운행을 법칙으로 이해하려는 세계관에서 탄생한 점법이었다. 세계관에서 상제는 실질적 주재자에서 형식적인 주재자로 그 지위가 변하게 된다. 이 과정에서 점차 상제에 대한 경외심이 사라져갔다. 이러한 변화 속에서 춘추시대에 점괘를 무시하고, 복卜을 부정하는 현상들이 나타났다. 점괘와 복을 무시하고 부정하는 행위와 관념은 궁극적으로는 초월적 주재자로서 상제를 무시하고 부정함이다. 그리고 이는 춘추시대에 무신주의無神主義의 탄생으로 이어졌다. 신은 없다는 뜻인 무신주의無神主義는 『춘추좌전』 곳곳에서 찾아볼 수 있다.

『주역』을 통해 세계 생성과 운행의 원리가 맞얽힘임을 깨달은 이들은 세계를 주재하는 존재는 없다고 알게 되었다. 세계는 상제의 주재에 의해 운행되는 것이 아니라 맞얽힘에 의해 탄생하였으며, 맞얽힘에 의해 스스로 운행될 뿐이었다. 내적 원리에 의해서 스스로 만들어지고, 스스로 운행되며, 마침내 스스로 소멸하는, 스스로 그러한 세계였다. 이를 노자는 '자연自然'이라 불렀다.

> 사람은 땅을 본떴고, 땅은 하늘을 본떴고, 하늘은 도를 본떴고, 도는 스스로 생성함을 본떴다(인법지人法地, 지법천地法天, 천법도天法道, 도법자연道法自然). - 『노자』 25장

현재 우리는 자연이라는 단어를 영어의 nature의 의미에 해당하는 단어로 한다. 그러나 원래 자연自然이라는 단어는 스스로 생성함, 스스로 그러함을 뜻한다. 노자는 이 세계가 상제와 같은 초월적 존재에 의해 탄생한 것이 아니라 스스로 생성하였다고 생각하여 자연이라 표현하였다. 천과 지는 인간 바깥에서 인간을 감싸는 세계이다. 인간과 세계는 모두 만물 생성의 원리인 도道에 따라 태어났다. 그것을 노자는 인법지人法地, 지법천地法天, 천법도天法道라고 하였다. 여기서 법法은 본뜬다는 뜻으로, 우주 만물인 인간, 땅, 하늘 모두 도에 의해 만들어졌음을 뜻한다. 인간, 땅, 하늘을 만들어 낸 그 도는 스스로 생성함(자연自然)을 본뜬다. 우주는 맞얽힘에 의해 스스로 생성되었다. 우주 만물이 맞얽힘에 의해 스스로 생성되었다는 것은 상제가 없음을 의미한다. 그래서 『노자』 4장에서 도가 상제象帝보다 앞서 있다고 한 것이다. 도법자연은 세계가 맞얽힘에 의해 스스로 생성되었으며, 상제가 없음을 선언하였다.

2. 일음일양一陰一陽 :
맞선 둘은 얽힌 하나이다

고대 중국의 사상가들은 맞얽힘을 세계의 생성 원리이자 운행 원리로 생각하였다. 『주역』은 맞얽힘을 ━,╍ 으로 기호화하고 ━, ╍

을 중첩한 괘를 만들어서 맞얽힘의 원리로 세계의 생성, 운행, 소멸을 파악하고자 하였다. 음양과 강유는 맞얽힘을 상징하는 언어이다.

노자는 맞얽힘을 "도를 도라고 말하면 영원한 도가 아니다"라는 문장으로 표현하였다. 손자는 맞얽힘을 "같음과 다름이 서로를 낳는다"라고 표현하였고, 장자는 맞얽힘을 "이것과 저것이 상대방을 낳는다"라고 표현하였다. 공자는 맞얽힘을 "서로 섞이지만 경계를 넘어서지 않는다"라고 표현하였다.

> 공자가 말했다. "건곤은 주역의 문門인가? 건은 양陽의 물상이고, 곤은 음陰의 물상이다. 음과 양이 덕을 합하고 강剛과 유柔가 실체를 이루게 되니, 두 실체로써 천지가 갖추어지고, 두 실체가 통함으로써 신명神明의 덕이 이루어진다. 그 이름으로 분별한 것은 서로 섞이지만 경계를 넘어서지 않음을 뜻한다." - 『주역』 「계사전」

"서로 섞이지만 경계를 넘어서지 않음"이라는 원문은 잡이불월雜而不越이다. 잡雜은 뒤섞인다는 뜻으로 서로 섞인다는 것은 얽힘을 뜻한다. 월越은 넘다, 건넌다는 뜻이고, 불월不越은 넘어서지 않는다는 뜻으로 맞섬을 표현한다. 섞이지만 경계를 넘어서지 않음을 표현하기 위해 건곤, 음양, 강유처럼 두 음절의 글자를 합쳐 하나의 단어로 만들어 사용했다. 공자가 제자 자공과 "나는 하나로써 모든 것을 꿰뚫는다[일이관지一以貫之]"라고 말한 하나는 이 잡이불월 즉 맞얽힘을 의미한다. 공자는 맞얽힘이 세계의 모든 사물을 관통하는 하나의 원리임을 깨달았다.

고전에 등장하는 맞얽힘에 관한 표현 중 가장 정확하게 표현한 글귀는 『주역』「계사전」에 나오는 일음일양一陰一陽이다. 일음일양一陰一陽은 맞얽힘의 동시태와 통시태를 모두 아우르는 표현이다. 일음일양一陰一陽을 한쪽은 음이 되고, 한쪽은 양이 된다고 해석하면 이른바 대칭 구조를 말하며, 한 번은 음이 되고, 한 번은 양이 된다고 해석하면 시공간의 변화에 따라 나타나는 맞얽힘을 말한다.

한 번은 음이 되고, 한 번은 양이 된다. → 맞얽힘의 통시태
한쪽은 음이 되고, 한쪽은 양이 된다. → 맞얽힘의 동시태

고대 중국인들은 맞얽힘을 그림을 통해 표현하였다. 맞얽힘을 가장 잘 설명하는 그림은 한나라 대에 처음 등장하기 시작한 〈복희여와도〉이다. 복희는 『주역』「계사전」에는 포희라는 이름으로 등장하는 성인으로, 사물을 보고 그 상을 취하여 8괘를 만들었다고 전해진다. 여와는 진흙으로 인간을 빚은 여신으로, 하늘에 구멍이 뚫렸을 때 오색 돌로 하늘을 메웠다는 신화가 전해진다. 〈복희여와도〉는 왼쪽은 여자의 얼굴을 한 여와, 오른쪽은 남자의 얼굴을 한 복희가 서로 마주보는 모양으로 그려졌고, 하반신은 복희와 여와의 다리가 칭칭 감긴 모양으로 그려졌다. 〈복희여와도〉는 하반신은 얽히고 상반신은 서로 대립하는 맞얽힘을 상징화한 그림이다. 〈복희여와도〉는 한나라 대 무덤에서 대거 등장하는데, 당시 사람들이 맞얽힘을

국립중앙박물관 소장 <복희여와도>(신장위구르자치구 투르판 아스타나 고분 출토)

인식했음을 보여주는 증거이다.

맞얽힘에서 맞섬과 얽힘이 뜻하는 의미는 여러 가지다. 맞섬의 의미는 첫째 맞선 두 인소는 성질이 반대이다, 둘째 서로를 부정한다, 셋째 서로를 죽이려고 한다는 뜻을 지닌다. 얽힘의 의미는 첫째 맞선 두 인소는 연결되어 있다, 둘째 하나처럼 움직인다, 셋째 서로의 존재근거가 된다는 뜻을 지닌다. 두 인소가 서로를 부정하며 서로를 죽이려고 할 때 얽히게 되고, 서로의 존재근거가 되는 역설적 상태가 맞얽힘이다.

맞선 둘이 하나임을 제대로 인식하기는 무척 어렵다. 시공의 특성으로 맞얽힌 두 면 중 한 면만을 우리가 인식하기 때문에 맞섬이나 얽힘에 치우칠 수밖에 없다. 동양 사상은 맞얽힘을 발견해놓고도 상사유, 천인상관론, 제물론 등의 영향에 의해 얽힘과 연결에 치우쳤다. 만물은 연결되어 있으면서도 분리되고, 하나이면서도 각자이다. 만물은 맞선 둘이 얽힌 하나이다.

3. 기정상생奇正相生 :
맞얽힌 둘은 서로를 낳는다

맞선 두 인소가 하나로 얽히기 위해서는 두 인소가 서로를 낳아야 한다. 장자는 이 점을 언어를 통해 증명하였다.

시작이 있으면 시작이 아직 시작되기 이전이 있었을 것이고, 시작이 아직 시작되기 이전마저 아직 시작되기 이전이 있었을 것이다. 있음이 있다면 없음이 있었을 것이고, 또 없음이 아직 시작되기 이전이 있었을 것이며, 없음이 아직 시작되기 이전마저 아직 시작되기 이전이 있었을 것이다. - 『장자』「제물론」

시작이 아직 시작되기 이전을 우리는 보통 끝이라고 한다. 그러므로 시작은 끝이 낳았다. 없음이 아직 시작되기 이전을 우리는 있음이라고 부른다. 그러므로 있음은 없음을 낳았다. 없음도 있음을 낳았다. 없음과 있음은 서로를 낳아야 한다. 그래야 둘이 존재한다. 이것을 노자는 유무상생有無相生(있음과 없음이 서로를 낳는다), 장자는 피시방생彼是方生(저것과 이것이 상대방을 낳는다), 손자는 기정상생奇正相生(다름과 같음이 서로를 낳는다)이라고 하였다.

맞얽힌 둘은 서로를 낳기 때문에 낳는 상대방이 없으면 나도 없다. 그러므로 맞얽힌 둘은 서로의 존재근거다. 다름은 같음이 있어야 존재하고, 옳음은 그름이 있어야 존재하고, 있음은 없음이 있어야 존재한다. 이 법칙을 장자는 상대相待라고 표현하였다. 상相은 서로를 뜻하고, 대待를 한자 사전에서는 기다리다, 의지하다, 기댄다라는 뜻으로 풀이하는데, 상대에서 대待는 기인한다는 뜻으로 풀이해야 한다.

상대의 법칙은 나와 맞얽힌 상대방을 없애면 안 된다는 처세법을 삶에 제시한다. 내가 아니라고 해서, 나와 다르다고 해서 남을 차별하거나 해치면 나를 차별하거나 해치게 된다. 왜냐하면 나는 남으로부터 기인하고 남은 나로부터 기인하기 때문이다. 그러므로 남을 짓밟고 해치면 나도 사라진다.

『중용』과 『대학』의 신독愼獨 용어도 여기에서 나왔다. 신독 정신은 홀로 존재할 수 없다는 인식을 바탕으로 한다. 그러므로 홀로됨을 삼가라!

4. 양자동출兩者同出 :
맞얽힌 둘은 동시에 나타난다

우주의 모든 사물은 시간과 공간의 맞얽힘 속에서 존재한다. 시공은 변화와 불변의 맞얽힘으로 이루어졌다. 시공이 흘러 뒤로 간 것은 바꿀 수 없는 불변이고, 아직 오지 않은 미래는 변화한다. 만물이 시공 속에 존재함으로 맞얽힘은 두 가지 양태를 가진다. 동시태와 통시태가 그것이다. 동시태는 동시에 맞얽힌 두 인소의 출현이고, 통시태는 다른 시간에 맞얽힌 두 인소의 출현이다. 동시태인 맞얽힘으로는 위아래, 좌우, 앞뒤, 시작과 끝 그리고 대칭 구조를 이루는 사물 등이 있다.

동시태인 맞얽힘은 동시에 태어나고 동시에 소멸한다. 맞얽힌 한 인소가 없으면 다른 인소도 소멸한다. 위와 아래를 가지고 설명해 보자. 위는 무언가 아래에 있을 때 위라고 말하고, 아래는 무언가 위에 있을 때 아래라고 말한다. 그 무엇이 아래에서 사라진다면 위라는 개념은 사라진다. 그 무엇이 위에서 사라진다면 아래라는 개념은 사라진다. 이처럼 위아래라는 맞얽힌 두 인소는 동시에 출현하고 동시에 소멸한다. 심지어 생성과 소멸이라는 개념도 동시에 출현하고 동시에 소멸한다. 이를 노자는 양자동출兩者同出(둘은 동시에 출현한다)이라고 말하였다. 노자가 말하는 이 둘이란 맞얽힌 두 인소를 가리킨다. 동시태로 맞얽힌 두 인소는 동시에 출현하고 동시에 소멸한다.

동시태의 대표적 사례는 뇌다. 뇌는 좌반구, 우반구로 분리되어 뇌량, 뇌간 등을 통해 하나로 연결된다. 뇌의 이러한 맞얽힘을 잘 보여주는 동영상이 있다. 유튜브에 「My stroke of insight」라는 제목으로 올라온 질 볼트 테일러 박사의 TED강연 영상을 보면 뇌의 맞얽힘을 생생하게 볼 수 있다. 영상 속에서 빌 볼트 테일러 박사는 실제 뇌를 들고나와서 보여주는데, 뇌의 좌반구와 우반구는 그것들을 하나로 움켜쥐고 있는 손만 없다면 서로 떨어져 나갈 정도로 분리되었고 뇌 밑 부분의 뇌량과 뇌간이라는 기관을 통해서만 하나로 연결되었다. 우리의 머리에 있는 뇌는 맞얽힘의 동시태이다.

시공간으로 인해 맞얽힌 두 인소는 서로 다른 시공 속에서 나타난다. 맞얽힘의 통시태通時態이다. 음과 양은 통시태로 맞얽혀 있어서 한 번은 양이 겉으로 드러나고 다시 전화되어 한 번은 음이 겉으로 드러난다. 이를 남송의 주희는 "양 가운데 음이 있고, 음 가운데 양이 있다(양중유음陽中有陰, 음중유양陰中有陽)"라고 표현하였다.

맞얽힘의 통시태에 관한 인식은 『주역』 괘상의 해석에도 반영된다. 『주역』 「상전」에서는 태泰(䷊)괘를 일컬어 천지가 서로 교합하는 것이 태라고 하였다. 태괘의 괘상을 보면 곤(☷)괘가 위에, 건(☰)괘가 아래에 있다. 이는 땅이 위에 하늘이 아래에 있는 형상이므로, 하늘은 위에 땅은 아래에 있는 세계의 이치에는 맞지 않는다. 그런데 태괘 「상전」에서는 오히려 하늘과 땅이 서로 교합한다고 말한다. 이렇게 해석한 이유는 맞얽힘의 통시태를 인식하였기 때문이다. 양은 그 속에 음이 있고 음은 그 속에 양이 있음으로 시간이 지나면 건(☰)은 곤(☷)으로 변하고 곤(☷)은 건(☰)으로 변한다. 태괘의 괘상이 ䷊의 형상인 것은 이미 이루어진 일이고, 미래에는 곤이 아래로 내려오며 건이 위로 올라가게 되므로 길하다고 해석한다. 마찬가지 이유로 비否(䷋)괘에 대해서는 천지가 교합하지 않는 것이 비라고 말한다. 건(☰)괘가 위에 있고 곤(☷)괘가 아래에 있는 형상을 두고 교합하지 않는다고 해석했다. 이것은 지금 하늘과 땅이 제자리에 있지만, 시간이 흘러 변화하면 땅과 하늘이 뒤집힌 모양이 되기 때문에 흉하다고 해석한 것이다.

맞얽힘이 통시태로 나타나니 맞얽힘을 파악하고 이해하기는 무척 어려운 일이다. 우리는 대부분 사물의 한 면만을 본다. 이때 드러나는 사물의 한 면은 맞얽힌 두 면 중 한 면이다. 시간이 흐른 뒤 맞얽힌 다른 면이 드러난다. 그러므로 우리는 보고 있는 면이 맞얽힌 두 인소 중 하나라는 점을 잊지 말아야 한다. 사물을 맞얽힘으로 보기 위해 노력해야 제대로 세계를 인식할 수 있다.

5. 생생위역生生謂易 :
   맞얽힘이 또 다른 맞얽힘을 낳는다

하나의 맞얽힘은 또 다른 맞얽힘을 낳는다. 공자는 이 점을 다음과 같이 설명한다.

> 해가 지면 달이 뜨고, 달이 지면 해가 뜬다. 해와 달이 서로 밀어내면서
> 밝음이 생긴다. 추위가 가면 더위가 오고, 더위가 가면 추위가 온다. 추
> 위와 더위가 서로 밀어내면서 일 년이 이루어진다. 가는 것은 굽힘이요,
> 오는 것은 폄이다. 굽힘과 폄이 서로 감응하면서 이로움이 생겨난다.
> - 『주역』「계사전」

공자는 이 세계에 밝음이 생기는 이유를 해와 달이라는 맞얽힌 두 사물이 번갈아가면서 발현되기 때문으로 본다. 밝음이 생기면 그와 맞얽혀 있는 어둠이 생겨난다. 또 한 해가 이루어지는 것은 추위와 더위라는 맞얽힌 두 인소가 번갈아가면서 발현되기 때문이다. 하나는 가고 하나는 온다. 오는 것은 움츠러들었던 사물이 펴짐이고, 가는 것은 펴졌던 사물이 움츠러들어서이다. 이로 인해 이로움

이 생겨나고 이로움이 생겨나면 그와 맞얽혀 있는 해로움이 생겨난다. 이로움과 해로움의 맞얽힘으로 또 다른 맞얽힘이 생겨난다.

맞얽힘이 또 다른 맞얽힘을 낳는 것을 『주역』 「계사전」에서는 생생지위역生生之謂易이라고 하였다. 낳고 낳음을 일컬어 역이라 한다는 뜻이다. 여기서 역易을 지금까지는 변화를 뜻하는 것으로 해석하였다. 그 변화 또한 맞얽힘에 의해 만들어지는 것이므로 역의 적확한 의미는 맞얽힘이다. 이를 「계사전」에서는 다음과 같이 말한다.

> 건곤은 역의 근본 바탕이 아닌가? 건곤이 배열을 이루면 역이 그 가운데에 성립되니 건곤이 없어지면 역을 볼 수 없고, 역을 볼 수 없으면 건곤의 작용도 거의 그치게 될 것이다. - 『주역』 「계사전」

건곤은 맞얽힘의 기호이다. 건곤이 배열을 이룬다는 말은 두 인소가 맞얽힘을 이룬다는 뜻이다. 건곤이 배열을 이루면 역이 성립된다는 것은 주역 64괘 모두 건곤의 맞얽힘을 근본으로 성립되었다는 뜻이다. 건곤이 없으면 역도 없고, 역이 없으면 건곤의 작용도 그친다. 그러므로 역의 의미는 변화가 아닌 맞얽힘이다. 『설문해자』에서도 역易에 대해 "해와 달이 역이 되었다. 음양의 상이다"라고 설명한다. 역易의 글자 모양은 일日과 월月을 합쳐서 만들었고, 음양 즉 맞얽힘의 상이라고 설명한다. 따라서 생생위역은 맞얽힘이 만물을 낳고 낳음을 뜻한다.

하나의 맞얽힘으로 생성된 만물은 서로 연결된다. 코로나19로 인해 이 법칙이 분명하게 드러났다. 우리는 생각했던 것보다 훨씬 더 얽혀 있다. 생각해 보라. 오늘 내가 쉰 숨을 통해 배출된 내 몸안의 바이러스가 내일이면 저 머나먼 남아프리카 공화국에 사는 또 다른 사람의 몸에 들어가 있을 수도 있다. 오늘 내 몸을 구성하는 사물이 내일 멀리 떨어진 다른 사람의 몸을 이루는 사물이 된다. 사람과 사람만 연결된 것이 아니다. 애초에 코로나19 바이러스는 박쥐에게서 발생하였다. 박쥐에게서 발생한 바이러스가 사람에게 전파되는 사건을 통해 자연과 사람이 얼마나 긴밀하게 연결되어 있는지 극명하게 드러났다.

코로나19 바이러스는 맞얽힘이 아니므로 이번에는 맞얽힘의 사례를 들어 세계가 어떻게 연결되는지 살펴보자. 밥은 인간이 살아가는데 필요하며 생각만 해도 군침이 도는 아주 맛있는 음식이다. 하지만 똥은 생각만 해도 더러움에 머리를 흔들게 되고 구역질이 나는 사물이다. 이처럼 밥과 똥이 서로 맞서는 사물이라는 것은 누구나 쉽고 분명하게 안다. 하지만 밥을 먹지 않으면 똥이 만들어질 수 없다. 밥을 먹어야 위에서 소화 과정을 거쳐 영양분은 우리의 몸속으로 흡수되고, 소화되지 않고 남은 찌꺼기는 대장으로 넘어가 똥이 된다. 밥은 똥을 낳는다. 밥과 똥은 소화과정을 거치며 얽혀 있는 관계를 형성한다.

내가 싼 똥은 다른 사물의 밥이다. 재래식 화장실 안, 이른바 똥통을 들여다보면 그곳은 꿈틀거리는 구더기로 가득하다. 구더기는 내 똥을 밥으로 삼는다. 우리도 다른 사물의 똥을 밥으로 삼는다.

식물은 포도당을 생산하기 위해 광합성을 하는데, 이 과정에서 이산화탄소를 흡수하여 포도당 생산에 이용하고 생겨난 산소를 배출한다. 이산화탄소는 식물의 밥이고 산소가 똥이다. 그러나 인간한테는 산소가 밥이다. 인간은 산소가 없으면 길어야 5분 안에 죽는다. 식물의 똥이 우리에게는 밥이 되고 우리의 똥이 구더기의 밥이 된다. 이렇게 밥과 똥은 맞얽힘의 사슬 관계이다. 전혀 상관없어 보이는 우주의 모든 만물은 이러한 방식으로 하나로 얽혀 있다.

장자는 이를 깨달아 "하늘과 땅이 나와 함께 생겨났고, 만물이 나와 하나가 되었다"라고 말하였다. "만물이 나와 하나가 되었다"의 원문은 '만물여아위일萬物與我爲—'이다. 이 문장을 줄이면 물아위일物我爲—이다. 장자만 하나를 말한 것이 아니라, 노자도 하나를 말하였다. 앞에서도 설명했지만, 장자와 노자가 말한 하나는 '둘이 얽힌 하나'이다. 그들이 말한 하나는 맞얽힘이다. 맞얽힘을 깨달은 공자 또한 하나를 말하였다.

> 공자가 말했다. "천하의 사물들이 제각각 운행하는 길은 다르나 돌아갈 곳은 같으며, 생각은 백 가지이나 이르는 곳은 하나이다." - 『주역』 「계사전」

"천하의 사물들이 제각각 운행하는 길은 다르다"라는 문장과 "천하의 생각은 백 가지"라는 문장은 우주의 모든 사물이 발현되는 양태가 제각각 다르다는 점을 말한다. 그러나 각양각색의 사물들이 돌아갈 곳은 같으며 이르는 곳은 하나이다. 이를 한문으로는 천하

동귀天下同歸, 천하일치天下一致라고 하며, 공자가 말한 하나 또한 맞얽힘을 말한다. 맞얽힘을 통해 우주의 모든 만물은 하나처럼 얽혀 있다.

우주의 모든 사물이 얽힌 상태에서 어떤 한 사람의 죽음조차 나와 무관한 죽음은 없다. 길가에 핀 잡초의 죽음조차 나와 무관하지 않다. 이를 인식한 중국 송나라 대의 사상가인 주돈이는 창가에 난 풀 한 포기조차 뽑지 못하게 했다. 풀 한 포기를 뽑아 죽이는 행동은 나를 죽이는 일이다. 동양 사상에서 생명 존중, 생태 사상을 말하는 것은 자연을 보호하기 위해서가 아니라 나를 위해서이다. 내가 살고자 하면 아무리 하찮은 사물이라도 죽여서는 안 될뿐더러 그 생이 온전하도록 돌봐주어야 한다. 이것이 물아위일의 법칙으로 우리에게 제시하는 삶의 자세이다.

6. 강유상추剛柔相推 :
맞얽힌 두 인소는 서로 밀어낸다

맞얽힌 두 인소는 하나가 된다. 그러나 서로 맞서 있으므로 다른 인소를 밀어낸다. 길은 흉을 밀어내고, 화는 복을 밀어내고, 사랑은 미움을 밀어내고, 삶은 죽음을 밀어낸다. 맞선 인소를 밀어내며 자기 존재를 확보한다.

이를 『주역』 「계사전」에서는 강剛과 유柔가 서로를 밀어낸다고 말한다. 원문에서 강유상추剛柔相推로, 추推는 밀어낸다는 뜻이다. 강과 유는 서로 맞얽혀 있어서 강이 유를 밀어내면 유의 자리까지 강이 차지하여 강은 홀로 완전해진다. 반대로 유가 강을 밀어내면 강의 자리까지 유가 차지하여 유는 홀로 완전해진다. 변화는 맞얽힌 두 인소가 밀어내면서 발생한다. 있음과 없음, 다름과 같음, 옳음과 그름, 길과 흉, 화와 복, 불운과 행운, 사랑과 미움, 삶과 죽음 등이 상대를 밀어내고 홀로 완전해지려는 상태가 강유상추이고, 그로 인해 변화가 일어난다.

강과 유가 서로를 밀어낸다는 생각은 공자로부터 기원한다.

> 공자가 말했다. "당겨서 이루어짐을 변變이라 하고, 밀어서 움직이는 것을 일컬어 통通이라 한다." - 『주역』 「계사전」

공자는 변變을 맞얽힌 두 인소 중 한 인소가 다른 인소를 당겨서 이루어짐으로 보았고, 통通은 맞얽힌 두 인소 중 한 인소가 다른 인소를 밀어서 움직임으로 보았다. 공자의 말로부터 강유상추의 법칙이 나왔다.

그리고 강유상추로 인해 소식영허消息盈虛가 발생한다. 맞선 두 인소는 상대방을 부정하고 죽이려 한다. 그러나 그들은 하나로 얽혀 있어서 한 인소가 왕성해지면 다른 인소는 약화된다. 강剛이 강하면 유柔는 그만큼 줄어들고, 유가 강하면 강은 그만큼 줄어든다. 유가 절반이 차면 강도 절반이 차고, 강이 70% 차면 유는 30%만 찬다.

이처럼 맞얽힌 두 인소는 상대적 관계를 이룬다. 이를 「단전」에서는 소식영허消息盈虛라고 표현하였다.

군자는 소식영허를 숭상한다. - 『주역』「단전」

소消는 사라지다, 없앤다는 뜻이고, 식息은 자라다, 키운다는 뜻이다. 소식消息은 사라지고 자라남을 뜻하는 단어로, 우리의 일상에서 소식을 전하다처럼 사용된다. 소식을 전한다는 것은 시공 속에서 벌어진 사라지고 자라난 변화를 전달한다는 말이다. 영盈은 가득차다, 허虛는 텅텅 빈다는 뜻이다. 영허盈虛는 차고 빈다는 뜻이다. 소식영허는 차고 빔이 점차 사라지고 자라난다는 뜻이다. 소식영허는 달이 변화하여 보름달이 되었다가 또 변화하여 초승달이 되는 현상을 보고 만들어낸 법칙이다.

해는 하늘 가운데 있으면 곧 기울고, 달은 가득차면 곧 이지러진다. - 『주역』「단전」

달이 차면 곧 이지러지고, 이지러졌는가 하면 다시 차는 과정은 차고 빔이 서로 반복되는 과정이다. 차고 빔은 맞얽힘의 관계로 달

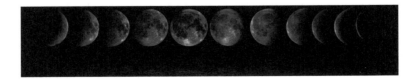

을 통해 우리는 차고 빔의 상대성을 안다. 달은 차오르고 비워지지만, 달 자체는 원래 하나이다. 하나인 달이 빛을 어느 정도 반사하느냐에 따라 우리 눈에는 차고 비는 모습으로 보인다.

달 전체가 빛을 반사하면 달이 꽉 차오른 보름달이 되고, 달의 절반 정도만 반사하면 반달이 되고, 극히 일부만 반사하면 초승달 또는 그믐달이 된다. 반달일 때는 반은 채워진 것으로 보이고 반은 비워진 것으로 보인다. 채움과 비움이 절반씩 드러난다. 초승달일 때는 대부분이 비워지고 일부만 채워진다. 채움이 적고 비움이 대부분을 차지한다. 이것을 우리는 달의 차고 빔이라고 한다. 달이 차고 비는 과정은 맞얽힌 두 인소가 하나로 얽히면서 상대적 관계를 형성한다. 그것은 시각으로 이해할 수 있다.

달의 참과 빔은 상대적이다. 상대적이라는 것은 그 존재의 유무 또는 존재가 드러나는 정도가 맞얽힌 인소에게 달려 있다는 것이다. 맞선 두 인소는 얽히면서 상대적 관계에 놓인다. 이를 맞얽힘의 상대성이라 한다.

7. 물극필반物極必反 :
맞얽힌 두 인소의 뒤바뀜

강유상추, 영허소식으로 맞얽힌 두 인소 중 한 인소는 변화하여 극에 달한다. 달의 참이 극에 달하면 보름달이 되듯이. 보름달은 점차 이지러져 초승달이 된다. 초승달이 되면 다시 채워져 보름달로 전화한다. 참이 극에 달하면 빔으로 전화하고, 빔이 극에 달하면 참으로 전화한다. 이것을 물극필반物極必反이라고 한다. 물극필반이라는 단어는 『여씨춘추』에 나온다.

> 온전해지면 반드시 이지러지고, 극에 달하면 반드시 반면으로 전화하고, 꽉 차면 반드시 비워진다.(전즉필결全則必缺, 극즉필반極則必反, 영즉필휴盈則必虧) - 『여씨춘추』「박지博志」

노자는 물극필반 법칙을 "큰 것은 떠나가고, 떠난 것은 멀어지고, 멀어진 것은 되돌아온다"라고 표현하였다. 또 되돌아옴은 도의 움직임이라고 말하기도 하였다.

물극필반 법칙이 가장 먼저 드러난 책은 『주역』이다. 괘의 초효에서 시작된 변화는 상효에 도달하여 극에 달한다. 상효에서 다시 반면으로 전화가 시작된다는 생각은 상효의 효사에 반영되었다.

> 처음에는 하늘에 올라갔다가 뒤에 땅으로 들어갔다. - 명이괘 상육 효사
>
> 끝까지 올라간 용은 후회하게 된다. - 건괘 상구 효사
>
> 삼 년이 지나도 사람을 볼 수 없으니, 흉하다. - 풍괘 상육 효사

명이괘, 건괘, 풍괘는 모두 초효에서 오효까지 길하거나 형통하거나 허물이 없는 효사로 이루어졌다. 그러나 상효는 모두 땅으로 들어가거나 흉하거나 후회한다. 계속 길하게 이루어지던 변화가 상효에 이르러서는 그 반대인 흉으로 전화한다. 초효에서 상효까지 효 중 가장 길한 것은 가장 위에 있는 상효가 아니라 오효이다. 변화가 극에 달하기 전이 가장 길한다. 그래서 오효가 왕, 군자, 대인을 상징한다.

물극필반 법칙은 너무 이기려고 하면 지게 되고, 너무 살려고 하면 죽게 되고, 지나치게 성공만을 추구하면 도리어 실패하게 되고, 지나치게 이익만을 추구하면 주위의 원망만 남게 된다는 삶의 가르침을 준다. 따라서 행하되 그 행함이 극에 달하지 않게 해야 한다.

물극필반은 맞얽힌 두 인소 사이에서 끊임없는 변화를 만들어 낸다. 그 변화는 두 인소 간의 왕복운동이다. 한 번에 그치지 않고 물극필반으로 연속해서 발생하는 왕복운동을 무왕불복无往不復이라 한다.

무왕불복은 태泰괘 구삼 효사 "평평한 것은 기울지 않음이 없고, 간 것은 돌아오지 않음이 없다(무평불피无平不陂 무왕불복无往不復)"라는 말에서 나왔다. 태괘 구삼 효사는 그 뜻으로 미루어 보았을 때 전체 문장은 다음과 같다. 평평한 것은 기울지 않음이 없고, 기울어진 것은 평평해지지 않음이 없다. 간 것은 돌아오지 않음이 없고, 돌아온 것은 가지 않음이 없다. 평평한 것과 기울어진 것, 간 것과 돌아온 것은 서로 맞얽힌 두 인소이다. 간 것이 돌아오고 돌아온 것이 다시

가고, 그렇게 간 것이 다시 돌아오고, 돌아온 것은 다시 가는 것과 같이 맞얽힌 두 인소 간에는 끝없는 왕복 운동이 이루어진다.

『주역』복復(䷗)괘는 무왕불복의 법칙을 말한다. 복괘의 괘사는 "형통하다. 출정하고 돌아옴에 거리낌이 없다. 벗이 오니 재앙이 없다. 그 길을 되돌아오는 데 칠 일이면 돌아온다. 갈 곳이 있으니 이롭다"라는 말이다. 「단전」에서는 괘사에 대해 해설하기를 "복復이 형통하다는 것은 강剛이 돌아왔기 때문이다. … 갈 곳이 있으면 이롭다는 것은 강剛이 자라나기 때문이다. 되돌아옴은 천지의 마음을 보는 것인가!"라고 하였다. 강剛이 돌아왔다는 뜻은 초효가 양효로 변화함을 말한다. 즉 복괘는 모든 효가 음효로 이루어진 곤괘가 초효만 양효로 변하여 만들어지는 괘로, 이를 가지고 강이 돌아왔다고 말한다. 복괘의 복復은 되돌아옴을 뜻한다. "되돌아옴은 천지의 마음을 보는 것인가"라는 말은 맞얽힌 두 인소 간의 왕복 운동이 천지의 법칙이라는 뜻이다.

맞얽힌 두 인소 간의 끝없는 왕복운동은 순환을 낳는다. 『주역』「서괘전」에서는 이를 물불가궁物不可窮이라 하였다. 물불가궁은 사물은 다함이 없다는 뜻이다. 사물이 다함이 없음은 우주가 시간과 공간의 맞얽힘 속에 존재하기 때문이다. 시작과 끝의 맞얽힘은 시공으로 인해 발생하므로 사물은 다함이 없고 영원히 순환할 뿐이다.

물불가궁의 법칙은 『주역』 64괘의 순서에서도 드러난다. 건괘와 곤괘에서 시작된 64괘는 기제괘와 미제괘에서 끝이 난다. 기제既濟는 이미 이루어졌다는 뜻이고, 미제未濟는 아직 끝나지 않았다는 뜻이다. 건곤에서 시작된 사물의 변화는 기제에 도달하여 궁해진다. 궁해지면 다시 반면으로 전화하므로, 끝나지 않음 즉 물불가궁을 뜻하는 미제괘가 마지막에 배치된다. 「서괘전」은 『주역』 64괘를 우주의 탄생과 운행, 소멸과 순환을 상징하는 기호 체계로 보았다. 기제괘는 우주의 죽음을 상징하는 기호이고, 미제괘는 그 죽음에서 다시 탄생이 시작됨을 상징하는 기호이다. 그러므로 다시 건괘로 돌아가 사물과 사건의 변화가 새로운 주기를 시작한다. 맞얽힌 두 인소의 상호 왕복운동은 끝없이 이어지며 이로 인해 순환이 만들어진다.

물리학자들은 우주가 열죽음으로 죽을 것이라고 말한다. 열죽음이란 열역학 제2법칙인 엔트로피 법칙에 의해 우주의 열이 다 식은 상태를 말한다. 열죽음은 운동이나 생명을 유지하는 자유에너지가 없는 상태를 말한다. 하지만 물불가궁 법칙은 죽음과 삶의 상호 전환이므로 우주가 죽음으로써 다시 태어날 것을 예측한다. 우주는 죽지만 그 죽음을 통해 다른 우주가 탄생한다.

8. 통변위사通變謂事 :
세계는 맞얽힘이 만드는 변화의 총체

━ ━━은 맞얽힘이 만들어 내는 하나의 작은 사건을 상징한다.

괘는 여섯 개의 효, 즉 작은 사건이 중첩되어 일어난 사건을 상징한다. 64괘는 64개의 사건이 모인 계界를 상징한다. ▬ ▬▬과 같은 상징을 현대에서는 기호라고 한다. 64개의 기호로 이루어진 『주역』 64괘는 '기호들의 상징체계'이다. 이 『주역』의 기호 체계는 점복을 통해 탄생하였고, 점복을 해석하기 위한 용도로 만들어졌다. 점복은 매우 다양한 질문을 신에게 던지고 그에 대한 대답을 기호로 받는 행위이다. 언제 결혼을 할지, 지금 하는 사업이 잘될지, 회사에서 다른 지역으로 발령을 냈는데 회사를 그만두는 게 좋은지 아니면 발령대로 가는 게 좋은지, 개인의 일에 관한 점복을 친다. 남북통일이 언제 될지, 경제가 언제 살아날지, 나랏일에 관한 일을 점친다. 이처럼 다양한 질문에 대응하기 위해 『주역』의 기호는 상징하는 사건이 무제한이다. 상사유를 거쳐 무제한으로 늘어나는 8괘의 상징은 이러한 『주역』 기호의 특징을 잘 보여준다.

『주역』의 상은 실재 세계의 대상을 모방함으로써 그 대상을 표상하는 기능을 한다. 괘는 실재 세계의 생성 원리와 운행 방법을 모방하여 제작된 기호이며, 어떤 특정한 사건을 대신하여 실재하는 대상처럼 기능한다. 기호는 그것을 통해 상징하는 대상의 형태적, 기능적 특징을 묘사함으로써 만들어진 모의실험의 도구이다. 바둑을 생각해 보면 괘의 모의실험 기능을 쉽게 이해한다. 바둑은 바둑판 위에서 흑돌과 백돌이 서로 생존하기 위해 싸우는 놀이이다. 흑돌과 백돌은 맞얽힌 두 인소를 상징하는 기호이다. 바둑은 흑과 백을 서로 번갈아가면서 두는데, 이는 「계사전」의 한 번은 음이 되고,

한 번은 양이 된다는 말을 규칙화한 것이다. 흑돌과 백돌이 번갈아 가면서 사건이 생성되고 변화가 이루어진다. 그 변화는 바둑판 위에서 펼쳐지면서 바둑판은 의미 없는 평면에서 시공이 생기며 변한다. 바둑판 위의 점은 시간과 공간이 겹쳐지는 시공이 되고 그 점 위에서 변화가 일어난다.

64괘는 세계의 사건을 표상하는 기호 64개로 이루어진 하나의 계界이다. 64개의 괘 각각은 실제 사건에 대응하여 세계를 표상하는 기호로, 『주역』은 기호로 이루어진 모형 구조이다. 이 모형 구조는 우주의 탄생에서 소멸에 이르기까지 사건을 모형화한 체계이다.

『주역』에 배치된 괘의 순서를 설명한 「서괘전」은 『주역』의 모형 구조가 우주에 대응하는 기호 체계임을 보여준다.

천지가 있은 연후에 만물이 생겨난다. 천지 사이에 가득차 있는 것은 오직 만물이니, 그러므로 준괘로 받는다. 준은 가득차 있다는 것이다. 준은 사물이 처음 생겨나는 것이다. 사물이 생겨나면 반드시 어리니, 그러므로 몽괘로 받는다. 몽은 어리다는 것이니, 사물이 어린 것이다. 사물이 어리면 기르지 않을 수 없으니, 그러므로 수괘로 받는다. 수는 음식의 도이다. 음식에는 반드시 송사가 있게 되니, 그러므로 송괘로 받는다. …… 믿음이 있는 사람은 반드시 행하니, 그러므로 소과괘로 받는다. 그릇된 일이 있는 사람은 반드시 이루니, 그러므로 기제괘로 받는다. 사물은 궁해질 수 없으니, 그러므로 미제괘로 받아서 끝난다. - 「서괘전」

64괘의 처음에는 건괘와 곤괘가 배치된다. 그 이유에 대해서 「서괘전」에서는 천지가 있은 연후에 만물이 생겨나기 때문으로 설명한다. 천지를 상징하는 괘는 ☰과 ☷으로 ☰은 ⚊, ☷은 ⚋이다. ⚊⚋은 맞얽힘을 상징하는 기호이므로, 『주역』의 첫 번째 괘와 두 번째 괘는 세계가 맞얽힘으로 시작되었음을 말한다. 그로부터 만물이 생겨났고 천지 사이에 만물이 가득차게 되니, 가득참을 뜻하는 준괘가 세 번째 괘로 배치된다. 그리고 63번째 괘인 기제는 소멸을 상징하고, 64번째 미제괘는 소멸이 끝이 아니라 다시 시작됨을 뜻한다. 즉 미제괘는 순환을 상징한다. 64괘는 순환하는 체계이므로, 하나의 괘(사건) 앞과 뒤에는 다른 괘(사건)가 있다. 하나의 괘는 이 앞뒤에 자리한 괘들로 인해 발생한다. 앞에 있는 괘가 잡아당기고, 뒤에 있는 괘는 밀면서 사건이 이루어진다. 64괘는 서로 인과관계를 이루어 변화를 끄집어내기도 하고 밀려 변화하기도 한다.

모든 것은 박제된 사물이 아니라 변화하는 과정에 있는 사건일 뿐이다. 이를 「계사전」에서는 통하고 변하는 것을 일컬어 사건이라 한다고 하였다. 원문으로는 통변지위사通變之謂事라고 한다. 통변지위사에서 지之를 뺀 것이 통변위사通變謂事의 법칙이다. 세계는 변화의 총체, 사건의 총체이다.

9. 음양상인陰陽相因 :
우연과 필연의 맞얽힘

맞얽힌 두 인소는 서로를 낳는다. 하나는 다른 하나로부터 기인하고, 다른 하나는 하나로부터 기인한다. 기인한다는 것은 원인이 된다는 뜻이다. 맞얽힌 두 인소는 서로 원인이자 결과이다. 즉 맞얽힌 두 인소는 인과 관계이다. 이를 장자는 다음과 같이 말하였다.

> 옳음에서 기인하는 것은 그름에서 기인한다. 그름에서 기인하는 것은 옳음에서 기인한다(인시인비因是因非 인비인시因非因是). - 『장자』「제물론」

이 문장을 줄이면 시비상인是非相因이다. 옳음과 그름이 상대방으로부터 기인한다는 뜻이다. 여기서 시비를 음양으로 바꾸면 음양상인이 된다. 음양상인은 음과 양이 상대방으로부터 기인한다는 뜻으로, 맞얽힌 두 인소가 인과관계를 이루고 있음을 표현한다.

앞에서 맞얽힘은 또 다른 맞얽힘을 낳는다고 설명했다. 공자는 "굽힘과 폄이 서로 감응하면서 이로움이 생겨난다"라고 말하였다. 굽힘과 폄의 맞얽힘으로 이로움이라는 새로운 사건이 태어나고, 이로움은 맞얽힌 해로움을 낳는다. 굽힘과 폄이라는 하나의 맞얽힘으로 이로움과 해로움이라는 또 다른 맞얽힘이 생겨났다. 이때 굽힘과 폄은 원인이고, 이로움과 해로움은 결과이다. 둘은 인과 관계이다.

『주역』 64괘의 배열은 이러한 인과 관계를 따른다. 예를 들어

「서괘전」에서는 수괘가 몽괘 다음에 배치된 이유에 대해 "사물이 어리면 기르지 않을 수 없으니, 그러므로 수괘로 받는다. 수는 음식의 도이다"라고 설명한다. 여기서 '그러므로 ~로 받는다'는 앞괘가 있으므로 뒷괘가 발생하게 되었다는 인과성을 표현한 문장이다. 이처럼 64괘는 인과관계로 계속 이어진다.

인과에 의해 발생하는 맞얽힘들은 끊임없이 상호 작용하며, 그러한 상호작용으로 사건이 발생한다. 상호작용은 방향도 없고 선형적이지도 않다. 세계에서 일어나는 사건은 언제나 상호작용하는 수많은 맞얽힘의 인과에 의해 이루어지기 때문에 우리는 모든 사건에 대한 완벽한 지도를 그려낼 수 없다. 예를 들어 내가 몇 살까지 살지 알려면 내 몸을 구성하는 원자들의 인과 관계, 내 몸 바깥에서 내 몸에 영향을 미치는 이 세계의 인과관계를 알아야 한다. 내 몸에 영향을 미치는 사건 중에는 머나먼 우주에서 일어나는 사건도 있다.

밤하늘에서 볼 수 있는 별자리 중에 오리온자리가 있다. 그 오리온자리 알파별의 이름은 베텔게우스이다. 베텔게우스의 크기는 우리의 상상을 초월한다. 태양계에 놓으면 태양부터 목성 궤도 너머까지 차지한다. 우리와 베텔게우스는 약 640광년 떨어졌다. 초속 약 30만 km의 속도로 움직여도 640년 걸리는 거리이므로 어마어마하게 멀다. 베텔게우스는 현재 적색 초거성의 상태로 항성 진화의 마지막 단계에 있다. 조만간 베텔게우스가 폭발한다는 뜻이다. 비록 640광년 떨어져 있다 하더라도 크기가 어마어마하므로 베텔게우스가 폭발하면 하늘에는 두 개의 태양이 떠 있게 된다. 그러한 현상이 한동안 지속될 것이다. 베텔게우스 폭발로 우주에서 쏟아져 내릴 감마선이 우리에게 어떠한 영향을 미칠지는 아직 밝혀지지 않았다.

이 모든 것을 계산하는 것은 불가능하다. 그 계산 불가능성을 우연이라고 한다. 이를 「계사전」에서는 신神은 방향이 없고 역은 형체가 없다고 하였다. 여기서 신神은 신묘함을 뜻하는 단어로 쓰여, 신은 이제 우주 만물을 주재하는 초월자에서 우연성과 불확실성을 상징하는 단어가 되었다. 언제, 어떻게, 어떤 사건이 발생할지 알 수 없음은 세계가 우연과 불확실성으로 이루어져 있음을 깨닫게 하였다. 이 세계의 우연성을 우리는 운運이라고 부른다. 운運은 돌다, 옮긴다는 뜻이다. 운이란 종잡을 수 없다. 예측할 수 없다. 「계사전」에서는 이를 음양불측陰陽不測이라 하였다. 음양불측이란 음양은 헤아릴 수 없다, 예측할 수 없다는 뜻이다. 이 불측성은 맞얽힘이 만들어낸 인과로부터 나온다. 즉 인과는 우연을 낳는다.

인과관계를 우리는 필연이라 부른다. 필연은 우연을 낳고, 우연은 필연을 낳는다. 세계는 우연과 필연의 맞얽힘으로 이루어졌다. 이것을 역사학자 E. H. 카는 "필연은 우연의 옷을 입고 나타난다"라고 했다. 삶은 우연과 필연이 맞얽혀 있어 나의 미래에 어떤 사건이 발생할지 일부는 알 수 있고 일부는 알 수 없다.

10. 길흉유인吉凶由人 :
인간사의 맞얽힘은 인간에게 달렸다

삶은 우연과 필연의 맞얽힘으로 이루어졌다. 우리는 나의 존재나 행위가 원인으로 작용하는 결과에 대해서는 알 수 있다. 그러나 나로부터 비롯되지 않는 사건에 대해서는 알 수 없다.

내가 이번 주에 산 로또 복권이 운 좋게 1등에 당첨되었다고 생각해 보자. 내가 1등이 될지는 몰랐기 때문에 우연, 운이라고 생각하지만 내가 복권을 사지 않았다면 우연은 발생하지 않는다. 로또 복권 구매라는 행위가 원인이 되어 1등에 당첨이 되었다. 그러나 내가 1등이 될지를 알기 위해서는 굉장히 많은 변수를 계산해야 하기에 그것을 모두 계산하는 것은 불가능하다. 그러므로 로또 1등 당첨은 우연이다. 로또 1등 당첨은 일차적으로 나의 구매 행위라는 원인이 있었고, 이차적으로는 우연이다.

이처럼 삶은 우연과 필연의 맞얽힘 속에서 이루어진다. 이것을 요즘 사람들은 운칠기삼이라고 한다. 셀트리온 서정진 전 회장도 자신의 성공을 운칠기삼이라고 하였다. 서정진은 기를 노력이라 생각하였다. 운칠기삼은 운과 우연이 칠 할, 노력은 삼 할을 차지한다는 뜻이다. 우연이 노력이라는 필연보다 더 많은 비중을 차지하기는 하지만, 그렇다고 나의 노력이 필요 없는 것은 아니다. 오히려 우연이 지배적인 세계에서는 더 많은 노력만이 우연과 불확실성을 뚫고 삶에 확실한 성취를 가져다줄 수 있다. 운칠기삼처럼 길과 흉의 맞얽힘도 인간의 노력과 역량에 의해 좌우될 수 있다. 그것을 『춘추좌전』에서는 길흉유인吉凶由人이라고 말하였다. 길흉유인은 길과 흉은 사람에게 달려 있다는 뜻이다. 길과 흉의 맞얽힘은 인간이 어떻게 노력하느냐에 따라 달라진다.

그렇다면 인간은 어떤 노력이 필요할까? 그 첫 번째는 절제와 만족이다. 로또 1등에 당첨된 사람 중 어떤 사람은 가족 간에 다툼이 일어나서 서로 죽이고 앙숙이 되는 지경에 이르렀거나 아니면 재산을 다 탕진하여 오히려 복권에 당첨되기 전보다 더 망한 경우도 있다. 그러나 모든 로또 복권 1등 당첨자가 흉하게 되지는 않았다. 똑같이 복권 1등에 당첨되었는데 누구는 흉하게 되고, 누구는 그 길함이 계속 유지되는 차이를 만들어 낸 것은 욕망의 절제이다. 길이 흉으로 되지 않은 사람들의 공통 특징은 욕망을 극한으로 추구하지 않는다는 점이다. 그래서 노자, 공자, 장자, 손자가 모두 욕망을 지나치게 추구하지 말라고 말했다.

두 번째는 겸謙이다. 겸의 의미는 두 가지로, 하나는 겸손謙遜이고 하나는 겸허謙虛이다. 겸손은 공손을 의미하고, 겸허는 꽉 찬 것을 비운다는 뜻이다.

성공했다고 오만하지 않고 공손하다면 그 성공이 실패로 전화하지 않는다. 경영 전략가 짐 콜린스는 『위대한 기업은 다 어디로 갔을까』에서 세계 시장을 지배했던 위대한 기업의 몰락 과정을 5단계로 나누었는데, 그중 1단계가 성공으로부터 자만심이 생겨나는 단계라고 말하였다. 자만과 오만은 성공을 실패로 전화하게 만든다. 기업만 그럴까. 개인도 공동체도 국가도 오만해지면 변화가 극에 도달한 시기이고, 그때부터 반면으로 전화하기 시작한다. 그래서 공자도 "주공周公과 같은 재능과 미덕을 지녔더라도 교만하고 인색하다면 그 나머지는 볼 것도 없다"라고 말했다. 『주역』 겸괘 육이에서 명성을 떨쳐도 겸손하니 점에 묻는 일은 길하다 하고, 겸괘 구삼에서 공로가 있어도 겸손하니 군자에게 좋은 결과가 있어 길하다고 한 것도 겸손을 강조한 말이다.

두 번째 겸의 의미는 겸허謙虛이다. 겸兼의 뜻은 겸하다, 아우르다는 말이다. 『설문해자』에서 겸의 전서체는 𤗿이다. 손에 여러 개의 벼를 움켜쥔 모습을 그린 것이다. 이로부터 여러 일을 겸한다는 뜻이 나왔고, 비운다는 뜻도 나왔다. 한자는 하나의 글자가 서로 반대되는 뜻을 가진 경우가 많다. 겸은 아우른다는 뜻과 그와 반대인 비운다는 뜻도 있다. 그래서 겸허라는 용례로도 쓰인다. 겸허는 가득 찬 것을 비움이다. 가득 찬 재물, 명성, 부귀를 자꾸 비워내야 극에 달하지 않는다. 이것이 겸허의 의미이다.

세 번째는 성誠이다.

성실은 왔던 불운도 행운으로 바꿔준다. 성실은 불운을 막고 행운을 부르는 유일한 방법이다. 성실함으로써 우연과 불확실성의 세계를 뚫고 노력과 의지에 의해 나의 길을 갈 수 있다.

결론

맞얽힘으로
세계관을 바꾸자

맞얽힘의 세계관은 나와 남을 별도의 존재로 간주하면서
도 서로 존재근거임을 인식하는 세계관이다. 인간과 자연
을 분리하여 생각하면서도 한편으로는 하나로 연결되었
음을 분명히 인지하는 세계관이다. 우주의 모든 사물이
각자 존재하면서 하나라는 것을 깨달은 세계관이다.

삼천여 년 전 『주역』을 지은 이들은 세계의 맞얽힘을 점
복에서 발견하였다. 그들은 자신이 발견한 이 세계의 운
행 원리를 기호와 괘효사로 설명하였다. 공자, 노자, 손자,
장자는 『주역』을 통해 맞얽힘을 깨달았고, 각자 사상을
정립하였다. 그러나 이들의 사상은 그대로 후대에 전달되
지 않았고, 맞얽힘 사상은 『주역』의 괘상 속에 묻혔다. 이
들의 사상이 후대에 제대로 전달되지 않은 이유는, 그만
큼 맞선 둘이 얽힌 하나라는 맞얽힘을 인식하기가 어렵
기 때문이다. 그러면서 동양의 세계관은 연결과 얽힘에
치우쳐서 형성되었고, 이는 동양이 서양과는 다른 길을
걷는 원인이 되었다.

지금 세계는 서양의 세계관이 지배한다. 16세기 대항해 시대를 거치면서 서양의 과학기술, 문화, 사상, 세계관이 전 지구에 퍼진 이후로 우리는 그전까지 따르던 모든 것을 버리고 서양의 세계관을 따른다. 그러나 유일하게 서양의 학문과 사상이 밀어내지 못한 동양의 학문이 있으니 바로 의학이다. 한국 전통의학을 서양의학과 구별하여 한의학이라고 부른다. 한의학을 신뢰하지 않는 사람도 꽤 있지만, 많은 사람이 한의원을 다닌다. 이유는 하나. 병이 낫기 때문이다.

　고향 친구 중에 한의사가 있는데, 어느 날 어지럼증 환자가 찾아왔단다. 이 환자는 어지럼증을 고치려고 이 이비인후과, 저 이비인후과의 전문의를 찾아다녔는데도 전혀 낫지 않았다. 대체로 아픈 사람들은 여러 병원을 찾아다녔는데도 병을 못 고치면 밑져야 본전이라는 심정으로 한의원을 찾는다. 이 환자도 그런 심정으로 친구의 한의원에 왔다. 친구가 배를 눌러보니 배 속이 꽉 차 있었다. 소화가 잘 안되어서 어지럼증이 발생한 증상으로 판단했다. 친구는 소화가 잘되도록 처방을 해주고 식이요법과 운동을 추천하였다. 그리고 얼마 뒤 환자의 어지럼증은 사라졌다. 이비인후과에서는 당연히 전정기관에 이상이라고 생각해서 전정기관을 중심으로 검사했을 것이다. 하지만 원인은 소화불량이었다. 그러므로 어지럼증은 이비인후과에서는 고칠 수 없었다.

한의학이 병을 고칠 수 있는 이유는 인체를 하나의 유기체로 보기 때문이다. 유기체인 생물은 여러 기관, 즉 부분으로 구성되어 있으며 모든 기관의 원활한 활동을 통해 생명을 유지한다. 각 기관의 활동은 하나의 목적 곧 생명의 유지를 위해 통일된다. 유기체는 부분과 전체 그리고 부분과 부분이 밀접하게 연관되었다. 콩팥에 열이 높으면 대장에 숙변이 말라붙고, 이로 인해 변비가 일어난다. 변비가 생기면 소화기의 순환이 원활하지 않게 되어 구토증이나 식욕감퇴, 입 냄새 등의 현상이 나타난다. 변비는 콩팥에 열이 높아서 생긴 결과이지만 구토, 구취, 스트레스를 유발하는 원인이기도 하다. 이처럼 유기체의 각 부분은 서로가 원인이자 결과이다. 이러한 인과의 얽힘은 매우 복잡하게 구성되어 전체를 이룬다. 그리하여 유기체는 단순히 부분의 합이 아니라 부분의 합을 뛰어넘는 새로운 성질을 가진다. 한의학의 유기체적 세계관은 고대 중국에서 연결과 얽힘을 강조한 세계관에서 태어났다.

유기체적 세계관은 한의학의 장점이자 단점이기도 하다. 한의학은 인체의 연결과 얽힘만을 강조하고 그것만을 연구한다. 내 친구가 어지럼증을 고칠 수 있었던 계기는 그 어지럼증 원인이 소화 불량이었기 때문이지 전정기관 이상이었다면 못 고쳤을 것이다. 왜냐하면 한의학은 전정기관을 따로 분리하여 연구하지 않기 때문이다. 한의학은 인체의 기관을 분리하여 연구하지 않는다.

동양의 세계관은 얽힘과 일체의 세계관이다. 모든 것이 하나이므로 창가에 핀 풀 한 포기조차 뽑지 못하게 한 주돈이(1017년 ~ 1073년, 북송의 사상가)의 세계관에서 사물을 분리해 연구하는 서양 과학의 세계관이 들어설 틈은 없다. 주돈이뿐 아니라, 주희, 정이천, 정약용, 이황, 이이 등 동양 사상가들은 얽힘과 일체의 세계관으로 세계를 이해하였다. 『주역』의 천인상관론, 노자와 장자의 만물일체론은 불교와 결합하여 널리 퍼져 만물이 하나라는 세계관이 동양의 주류 세계관으로 자리잡는 데 큰 영향을 미쳤다.

반면에 서양의학은 몸을 나누어서 본다. 크게는 내과, 외과로 나누고, 그것보다 더 세분해서 내과도 혈액내과, 심장내과, 소화기내과 등으로 분리되었다. 더 나아가 요즘은 분자 단위로 나누어서 본다. 그래서 서양 의사는 단지 자기가 전공한 분야만 볼 수 있을 뿐, 다른 병에 대해서는 정확히 알지 못한다. 서양 의사들은 인체를 부분들의 결합으로만 바라보고 인체의 유기체적 연결과 운행에 대해서는 잘 모른다. 그래서 소화불량으로 인한 어지럼증을 발견하지 못한다.

서양 의학과 서양 과학은 똑같은 세계관을 기반으로 한다. 그것은 분리와 맞섬의 세계관이다. 서양 과학에 큰 영향을 미친 서양 철학도 분리와 맞섬의 세계관이다. 고대 그리스의 엘레아 학파는 정신과 물질이 분열되어 있다는 이원론적 세계관을 주장하였고, 이는 자연을 마음과 물질이란 두 개의 분할되고 독립적인 영역으로 구분한 데카르트의 철학으로 이어졌다. 이 데카르트적인 분할은 물질을 완전히 분리된 것으로 취급하고, 물질세계를 하나의 거대한 기계로 조립된 제각기 다른 객체의 군집으로 보는 세계관을 낳았다. 뉴턴은 이를 기초로 그의 기계론적 역학을 구축함으로써 고전 물리학의 기반을 다졌다. 뉴턴의 기계론적인 세계관은 17세기 후반부터 지금까지 모든 과학 사상을 지배한다.

그러나 한번 생각해 보자. 서양 의학처럼 인간의 몸을 분리해서 바라보는 것이 옳다고 생각하는가? 팔, 다리, 뼈, 척수, 위, 대장, 간, 폐, 비장, 목, 코 등 몸을 구성하는 수많은 기관이 다른 기관과 그 어떠한 연관도 없는 독자적 기관인가? 누구도 자신의 몸을 기관으로 분리해서 생각하지 않는다. 그렇다고 해서 한의학처럼 인간의 몸을 하나로만 바라보는 것 또한 옳지 않음을 안다. 그렇다면 정답은 이미 나왔다. 서양 의학의 세계관과 동양 의학의 세계관을 하나로 통합하여 인간의 몸을 올바로 바라보자.

마찬가지로 서양의 세계관인 분리와 맞섬의 세계관과 동양의 세계관인 얽힘과 연결의 세계관을 통합해야 한다. 그 통합한 세계관이 바로 맞얽힘의 세계관이다. 맞얽힘의 세계관은 나와 남을 별도의 존재로 간주하면서도 서로가 존재근거임을 인식하는 세계관이다. 인간과 자연을 분리하여 생각하면서도 한편으로는 하나로 연결되었음을 분명히 인지하는 세계관이다. 우주의 모든 사물이 각자 존재하면서 하나라는 것을 깨달은 세계관이다.

세계관의 변화는 결코 쉬운 일이 아니다. 각자의 세계관을 가지고 살아가는 인간에게 세계관을 바꾸는 일은 그가 지금까지 살아온 방식을 바꾸는 것이기 때문이다. 지금까지 자기를 있게 한 세계관을 부정해야 하기 때문이다. 특히 자신만의 확고한 세계관을 가진 과학자나 철학자는 더욱 세계관을 바꾸기가 어렵다.

자신이 양자역학으로 들어가는 문을 열어놓고도 죽을 때까지 양자역학을 부정한 아인슈타인을 통해 세계관을 바꾸기가 어렵다는 사실을 알 수 있다. 널리 알려지지는 않았지만 아인슈타인은 1920년대부터 1955년 죽을 때까지 양자역학을 반박하는 데 온 힘을 기울였다. 그래서 아인슈타인이 말했다고 전해지는 "신은 주사위 놀이를 하지 않는다"라는 말은 지금도 과학계에 회자되면서 아인슈타인을 놀림거리로 만든다. 아인슈타인의 부정에도 불구하고 양자역학은 실제로 확인되었으며 오늘날의 인류 문명은 양자역학을 기반으로 한다. 우리가 사용하는 스마트폰, 컴퓨터 등 각종 전자기기는 양자역학 원리를 바탕으로 만들어졌다. 다음 농담은 아인슈타인이 얼마나 기존의 세계관을 고수하려 했는지를 잘 보여준다.

타고난 논쟁꾼 네 명이 여행을 떠났다. 모두 MIT 출신인 그들은 1~2년 차이로 은퇴한 뒤에 함께 도보여행에 나서서 직업생활 내내 이어온 대화를 계속했다. 그들은 논쟁을 종결하려면 투표를 하는 수밖에 없음을 깨달았지만, 여전히 우정을 유지했다.

그런데 이상하게도 만물의 이론, 양자 기술, 대형 입자가속기를 세울 장소 등에 관한 그들의 열띤 논쟁을 끝내기 위한 투표 결과는 항상 3대 1이었다. 아인슈타인은 늘 용감하게 소수의견을 옹호하는 외톨이었다. 옐로스톤 공원을 지날 때도 아인슈타인은 외톨이가 되었다.

이번에 그는 수리논리학이 항상 완전하며 충분히 노력하기만 하면 어떤 수학 정리이든 증명하거나 반증할 수 있다는 주장을 옹호했다. 열렬하고 감동적인 설명을 했음에도 그는 늘 그랬듯이 이번에도 투표에서 졌다. 결과는 3 대 1.

그러나 이번만큼은 확신이 워낙 강했기 때문에 그는 평소와 다르게 반응했다.

그는 전능하고 자비로운 신 '헤어리프팅'에게 호소하기로 결심하고 눈을 들어 하늘을 보면서 이렇게 읊조렸다.

"주여! 당신은 제가 옳음을 아시나이다. 이들에게 증표를 내리소서!"

그 순간, 맑은 하늘이 어두워지면서 네 명의 신新철학자들 위로 어두운 자주색 구름이 내려왔다.

"봐." 아인슈타인이 말했다. "헤어께서 내가 옳다는 표적을 내리시는 거야!"

"이런 젠장!" 하이젠베르크가 받아쳤다. "안개는 자연현상이라는 거, 우리 다 알잖아"

아인슈타인이 다시 나섰다. "주여, 제가 옳다는 증표를 더 선명하게 내려 주옵소서!"

구름이 소용돌이로 돌변하여 여행자들 위에서 빠르게 회전했다.

"이것도 증표야. 내가 옳아! 주께서 아시고 우리에게 말씀하시잖아."

아인슈타인이 흥분해서 외쳤다.

"글쎄…." 닐스 보어가 말했다. "난 덴마크에서 이런 회전 구름을 본 적이 있어. 이건 대기권 상층에서 발생하는 난류거든."

막스 플랑크가 끄덕여 동의를 표했다. "확실히, 별것 아냐."

아인슈타인은 고집을 꺾지 않았다.

"주여, 더욱더 선명한 증표를!"

갑자기 귀를 찢는 천둥소리가 여행자들을 흔들고, 무시무시하게 울리는 여성의 목소리가 높은 하늘에서 내려오며 날카롭게 외쳤다.

"아인슈타인이 옳다!!!"

하이젠베르크, 닐스 보어, 막스 플랑크는 충격을 받고 잠시 자기들끼리 몸짓, 고갯짓을 하며 의논했다. 마침내 결단을 내린 듯한 표정으로 닐스 보어가 아인슈타인을 보며 말했다. "좋아, 우리도 인정할게. 그녀도 투표했어. 그러니까 이번엔 투표 결과가 3 대 2야."

- 『시인을 위한 양자물리학』

아마도 당신은 '이게 농담이야?' 하고 생각할 것이다. 물론 양자역학의 역사를 이해하는 사람들에게 이 이야기는 재미있는 농담이다. 혹자는 농담을 설명하면 농담에 대한 예의가 아니라고 했지만, 이 농담을 이해하려면 양자역학의 역사에 대한 설명이 필요하다.

이 이야기에 등장하는 닐스 보어, 하이젠베르크, 막스 플랑크는 양자역학의 이론 체계를 세운 과학자들이다. 닐스 보어는 상보성의 원리, 하이젠베르크는 불확정성의 원리, 막스 플랑크는quantum(퀀텀, 양자)이라는 단어를 '에너지 덩어리'라는 의미로 처음 사용하였다. 이 농담에서는 막스 플랑크가 아인슈타인과 반대편에 서 있는 사람으로 나오지만, 사실 막스 플랑크는 아인슈타인처럼 양자역학을 부정하였다. 양자역학의 세계관을 부정하고 뉴턴의 기계적 결정론, 인과적 결정론을 따라야 한다고 생각했던 아인슈타인은 양자역학에 반발하며 다음과 같은 유명한 말을 남겼다.

> "당신은 주사위 놀이를 하는 신을 믿는 반면, 나는 객관성이 존재하는 세계의 완벽한 법칙과 질서를 믿고 대단히 사변적인 방식으로 포착하려 애쓴다. … 양자이론이 일단 크게 성공했음에도 불구하고 나는 근본적인 주사위 놀이를 믿을 수 없다. 이런 태도를 당신의 젊은 동료들이 내가 늙어서 그런 것이라고 말한다는 것을 나도 잘 알지만 말이다."
>
> - 『시인을 위한 양자물리학』

아인슈타인이 늙어서 그런 것이 아니라 양자역학이 보여주는 여러 증거에도 불구하고 스스로 세계관을 바꾸려 하지 않았기 때문이다. 아인슈타인뿐 아니라, 슈뢰딩거의 고양이로 유명한 에르빈 슈뢰딩거, 막스 플랑크 등 많은 물리학자 자신이 발견한 양자역학이 보여주는 맞얽힘이라는 새로운 세계를 받아들이지 않았다. 그들은 기계적 결정론, 분리와 맞섬의 세계관을 고수하였다.

양자역학이 밝혀낸 것이 맞얽힘이라는 점에 대해서는 『맞얽힘-

과학편』에서 자세히 설명하겠다. 오늘날 과학자들은 맞얽힘을 대칭, 시간과 공간의 상대성 이론, 전기와 자기의 상대적 관계, 양자얽힘과 같은 다양한 용어로 부른다. 과학자들이 각 부분에서 찾아낸 다양한 현상을 관통하는 하나의 원리가 바로 맞얽힘이다. 아인슈타인과 같은 천재 과학자도 자신이 발견한 세계의 원리 앞에서 주저하고 스스로 발견한 것을 부정할 정도로 세계관을 바꾸기는 쉽지 않다.

삼천여 년 전 『주역』을 지은 이들은 세계의 맞얽힘을 점복에서 발견하였다. 그들은 자신이 발견한 이 세계의 운행 원리를 괘라는 기호와 괘효사로 설명하였다. 공자, 노자, 손자, 장자는 『주역』을 통해 맞얽힘을 깨달았고, 각자 사상을 정립하였다. 그러나 이들의 사상은 그대로 후대에 전달되지 않았고, 맞얽힘의 사상은 『주역』의 괘상 속에 묻혔다. 이들의 사상이 후대에 제대로 전달되지 않은 이유는 그만큼 맞선 둘이 얽힌 하나인 맞얽힘을 인식하다가 어렵기 때문이다. 그러면서 동양의 세계관은 연결과 얽힘에 치우쳐서 형성되었고, 이는 동양이 서양과 다른 길을 걷는 원인이 되었다.

그러나 모든 것을 분리해서 사고하여 얽힘을 보지 못하는 서양의 세계관은 인류에게 과학기술을 바탕으로 하는 현대 문명의 혜택을 가져다주었지만, 한편으로는 극심한 자연 파괴로 인한 기후변화의 위기를 낳았다. 몇십 년 뒤 극에 달하게 될 기후변화는 세계 곳곳에서 인류의 생존을 위협한다.

동양 사상은 물질세계의 원리와 인간 세계의 원리가 다르지 않다고 여긴다. 동양 사상은 인간의 삶도 맞얽힘을 기반으로 돌아간 다는 것을 밝혔다. 이 책 7장에 모아 놓은 운행 법칙들은 제자백가 가 밝혀낸 세계의 법칙들이다. '법칙'이라고 표현한 이유는 그것이 과학 법칙처럼 실재하며, 반드시 일어나는 것이기 때문이다. 인간의 삶이 모두 맞얽힘을 바탕으로 이루어지기 때문에 법칙이라 표현하 였다.

그중 가장 중요하지만 가장 간과하기 쉬운 법칙이 물극필반의 법칙이다. 맞얽힘으로 이루어진 사물은 모두 그 변화가 궁극에 도 달한다. 이 법칙을 피할 수 있는 유일한 방법은 중中이다. 공자가 말 한 중용中庸, 노자가 말한 수중守中, 장자가 말한 양중養中은 모두 맞얽 힌 두 인소 중 어느 한쪽에도 치우치지 않음을 말한다. 길이 흉으로 바뀌고, 흉이 길로 바뀌는 세계에서 영원히 길함은 길과 흉의 가운 데에 자리하는 일이다. 끊임없이 궁극을 향해 치닫는 세계에서 현 재 나의 이익을 유지하려면 중용의 자세를 굳건히 지켜야 한다.

중용의 사상은 궁극의 이익을 위해서 절제와 덜어 냄을 요구한 다. 그러나 모든 개인이 중용을 실천할 수 있는 것은 아니다. 공자는 중용을 실천하는 사람들을 거의 찾아볼 수 없다고 한탄하였다. 그 만큼 자신의 욕망을 채우지 않는 것이 어렵기 때문이다. 물극필반 의 법칙을 모르기 때문에 인간은 욕망을 채우기 위해 끝없이 달려 간다.

평천하 사상이 등장한 것은 개인에게 중용을 맡겨 둘 수만 없기 때문이다. 『대학』에서 나라를 다스리는 자는 그 목표를 평천하에 두어야 한다고 밝힌다. 생민들이 다투지 않고 서로 친한 사회, 모두가 좋다고 하는 사회가 되려면 평천하가 되어야 한다. 모두가 중용을 실천하는 사회 즉, 중용이 사회적으로 실현된 상태가 평천하이다. 평천하는 모두가 자신의 욕망을 채우려고 달려가지 않는 사회이며, 가진 자들의 채움이 한쪽으로 치우친 사회도 아니며, 못 가진 자들의 비움으로 기울어지지도 않은 사회이다. 평천하에서는 가진 자도 폭력, 전쟁, 혁명으로 가진 것을 다 뺏기지 않을까 전전긍긍하지 않아도 되고, 못 가진 자들도 굶어 죽을까 얼어 죽을까 걱정하지 않고, 모두가 안녕한 평안의 천하가 된다. 그러므로 중용과 평천하는 이 기묘한 세계의 법칙인 물극필반으로부터 인간 사회에서 궁극의 이익을 지키기 위한 처세법이자 치국책이다.

인간이 스스로 중용의 삶을 실천함으로써 자연과 조화를 이루는 중화中和가 실현된다. 『중용』에서는 "중中이라는 것은 천하의 근본이요, 화和라는 것은 천하 사람들이 달성해야만 하는 도이다. 중화中和를 지극한 경지에까지 밀고 나가면, 하늘과 땅이 바르게 자리를 잡을 수 있고 만물이 자라나게 된다"라고 말하였다. 중화야말로 오늘날 인류의 생존을 위협하는 기후 위기를 해결하는 근본적 방법이자, 인류의 평안한 삶을 위해 지금 당장 우리가 실천해야 할 삶의 자세이다.

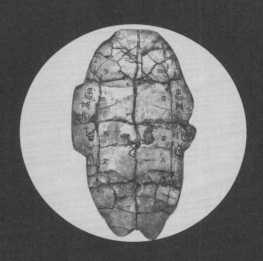

갑골복, 길은 길이고 흉은 흉이다

점복은 생존을 위해 미래를 알고자 생겨났다. 사람들은
세계의 운행을 주재하는 초월적 존재가 있다고 생각했다.
해와 달이 매일같이 떴다가 지고, 사계절이 번갈아가며
운행하고, 바람, 비, 우뢰, 천둥 같은 현상들이 발생하는
원인을 찾고자 했던 고대인들은 자신의 능력으로는 그
원인을 알지 못했다. 세계의 운행은 인간이 알 수 없는 어
떤 존재가 주관한다고 생각하였다.

삼복제나 정반대정과 같은 제도도 갑골복의 미래 예측률
을 높이기 위해 도입된 것으로 보인다. 그런데도 갑골복
의 미래 예측 확률은 높아지지 않았고, 은나라의 멸망과
함께 점차 쇠퇴했다. 한편 주나라에서는 예측률이 떨어지
는 갑골복보다는 새로운 미래 예측 시스템이 필요했다.
주나라 사람들은 갑골복과 서법을 발전시켜 새로운 미래
예측 시스템을 도입하고자 하였다.

l. 갑골문, 삼천 년의 세월을 뚫고 나타나다

1899년 청나라 북경에는 학질(말라리아)이 유행하였다. 중국 전통 의서인 『본초강목』에는 학질을 치료하기 위해서 오래 묵은 거북 뼛 조각을 달여서 먹으라고 적혀 있었다. 당시에는 땅속에서 캐낸 오래 묵은 거북과 짐승 뼈를 용골龍骨이라 불렀다.

금문학자(금문金文은 청동기 등에 새겨진 고대 글자이다) 왕이롱도 학질 에 걸리자 다런탕이라는 한의원에서 약을 사 왔다. 그 약재에 용골 이라 불리는 뼛조각이 있었다. 왕이롱은 약재를 살펴보던 중 용골 에 새겨진 글자를 발견하였다. 놀라움을 금치 못한 그는 한약방으 로 달려가 용골을 판 사람을 소개해 달라고 신신당부했다. 얼마 뒤 한약방에서 연락을 받은 산동의 골동품 상인이 12판의 용골을 가 지고 왕이롱을 찾아왔다. 왕이롱은 용골에 새겨진 문자가 고대 중 국 상나라 대의 글자임을 알아차렸다. 왕이롱은 골동품 상인으로부터 수천 편의 용골을 구입하였다. 용골에서 고대 문자가 나왔다는 소문은 삽시간에 퍼져 용골의 가격이 폭등했다. 몇 근에 겨우 몇 푼 하던 용골은 가격이 몇 배씩 올라 글자 하나에 은화로 2냥 5전이 나가는 고가의 골동품이 되었다.

용골에 새겨진 글자를 연구한 학자들은 훗날 그 글자를 갑골문이라 불렀다. 우리가 한자의 뿌리라고 아는 갑골문은 이렇게 모습을 드러냈다. 삼천 년 동안 존재조차 알려지지 않았던 고대 상형 문자가 모습을 드러내었다. 용골이 계속 시장에 쏟아져 나오자, 학자들은 용골의 출처를 찾아 나섰다. 그러나 약재상들은 비싼 가격에 거래되는 용골의 출처를 순순히 알려주지 않았다. 일부 약재상은 학자들을 따돌리기 위해 출토지를 속여 엉뚱한 곳으로 알려주었다. 그러나 학자들은 포기하지 않았다. 용골의 출처를 추적하던 학자 중 하나였던 뤄전위는 1908년에 한 골동품상에게 용골의 출토지가 안양현의 시야오톤 촌이라는 사실을 알아냈다. 뤄전위는 현지답사와 고증을 통해 시야오톤 촌이 은나라의 마지막 수도였음을 알아냈다.

학자들은 앞다투어 시야오톤 촌으로 향했다. 이 대열에 미국, 영국, 프랑스, 캐나다의 선교사들과 일본인들도 합류하였다. 멘지스라는 한 캐나다 목사는 5만 편이 넘는 갑골을 사들여 캐나다로 가져갔다. 시야오톤 촌의 농민들은 앞다투어 땅속에 파묻혀 있는 용골을 파내어 팔았다. 용골의 소유권을 둘러싼 땅 주인과 소작농 간의 다툼과 갈등이 늘어나 폭력 사건도 발생했다. 갑골을 팔아 큰돈을

집 가家. 집 안에 돼지가 있는 모양이다.

거車. 거는 원래 상형문에서는 ⬡로 그리거나 이 그림을 90도로 세워서 ⬡로 그렸다. 이 그림이 변해서 거車가 되었다.

가을 추秋. 벼가 익을 때 메뚜기가 벼이삭을 갉아먹기 위해 날아오는데, 그때 벼에 달라붙어 있는 메뚜기를 불에 태우는 모양이다.

마음 심心. 심장의 모양으로 마음을 뜻하였다.

배울 학學. 학學자의 윗부분 가운데 있는 글자는 효爻자이다. 효爻는 주역점을 칠 때 쓰는 대나무가 가로질러 놓여 있는 모양이다. 그리고 효를 감싸고 있는 것은 손의 모양이다. 학學자는 점을 칠 때 쓰는 대나무를 손에 들고 지붕이 있는 집 안에서 배우는 모양이다. 즉 고대에 배움이란 점치는 법을 배우는 것이었다.

만날 구遘. 물고기가 서로 입을 맞댄 모양으로, 이로부터 '만나다'라는 뜻의 글자가 만들어졌다.

무지개 홍虹. 반원 모양의 무지개를 그렸다.

거북 구龜.

닭 계鷄.

개 견犬.

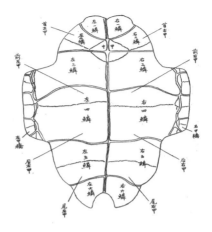

왼쪽. 거북 껍데기로 만든 갑골.
오른쪽. 갑골의 구조를 분석한 그림. 중앙에 길게 이어진 선을 중심으로 왼쪽과 오른쪽으로 나누고 다시 껍데기의 구조를 따라 여섯 개의 판으로 나누어 사용하였다. 『점에서 철학으로』에서 인용.

번 땅 주인이 지방 도적들에게 인질로 사로잡히는 사건도 발생하였다. 갑골이 비싼 값에 팔리자 가짜 갑골을 만드는 이들까지 등장했다. 현재 서울대 박물관에 소장한 갑골 13편 중 12편은 이즈음 만들어진 가짜로 판명되었다. 이렇듯 농민들이 마구잡이로 발굴하기 시작한 용골은 그로부터 수십여 년 동안 22만여 편이 출토되었다.

출토된 용골은 크게 두 가지로, 하나는 거북 껍데기였고 하나는 짐승의 뼈였다. 이 두 가지를 동시에 가리키는 한자어 갑골甲骨은 거북 껍데기를 뜻하는 '귀갑龜甲'과 짐승 뼈를 뜻하는 '수골獸骨'에서 '갑'과 '골'자를 따와서 만든 글자이다. 발굴된 갑골 중 거북 껍데기는 160,030편, 뼈는 59,190편이었다. 대량의 갑골이 모이자 갑골 연구가 본격적으로 이루어졌다. 연구를 통해 갑골은 상나라 19대 왕 반

경이 은殷으로 수도를 옮긴 이후부터
주紂왕 때 멸망하기까지 273년간 만
들어진 대단히 오래된 유물임이 밝혀
졌다. 안양현 시야오톤 촌은 상나라
때 은殷으로 불리던 곳이다. 상나라는
은으로 수도를 옮긴 뒤부터 은나라로
불린 고대 중국의 국가 중 하나이다.
고대 중국에는 세 나라가 있었는데,
그 나라들을 '하상(은)주'라고 부른다.
이 중 하夏나라는 기록만 전해지고 실
존했다는 고고학적 증거가 없어 실제
존재한 나라로 인정되지 않는다. 상나
라는 은허와 갑골, 청동기 등의 발굴
로 그 실체가 밝혀진 중국에서 가장

갑골에 새겨진 복사. 『갑골문해독』
에서 인용.

오래된 나라이다. 상商은 상족이 세운 부족연합 국가로 기원전 1766
년부터 기원전 1046년까지 존속했던 나라이다. 은나라의 마지막 왕
은 고사성어 '주지육림酒池肉林[술로 연못을 채우고 고기로 숲을 이룬
다]'의 장본인 주紂이다.

　　폭군으로 유명한 주왕을 무너뜨리고 은나라를 정벌한 이는 주周
나라의 무왕이었다. 은나라에 이어 주나라가 고대 중국의 종주국이
되었다. 주나라는 기원전 1046년부터 기원전 256년까지 팔백여 년
동안 이어졌다. 이 시대 중 기원전 770년 주나라가 이민족의 침입을

갑골을 불에 지지면 나타나는 다양한 모양. 이로부터 복卜자가 유래하였다.

피해 수도를 호경에서 낙읍으로 옮긴 뒤부터 기원전 403년까지를 춘추시대, 기원전 403년부터 기원전 221년 진시황이 중원을 통일하기까지를 전국시대라고 한다.

갑골에 새겨진 글자인 갑골문은 대부분 복卜을 행한 내용을 기록했다는 점도 밝혀졌다. 복卜은 갑골을 불에 태웠을 때 나타나는 갈라진 균열을 상형화한 글자로, 이 균열을 신이 내리는 징조라고 생각한 고대 중국인들은 이를 해석해 인간사의 길흉을 단정하고 미래를 예측하였다. 초월적 존재가 우주 만물의 운행을 주재한다고 생각했던 인간에게 이 균열은 신의 목소리, 신의 계시가 나타나는 징조라 여겨졌고, 그리하여 갑골복을 이용하여 신과 소통할 수 있다고 생각했다. 갑골복甲骨卜이란 갑골을 이용하여 복卜을 행하는 행위를 가리킨다. 갑골을 불에 지져서 발생하는 균열로 미래를 예측하는 점술이 갑골복이다.

갑골문 중 복을 기록한 글을 복사卜辭라고 부른다. 복사란 갑골복을 행하면서 그 과정을 기록하고 복을 해석한 글이다

신과의 소통을 통해 불확실한 미래를 알고자 했던 행위는 고대 중국에만 국한되지 않는다. 점을 뜻하는 영어 divination은 라틴어 '디비나레divinate'에서 유래된 말로, 신[divinius]에 의해 영감을 받아

미래를 예측하는 방법을 의미한다. 고대 로마의 철학자 키케로는 『점술에 관하여de divinatione』라는 저술에서 점술을 두 종류로 구분하였다. 첫 번째는 꿈과 같이 비일상적 상태에서 주어지는 영감을 받아 행해지는 형태의 점술, 두 번째는 간신점, 내장점, 징후점, 점성술, 신탁점처럼 어떤 특정한 형태의 해석법을 사용하는 점술이다.

고대 인류는 지역을 불문하고 사물에 나타나는 각종 무늬를 징조로 간주하여 이를 해석하였다. 기원전 삼천 년경 메소포타미아 지역에서 동물을 죽인 뒤 내장을 관찰하여 점을 치는 것을 내장점이라고 하고, 그중에서도 간의 상태와 모양을 살펴서 치는 점을 간심점이라고 한다. 피가 모인 간을 생명이 담긴 곳으로 여기고, 간이 신의 뜻을 전달하는 매개체라고 생각하였다. 이 점술은 지금도 아프리카 등지의 원시생활 방식을 고수하는 사람들이 사용한다.

짐승의 뼈를 이용한 골복骨卜은 주로 환태평양 북쪽 지역의 아시아와 북아메리카에서 성행하였다. 이 중에서도 골복이 가장 발전한 지역은 고대 중국이었다. 중국에서 출토된 골복에 쓰인 뼈 중 가장 오래된 것은 신석기시대까지 거슬러 올라가고, 은나라 시대 뼈가 가장 많다. 안양현 시야오툰 촌에서 갑골 발굴이 이루어진 이후 중국 전역에서 갑골이 출토되기 시작했다. 허난성을 비롯하여 17개 성, 시, 자치구의 약 2백여 곳에서 갑골이 출토되었다. 시기로는 신석기시대 초기인 약 6천 년 전부터 3천 년 전 사이에 가장 성행했으며 주나라 중반 이후로 사라졌다. 주나라 초기 수도였던 산시성 기산 봉추의 궁전터에서 1만 7천여 편의 갑골이 출토되었다. 이는 주나라 초기까지도 갑골복이 성행했음을 보여주며, 『춘추좌전』(기원전 722년 ~기원전 481년까지의 노나라 역사를 기록한 책)에도 기록이 남았다.

> 여름 4월에 교외에서 제사를 지낼 날을 받기 위해 다섯 번 갑골복을 행하였으나, 모두 불길하여 교외에서 제사를 지내지 않았다. -
> 『춘추좌전』 성공 20년

2. 갑골복, 상징을 이용한 미래 예측

오늘날 우리가 흔히 사용하는 점占이라는 용어는 복卜이라는 글자에서 유래하였다. 점占자를 파자하면 복卜과 입을 뜻하는 구口로 이루어졌다. 점은 복에 묻는다는 뜻으로, 복에 미래를 묻는 행위가 점이다. 초월적 존재가 미래를 계시하는 상징을 내려주면, 읽고 해석하는 인간의 행위를 통칭하여 오늘날 점술이라고 한다.

점복은 생존을 위해 미래를 알고자 생겨났다. 사람들은 세계의 운행을 주재하는 초월적 존재가 있다고 생각했다. 해와 달이 매일같이 떴다가 지고, 사계절이 번갈아가며 운행하고, 바람, 비, 우뢰, 천둥 같은 현상들이 발생하는 원인을 찾고자 했던 고대인들은 자신들의 능력으로는 그 원인을 알지 못했다. 세계의 운행은 인간이 알 수 없는 어떤 존재가 주관한다고 생각하였다. 이러한 생각은 첨단 과학 기술 문명으로 세계의 원리와 구조가 어느 정도 밝혀진 시대를 사는 우리 의식 속에도 남았다. 고대나 지금이나 점복 행위는 초월적 존재에게 미래에 관해 묻는 방식으로 행해진다. 갑골복에서는 그 초월적 존재를 '제帝' 또는 '상제上帝'라고 불렀다.

> 병인일에 점을 칩니다. '쟁'이 물어봅니다. 이번 11월에 상제께서 비를 내리시겠습니까? - 『갑골문 합집』 5,658편 앞면

> 다섯 가지의 음악을 올리면 상제께서 허락하시고, 왕께서 도움을 받을 수 있을까요? - 『갑』 1,164편

> '공방'을 정벌하는데, 상제께서 우리에게 도움을 주시겠습니까? - 『갑골문 합집』 6,273편

> 물어봅니다. 왕께서 도읍을 만들면 상제께서 허락하시겠습니까? - 『병편』 93편

내가 어렸을 때 즐겨 보았던 TV 프로그램 〈전설의 고향〉에 '옥황상제'가 자주 등장했는데, 옥황상제는 은나라 사람들이 섬겼던 상제이다. 은나라 사람들은 상제가 지고무상의 권력으로 비, 천둥, 바람 등을 부리며 인간의 길흉화복을 주재하는 존재라고 생각하였다. 갑골복은 상제에게 미래의 일을 질문하거나 허락을 구하는 방식

으로 행해졌다. 때로는 구름, 바람과 같은 각각의 현상을 신격화하기도 했다. 이때 각각의 현상을 상제의 신하로 여겼다.

상제의 사관인 바람에게 개 2마리를 올릴까요? - 『통』 398편

계유일에 복을 행합니다. 또 여섯 구름에게 '료' 제사를 올리는데, 돼지 5마리, 배를 가른 양 5마리를 쓸까요? - 『둔남』 1,062편

왕께서 상제의 다섯 신하와 우두머리에게 '유' 제사와 '세' 제사를 드리면, 비가 오지 않겠습니까? - 『갑골문 합집』 30,391편

병자일에 복을 행합니다. '즉'이 물어봅니다. 왕께서 태양에게 '빈' 제사를 드리고, '료' 제사를 드리면 허물이 없겠습니까? - 『남』 『명』 352편

을사일에 복을 행합니다. 물어봅니다. 왕께서 상제의 사관에게 '빈' 제사를 드리면 허물이 없겠습니까? - 『통』 64편

점복에 대한 상제의 대답은 갑골의 균열로 나타난다. 이 균열을 조兆라고 하는데, 조짐, 징조라는 뜻이다. 그런데 이 갑골의 균열은 저절로 나타나는 현상이 아니다. 지금으로부터 약 6천 년 전쯤, 골복에 사용한 짐승의 뼈들에는 불로 지진 흔적이 보인다. 짐승 뼈를

불에 지져서 균열이 나타나도록 인간이 개입했다. 처음에 불에 지지기만 했던 인간의 개입은 점복이 발달하면서 확대되었다.

갑골복을 행하기 위해서는 먼저 거북을 구해다 손질해야 했다. 이때 사용한 거북은 남생이로, 중국 동북부와 한반도에 주로 서식한다. 출토된 갑골의 양을 살펴보면, 짐승 뼈와 비교해 거북이가 세 배가량 많다. 왜 거북을 주로 사용한 것일까?

점복에 사용하는 매개물은 신과 소통하려면 영험해야 했다. 고대 사람들은 오래 사는 동물이나 식물을 영험한 것으로 여겼는데, 그중 대표적인 동물이 거북이다. 고대 중국인들은 거북이 천년을 산다고 여겼고, 거북이 신과 소통하는 영험함을 지녔다고 생각했다.

거북을 손질하는 과정은 거북을 죽이고 피와 살과 내장을 발라내고 거북 껍데기만 남긴다. 그리고 거북에게 제사를 바쳤다. 갑골문의 "거북에게 '료' 제사를 지내는 데 소 3마리를 쓸까요?"라는 기록에서 알 수 있듯이 거북에게 제사를 바치는 데 소 등을 제물로 사용하였다. 다음에는 톱, 줄, 칼, 끌, 송곳을 사용하여 신의 계시를 잘 받도록 매끈하고 평평하게 다듬고 윤기가 흐르도록 만들었다. 또 불에 지지면 균열이 잘 나타나도록 다듬었다.

균열이 잘 나타나도록 다듬는 방법은 두 가지다. 이를 찬조鑽鑿라고 하는데, 찬鑽은 거북 껍데기에 둥글게 구멍을 내는 방법이고 조鑿는 찬 옆에 약간 타원형으로 뾰족하고 길게 구멍을 파는 방법이다. 조는 거북 껍데기가 세로로 갈라지도록 유도하고, 찬은 가로로 갈라지도록 유도한다.

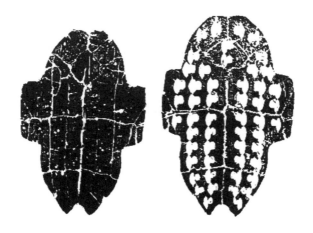

『갑골문합집』 4735의 정면(왼쪽)과 반면(오른쪽). 오른쪽 사진은 거북 배껍데기 뒷면에 찬조를 한 모양이다. 이 모양들을 보면 중앙선을 기준으로 좌우에서 맞섬의 형태로 찬조를 만들었음을 알 수 있다. 『갑골문해독』에서 인용.

찬조한 부위를 불에 지지면 반대쪽에 터지고 갈라지는 균열이 나타났다. 위 그림에서 보듯이 찬조의 가장 큰 특징은 거북 껍데기 중앙선 좌우에 서로 맞서도록 구멍을 팠다는 점이다. 그래서 모든 찬조의 균열은 중앙을 향한다. 균열은 중앙을 기준으로 좌우 맞섬의 구조로 나타냈다.

찬조를 만든 뒤에는 상제에게 묻고 싶은 내용을 준비하였다. 이를 점문占問이라 한다. 점문은 오늘날 점집에 가서 무엇을 점치러 왔는지 말하는 것과 같다. 갑골복사에 새겨진 점문을 주제별로 분류하면 다음과 같다.

① 비에 관한 점복 ② 날의 갬에 관한 점복 ③ 바람에 관한 점복 ④ 구름과 기운에 관한 점복 ⑤ 물에 관한 점복 ⑥ 월식에 관한 점

복 ⑦ 다가올 열흘간의 일에 관한 점복 ⑧ 수확에 관한 점복 ⑨ 사냥에 관한 점복 ⑩ 왕래에 관한 점복 ⑪ 꿈에 대한 점복 ⑫ 질병에 관한 점복 ⑬ 거주지에 관한 점복 ⑭ 제사에 관한 점복 ⑮ 정벌과 방국에 대한 점복 ⑯ 잡다한 점복 등.

①번에서 ⑥번까지의 점문은 날씨와 기상에 관한 점문이다. 언제 바람이 불고 구름이 끼는지, 언제 비가 오고 비가 그치는지에 관한 점문이 많다. 생활에 가장 큰 영향을 미치는 현상을 가장 궁금해했다는 점을 보여준다.

이러한 내용으로 점을 친 후에는 찬조 근처에 그 내용을 기록하였다. 형식은 보통 점친 날짜와 점관의 이름(서사敍辭)·점을 친 내용(명사命辭)·균열을 해석한 내용(점사占辭)·점이 미래를 예측했는지를 기록한 내용(험사驗辭)의 네 부분으로 구성된다.

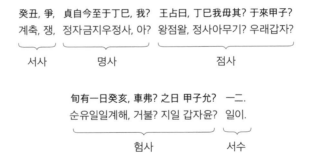

계축일. '쟁'이 물어봅니다. 오늘부터 정사일까지 '주'나라를 정벌할까요? 왕께서 복卜을 해석하여 말했다. 정사일에는 정벌하지 말라. 오는 갑자일에 정벌을 하라.

11일 지난 계해일에, 전차를 동원해 정벌했으나 이길 수 없었다. 그 날이 막 끝나고 갑자일이 시작될 때쯤에서야 정벌할 수 있었다. 일. 이. - 「갑골문 합집」 6,834면

서사는 점복을 한 날짜와 정인貞人의 이름을 기록한 부분이다. 정貞은 복에 묻는다는 뜻으로 정인은 점관이다. 위의 갑골문에서는 '계축, 쟁'이 서사이다. 계축은 점복을 한 날짜이고, 정인의 이름은 '쟁'이다. 명사는 상제에게 물어본 사안으로, 복사의 중심 부분이다. 위 갑골문에서는 "오늘부터 정사일까지 주나라를 정벌할까요?"라는 말이 점문이다. 점사는 균열이 갈라진 모습을 보고 해석한 결론이다. 점사에는 일반적으로 '누가 복을 해석하여 말했다'는 말이 등장한다. 누가 해석하는가는 매우 중요한 문제다. 해석자는 상제와 소통할 수 있는 능력을 지닌 사람이다. 고대 사회에서 이러한 권위와 능력을 지닌 자는 왕으로 갑골문에 등장하는 해석자는 대부분 왕이다.

여기서 갑골복의 중요한 특징 중 하나가 드러나는데, 갑골복은 상象으로 치는 점복이라는 것이다. 상象은 '모양'을 뜻하기도 하고 '상징'을 뜻하기도 한다. 갑골이 터지고 갈라진 모양을 보고 길과 흉 중 무엇을 상징하는지 판단한다는 점에서 갑골복은 상복象卜이다. 하나의 모양이 길인지 흉인지 판단했다는 것은 인간의 주체적 해석과 판단이 개입했음을 뜻한다. 인간의 주체적 해석을 통해 모양은 상징으로 전환된다. 집안 구석에 우연히 핀 꽃을 보고 길하다며 좋아하

고, 까마귀 울음소리를 듣고 재수 없다고 생각하는 것은 꽃과 새 울음에 길과 흉의 의미를 부여했기 때문이다. 마찬가지로 불에 지져 갈라진 모양에 대한 길과 흉이라는 의미 부여는 인간의 개입에 의한 상징 해석이다.

위 갑골문에서는 왕이 균열의 모양을 보고 해석하기를, 정사일에는 정벌하지 말고 12일 후인 갑자일에 하라고 새겨져 있는데, 이것이 점사이다.

험사는 징조를 보고 내린 예측이 이후 현실로 나타났는지 즉 점이 들어맞았는지를 기록한 내용이다. 위 갑골문에서는 왕이 예측한 대로 갑자일이 되어서야 정벌할 수 있었음을 기록했다. 하지만 대부분의 복사에서 험사는 남아 있지 않았다. 서수인 일과 이는 거북을 불로 지진 두 차례의 순서를 표시한 것이다.

점복이 끝나면 갑골에 지금까지의 내용을 글로 새겼다. 복사를 새길 때는 늘 해당 점복을 행하며 불에 지졌던 조짐의 부근에다 새겼다. 복사를 새기는 방향은 맞섬 구조를 이루었다. 거북 껍데기의 오른편에 있는 찬조는 조의 모양이 왼쪽으로 뻗어 있는데, 복사는 그와 반대로 오른쪽으로 새겼다. 찬조가 거북 껍데기의 왼쪽에 있어 복조가 오른쪽으로 뻗어 있다면, 복사는 왼쪽으로 새겼다. 글자를 새긴 뒤에는 글자에다 빨간색이나 검은색으로 덧칠하였다.

마지막으로 모든 절차가 끝난 갑골을 모아 두었다가 1년 단위로 토굴에 저장했다. 갑골을 저장할 때 갑골판에 구멍을 뚫고 끈으로 꿰어 놓았는데, 이 모습을 상형화한 갑골문이 책冊이다. 1899년 이후 발견된 대부분의 갑골은 이렇게 토굴에 저장되었다가 은나라가 망한 뒤 토굴의 존재가 잊히면서 보존된 것들이다.

3. 길과 흉이라는 상징의 등장

갑골복은 거북 껍데기나 짐승 뼈를 불에 지진 뒤 나타나는 균열을 보고 길흉을 판단하는 점법이다. 이때 갈라진 균열은 조상兆象으로 해석되었다. 조兆란 조짐이다. 조짐은 어떤 사건에 '앞서서 나타나는' 것으로, 낌새다. '낌새를 채고 도망쳤다'에서 알 수 있듯이 낌새란 어떤 일이 일어나기 전에 나타나는 현상이다. 조짐을 보고 길흉을 판단하는 근거는 조兆의 모양이 어떻게 변화하는가이다.

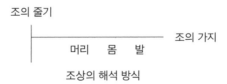

거북을 불에 지지면 미리 파 놓은 찬조대로 균열이 갈라진다. 이때 찬에 의해 발생한 모양을 '조의 줄기', 조에 의해 발생한 모양을 '조의 가지'라고 한다. 길흉은 조의 가지가 어떻게 변화하는가에 따라 달라지므로 조의 가지를 세 부분으로 나누었다. 가지는 줄기에 가까운 곳부터 머리-몸-발로 해석하였다. 길조는 머리가 올라가고 발이 아래로 모인다. 흉조는 중간인 몸통 부분부터 아래로 구부러진 형태이다. 갑골이 갈라지며 나타나는 조상의 형태는 매우 다양하므로, 그것으로 길흉을 판단하기는 쉽지 않았다.

그런데 머리가 올라가고 발이 아래로 모인다고 그것이 길조라는 근거는 무엇인가? 거북 껍데기에 길, 흉이라는 글자가 쓰이지도 않았는데 무슨 근거로 어떤 균열은 길이고 어떤 균열은 흉이라고 판단할 수 있단 말인가. 이때 등장하는 사유 방식이 상사유象思惟이다. 상사유는 갑골이 갈라진 특정한 모양, 즉 상象에 길흉이라는 의미를 부여하는 사유이다. 상사유를 통해 하나의 모양은 상징이 된다. 까치가 울고 까마귀가 까악까악 우는 것은 새가 우는 하나의 현상에 불과하다. 이러한 현상에 인간이 의미를 덧붙여 해석하거나 거기서 의미를 끌어내는 방식이 상사유이다. 상사유는 갑골의 갈라진 균열을 보고 길흉을 끌어내었다. 그저 불에 지져 갈라진 틈에 불과한 균열은 인간의 주관적 의미 부여와 해석을 통해 미래를 예측하는 상징으로 변화하였다. 상사유는 아무 연관이 없는 사물이나 현상에 특정 의미와 연관성을 부여하는 사유 방식으로, 이것과 저것을 얽어매는 방식으로 작동하였다.

갑골복에서 탄생한 상사유는 『주역』의 특징 중 하나인 관물취상觀物聚象으로 이어졌다. 관물취상은 사물을 보고 상을 취한다는 뜻으로, 이러한 사유는 갑골복의 균열을 보고 상을 취한 것에서 유래하였다.

4. 갑골복 치는 방식

현재 우리나라 점술 시장의 규모는 한해 2천억 원 정도로 알려졌다. 이 시장 규모는 2016년에 행해진 통계청 조사에서 '점술 및 유사 서비스업'의 매출액을 2,043억 원으로 발표한 숫자에 근거한다. 그런데 점술 산업의 특성을 고려하면 이보다 서너 배는 많다고 보아야 한다. 2019년 한 민간 전문 업체가 조사한 바에 의하면 8,500억 원이라는 통계도 나왔다.

우리나라 점술 산업의 규모가 2,000억 원이라고 하면 많은 사람들이 그렇게 점을 많이 치냐며 놀라워한다. 그런데 이 규모는 선진국에 비하면 작은 것이다. 프랑스 점술 산업 규모가 1년에 10조 원이라는 이야기도 있다. 영국이나 미국에 가면 점술 타운도 있고, 캐나다 엘로라에서는 타로 및 점술 축제가 열리기도 한다.

점술은 전 세계적으로 공통된 문화 현상으로, 그 이유는 미래를 알고 싶어서이다. 갑골복이 주로 행해졌던 고대 중국처럼 '내일 비가 올까요' 같은 질문을 하지 않는다. 점술이 미래를 예측한다고 믿는 사람들은 이 점집, 저 점집을 순례하기도 하고, 선택해야 하는 상황이 생기면 점을 치러 간다. 이러한 문화는 상나라 때도 마찬가지였다. 고대 중국에서는 거의 모든 일에 점복을 쳤다. 이를 무사부점無事不占이라고 한다. 무사부점은 '어떤 일이라도 점치지 않는 것은 없다' 뜻이다.

나라에서 거북을 보관했던 것은 그 어떤 일이라도 점을 치지 않은 것이 없었기 때문이다. - 『춘추좌전』 소공 5년

갑골에 새겨진 점문을 주제별로 열여덟 가지로 분류하였지만, 그 내용을 구체적으로 살펴보면 이런 일까지 점복을 쳐서 물어봤을까 싶다.

공에게 무엇을 명할요? - 『화이트』 1,465편

신미일에 왕께서 복을 행합니다. 포로를 관아로 불러오라고 경사에게 영을 내릴까요? - 『갑골문 합집』 37,469편

소신이 중에게 기장을 심게 할까요? - 『갑골문 합집』 12.13편

소신은 농사를 주관하던 직관이고, 중은 중인衆人을 뜻한다. 곡식을 심는 것조차도 점복으로 결정하였다.

물어봅니다. '둔'에게 수갑을 채울까요? 왕께서 조짐을 해석해 말했다. 채우라. - 『갑골문 합집』 697편 뒷면

계축일에 복을 행합니다. '각'이 물어봅니다. 5백 명의 '복족'을 쓸까요? 10일이 지난 임신일에 또 백 명을 썼다. 3월이었다. - 『갑골문 합

집」559.562편

경진날 복을 칩니다. 왕이 물어봅니다. 짐이 강족에게 궁형을 시행했는데 죽지 않겠습니까? - 「갑골문 합집」 525편

은나라를 세운 종족은 상商족이었고 복족과 강족은 이민족이다. 강족은 갑골문에 자주 등장하는 이민족으로, 상족과 자주 전쟁을 벌였다. 전쟁에서 잡힌 강족은 포로로 끌려와 제사의 희생양으로 쓰이거나 노예가 되었다.

'상'강에서 고기를 그물로 잡을까요? - 「갑골문 합집」 28,436편

울창주 한 주전자를 올릴까요? - 「갑골문 합집」 15,795편

돼지를 쏠까요?
흰 돼지를 쏠까요?
노란 돼지를 쏠까요? - 「갑골문 합집」 29,546편

오늘 신미일 왕께서 밤에 외출을 나갈까요?
오늘 신미일 밤에 나가지 말까요? - 「갑골문 합집」 7,772편 앞면

상나라는 무사부점無事不占의 시대였다. 1년에 적어도 수천 회에

달하는 점복을 행하였을 것으로 추정된다. 점복이 거듭될수록 예측률을 높이기 위해 점복 제도는 점차 정교해졌다. 점복의 미래 예측 확률을 높이려면 어떻게 해야 할까? 그 고민에 대한 해답 중 하나는 거북 껍데기에 찬조 같은 정교한 구멍을 미리 파서 일정한 방향으로 균열이 생기게 하는 방법이었고, 다른 하나는 점복을 반복하는 방법이었다.

> 임신일에 복을 칩니다. 태양의 그림자로 날짜를 계산할까요? 일 이 삼 사 오 육 칠 팔 구 십 십일 - 『갑골문 합집』 22,046편

이 복사에는 일부터 십 일까지 숫자가 새겨져 있는데, 앞서 말했다시피 이를 서수序數라 한다. 서序는 순서라는 뜻으로, 서수는 순서와 횟수를 기록한 숫자이다. 이는 거북을 불로 지진 횟수와 순서이다. 갑골복을 행할 때 상제에게 계시를 내려 달라고 계속 반복해 기도하면서 한 가지 사안에 대해 여러 찬조를 불로 지졌음을 보여주는 기록이다. 불로 지질 때마다 한 개의 조짐이 나타나고, 그때마다 서수를 새겨 넣어 거북을 불로 지진 횟수와 순서를 표기했다. 위에 인용한 복사에서 서수가 십 일에서 끝난 것은 "태양의 그림자로 날짜를 계산할까요?"라는 점문으로 열한 번 거북을 불에 지진 것이다. 이렇게 같은 사안에 대해 반복해서 점복을 행하는 것을 '일사다복一事多卜'이라 한다. 일사一事란 하나의 일을 뜻하고 다복多卜이란 여러 차례의 점복을 뜻한다. 일사다복을 가장 많이 행한 것은 열여덟 번

이나 행하였다. 오늘날에도 자기 마음에 드는 결과가 나올 때까지 이 점집, 저 점집을 순례하는 사람들이 있듯이 같은 심리로 일사다복을 행했다.

일사다복은 한 가지 중요한 문제가 있었다. 그것은 바로 몇 번까지 반복해야 하는가의 문제이다. 거의 모든 일에 점복을 행했던 당시를 생각한다면, 하나의 사안에 열 번이 넘도록 반복한 점복은 너무나 많은 시간과 인력의 낭비를 초래했다.

이 문제를 고민한 은나라 사람들은 곧 다양한 점복 제도를 만들었다. 그 제도들은 네 가지로 나뉜다. 첫째는 같은 사안에 대해 한 번은 긍정으로 묻고 한 번은 부정으로 묻는 정반대정正反對貞이다. 둘째는 다른 날 다른 시간에 이전에 쳤던 점복에 이어서 점복을 행하는 습복習ㅏ이며, 셋째는 같은 사안에 대해 세 번 점복을 행하는 삼복三ㅏ이며, 넷째는 갑골복과 서筮를 같이 사용하는 복서병용ㅏ筮竝用이다.

한 번은 긍정으로 한 번은 부정으로 묻는다

정반대정正反對貞의 정貞은 복에 묻는다는 뜻으로, 하나의 사안에 대해 복에 묻는데, 한 번은 긍정으로 한 번은 부정으로 물었다고 해서 정반대정이라 하였다.

계해일에 점을 칩니다. '각'이 물어봅니다. 우리 사관이 '부'를 정벌

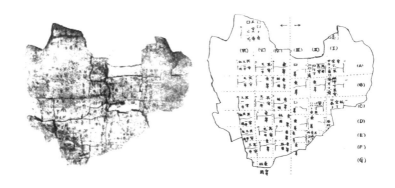

왼쪽 사진은 갑골에 새긴 복사이고, 오른쪽 그림은 이를 그대로 베껴 그린 후 분석한 것이다. 가운데 점선을 중심으로 복사가 좌우 맞섬을 이룬다. 출처는 궈모뤄의 『복사통찬』이며, 『점에서 철학으로』에서 재인용하였다.

할까요? 일 이 매우 길할 것이다.

계해일에 점을 칩니다. '각'이 물어봅니다. 우리 사관이 '부'를 정벌하지 말까요? 일 이 매우 길할 것이다. - 『병』 1편

계해일에 각이라는 점관이 상제에게 물어보는데, 한 번은 정벌하겠느냐고 묻고, 한 번은 정벌하지 마느냐고 물었다. 이러한 점복 방식이 정반대정이다.

갑진일에 점을 칩니다. '염'이 물어봅니다. 오늘 낮에 비가 올까요? 일 이 삼 사 오

갑진일에 점을 칩니다. '염'이 물어봅니다. 오늘 낮에 비가 오지 않을까요? 일 이 삼 매우 길할 것이다. 사 오

물어봅니다. 오늘 을사일에 비가 오지 않을까요? 일 이 삼 사

물어봅니다. 오는 정미일에 비가 올까요? 일 이 삼

물어봅니다. 오는 정미일에 비가 오지 않을까요? 일 이 삼 약간 길할 것이다. - 『병』 63편

『병』 63편은 연속되는 3개의 조에서 오늘 낮, 을사일, 정미일에 비가 내릴 것인지를 긍정과 부정의 형식으로 물어보았는데, 모두 같은 날 점을 쳤다.

긍정과 부정의 복사를 각각 갑골의 앞뒷면에 새긴 정반대정 점복사례도 일부 있다. 『병』 373편 앞면의 "물어봅니다. '삽' 제사를 드리면 풍년이 들지 않겠습니까?"와 『병』 374편 뒷면의 "물어봅니다. '삽' 제사를 드리면 풍년이 들겠습니까?"라는 말은 앞면이 부정이고 뒷면이 긍정 형식이다. 또 긍정 복사와 부정 복사를 갑골의 좌우에 새긴 예도 있다. 복사를 새길 때도 앞뒤, 좌우 같은 맞섬의 형식으로 새겼다.

다른 날에 이어서 묻는다

습복習ト은 같은 점문을 며칠에 걸쳐 점복한 것이다.

경신일에 복을 행합니다. 왕께서 물어봅니다. '부'를 사로잡겠습니까? 일.

경신일에 복을 행합니다. 왕께서 물어봅니다. '작'이 '부'를 사로잡지 못하겠습니까? 일.

계해일에 복을 행합니다. '각'이 물어봅니다. 오늘 을사일에 '다신'이 '부'를 정벌하겠습니까? 일 이

오는 을사일에 '다신'이 '부'를 정벌하지 못하겠습니까? 일 이. - 제1기 거북 배껍데기, 『병』1편

신해일에 물어봅니다. 왕께서 '소방'을 정벌하면, 신의 보살핌을 받겠습니까?

계축일에 물어봅니다. 왕께서 '소방'을 정벌하면, 신의 보살핌을 받겠습니까?

을묘일에 물어봅니다. 왕께서 '소방'을 정벌하면, 신의 보살핌을 받겠습니까?

병진일에 물어봅니다. 왕께서 '소방'을 정벌하면, 신의 보살핌을 받겠습니까? - 제4기 소 어깻죽지 뼈, 『둔남』4,103편

이 복사들은 모두 같은 갑골판에서 동일한 사안을 연속해 며칠 동안 점복을 행하거나 며칠 걸려서 행한 점복이다. 『병』1편에 나오는 경신일과 계해일은 나흘 간격으로 떨어져 있고, 점치는 날마다 모두 긍정과 부정으로 물어보았으며, 횟수도 한 번부터 여러 번까지 일정하지 않았다. 이러한 점은 정반대정과 삼복을 혼합해서 사용하였음을 보여준다. 이 복사는 거북 배껍데기의 중간선을 경계로 하여

좌·우 맞섬으로 질서정연하게 새겨졌고, 이와 같은 점복 방식을 은나라 사람들은 '습복'이라 불렀다. 한 번 공부한 내용을 다시 공부하는 행위를 복습이라 하는데, 여기서 습_習자는 중복을 의미한다. 습복은 앞의 점복에 이어서 중복해서 행한 복을 말한다. 습복은 다른 시간대에 이전의 일과 연계해서 그 일이나 그 일의 후속 작업에 대해 이어서 점복을 행하는 행위이다.

같은 사안에 대해 세 명이 동시에 묻는다

삼복_{ヨ卜}은 같은 사안에 대해 세 개의 갑골을 동시에 사용해 행하는 점복이다. 이때에는 각각의 갑골에 각기 서로 다른 숫자를 기록하였다.

기해일에 복을 행합니다. '쟁'이 물어봅니다. 왕께서 깃발을 세우지 말까요? 일 - 『구미아』 200편

기해일에 복을 행합니다. '쟁'이 물어봅니다. 왕께서 깃발을 세우지 말까요? 이 - 『갑골문 합집』 7,367편

기해일에 복을 행합니다. '쟁'이 물어봅니다. 왕께서 깃발을 세우지 말까요? 삼 - 『갑골문 합집』 7,368편

위에 인용한 갑골복사들은 3개의 갑골에 새겨졌으나 같은 날 같은 시간에 동시에 행해진 점복으로, 하나의 조를 이룬다. 이것이 하나의 조라는 것은 복사의 맨 뒤에 있는 숫자를 통해 알 수 있다. 각각의 복사 끝에는 일, 이, 삼이 새겨져서 같은 사안으로 점복을 행한 하나의 조임을 알 수 있다.

무인일에 점을 칩니다. '삼복'을 사용하여 물어봅니다. '헐'제사에 3마리의 양을, '책'과 '벌'제사에 20주전자의 술과 30마리의 희생 소와 30명의 포로와 2명의 '선'족을 사용해 '비경'께 올릴까요? 삼
- 『갑골문 합집』 22,231편

계축일에 '역'이 물어봅니다. 10일 동안의 일에 대해 물어봅니다. '삼복'을 하면 불행한 일이 없겠습니까?
계해일에 '역'이 물어봅니다. 10일 동안의 일에 대해 물어봅니다. '삼복'을 하면 불행한 일이 없겠습니까?
계유일에 '역'이 물어봅니다. 10일 동안의 일에 대해 물어봅니다. '삼복'을 하면 불행한 일이 없겠습니까? - 『화이트』 1,621편

삼복을 동시에 행하려면 세 명의 복관이 있어야 했다. 그들은 각 각 원복, 좌복, 우복이라는 이름으로 불렸다.

······ '우복右ト' ······ - 『경진』 2,539편

…… 왕께서 복을 받을까요? 아니다. '좌복左卜'에게 재앙이 출현하여 …… - 『갑골문 합집』 15,836편

경신일에 복을 행합니다. '려'가 물어봅니다. '원복元卜'이 사용할까요? - 『갑골문 합집』 23,390편

원복元卜의 원元은 처음, 첫째, 제일의 뜻을 가진다. 갑골문에서는 매번 "왕이 복을 해석하여"라는 말이 가장 중요한 위치에 놓인다. 그러므로 원복은 왕이었다. 중국에서는 대부분 우를 먼저 표시하고 좌를 뒤에 표시했다. 그러므로 우복이 둘째, 좌복은 셋째였다.

삼복은 갑골복 초기부터 나타나고 있는데, 초기에는 삼복 외에 더 많은 점복을 쳤으나 후기로 가면서 삼복만 출현하였다. 이는 점복 제도가 일사다복에서 삼복으로 통일되었음을 보여준다. 그런데 왜 사복도 아니고 이복도 아니고 삼복을 행했을까? 이 의문에 대해서는 『춘추공양전』 희공 31년 기사에 대한 공양의 설명에 나오는 문장 "세 번 점을 쳤던 것은, 반드시 홀수가 되어야만 길흉의 의문을 해결할 수 있기 때문이다"라는 말에서 단서를 찾을 수 있다. 길흉의 의문을 해결할 수 있다는 것은 길과 흉 중 하나를 선택할 수 있게 됨을 뜻한다. 즉 짝수로 점복을 치면 길과 흉 둘 중 하나를 선택할 수 없게 되는 경우가 나올 수 있다. 오늘날 우리가 가위바위보를 할 때도 한 번 아니면 세 번을 하는 것과 같은 이유 때문이다.

예를 들어 '내일 비가 올까요?'로 점복을 쳤다고 해 보자. 첫 번

째 결과는 길 아니면 흉으로, 나올 수 있는 경우의 수는 둘이다. 그런데 두 번 점복을 치면 나올 수 있는 경우의 수는 네 가지가 된다.

일복	이복		
길	길	→	길
길	흉	→	?
흉	길	→	?
흉	흉	→	흉

첫 번째와 두 번째 점복의 답변이 서로 같다면 선택은 아주 쉽다. 하지만 답변이 서로 반대되는 경우 아무것도 선택할 수 없다. 따라서 삼복, 즉 홀수로 점복을 쳐야 이 문제를 해결할 수 있다.

일복	이복	삼복		
길	길	길	→	길
길	길	흉	→	길
길	흉	흉	→	흉
길	흉	길	→	길
흉	길	길	→	길
흉	길	흉	→	흉
흉	흉	길	→	흉
흉	흉	흉	→	흉

위에서처럼 세 번 점복을 치면 선택하지 못하는 경우는 나오지 않는다. 길과 흉이 두 번 이상 나온 경우를 선택하면 된다. 따라서 삼복은 선택의 문제를 해결한다.

갑골복과 주역점을 같이 친다

갑골복사에는 '구서'로 조짐을 해석하는 방식이 등장한다.

[계]□일에 왕께서 복을 행합니다. 물어봅니다. 지금 무당이 '구서九筮'로 조짐을 해석합니다. '주' 제사와 '융' 제사를 [상갑'부터] '이후 왕들'까지 드리는데, '합'제를 올리면, 다른 탈이나 불행한 일이 없 겠습니까? [1] 2월이었다. 왕께서 조짐을 해석하여 말했다. 대길하 리라. 왕의 재위 2년이었다. - 『갑골문 합집』 37,835편

위의 갑골문에서는 왕이 복을 행했고 무당이 '구서九筮'를 이용해 조짐을 해석했다고 나온다. 구서九筮는 아홉 개의 서筮를 말한다. 서筮 자를 파자하면 대나무 죽竹과 무당 무巫로 이루어져 있어, 서筮는 무 당이 대나무로 치는 점임을 알 수 있다.

구서가 무엇인지에 대해서는 주나라의 관직 제도를 기술한 『주 례周禮』에서 설명한다.

서인筮人: 삼역을 주관하며 '구서의 이름'으로 판별한다. 삼역은 첫째는

연산, 둘째는 귀장, 세 번째는 주역이다. 아홉 서의 이름은 첫째는 무경 巫更, 둘째는 무함巫咸, 셋째는 무식巫式, 넷째는 무목巫目, 다섯째는 무역巫 易, 여섯째는 무비巫比, 일곱째는 무사巫祠, 여덟째는 무삼巫參, 아홉째는 무환巫環이니, 이것으로써 길흉을 판별한다. - 『주례』「춘관종백」

무경, 무함 등이 무엇을 뜻하는지 밝혀진 것은 없다. 다만 그 이름 앞에 모두 무巫자가 있는 것으로 보았을 때 무당이 행하는 것과 관련 있다고 추측할 수 있다. 구서를 이용해 어떻게 복을 해석하여 길흉을 판별하였는지에 대해서도 알려진 바가 없다. 조선시대 추사 김정희는 이 구서를 전해 내려오는 주역점과 다른 것으로 여겼지만, 그도 구서가 구체적으로 어떤 것인지는 말하지 않는다.

추사 때에는 갑골의 존재가 알려지지 않았지만, 현재 우리는 갑골복사를 통해 서를 행하여 얻은 것이 무엇인지 알 수 있다.

…… 도망하였는데, 재앙이 없을까요? 길하다. 육칠칠육 - 『갑골문 합집』29,074편

부구阜九, 부육阜六. 칠칠육칠육육. 복조에 물으니 길하다. 육칠팔구 육팔. 육칠일육칠구. 우友 팔팔팔팔팔. - 『고고』1989-1, 도판 8

위 두 개의 갑골복사에 새겨진 일련의 숫자들은 모두 구서를 행하여 얻은 숫자이다. 특히 『갑골문 합집』29,074편의 복사에 나오는

숫자는 무당이 구서를 행하여 '육칠칠육'을 얻었으며, 이것으로 복을 해석하여 '길'이 나왔음을 보여준다. 이렇게 복과 서를 같이 사용하여 해석하는 방식을 '복서병용'이라 한다.

오늘날은 이 서_筮를 주역점이라고 부른다. 서가 『주역』의 괘를 구하는 방법이어서 주역점이라고 부른다. 서에 대해서는 다음 장에서 자세히 설명하겠다.

5. 세계는 대립 구조로 이루어졌다

지금까지 점복 방식과 제도를 통해 살펴본 것처럼 갑골복은 맞섬의 구조로 점복을 행했다. 맞섬이란 두 개로 나뉜 요소의 대립이다. 맞섬 방식으로 이루어진 점복 활동은 다음과 같다.

① 거북 배껍데기 머리부터 꼬리까지 가상의 중앙선을 설정하고, 중앙선을 중심으로 왼쪽과 오른쪽으로 나누어 사용하였다.
② 갑골에 균열을 유도하는 구멍인 찬조를 팔 때 중앙선을 중심으로 마주보게 팠다.
③ 중앙선을 중심으로 갑골의 오른쪽에 판 찬조는 왼쪽으로, 왼쪽에 판 찬조는 오른쪽으로 균열이 발생하였다.
④ 복사를 새길 때 균열이 오른쪽으로 나 있으면 복사는 왼쪽으로, 균

열이 왼쪽으로 나 있으면 복사는 오른쪽으로 새겼다.

⑤ 점문을 할 때도 긍정과 부정의 정반대정으로 했다.

⑥ 정반대정으로 행한 복사를 갑골에 새길 때 갑골의 앞면과 뒷면 또는 좌측면과 우측면에 각각 새겼다.

철저하게 맞섬 방식으로 점복을 행한 은나라 사람들은 세계가 맞섬의 구조로 이루어졌다고 생각했다. 그러한 인식은 점복의 결과가 서로 정반대인 길과 흉으로 해석되면서 유래한 것으로 보인다.

10일 동안 불행한 일이 없겠습니까? 왕께서 해석해 말씀하셨다. '대길하리라.' - 『갑골문 합집』 35,534편

왕께서 복에 물으셨다. 말씀하셨다. '재앙이 오리라.' - 『갑골문 합집』 1,075편 앞면

재앙은 흉한 일이다. 갑골복사를 살펴보면 왕의 해석에 길과 흉 외의 답변은 없다. 길과 흉은 서로 정반대의 사건이다.

길과 흉으로부터 갑골 점복의 특징인 맞섬 방식이 유래한 것으로 보인다. 점복을 행하면서 맞섬 구조로 구멍을 파고 복사를 새긴 것은 길과 흉이 잘 드러나기를 바라는 마음에서 비롯된 행위일 수도 있다. 맞섬 방식으로 점복을 해야 길과 흉의 구별이 분명하게 나타난다고 생각했기 때문이다. 나아가 길과 흉이라는 정반대의 형식

을 통해 질문도 긍정과 부정의 정반대 형식으로 할 수 있음을 깨달았을 것이다.

6. 은나라와 함께 사라지다

갑골복의 왕국 은나라는 31대 왕까지 6백여 년 동안 지속하였다. 연대로는 기원전 1600년에서 기원전 1046년까지이다. 사마천은 『사기』에서 은나라의 멸망은 마지막 왕 주紂가 술과 여색에 빠졌기 때문이라고 전한다. 그 뒤로 주왕은 하夏나라의 마지막 왕 걸桀과 함께 폭군의 대명사가 되었다.

제을이 세상을 뜨자 아들 신이 즉위하였는데, 세상은 그를 주紂라 불렀다. 재주는 천부적으로 사물을 분별하는 능력이 뛰어나고 민첩하여, 받아들이고 이해하는 능력 또한 빼어났다. 힘은 보통 사람보다 훨씬 세어 맨손으로 맹수와 싸울 정도였다. 지혜는 남의 말을 듣지 않을 정도로 충분하였고, 말솜씨는 잘못을 감추고도 남았다. 신하들 앞에서 자신의 재간을 뽐내기를 좋아하였고, 자신의 명성이 천하의 누구보다 높다고 생각하여 모든 사람을 자기 아래로 여겼다. 술을 좋아하고 음악에 빠졌으며 특히 여색을 탐하였다. 달기를 사랑하여 달기의 말이라면 무엇이든 들어주었다. 사연에게 음란한 곡을 새로 만들게 하고, 북부 지방의 저속한 춤과 퇴폐적인 음악에 빠졌다. 세금을 무겁게 매겨 돈으로 녹대를 채우고, 거교는 곡식으로 채웠다. 여기에 개와 말 그리고 기이한 물건들이 궁실을 가득 메웠다. 사구의 원대는 더 크게 넓혀 온갖 짐승과 새들을 잡아다 풀어놓았다. 귀신도 우습게 알았다. 사구에는 수많은 악공과 광대를 불러들이고, 술로 연못을 채우고 고기를 매달아 숲을 이루어 놓고는 벌거벗은 남녀에게 그 사이를 서로 쫓아다니게 하면서 밤새 술을 마시며 놀았다.

민중은 원망하고 제후는 등을 돌렸다. 이에 주紂는 형벌을 더욱 강화하여 포락이라는 형벌을 만들었다. 주紂는 서백 창, 구후, 악후를 삼공으로 삼았다. 구후는 자신의 아름다운 딸을 주에게 바쳤다. 구후의 딸이 음탕한 짓을 싫어하자 주는 노하여 그녀를 죽이고, 구후까지 죽여서 포를 떠서 소금에 절였다. 악후가 완강하게 따지며 구후를 위해 격하게 변론하자 그마저도 포를 떠서 죽였다.

- 『사기』「은본기」

사마천이 "술로 연못을 채우고 고기를 매달아 숲을 이루었다"라고 묘사한 대목이 저 유명한 '주지육림'이다. 주왕을 이렇게 어마어마한 폭군으로 만든 건 은나라를 멸망시킨 주周나라였다. 은나라를 기습 공격해서 주왕을 죽음으로 몰아넣은 주나라는 통치의 정당성을 확보하기 위해 주紂를 폭군으로 기록하였다. 그러나 갑골문이 전하는 역사는 이와 다르다고 말한다.

은나라 말 제을과 제신(주紂왕을 말한다) 때, 오랜 기간 동쪽과 남쪽의 이민족들을 여러 차례 정벌하였다. 제을 재위 10년 및 20년에 만들어진 갑골복사에 여러 차례 남쪽과 동쪽의 이민족들을 정벌한 기록이 있다. 이 전쟁에서 승리한 은나라는 억조億兆의 이민족들을 포로로 끌고 와 노예로 삼았다. 엄청난 수의 이민족을 노예로 삼았을 만큼 큰 전쟁이었으므로, 은나라의 피해도 적지 않았다. 은나라의 군세가 약해진 틈을 타서 주나라가 수도 은을 기습 공격하였고, 은나라 왕 주는 스스로 몸을 불태웠다. 은나라가 멸망하자 수도 은殷은 폐허가 되었다.

토굴에 저장되어 있던 갑골은 역사에 기록 한 줄 남겨지지 않은 채 땅속에 묻혔고, 이를 기억하는 사람들도 모두 사라졌다. 하지만 갑골복은 은나라만의 문화가 아니었다. 은허에서 은나라 갑골이 발견된 때로부터 78년 후에 중국 산시성 기산의 옛 주나라 궁궐터에서 1만 7천여 편의 갑골이 출토되었다. 이 갑골들에도 은허에서 발굴된 갑골에서처럼 복사가 새겨졌다. 이처럼 은나라와 주나라의 왕들이 갑골복을 중시하여 매사에 점복을 행한 것은 점복이 통치 행위에 정당성을 제공해 주었기 때문이다.

> 왕이 크게 의심스러운 것이 있으면, 먼저 자기 마음에 묻고, 그다음 경사(조정 대신)에게 묻고, 그다음 서인庶人에게 묻고, 마지막에 복서卜筮에 묻는다. 그 결과에 왕이 따르면, 다음은 거북이 따르고, 다음은 서筮가 따르고, 다음은 경사가 따르고, 다음은 서인이 따른다. 이를 일컬어 대동이라고 한다. - 「서경」「홍범」

'대동_{大同}'이란 크게 하나됨이다. 왕부터 서인까지 모든 계층의 사람들이 화합하여 왕의 통치를 따른다. 문제는 갑골복의 최종 해석 권한이 왕에게 있다는 점이다. '비가 올까요?'를 묻는 점문에 왕이 '길'로 해석해 말했다면 실제로 비가 내려야 왕의 권위가 선다. 반대로 비가 오지 않으면 왕의 권위는 떨어질 수밖에 없다.

> … 왕께서 조에 물으셨다. 말씀하셨다. '재앙이 오리라.' 갑일에 (재앙이) 오지 않았다. - 「갑골문 합집」 1,075편 앞면

위 갑골복사는 왕의 해석이 틀렸음을 보여준다. 왕의 해석이 빗나가게 되면 왕의 권위에 심각한 손상을 가져온다. 실제로 어떤 갑골복사에는 왕을 조롱한 흔적이 남았다. 따라서 이를 피하기 위한 다양한 시도들이 행해졌다. 가장 손쉬운 방법은 점사와 험사를 기록하지 않는 것이다. 실제 갑골복사에는 험사가 없는 복사가 75%가량 된다. 험사가 있다 하더라도 점사를 증명하거나 부정하지 않는 내용이며, 어떤 험사는 왕의 점괘 해석을 보충하고 수정하여 내용을 멋지게 꾸민 답변으로 이루어졌다.

삼복제나 정반대정과 같은 제도도 갑골복의 미래 예측률을 높이기 위해 도입된 것으로 보인다. 그런데도 갑골복의 미래 예측 확률은 높아지지 않았고, 은나라의 멸망과 함께 점차 쇠퇴했다. 주나라에서는 예측률이 떨어지는 갑골복보다는 새로운 미래 예측 시스템이 필요했다. 주나라 사람들은 갑골복과 서법을 발전시켜 새로운

미래 예측 시스템을 도입하고자 하였다.

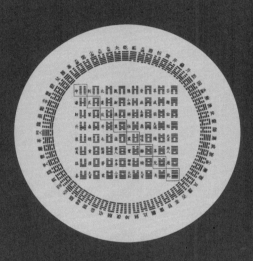

주역, 길은 흉이고
흉은 길이다

64괘가 정반대정과 삼복제로부터 만들어진 것이라면 괘의 의미가 달라진다. 64괘의 아랫괘와 윗괘는 한 사건의 정과 반이라는 의미를 지닌다. 양효와 음효라는 맞얽힘이 서로 번갈아가며 나타나 이루어진 것이 8괘이고, 그 8괘가 맞얽혀 이루어진 것이 64괘이다. 64괘는 세계에서 나타날 수 있는 모든 사건을 상징하는 것으로, 세계는 맞얽힘이 중첩되어 만들어졌음을 뜻하는 것이 괘이다.

길과 흉의 맞얽힘으로 하나의 사건이 만들어지고, 하나의 사건은 맞얽힘의 총체라는 의미를 지닌다. 64개의 사건이 모여 이루어진 세계는 끊임없는 맞얽힘의 연속이다.

갑골복에서 보이지 않고 『주역』에서만 보이는 취길피흉의 정신은 『주역』이 단순한 점서에서 인간의 행위에 관한 지침서로 발전하는 계기가 된다.

1. 태극기 놓고 주역도 모른다

　오늘날 『주역』을 읽고자 하는 사람들은 많지만, 『주역』을 혼자서 읽기는 쉽지 않다. 『주역』이 우리가 아는 고전과 체제가 다른 점치는 책이기 때문이다. 『주역』을 해석하는 입장은 크게 두 가지로 나누어진다. 어떤 이들은 『주역』을 점치는 책으로 여기고, 어떤 사람들은 『주역』을 철학서로 여긴다. 후자에 속하는 사람들은 점술을 미신이라 여겨 멀리한다.

　대학에 입학하기 위해 고향을 떠나던 날이 생각난다. 어머니는 미리 준비해 둔 빨강 부적을 꺼내주며, 지갑에 깊숙이 넣어두고 계속 지니고 다니라고 당부하였다. 어머니께서 내가 집을 나서기 직전에야 부적을 꺼낸 것은 아마도 부적을 가져가지 않을까 염려해서였을 것이다. 잠시 망설이다가 어머니의 마음을 생각해서 지갑 안에 부적을 넣어두었지만, 곧 잊어버렸다. 어머니의 마음을 사람들이 미신이라고 생각하는 이유는 효과가 없기 때문이다. 부적이 진정으로 나쁜 일을 막아준다면 부적을 지니고 다니지 않을 사람은 없다. 점술을 미신이라 여기는 생각도 점술이 미래를 예측하지 못하기 때문이다.

미래를 궁금해하는 것은 모든 인류의 공통 심리이다. 그리스로마 신화에 나오는 인물 중에 카산드라가 있다. 카산드라는 트로이의 왕 프리아모스의 딸이었다. 올림푸스의 신 아폴로는 젊고 아름다운 카산드라를 유혹하기 위해 예지력을 선물하기로 약속했다. 그리고 그 대가로 하룻밤의 사랑을 약속받았다. 예지력을 선물 받은 카산드라가 약속을 어기고 하룻밤을 거절하자 분노한 아폴로는 누구도 카산드라의 예측을 믿지 않도록 저주를 내렸다. 카산드라는 스파르타의 공격으로 트로이가 멸망할 것을 예언했지만 아무도 믿어주지 않았으며 결국 그녀는 조국이 멸망하는 상황을 지켜봐야만 했다.

미래를 알지만, 자신의 삶이 비극으로 끝나는 것을 막지 못했던 카산드라의 삶처럼 모두가 미래를 안다면 그것은 미래가 아니다. 우리가 미래를 궁금해하는 것은 미래가 결정돼 있지 않기 때문이다. 결정돼 있다면 누구도 미래를 궁금해하지 않는다. 삶의 불확실성, 불안정성이 바로 우리가 미래를 궁금해하는 이유이다.

지금까지 인류가 미래를 예측하는 방법은 크게 두 가지로 나누어 볼 수 있다. 하나는 초월적 존재가 있다고 생각하여 그 초월적 존재에게 미래를 물어보는 것이다. 요즘 사람들이 많이 보는 신점이 이

주나라 초기 수도에서 출토된 갑골문의 숫자괘. 사진 속 숫자를 현대 숫자로 옮기면 八七八七八五 (878785)이다.

종류에 속한다. 갑골복과 같은 점술도 여기에 속한다. 다른 하나는 법칙으로 미래를 예측하는 것이다. 예를 들어 과학과 수학은 적중률 100%의 미래 예측 기술이다. 실재가 운행되는 법칙을 파악하는 과학은 현실이 반드시 그렇게 일어나게 됨을 예측하는 효용성을 지닌다. 우리가 로켓을 달에 보낼 수 있는 이유는 각종 수식으로 표현된 법칙을 가지고 예측하기 때문이다. 주역점도 이와 같은 사유를 통해 만들어진 점법이다. 주역점은 법칙을 이용한 미래 예측 기술의 원시적 형태이다. 지금부터 주역점에 사용된 법칙이 무엇인지 살펴보자.

갑골문에는 갑골복사 외에도 일련의 숫자가 새겨졌다. 이러한 수열은 다양한 시대, 다양한 유물에서 발견되었다. 수열이 가장 많이 새겨진 시기는 은나라와 주나라 초기로, 은나라의 수열 부호는 도기, 거푸집, 숫돌, 청동 예기, 갑골 등에 보인다. 이 중, 갑골문에 새겨진 수열은 갑골 6편에 새겨진 11조항이다.

상갑上甲. 육육육六六六. -『외』448편

을축일에 … 물어봅니다. 다… 조짐을 해석해 말했다. 부을 …. (앞면)

익七, 육일일육六一一六. (뒷면)

- 앞면은 『파리』24, 뒷면은 『문사ㅈㅈ』에 있다.

… 도망하였는데, 재앙이 없을까요? 길하다. 육칠칠육六七七六. -『갑골문 합집』29,074편

… 시癸 … 십육오十六五. -『둔남』4,352편

칠팔칠육칠육일七八七六七六日? 팔육육오팔칠八六六五八七. 칠오칠육육육일七五七六六六日? -『중국고고학보』5

부구阜九, 부육阜六. 칠칠육칠육육七七六七六六. 복조에 물으니 길하다. 육칠팔구육팔六七八九六八. 육칠일육칠구七七一七七九.우友 =====.

안주육기 중 하나인 남궁중정에 새겨진 명문. 왼쪽 마지막 행 하단에 숫자괘가 보인다. 이 숫자들을 현재 숫자로 바꾸면 칠팔육육육육七八六六六六, 팔칠육육육육八七六六六六이다.

안주육기는 송나라 휘종 원년(1118)에 호북 효감현에서 출토된 유물 여섯 개를 말하며, 이 중 남궁중정南宮中鼎은 기원전 978년에 제작된 것으로 밝혀졌다.

- 『고고』 1989-1, 도판 8

위에 인용한 갑골복사에서 알 수 있듯이 갑골문 수열들에 등장하는 숫자는 1·5·6·7·8·9이다. 이 숫자들은 주역점인 서筮와 관련 있다. 서筮는 숫자를 구하는 점술로, 주역점을 행하면 6·7·8·9 네 숫자 중 하나가 나온다.

주역점에 담긴 원리와 구조를 살펴보자. 다산 정약용은 『주역』은 『논어』와 『맹자』처럼 읽을 수 없다고 했는데, 그 이유는 『주역』이 괘卦라는 그림 기호를 중심으로 이루어졌기 때문이다. 괘는 한국 사람이라면 모를 수가 없다. 왜냐하면 대한민국의 국기인 태극기에 네 개의 괘가 그려져 있기 때문이다.

태극기는 『주역』의 원리를 그림으로 표현했다. 태극기에 있는 4개의 괘를 외울 때 흔히 3(☰), 4(☳), 5(☵), 6(☷) 이라는 획수를 가지

태극기의 네 모서리에는 왼쪽 위편부터 오른쪽으로 건, 감, 곤, 리 4개의 괘가 그려져 있다.

고 외우곤 하는데, 이 괘들은 모두 이름이 있다. 왼쪽 위편에 있는 괘의 이름은 건乾(☰)이고, 그 옆에 있는 괘의 이름은 감坎(☵)이고, 왼쪽 아래에 있는 괘의 이름은 리離(☲)이고, 그 오른쪽에 있는 괘의 이름은 곤坤(☷)이다.

이 괘들을 살펴보면 모두 ━과 ━━ 두 개의 그림 기호로만 구성되었다. 이 둘을 효爻라고 부른다. ━은 양 또는 양효라 부르고, ━━은 음 또는 음효라 부른다. 한나라 후기에 허신이 편찬한 최초의 한자 사전인 『설문해자』에 보면 효爻자는 ✕로 그려졌다. 주역점을 행할 때 쓰는 대나무가 엇갈려 있는 모습을 그린 모양이다.

『주역』에서는 ☰, ☵, ☲, ☷을 삼획괘라 부르는데, 그 이유는 ━과 ━━을 세 번 겹쳐서 만들었기 때문이다. 예를 들어 건☰은 ━을 세 번 겹쳐서 만들고, 리☲는 ━ 두 개 사이에 ━━을 겹쳐서 만들었다. 태극기에는 4개의 괘만 있지만, 『주역』에는 총 8개의 삼획괘가 있다.

제외된 4개의 괘는 태兌(☱), 진震(☳), 손巽(☴), 간艮(☶)괘이다. 이 여덟 개의 괘를 8괘라고 부른다. 8괘를 두 번 겹쳐서 괘를 또 만드는데, 이 괘들은 육획괘라고도 부르고, 총 64개(8×8은 64)이므로 64괘라고도 부른다. 예를 들어 8괘의 건☰과 감☵을 겹치면 ䷄(건이 위에, 감이 아래에 있다)이 된다. 이런 방식으로 만들어진 64괘가 『주역』의 본문이다.

그런데 ䷄을 만들고 보니 이 괘를 부를 이름이 필요해졌다. 그래서 삼천여 년 전에 『주역』을 만든 이들이 그림 기호에 이름을 하나씩 붙였다. 예를 들어 ䷅은 송訟괘라 부른다. 이처럼 64괘는 모두 하

64괘 괘상과 괘이름

1. 건乾	2. 곤坤	3. 준屯	4. 몽蒙
5. 수需	6. 송訟	7. 사師	8. 비比
9. 소축小畜	10. 리履	11. 태泰	12. 비否
13. 동인同人	14. 대유大有	15. 겸謙	16. 예豫
17. 수隨	18. 고蠱	19. 임臨	20. 관觀
21. 서합噬嗑	22. 비賁	23. 박剝	24. 복復
25. 무망无妄	26. 대축大畜	27. 이頤	28. 대과大過
29. 감坎	30. 리離	31. 함咸	32. 항恒
33. 둔遯	34. 대장大壯	35. 진晉	36. 명이明夷
37. 가인家人	38. 규睽	39. 건蹇	40. 해解
41. 손損	42. 익益	43. 쾌夬	44. 구姤
45. 췌萃	46. 승升	47. 곤困	48. 정井
49. 혁革	50. 정鼎	51. 진震	52. 간艮
53. 점漸	54. 귀매歸妹	55. 풍豐	56. 여旅
57. 손巽	58. 태兌	59. 환渙	60. 절節
61. 중부中孚	62. 소과小過	63. 기제既濟	64. 미제未濟

나씩 이름이 있는데, 이를 통칭하여 괘이름이라 한다.

주역점을 치면 이 괘를 얻을 수 있다. 우리가 흔히 "어떤 점괘가 나왔어?"라고 말할 때 점괘가 바로 괘이다. 괘를 얻었다면 다음에는 이 괘가 어떤 뜻인지를 알아야 한다. 그럴 때 『주역』 책이 필요하다. 『주역』은 64괘와 386개의 효가 무슨 뜻인지를 적어놓은 책이다. 각각 괘와 효가 무슨 뜻인지 적어 놓은 글을 괘사卦辭, 효사爻辭라고 부른다. 사辭는 글, 말이라는 뜻이다. 다음은 송괘 괘사이다.

☰☵송訟. 소송에서 얻은 것이 있으나 근심하고 경계해야 한다. 중간은 길하나 끝은 흉하다. 대인을 만나면 이로우나 큰 강을 건너면 불리하다.

송괘 괘사 끝에 나오는 "큰 강을 건너면 불리하다"라는 말은 한문으로 불이섭대천不利涉大川인데, 경기도 이천利川은 이섭대천利涉大川에서 '이'와 '천'만 따와서 만든 지명이다. 이천에 가면 '이섭대천로'라는 행정지명이 있다.

하나의 괘는 —(양효)과 --(음효)을 여섯 번 겹쳐서 만든다. 그래서 효에도 의미 부여가 필요했다. 각각의 괘에서 양효와 음효가 무슨 뜻인지 설명하는 글을 효사爻辭라고 한다. 아래는 송괘 효사이다.

초육. 송사를 오래 하지 않아 그만두니, 조금 말이 있으나 마침내 길하다.

구이. 소송에 이기지 못하여 돌아가 도망을 가니, 고을 사람 삼백 호가 재앙이 없다.

육삼. 옛날의 덕을 누리니 점은 위태롭다. 어떤 사람은 왕의 일에 종사하나 이루는 것이 없다.

구사. 송사에 이기지 못하여 돌아오니 왕명이 바뀌었다. 안녕을 묻는 점은 길하다.

구오. 소송은 크게 길하다.

상구. 왕이 허리띠를 내려주었으나, 아침나절에 세 번 빼앗아간다.

효사 앞에 있는 초육, 구이 등은 효이름이다. 효이름은 괘 속에서 효爻를 구별하기 위해 붙인 이름이다. 효이름은 『주역』이 편찬된 처음부터 있지 않았고, 전국시대에 출현하였다. 효이름의 구조와 의미에 대해서는 별첨 주역편 3장에서 자세히 설명하겠다.

효이름 뒤에 있는 글들은 효를 설명하는 효사이다. 송괘 효사를 천천히 읽어 보자. 아마 『주역』을 처음 읽는 사람들은 "이게 뭐야"할 것이다. 지금은 저런 글이 괘효사라는 것만 알고 넘어가고 뒤에서 다시 자세하게 설명하겠다.

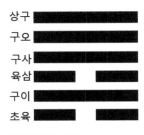

송괘의 괘상과 효이름

지금까지 말한 것을 다시 정리하자면, 『주역』이라는 책은 괘로 이루어졌다. 괘는 효로 이루어졌는데, 이 효는 ▬(양)과 ▬▬(음) 두 가지뿐이다. 『주역』 64괘는 이 효들을 여섯 번 겹쳐 만들었다. 효를 세 번 겹쳐 만든 것이 태극기에 있는 8괘이다. 괘와 효는 그림 기호이므로, 기호를 설명하기 위해 괘사와 효사라는 설명글을 붙였다. 이것이 『주역』의 본문이다.

2. 주역의 원리

주역점, 법칙과 숫자를 이용한 미래 예측

갑골복은 상제로부터 미래에 대한 계시를 내려받는 점술이고, 주역점은 이 세계가 운행되는 법칙으로 미래를 예측한다.

수십만 년 동안 자연을 관찰해 온 인간들은 낮과 밤이 번갈아 등장하는 것을 하루로 삼았고, 달이 차고 이지러지는 것을 한 달로 삼았고, 사계절이 한 번 순환하는 것을 1년으로 삼았다. 『주역』을 만든 이들은 여름이 겨울이 되고, 다시 겨울이 여름이 되는 현상을 관찰하여 세계가 '맞선 둘의 얽힘'으로 운행된다는 점을 깨달았다. 가장 더운 계절과 가장 추운 계절이 순한 운행되며, 길하다고 생각한 일이 흉한 일로 뒤바뀌는 현상을 보며, 세계는 맞선 두 인소가 서로 뒤바뀌는 원리로 운행됨을 깨달았다. 그리고 이 원리와 법칙으로 미래를 예측할 수 있다고 생각하게 되었다.

계절의 순환과 하루 단위의 순환을 깨달은 인간은 세계의 운행

이치를 이해하고 법칙화할 수 있었다. 법칙화의 핵심은 숫자로, 당시 인간들은 반복되는 세계의 운행을 숫자로 표현할 수 있음을 알아냈다. 그 숫자로 현재를 계산하고 미래를 예측하고자 한 것이 주역점이다.

그래서 주역점법에는 우주 생성론과 운행의 원리가 담겼다. 먼저 하나가 갈라져 하늘과 땅이 만들어지고 그 사이에 사람이 있어 삼재를 이루는 과정 즉, 세계 생성의 과정을 대나무를 이용하여 구현하였다. 하늘도 땅도 사계절의 운행을 벗어날 수 없으므로 4로 나누게 되었고, 남은 수는 윤달을 상징한다고 생각하였다. 그렇게 나온 수가 현재를 상징하였다. 그리고 현재를 구성하는 여러 요소 중 변화하는 것을 알아내어 현재가 어떤 미래로 변하는지 예측하고자 하였다.

이 과정에서 사용하는 숫자와 수학적 개념들은 1년의 달수와 사계절을 뜻하는 숫자, 홀짝 개념, 배수 법칙의 개념 등이다. 주역점법은 당시의 천문학, 수학으로 알아낸 만물의 생성과 구성 원리로 만들었다. '세계와 인간이 연결되어 있다'는 천인상관天人相關 사상을 반영한 주역점법은 점치는 자가 현재 속한 시공간의 변화를 읽어내고 그 결과인 괘와 점에 묻는 바를 연관하여 해석함으로써 미래를 예측하는 점술이다.

주역점은 맞얽힘 원리로 만들었다

주역점법을 이루는 요소 중 핵심은 사계절이다. 여름은 더위, 겨울은 추위의 계절이다. 더위와 추위의 순환은 끊임없이 반복된다. 봄과 가을은 그 중간단계이다. 이것이 주역점법에도 구현되어 여름이 겨울로, 겨울이 여름으로 바뀌듯이 ▬(양)이 ▬▬(음)으로 ▬▬(음)이 ▬(양)으로 바뀐다.

　▬(양)과 ▬▬(음)은 더위와 추위라는 서로 극명하게 다른 계절의 성질을 나타내며 서로 얽혀 순환하는 원리를 상징하는 기호가 되었다. 봄·여름이 가을·겨울로 바뀌고 가을·겨울이 봄·여름으로 바뀌듯이, 길吉은 흉凶으로 바뀌고 다시 흉은 길로 바뀐다. 양도 음으로 바뀌고 다시 음이 양으로 바뀐다. 변함도 변하지 않음으로 바뀌고 변하지 않음은 다시 변함으로 바뀐다. 여기서 여름과 겨울, 추위와 더위, ▬과 ▬▬, 음과 양은 서로 성질이 정반대이다. 그런데 서로 맞선 두 인소가 서로 전화轉化한다. 전화轉化란 뒤바뀜을 말한다. 그 이유는 서로 얽혀 있기 때문이다. 여름과 겨울이, 추위와 더위가, 길과 흉이, 음과 양이 서로 얽혀 있지 않다면 전화하는 현상은 발생할 수 없다. 맞선 둘이 하나로 얽힘, 그것이 맞얽힘이다. 주역점법은 맞얽힘의 원리로 만들었고 맞얽힘을 기호로 표시한다.

　주역점법을 만든 이들은 여름과 겨울의 뒤바뀜으로 맞얽힘의 원리를 발견하였다. 그런데 여름과 겨울은 한순간에 뒤바뀌지 않는다. 그 중간에는 봄과 가을이라는 변화의 단계가 있다. 봄은 추위가 물러가고 점차 더워지는 계절이다. 양기가 점차 올라오는 계절이다. 그래서 봄은 소양少陽에 해당한다. 소少는 적다는 뜻으로 소양少陽은 양陽이 적다는 뜻이다. 주역점법에서는 봄을 숫자 7로 표현한다. 여름은 더위가 극에 달하는 계절이므로 노양老陽에 해당한다. 노老는 극에 달한다, 왕성하다는 뜻으로 노양老陽은 양이 왕성해짐을 뜻한다. 주역점법에서는 여름을 숫자 9로 표현한다. 가을은 더위가 물러가고 점차 추워지는 계절이다. 음기가 점차 올라오는 계절이다. 그래서 가을은 소음少陰에 해당한다. 주역점법에서는 가을을 숫자 8로 표현한다. 겨울은 추위가 극에 달하는 계절이므로 노음老陰에 해당한다. 주역점법에서는 겨울을 숫자 6으로 표현한다. 소양, 노양, 소음, 노음이라는 네 가지 상태는 음과 양이라는 두 인소가 어떻게 결합하느냐에 따라 발생한다. 이를 표로 정리하면 다음과 같다.

음과 양의 맞얽힘

음 - 양 소양(봄)	양 - 양 노양(여름)
양 - 음 소음(가을)	음 - 음 노음(겨울)

봄은 음이 양으로 변하는 상태이므로, 음과 양이 결합했다. 여름은 양이 극으로 치닫는 계절이므로, 양과 양이 결합했다. 가을은 양이 음으로 변하는 계절이므로, 양과 음이 결합했다. 겨울은 음이 극으로 치닫는 계절이므로, 음과 음이 결합했다. 이처럼 음과 양의 맞얽힘은 음양, 양양, 양음, 음음이라는 네 가지 상태를 만든다.

맞얽힌 두 인소는 네 가지 양태를 만든다. 주역점법에서는 이를 6·7·8·9의 네 숫자로 표현하였다. 홀수인 7·9는 양을 상징하고, 짝수인 6·8은 음을 상징한다. 6·7·8·9 중에서 6과 9가 끝에 자리해 각각 겨울과 여름을 상징한다. 7과 8은 중간에 자리해서 중간 단계인 봄과 가을을 상징한다.

그리고 봄과 가을은 불변不變(변하지 않음)을 상징한다. 왜냐하면 봄 다음에는 같은 양에 속하는 여름이 오고, 가을 다음에는 같은 음에 속하는 겨울이 오기 때문이다. 겨울과 여름은 변變을 상징한다. 겨울과 여름 다음에는 각각 더위와 추위가 시작되기 때문이다. 주역점은 6·7·8·9 네 가지 숫자로 미래를 예측하는 점술이다. 주역점은 맞얽힌 두 인소의 변화로 미래를 예측하는 점술이다.

━(양)과 ━━(음)의 유래는 숫자

앞서 갑골문에 새겨져 있는 숫자들이 주역점법과 관련이 있다고 설명하였다. 이 숫자들의 정체가 밝혀진 것은 20세기 후반 고대 무덤이 발굴되면서였다. 1972년 마왕뚜이에서 비단에 쓴 『백서 주역』이 발굴된 뒤 잇따라 고대 무덤에서 역서易書들이 발굴되었다. 1994년까지 무덤에서 출토된 고대 역서는 7개에 이르렀는데, 전부 전국시대부터 한나라 초기까지 만들어진 것들이었다. 그중 괘의 옛 형태가 그려진 역서들을 통해 갑골과 청동기 유물 등에 새겨진 숫자들이 괘의 원형임이 밝혀졌다.

갑골과 고대 유물, 무덤에서 출토된 역서에 등장하는 숫자들은 1, 5, 6, 7, 8, 9이다. 이 숫자들은 모양이 숫자이지만 괘의 역할을 한다. 그래서 숫자괘라고 한다. 숫자괘들이 현재 『주역』에 보이는 기호괘가 되기 위해서는 숫자괘 → 숫자 기호괘 → 기호괘로 변화하는 과정을 거쳐야만 했다. 숫자 기호괘는 모양이 숫자이지만 기호로써 작동하는 괘이다. 숫자가 상징되어야 기호가 된다. 그러기 위해서는 숫자가 짝수와 홀수라는 상징을 획득해야 한다. 이는 먼저 홀수와 짝수라는 개념이 생겨나야 가능하다. 마지막 기호괘는 숫자의 모양이 사라지고 온전히 상징으로만 작동하는 ━,╍으로 이루어진 괘를 말한다.

1978년에 발굴된 후베이성 장링현 천성관 죽간 『주역』은 지금까지 발굴된 『주역』 중 가장 이른 시기의 『주역』으로 알려졌다. 죽간은 대나무에 쓴 책이다. 천성관 1호 묘는 전국시대인 기원전 340년 전후에 조성된 묘로 추정되며, 무덤에 묻힌 이는 초나라의 영윤 반승이라는 사람이었다. 천성관 죽간에서 괘는 일─·오五·육六·칠七·팔∧ 다섯 개의 숫자로 이루어졌다. 이로써 적어도 기원전 340년까지는 숫자괘에서 숫자 기호괘로의 변환이 이루어지지 않았음을 알 수 있다.

남궁중정에 새겨져 있는 숫자괘.

또 하나의 중요한 고대 무덤 출토 역서는 상하이 박물관 소장 초간이다. 줄여서 상박초간이라 부른다. 도굴범들이 무덤에서 훔쳐갔다가 1994년 홍콩 시장에 내놓은 것을 상하이 박물관에서 사들인 죽간이다. 죽간에 쓰인 문자가 초나라 때로 판명되어 초나라 죽간이라는 뜻의 초간이라고 부른다. 전국시대 말기 초나라 귀족의 묘

상박초간에 그려진
수천수需괘의 괘상.

에서 나온 것으로 추정된다, 상박초간은 쉰여덟 조각의 죽간에 34괘의 괘상과 괘효사가 기록되었다. 각 괘에는 먼저 괘상이 나오고, 이어서 괘 이름, 괘사를 기록하고, 이어서 효의 이름과 효사가 쓰였다. 왼쪽에 있는 상박초간의 괘상에서 알 수 있듯이 음효는 ⋏, 양효는 — 로 그려졌다. 이때부터 홀수와 짝수라는 개념이 등장한 것으로 보인다.

　　1977년 안후이성 부양현 쌍고퇴에서도 죽간 역서가 출토되었다. 이 묘는 한나라 초기 하후조 부부 합장묘로, 하후조는 한나라의 개국공신 하후영의 아들로, 죽간은 기원전 165년에 땅속에 묻혔다. 이 죽간은 부양한간이라고 불린다. 부양한간은 한나라 초기의 죽간으로, 64괘 중 40여 괘가 기록되었다. 부양한간에서 임䷒괘는 ䷒로 그려졌다. 마지막으로 가장 중요한 고대 무덤 출토 역서는 마왕뚜이 『백서 주역』이다. 『백서 주역』에는 64괘가 모두 그려졌는데, 여기서 음효는 ノ乚로 그려져 있다.

　　정리하자면, 전국시대 중기에 만들어진 역서에는 일—·오五·육六·칠七·팔八 등의 숫자로 괘를 표기하였다. 이때까지는 숫자괘를 사용하였다. 그 이후 출토된 역서에서는 양효는 모두 —으로 그려져 있지만, 음효는 ⋏ → ∧ → ノ乚으로 그 모양이 변화했는데, 이것들은 모두 숫자 기호괘이다.

　　그리고 후한 영제가 통치하던 기원후 168년에서 189년 사이에

낙양의 태학에서 『주역』 등 일곱 경전을 돌에 새겼는데, 거기에는 괘가 —, --으로 새겨졌다. 이때부터 우리가 지금 사용하는 기호괘가 등장하였다.

8괘는 세 명이 동시에 점을 쳤을 때 일어나는 8가지 사건

1장에서 삼복제로 갑골복을 행하면 나오는 경우의 수를 살펴보았다. 이때 나올 수 있는 경우의 수는 여덟 가지이다.

	우복	원복	좌복
1.	길	길	길
2.	길	길	흉
3.	길	흉	길
4.	길	흉	흉
5.	흉	길	길
6.	흉	길	흉
7.	흉	흉	길
8.	흉	흉	흉

여기서 길을 —, 흉을 --으로 바꾸어 보자.

1. — -- —

2. ━ ━ ┄

3. ━ ┄ ━

4. ━ ━━━

5. ┄ ━━

6. ┄ ━ ┄

7. ━━━ ━

8. ━ ━ ━

이렇게 나온 결과를 세로로 쓰면 삼획괘로 이루어진 8괘가 나
온다.

1. ☰

2. ☱

3. ☲

4. ☳

5. ☴

6. ☵

7. ☶

8. ☷

이로써 8괘가 삼복제에서 유래했음을 알 수 있으며, 또한 8괘의
의미를 알 수 있다. 그것은 주역점을 쳤을 때 나올 수 있는 경우의

수를 미리 확정한 것이다. 삼복제로 주역점을 쳤을 때 나오는 미래는 여덟 가지 중 하나이다. 은허에서 출토된 초기 갑골복에 '육육육☲☲☲' 같은 서수의 등장도 삼복제에서 8괘가 만들어졌음을 뒷받침한다.

64괘는 미래에 일어날 수 있는 64가지 사건

갑골복의 정반대정도 경우의 수가 나온다. 정반대정으로 점복을 행하면 아래와 같이 경우의 수가 나온다.

부를 정벌할까요?	부를 정벌하지 말까요?
길	길
흉	길
길	흉
흉	흉

이 갑골복사는 실제로 행해진 점복으로, 『병』 1편이라는 갑골에 새겨졌다. 위 갑골복사에서 보듯이 점문을 '정벌할까요?'와 '정벌하지 말까요?'처럼 정반으로 하면 그 대답으로 나올 수 있는 경우의 수는 네 가지이다. 그런데 여기서 중요한 문제가 생긴다. 해석이 서로 같게 나올 때 선택이 불가능해진다.

위 사례에서 첫 번째와 네 번째 경우를 보자. '부를 정벌할까요?'

에 대한 길은 정벌하라다. '정벌하지 말까요?'에 대한 길은 정벌하지
말라다. 이 경우에는 선택할 수 없다. 둘 다 흉이 나온 네 번째 경우
도 마찬가지로 선택할 수 없다. 점복은 선택하기 위해 상제에게 묻
는 것인데, 선택할 수 없다면 점복을 다시 행해야 한다.

앞서 살펴보았듯이 이 문제를 해결하려면 홀수로 점복을 행해야
한다. 그렇다면 삼복제를 행할 수밖에 없다. 정반대정의 형식으로
세 명이 동시에 점복을 행할 때의 경우의 수는 4×4×4인 64가지로
늘어난다. 이로부터 64괘가 탄생하였다. 정반대정과 삼복을 결합해
점복을 행하다 64괘가 만들어졌다.

예를 들어 설명하겠다. 위에서 예로 든 정반대정의 형식으로 삼
복을 행하면 다음과 같은 결과가 나온다.

갑골복에서 정반대정과 삼복의 결과

	부를 정벌할까요	부를 정벌할까요
원복	길	흉
우복	흉	길
좌복	흉	길

길을 ━, 흉을 ╍으로 바꾸면 아래와 같다.

주역점법에서 정반대정과 삼복의 결과

	부를 정벌할까요	부를 정벌하지 말까요
원복	━	╍
우복	╍	━
좌복	╍	━

왼쪽에 있는 괘를 위로 올리고 오른쪽에 있는 괘를 아래에 놓으면 손☴괘가 나온다. 이런 방식으로 64가지 경우의 수를 모두 괘로 변환할 수 있다.

이로부터 알 수 있는 것은 64괘는 미래에서 일어날 수 있는 모든 사건을 미리 확정하여 보여주는 기호라는 점이다. 정반대정은 긍정과 부정이라는 맞얽힌 양면에서 점을 치는 것이고, 그것을 세 차례나 반복해서 행했기 때문에 64괘가 미래에서 일어날 수 있는 모든 사건을 포괄한다고 생각했다. 그리고 64괘가 확정된 이후 세 명이 정반대정 방식으로 치던 주역점법은 혼자서 64괘를 구하는 방식으로 바뀌었을 것이다.

64괘가 정반대정과 삼복제로에서 만들어진 것이라면 괘의 의미가 달라진다. 64괘의 아랫괘와 윗괘는 한 사건의 정과 반이라는 의미를 지닌다. 8괘는 —(양)과 --(음)이라는 맞얽힘이 서로 번갈아 나타나면서 이루어지고, 8괘가 맞얽혀서 64괘를 이룬다. 64괘는 세계에서 나타날 수 있는 모든 사건을 상징하며, 괘는 맞얽힘이 중첩되어 만들어졌음을 뜻한다.

3. 주역이 생각하는 것들

괘卦, 길과 흉의 맞얽힘이 만든 사건

『주역』은 주나라 초기 점관들이 지은 책이다. 점관들은 하나의 괘가 하나의 사건을 의미한다고 보았다. 64괘 괘효사들은 전부 특정한 사건을 이야기한다. 사건들은 매우 다양하다. 역사 고사도 있고, 농사짓는 과정에서 벌어지는 이야기도 있고, 왕이 어떻게 정치를 펼쳐야 하는지를 이야기하는 괘효사도 있다.

☲ 리離. 점에 묻는 일은 이롭고 형통하다. 암소를 기르면 길하다.

초구. 어지러운 발자국 소리를 들으니, 경계하면 재앙이 없다.

육이. 꾀꼬리로 점을 치니 크게 길하다.

구삼. 해가 기우는데 적이 침입하였다. 부缶(질그릇으로 악기로도 사용하였다)를 치지 않고 소리를 지르고 늙은이는 탄식한다. 흉하다.

구사. 적이 갑자기 쳐들어와, 불태우고 죽이고 내던져버린다.

육오. 눈물을 줄줄 흘리며 슬퍼하고 탄식한다. 길하다.

상구. 왕이 출정하여 가나라의 왕을 참수하고, 적의 무리를 사로잡았다. 재앙은 없다.

리괘는 적의 공격을 받아 사람들이 죽고 다치고 가옥이 불타는 재앙을 겪고 난 뒤 반격하는 사건을 서술한다. 초구에서 말하는 어지러운 발자국 소리란 적군이 공격을 준비하는 모습을 그린 것이고, 육이는 적군과 싸우면 이길 것인지를 점쳐 봤더니 길을 얻었음을 말하고, 구삼은 저녁에 적의 기습을 받아 당황해하는 모습을 그리고 있으며, 구사는 적의 공격으로 생민들이 죽어 나가는 모습을 그리고 있으며, 육오는 슬퍼하고 괴로워하는 모습을 그렸다. 마지막 상구에서는 왕이 군사를 이끌고 적군을 공격하여 마침내 승리하는 모습을 서술한다. 리괘는 적의 습격부터 습격에 반격하는 과정까지를 하나의 사건으로 서술한다.

그런데 그 사건은 길과 흉의 맞얽힘으로 이루어져 있다. 리괘 효사를 길과 흉으로 분석해 보면 다음과 같다.

초구. 어지러운 발자국 소리를 들으니, 경계하면 재앙이 없다. → 길

육이. 꾀꼬리로 점을 치니 크게 길하다. → 길

구삼. 해가 기우는데 적이 침입하였다. 부를 치지 않고 소리를 지르고 늙은이는 탄식한다. 흉하다. → 흉

구사. 적이 갑자기 쳐들어와, 불태우고 죽이고 내던져버린다. → 흉

육오. 눈물을 줄줄 흘리며 슬퍼하고 탄식한다. 길하다. → 흉이 길로 변하였다.

상구. 왕이 출정하여 가나라의 왕을 참수하고, 적의 무리를 사로잡았다. 재앙은 없다. → 길

리괘의 여섯 효에서 사건은 길 → 길 → 흉 → 흉 → (흉 → 길) → 길로 변한다. 육오 효사에서는 슬퍼하고 탄식하고 있는데 마지막에 길로 끝난다. 슬퍼하고 탄식하는 것은 흉한 일이다. 그런데 길로 끝난다. 이처럼 하나의 효사 안에서 흉이 길로 전화하는 과정을 보여주기도 하지만, 대체로 하나의 효사는 길 또는 흉을 상징한다. 괘

는 여섯 개의 작은 사건인 효가 상징하는 길과 흉이 번갈아 나타나면서 이루어지는 사건이다. 나머지 63개의 괘도 모두 이와 같은 형태로 길과 흉의 맞얽힘이 만든 사건을 상징한다.

☰ 소축小畜. 형통하다. 짙은 구름이 일어도 비가 오지 않으니, 우리 서쪽들부터이다.

초구. 논밭에서 돌아오니 무슨 재앙이 있겠는가. 길하다.

구이. 끌면서 돌아오니 길하다.

구삼. 수레의 바퀴통이 떨어져 나가니, 부부가 서로 다툰다.

육사. 포로를 사로잡아 근심은 없어졌으나 경계하면 재앙은 없다.

구오. 포로를 사로잡아 단단히 묶었으니, 이웃과 함께 복을 받는다.

상구. 비가 내렸다가 개었으니, 아직 수레에 실을 수 있다. 여자가 점에 묻는 일은 위태롭다. 보름이 지나 군자가 정벌하면 흉하다.

소축괘는 부부가 함께 농사짓는 것을 소재로 기술하였다. 괘사에서는 하늘을 바라보며 비가 오기를 바라는 모습을 기술하였으며, 초구에서는 하루의 농사일을 마치고 무사히 돌아왔음을 말하고 있으며, 구이에서는 농작물을 수레에 싣고 끌면서 돌아오는 것을 말하며, 구삼에서는 수레를 끌고 오다가 바퀴통이 떨어져 나가 부부가 서로 티격태격하는 모습을 서술하며, 육사에서는 수확한 농작물을 훔쳐가려는 도적을 사로잡고 경계를 강화하는 모습을 서술하며,

구오에서는 잡은 도둑을 단단히 묶고 이웃과 함께 기뻐하는 모습을 그리며, 상구에서는 아내가 수레에 실은 농작물을 도둑맞자 남편이 도둑을 찾아 떠나려 하는 내용을 서술하였다.

소축괘 초구는 길, 구이도 길, 구삼은 흉, 육사는 길, 구오는 길, 상구는 흉을 상징한다.

䷓ 관觀. 제사를 바치며 술을 땅에 뿌렸으나 제물을 올리지 않았다. 큰 포로가 있어 제물로 올린다.

초육. 어리게 살피니, 소인은 재앙이 없으나 군자는 어렵다.

육이. 엿본다. 여자가 점에 묻는 일은 이롭다.

육삼. 나의 생민生民을 살펴서 들이고 물리친다.

육사. 나라의 찬란함을 살피고 왕의 빈객이 되니 이롭다.

구오. 나의 생민生民을 살피니 군자는 재앙이 없다.

상구. 다른 나라의 생민生民을 살피니, 군자는 재앙이 없다.

관괘의 '관觀'은 보다, 살핀다는 뜻이다. 관괘는 살피는 행위로 사건을 서술한다. 먼저 초육의 어리게 살핀다는 것은 소인이 살피는 것을 말한다. 소인小人은 문자 그대로 작은 사람 즉, 어린아이이다. 어린아이가 살피니 소인은 재앙이 없지만, 군자는 어려움이 있다. 육이는 여자가 방 안에 앉아서 문틈으로 엿보고 있음을 말한다. 그래서 여자의 일은 이롭다고 한 것이다. 육삼은 군자가 사람들을 잘 관찰해서 쓸 만한 사람은 들이고 쓰지 못할 사람은 물리침을 말한다. 육사는 다른 나라로 가서 그 나라의 문물 발달 정도를 살피고 그 나라 왕의 빈객이 되었음을 말한다. 이 효사의 원문은 '관국지광觀國之光'으로, 우리가 지금 흔히 사용하는 관광觀光이란 단어는 여기서 유래하였다. 구오는 내가 다스리는 나라의 사람들을 잘 살피는 일이며, 상구는 다른 나라 즉 천하를 잘 살피는 것이다.

이렇듯 관괘는 어린아이가 살피고, 그다음에는 여자가 살피고, 그다음에는 남자가 내 주위 사람을 살피고, 내가 사는 나라의 정치를 살피고, 내가 다스리는 나라의 사람들을 살피고, 마지막으로 천하를 살핀다. 그 살피는 범위를 점점 더 확대해 사건을 서술한다.

위에서 예로 든 괘뿐 아니라 64괘는 전부 하나의 사건을 서술한다. 사건은 여섯 단계의 변화를 거친다. 여섯 효는 변화의 생성과 전개 그리고 사건의 종료를 상징한다. 초효와 이효는 사건의 생성, 삼효부터 사효까지는 사건의 전개, 오효와 상효는 사건의 마무리를 서술한다. 이러한 전개는 맞얽힌 길과 흉의 뒤바뀜으로 이루어진다.

길과 흉의 맞얽힘에 의해 하나의 사건이 만들어지고, 하나의 사건은 맞얽힘의 총체라는 의미를 지닌다. 64개의 사건이 모여 이루어진 세계는 끊임없는 맞얽힘의 연속이다.

길과 흉은 서로 뒤바뀐다

괘효사의 문장 형식은 두 가지로, 첫째는 '기사체 문장 + 점단사'로 이루어진 형식이고, 두 번째는 '기사체 문장'만 있는 형식이다.

기사체 문장이란 하나의 사건을 서술하는 문장을 말하고, 점단사占斷辭는 괘효가 길한지 흉한지를 판단하게 해주는 글이다. 길, 흉 글자들이 대표적 점단사이다. 그러나 기사체 문장은 그 자체로 길 또는 흉의 의미를 담고 있어, 문장만으로도 길한지 흉한지를 판단할 수 있다.

䷧ 해解. 서남쪽이 이롭다. 갈 곳이 없다면 돌아오는 것이 길하다. 갈 곳이 있다면 일찍 가는 것이 길하다.

초육. 재앙은 없다.

구이. 사냥해 여우 세 마리를 잡고, 누런 화살촉을 얻었다. 점에 묻는 일은 길하다.

육삼. 여우를 담은 망을 지고 말을 탔으니 도적을 불러들인다. 점에 묻는 일은 어렵다.

구사. 여우를 잡은 망을 끌어 벗기는데, 벗이 와서 벗기는 것을 도와주었다.

육오. 군자는 여우를 묶었다가 풀어주니 길하다. 잡은 여우는 소인이 가져갔다.

상육. 공公이 높은 성벽에서 매를 쏘아 잡으니 이롭지 않음이 없다. 해괘의 효사는 모두 길 또는 흉의 의미를 지닌다.

초육 → 길

구이 → 길

육삼 → 흉

구사 → 길

육오 → 길

상육 → 길

초육, 구이까지는 길이었으나 육삼에서 흉으로 바뀌었다. 그리고 다시 구사에서 상육까지는 길이다. 변화가 이루어지면서 길과 흉이 상호전화한다. 송(䷅)괘 효사들은 이러한 점이 분명하게 드러난다.

초육. 송사를 오래 하지 않아 그만두니, 조금 말이 있으나 마침내 길하다.

구이. 소송에 이기지 못하여 돌아가 도망을 가니, 고을 사람 삼백 호가 재앙이 없다.

육삼. 옛날의 덕을 누리니 점은 위태롭다. 어떤 사람은 왕의 일에 종사하나 이루는 것이 없다.

구사. 송사에 이기지 못하여 돌아오니 왕명이 바뀌었다. 안녕을 묻는 점은 길하다.

구오. 소송은 크게 길하다.

상구. 왕이 허리띠를 내려주었으나, 아침나절에 세 번 빼앗아간다.

송괘는 '소송'을 뜻하는 괘로, 소송이 진행되는 단계에 따라 길과 흉이 어지럽게 얽혀 있다. 간략하게 정리하면 다음과 같다.

초육. 흉 → 길

구이. 흉 → 길

육삼. 흉

구사. 흉 → 길

구오. 길

상구. 길 → 흉

소송이라는 하나의 사건이 변화하면서 각 단계에서 길과 흉이 번갈아가며 어지럽게 나타난다. 흉한 줄 알았는데 길로 변하고, 길인 줄 알았는데 흉으로 변한다. 길과 흉은 서로 전화한다. 우리가 인생에서 겪는 사건은 길과 흉으로 나뉜다. 그런데 인생은 마냥 길하지도 않고, 마냥 흉하지도 않다. 길과 흉이 서로 전화하면서 나타난다. 길과 흉이 서로 전화하는 이유는 길과 흉이 하나로 얽혀 있어서이다.

길과 흉의 전화는 『주역』 효사의 문장에서 흔히 나타난다.

몽괘 초육. 족쇄와 수갑에서 벗어나게 하나, 가면 어렵다.

족쇄와 수갑은 옥죄고 구속하는 도구다. 이를 벗었으니 길하다. 그런데 효사의 끝에서는 어렵다고 말한다. 간다는 것은 시간의 흐름을 뜻한다. 가면 어렵다는 것은 시간이 흐르면 흉이 됨을 뜻한다.

리괘 구사. 호랑이 꼬리를 밟아 두려워하나 끝내 길하다.

호랑이 꼬리를 밟았으니 물려 죽는 일만 남았다. 이보다 흉한 일
은 없다. 그런데 길하다고 한다.

송괘 상구. 왕이 허리띠를 내려주었으나, 아침나절에 세 번 빼앗아
간다.

왕조 국가에서 왕이 허리띠를 내려주는 것은 무척 상서로운 일
이다. 경사도 이보다 경사가 없다. 그런데 내려주자마자 세 번이나
주었다 빼앗아갔다. 왕이 내려준 물건을 다시 빼앗아간 일만큼 흉
한 일은 없다. 그런데 그것도 아침나절에 세 번이나 주었다 빼앗아
가니 마음이 천국과 지옥을 오간다.

절괘 육삼. 검소하지 않으니 한탄하게 될 것이나, 재앙은 없다.
검소하지 않고 흥청망청하게 쓰니 언젠가는 다 쓰고 신세 한탄
할 날이 올 것이다. 그런데 재앙이 없다고 말한다.

비賁괘 구삼. 화려하게 꾸미고, 땀에 젖었다. 오랜 기간의 일을 점
에 물으니 길하다.

파티가 있어 화려하게 차려입고 화장도 화사하게 했는데, 땀에

젖었으니 모든 것이 허사가 되었고 기분은 엉망진창이다. 그런데 길하다고 한다.

이처럼 길과 흉은 맞얽혀 서로 전화한다.

변화는 점진적으로 이루어진다

괘는 여섯 개의 효로 이루어진다. 이 효들은 사건의 변화 과정을 상징한다. 여섯 효의 효사는 점진적으로 변화를 서술한다. 초효에서 상효에 이르기까지 단계를 밟아 상승하는 방식으로 효사를 서술한다. 대표적인 괘가 점漸(☴☶)괘이다.

초육. 기러기가 물가로 날아간다.
육이. 기러기가 물가 흙더미로 날아간다.
구삼. 기러기가 높은 평지로 날아간다.
육사. 기러기가 나무로 날아간다.
구오. 기러기가 언덕으로 날아간다.
상구. 기러기가 큰 산으로 날아간다.

점괘의 괘이름인 점漸은 점진적으로 나아감을 뜻하는 글자이므로, 효사에서는 물가에 있던 기러기가 물에서 벗어나 산으로 나아가는 현실을 단계별로 묘사한다.

간艮(☶☶)괘는 내 몸을 살피는 것을 소재로 삼아 발에서 시작하여 점점 위로 올라간다.

> 초육. 발을 살피니, 재앙이 없다.
> 육이. 장딴지를 살핀다.
> 구삼. 허리를 살핀다.
> 육사. 가슴과 배를 살핀다.
> 육오. 얼굴을 살핀다.
> 상구. 머리를 살피니 길하다.

효사는 사건을 점진적 변화로 묘사했다. 당시 『주역』을 만든 점관들은 사건의 변화가 단계적으로 이루어지지 결코 하루아침에 이루어지는 일이 아니라고 생각했음을 알 수 있다. 만약 어떠한 변화가 단숨에 이루어진다고 느끼면, 그것은 그 변화가 나타나기 전까지 낌새를 알아차리지 못했을 뿐이다. 그러므로 공자는 변화의 낌새를 파악하는 것을 강조하였다. 공자는 건괘 구삼 효사 "군자가 날이 마치도록 굳세고 굳세게 해서 저녁에 두려운 듯하면, 위태로우나 재앙은 없다"라고 설명하면서 "변화의 지극함을 알아야 낌새를 파악할 수 있다"라고 말했다. 공자의 말은 길이 지극함에 이르러야 흉으로 변하므로, 길이 지극한 때를 알면 그것이 흉으로 변하는 낌새를 알아챌 수 있다는 뜻이다. 여름에 더위가 극에 달했을 때 추위가 시작되는 때이므로, 맞얽힘의 원리를 아는 자는 더위가 극에 달했을 때 추위가 시작되는 낌새를 알아챈다.

극에 달하면 반면으로 뒤바뀐다

길은 흉으로 전화하고, 흉은 길로 전화한다. 전화는 저절로 일어나는 것이 아니라 길이 궁극에 달하고 흉이 궁극에 달해야 일어난다. 궁극에 달한 길은 더 나아갈 수 없으므로 맞얽힌 흉으로 전화한다. 이것을 '물극필반物極必反'이라고 한다. 물극필반은 '사물의 변화는 궁극에 달하면 반드시 반면으로 전화한다' 뜻이다. 여기서 반면은 정면과 맞얽힌 반면으로, 맞얽힘을 이루는 두 인소 중 다른 인소를 뜻한다.

이 물극필반의 법칙이 가장 잘 드러나는 괘가 건乾괘이다.

초구. 잠겨 있는 용이니 움직이지 말라(잠룡물용潛龍勿用).

구이. 용이 들에 나타났으니, 대인을 만나보는 것이 이롭다(현룡재전見龍在田, 이견대인利見大人).

구삼. 군자가 종일 힘쓰고 또 힘쓰며, 밤에는 두려워하면 위태로우나 재앙은 없다(군자종일건건君子終日乾乾, 석척약夕惕若, 여무구厲无咎).

구사. 용이 간혹 뛰어올라 연못에 있으나 재앙은 없다(혹약재연或躍在淵, 무구无咎).

구오. 용이 날아올라 하늘에 있으니 대인을 만나보는 것이 이롭다(비룡재천飛龍在天, 이견대인利見大人).

상구. 끝까지 올라간 용은 후회하게 된다(항룡유회亢龍有悔).

용구. 나타난 용들의 머리가 없다. 길하다(현군룡무수見羣龍无首, 길吉).

처음 변화가 시작될 때는 초구 잠룡의 단계에 비유하였다. 변화가 진행되면서 잠긴 용이 점차 땅 위로 올라오고 끝내 하늘에 올라갔다가 극에 달하여 다시 반면으로 전화한다. 특이한 점은 상구효 다음에 용구라는 효사가 하나 더 있다. 괘는 모두 여섯 효로 이루어졌지만, 첫 번째 괘인 건괘와 두 번째 괘인 곤괘는 효가 하나씩 더 있다. 건괘에는 용구用九, 곤괘에는 용육用六 효가 있다. 용用은 건괘와 곤괘의 여섯 효가 모두 변효임을 뜻한다. 점을 쳐서 건괘의 여섯 효가 모두 숫자 9가 나오면 용구 효사로 풀이한다. 곤괘의 여섯 효가 모두 숫자 6이 나오면 용육 효사로 풀이한다. 이렇게 건괘와 곤괘에만 모든 효가 다 변하는 것을 의미하는 용구, 용육효가 있음은 물극필반을 보여주기 위해서이다.

건괘 여섯 효가 의미하는 바를 정리하면 다음과 같다.

초구. 잠룡 → 아직 때가 아니니 움직이면 안 된다.

구이. 현룡 → 일이 이제 시작되니 유력자의 도움을 받는 것이 좋은 때이다.

구삼. 인간 → 성실과 겸손으로 임해야 한다.

구사. 약룡 → 때가 다가와 일이 이루어지는 단계로 아직 재앙은 없다.

구오. 비룡 → 일이 이루어졌다. 더 올라가지 말라는 유력자의 조언이 필요하다.

상구. 항룡 → 극에 달하여 후회한다.

용구. 무수룡 → 머리가 없다는 건 일이 처음부터 다시 시작된다는 의미이다.

용은 아주 상서로운 동물로, 지금까지 건괘에 등장하는 용龍은 왕, 군주를 상징하는 것으로 해석해왔다. 조선 세종 대에 〈용비어천가〉를 지어 목조에서 태종까지 여섯 왕에 걸쳐 건국의 과정을 노래하였던 것도 용을 왕의 상징으로 보았기 때문이다.

『설문해자』에서는 용龍에 대해 "비늘 달린 동물 중의 우두머리다. 숨을 수도 있고 나타날 수도 있으며 아주 작아질 수도 있고 아주 커질 수도 있으며 짧아질 수도 있고 길어질 수도 있다. 춘분이면 하늘에 오르고, 추분이면 깊은 못 속으로 잠긴다"라고 설명한다. 숨음과 나타남, 작아짐과 커짐, 짧음과 긺, 춘분과 추분, 하늘과 못은 맞얽힌 두 인소이다. 용은 맞얽힌 두 인소 사이를 오가는 동물로, 건괘에서 용을 등장시킨 이유는 비늘 달린 동물의 우두머리라는 점도 있지만, 용의 이러한 맞얽힘을 상징으로 삼았기 때문이다.

용은 맞얽힌 두 인소 간에 전화하면서 일어나는 사건을 상징한다. 그 사건은 잠룡 → 현룡 → 약룡 → 비룡 → 항룡의 단계를 거쳐 변화한다. 잠룡, 비룡 같은 단어들은 맞얽힘의 변화에 따라 나타나는 사건을 상징하는 용어이다. 구오의 비룡까지는 순탄하게 변화가 이루어진다. 이때의 변화는 사건이나 일이 점차 완성되어 가는 과정이다. 그러나, 최고 정점에 도달한 순간 후회하기 시작한다. 그것을 보여주는 것이 상구의 항룡이다. 항룡이 후회하는 것은 물극필반 때문이다. 상극에 도달했으니 다시 맞얽힌 반면으로 돌아가 초구부터 시작해야 하므로 후회한다. 이처럼 건괘는 물극필반을 보여준다.

삼재三才, 하늘·땅·사람의 연결

주역점을 행할 때 천책에서 하나의 서죽을 들어 천책과 지책 사이에 놓아 사람의 상象으로 삼은 것은 사람이 하늘과 땅 사이에 있음을 의미한다. 이를 '걸어놓는다'고 한 말은 사람이 하늘과 땅을 잇는 존재라는 의미를 표현한 것이다. 이러한 사람과 사물의 관계에 대한 인식은 효사의 배치에도 반영된다.

초구. 숨어 있는 용이니 움직이지 말라.

구이. 용이 들에 나타났으니, 대인을 만나보는 것이 이롭다.

구삼. 군자가 종일 힘쓰고 또 힘쓰며, 밤에는 두려워하면 위태로우나 재앙은 없다.

구사. 용이 갑자기 뛰어올라 연못에 있으나 재앙은 없다.

구오. 용이 날아올라 하늘에 있으니 대인을 만나보는 것이 이롭다.

상구. 끝까지 올라간 용은 후회하게 된다.

건괘 초구와 구이는 용이 땅 아래와 땅에 나타난다. 그다음 구삼 효사는 '군자'로 시작하여 사람이 해야 할 일이 적혔다. 구사에서 용은 땅에 있다가 뛰어올라 땅보다 높은 곳인 연못에 있다. 연못은 땅과 하늘의 가운데를 의미한다. 구오와 상구의 용은 하늘에 있다. 이는 주역점법에 나타난 하늘과 땅 사이에 사람이 존재한다는 세계 인식에 따라 효사를 배치한 것이다.

이 인식을 훗날 역전에서는 삼재三才라고 지칭하였다. 재才에 대해 『설문해자』에서는 "풀과 나무의 처음이다"라고 설명한다. 재才는 '처음'을 뜻하며, 삼재는 이 세계의 처음에 천지인 세 개의 재가 있었음을 뜻하는 사상이다. 천지인 삼재 사상은 사람은 땅과 하늘에 둘러싸인 공간에서 살며, 하늘과 땅을 잇는 존재라는 인식을 반영한다.

자연과 사람의 맞얽힘

조선시대에는 홍수나 지진 같은 재해가 일어나면 하늘이 왕의 정치가 잘못되었음을 보여준다고 생각하여 죄가 가벼운 죄수들을 석방한다든가 왕이 음식을 금하는 등 반성하는 모습을 보였다. 이는 자연과 인간이 얽혀 있다고 생각했기 때문이다. 이를 천인상관론天人相關論이라 하는데, 이는 『주역』 괘효사에 두드러지게 나타난다.

천인상관론은 자연을 인간의 일에 빗대는 방식에서 출발하였다. 『주역』 대과괘 구이 효사에서는 "마른 버드나무에 새잎이 나고, 늙은 사내가 젊은 처를 얻었다"라고 하였고, 육오 효사에서는 "마른 버드나무에 꽃이 피고, 늙은 여자가 젊은 남편을 얻었다"라고 하였다. 여기서 두 효사는 모두 늙은 사내와 여자가 젊은 아내와 남편을 얻은 일을 마른 버드나무에 꽃이 피는 모습에 비유하였다. 이러한 비유는 오늘날 시나 소설, 대중가요의 가사에서 흔하게 찾아볼 수 있으며, 이것은 모두 천인상관론의 일종이다.

중부괘 구이 효사에서는 "학이 나무 그늘에서 울고 있으니, 그 짝이 화답하네. 나에게 좋은 술이 있으니, 너와 함께 마시네"라고 하였는데, '나와 함께 술을 마시는 너'가 있음을 '학과 그 짝'으로 비유하였다. 우뢰를 상징하는 진震괘의 괘효사에서는 우뢰가 칠 때 사람이 두려워하는 모습을 묘사하면서, 우뢰를 자연이 보여주는 경고로 해석하여 두려워하고 조심해야 함을 말한다.

초구. 우뢰가 울려 두려워하다가, 뒤에 웃음소리를 내니 길하다.

육이. 우뢰가 울려 위태로워, 재화를 잃을 것을 고려하여 높은 언덕에 올랐다. 잃은 것을 찾지 않아도 칠 일이면 얻는다.

육삼. 우뢰가 울려 불안해하며 우뢰 속을 걸어가니 재앙이 없다.

구사. 우뢰가 일어나 진흙 위에 떨어졌다.

육오. 우뢰가 왔다갔다하여 위태로워 재화를 잃을 것을 고려하나, 잃은 것은 없고 사고는 있다.

상육. 우뢰 소리에 놀라 떨며 두려워하여 둘러보았다. 정벌하면 흉하다. 우뢰는 그 몸에 미치지 아니하고 이웃에 미쳤다. 가면 재앙이 없다. 혼인하면 말이 있다.

우뢰가 떨어져 놀라 주위를 둘러보며 다시 한번 단속하고 몸가짐을 신중히 행한다. 그리하여 우뢰가 나한테 떨어지지 않고 이웃에 떨어졌다. 우뢰가 그치고 행하니 재앙이 없다는 것이 진괘의 뜻이다.

이러한 괘효사들은 모두 자연의 일과 인간의 일을 연관하여 말하며, 천인상관론은 이로부터 유래하였다.

길과 흉은 나로부터 비롯된다

길과 흉의 맞얽힘을 알게 된 주나라의 점관들은 길은 흉으로 바뀌며 흉도 길로 바뀔 수 있음을 알았다. 그리고 상호 전화의 과정에서 인간의 주체적 개입이 가능함도 깨달았다. 이를 길흉유인吉凶由人 (길과 흉은 사람으로부터 비롯된다)이라고 한다. 그리하여 흉을 길로 바꾸고, 길을 영원히 길이게 하는 방법을 모색하였다. 그 방법은 구체적으로 『주역』의 점단사에 반영되었다.

『주역』에는 길, 흉 외에도 회悔(후회), 린吝(부끄러움), 구咎(재앙), 무구无咎(재앙 없음), 이利, 무불리无不利(이롭지 않음이 없음), 형亨(형통함), 여厲(위태로움), 원길元吉(크게 길함), 소사길小事吉(조금 길함), **회망**悔亡(후회하고 망함),

소린小吝(조금 부끄러움), 무대구無大咎(큰 재앙은 없음) 등 갑골복보다 더 많은 점단사가 추가되었다. 이 중에서도 자주 등장하는 점단사는 길·흉·회·린·무구의 다섯 가지이다.

길흉에 대해 『주역』 「계사전」에서는 '득실得失'이라고 말한다. 득실이란 얻음과 잃음이므로, 길은 얻음, 흉은 잃음이다. 길吉은 『주역』에 100번 이상 출현하는 대표적 점단사이다. 일반적으로 점을 쳐서 길을 얻으면 좋다고 생각한다. 하지만 괘효사 속에서 길은 저절로 얻어지는 것이 아니다.

리괘 구사. 호랑이 꼬리를 밟아 두려워하고 두려워하니 끝내 길할 것이다.

호랑이 꼬리를 밟았음에도 길한 것은 '두려워하고 두려워했기' 때문이다. 두려움에 휩싸이면 발걸음을 조심스럽게 내딛게 되고 숨소리를 죽이며 주위의 변화에 모든 감각을 곤두세우기 마련이다. 이렇게 자신을 단속하고 조심하기 때문에 결국 길한다.

반면, 구사효 바로 아래에 있는 육삼효의 효사는 이와 다르다.

리괘 육삼. 눈먼 사람이 볼 수 있고, 절름발이가 걸을 수 있다. 호랑이 꼬리를 밟아 호랑이가 사람을 물어 흉하다.

육삼에서는 호랑이가 사람을 물었다. 물린 사람은 크게 다쳤거나 죽었을 것이다. 이만큼 흉한 일도 없다. 왜 물렸을까? 호랑이 꼬리를 밟았음에도 두려워하기는커녕 기고만장했기 때문이다. 천상천하 유아독존인 것처럼 굴었다. 왜 그랬을까? 눈먼 사람이 볼 수 있고 절름발이가 걸을 수 있을 정도로 길한 일이 있었기 때문이다. 지팡이를 쥐고 더듬더듬 걷다가 눈앞이 확 트이자 기쁨을 주체하지 못하고 내달렸다. 그렇게 앞뒤 안 보고 내달리다 호랑이 꼬리를 밟고 끝내 호랑이에게 물렸다. 흉한 일도 저절로 흉하지 않고 인간의 행위로 흉하게 된다는 것을 이 효사는 보여준다. 즉 길도 흉도 모두 인간의 행위에 의해 발생한다.

겸괘 구삼. 공로가 있는 겸손이니 군자는 끝이 있어 길하다.

겸손을 뜻하는 겸괘는 『주역』 64괘 중에서 가장 길한 괘이다. 겸괘를 제외한 63괘에서는 적어도 한 번 이상은 흉한 내용이 나오는데, 오로지 겸괘의 여섯 효사에만 모두 길吉 또는 이利가 들어 있다. 그 이유는 모두 겸손하기 때문이다. 그중에서도 겸괘 구삼 효사는 '공로가 있는 겸손[노겸勞謙]'을 말한다. 그냥 겸손하기도 어려운데, 공로를 세우고도 겸손하기는 무척 어렵다. 자칫 잘못하면 공로가 드러나지 않을 수도 있다. 그런데도 겸손하니 끝내 길할 수밖에 없다.

그래서 공자가 "주공周公처럼 재능과 미덕을 지녔더라도 교만하고 인색하다면 그 나머지는 볼 것도 없다"라고 말한 것이다. 주공처럼 나이 어린 조카를 보좌하여 주나라 초기의 혼란함을 다스리고 문물의 기반을 닦은 사람조차도 겸손하지 못하고 교만하다면 끝내 흉할 것인데, 그보다 못하면서도 겸손하지 못하다면 볼 것도 없다는 말이 공자가 전하는 뜻이다. 이렇듯 길함도 저절로 길한 게 아니라 인간의 행위로 말미암았다. 이것이 겸괘가 말하고자 하는 것이다.

흉凶은 『주역』에 모두 56번 나타난다. 그 뜻은 모두 잃음이자 재앙이다.

사師괘 초육. 군대의 출정은 기율을 갖추어서 해야 하는데, 그렇지 않으면 흉하다.

사師괘는 군사를 말하는 괘인데, 첫 효부터 흉함을 말한다. 전투를 위해 출정하는 군대가 기율을 갖추어야 함은 당연한 일이다. 그런데도 기율이 없다. 그런 군대는 적을 보자마자 뒤꽁무니를 빼며 자멸한다. 군대가 기율을 갖추어야 하는 것은 당연한 일인데, 그렇지 않아서 흉한 일이 되었다. 저절로 흉한 것이 아니라 인간의 행위에 의해 흉이 되었다.

괘효사 중에 나타나는 길흉의 사례를 보면 모두 인간의 주체적 각성과 겸손 같은 인간의 덕을 요구한다. 흉한 일은 모두 원인이 있으므로, 괘효사에서는 흉의 발생 원인을 알도록 도와주고 나아가 흉을 피하는 방법을 제시한다. 이는 점술의 목적이 미래 예측에서 취길피흉으로 변했음을 보여준다. 취길피흉取吉避凶은 '길은 취하고 흉은 피한다' 뜻으로 인간의 주체적 자세에 따라 길을 취하고 흉을 피할 수 있음을 나타내는 성어이다. 갑골복에서는 보이지 않고 『주역』에서만 보이는 취길피흉의 정신은 『주역』이 단순한 점서에서 인간의 행위에 관한 지침서로 발전하는 계기가 된다. 『주역』이 처세서가되었다. 그 처세의 내용에는 덕, 인, 예처럼 유가에서 말하는 윤리적인 태도가 포함된다. 취길피흉을 통해 『주역』은 인간에게 궁극의 이익이란 무엇인가를 말하는 책으로 변모하였다. 『주역』이 말하는 궁극의 이익은 오래 사는 것, 오래가는 것이다. 사람이 오래 살기 위해서는 어떻게 살아야 하는가, 한 나라가 오래가기 위해서는 어떻게 나라를 다스려야 하는가에 관한 처세법, 치국책이 담겨 있는 책이되었다. 주역의 이러한 정신은 제자백가에게도 전해졌다.

4. 주역은 어떻게 점치는 책에서 철학서가 되었나?

주나라 초기에 편찬된 『주역』은 이후 갑골복을 밀어내고 점차 주류 점술로 자리 잡았다. 그러한 흔적은 춘추시대의 역사를 기록한 『춘추좌전』과 『국어』에 남았다. 『춘추좌전』과 『국어』에는 주역점을 친 사례가 모두 22례 27조에 기록되었다. 그리 많지 않은 이 기록들을 읽어 보면 『주역』을 해석하는 방법과 점술을 대하는 당시 사람들의 생각이 수백 년에 걸쳐 변화해왔음을 알 수 있다.

8괘에 상징을 부여하다

『주역』「계사전」에서 역은 상象이라고 할 정도로, 상은 『주역』이
세계를 해석함에 가장 중요한 요소이자 방법이다. 그 구체적 방법에
대해 「계사전」에서는 '이끌어 펴서 같은 류에 접촉해 확장한다'고
말한다. 같은 류에 접촉한다는 것은 사물 간의 공통점을 찾아내 그
공통점이 있는 것끼리 얽어매는 방식을 말한다. 얽어맴으로써 하나
의 괘가 상징하는 바를 계속 확장할 수 있다. 다음은 『춘추좌전』과
『국어』에 나오는 8괘의 괘상을 정리한 것이다.

건乾(☰) : 양, 하늘, 천자, 쇠, 옥

태兌(☱) : 음, 못, 깃발, 아내

리離(☲) : 음, 불, 해, 말, 소, 공후公侯

진震(☳) : 양, 우뢰, 수레, 발, 형, 장남

손巽(☴) : 음, 바람, 여자

감坎(☵) : 양, 물, 무리, 남편, 노고

간艮(☶) : 양, 산, 남자, 뜰

곤坤(☷) : 음, 땅, 말, 어머니, 무리, 유순, 비단

이 중 8괘가 상징하는 기본 물상은 아래와 같다.

건乾(☰) : 하늘

태兌(☱) : 못

리離(☲) : 불

진震(☳) : 우뢰

손巽(☴) : 바람

감坎(☵) : 물

간艮(☶) : 산

곤坤(☷) : 땅

　8괘의 기본 물상에 대해서 지금까지 학자들은 당시 고대 중국인들이 주변에서 자주 접하는 사물 또는 생활환경에서 중요한 사물을 기본 물상으로 삼았다고 설명한다. 그러나 자주 접하는 사물 또는 중요한 사물이 여덟 가지밖에 안 된다는 것은 이해할 수 없다. 수많은 동물과 식물, 그리고 자연과 사물이 있는데 그중에서 여덟 가지만을 선택한 뭔가 특별한 이유가 있을 것이다. 나는 맞얽힘이 그 이유임을 깨달았다.

　건(☰)괘는 ━(양)으로만 이루어지고, 곤(☷)괘는 ━━(음)으로만 이루어져 최초에 탄생한 맞얽힌 두 인소를 의미한다. 최초에 하나가 갈라져 하늘과 땅이 만들어졌으므로 건(☰)에 하늘을, 곤(☷)에 땅을 비정하였다. 하늘과 땅은 최초로 세계를 생성한 맞얽힌 두 인소를 상징한다. 그 두 인소는 있음과 없음이다. 건은 있음, 곤은 없음을 상징한다.

태兌(☱)의 양효를 음효로 바꾸고, 음효를 양효로 바꾸면 간艮(☶) 괘가 된다. 즉 태괘와 간괘는 맞얽힘을 이룬다. 태괘의 기본 물상은 연못이고, 간괘의 기본 물상은 산이다. 산은 높고, 연못은 낮다. 태 괘는 낮음, 간괘는 높음을 상징한다.

리離(☲)의 양효를 음효로 바꾸고 음효를 양효로 바꾸면 감坎(☵) 괘가 된다. 즉 리괘와 감괘는 맞얽힘을 이룬다. 리괘의 기본 물상은 불이고, 감괘의 기본 물상은 물이다. 여기서 물은 차가움을 뜻하고, 불은 뜨거움을 뜻한다. 리괘는 뜨거움, 감괘는 차가움을 상징한다.

진震(☳)괘의 양효를 음효로 바꾸고 음효를 양효로 바꾸면 손巽 (☴)괘가 된다. 즉 진괘와 손괘는 맞얽힘을 이룬다. 진괘의 기본 물상 은 우뢰이고, 손괘의 기본 물상은 바람이다. 우뢰는 한 곳에만 떨어 진다. 우뢰는 하나[일—]를 상징한다. 그러나 바람은 사방에서 불어 온다. 바람은 없는 곳이 없다. 『설문해자』에서 풍風을 찾아보면 '팔풍 八風이다'고 설명한다. 팔풍八風이란 여덟 방향에서 불어오는 바람이다. 사방팔방에서 불어오는 바람이다. 따라서 바람은 모든 곳 또는 전 부를 상징한다. 진괘는 하나, 한 점, 손괘는 다수, 전부를 상징한다.

8괘는 이 세계에 존재하는 네 가지 기본 맞얽힘을 의미한다. 정 리하면 다음과 같다.

건☰ : 있음　　곤☷ : 없음

태☱ : 낮음　　간☶ : 높음

리☲ : 뜨거움　　감☵ : 차가움

진☳ : 하나 　손☴ : 전부

양자역학에서 말하는 입자와 파동의 이중성은 하나와 전부의 맞얽힘으로 설명할 수 있다. 입자는 한 점으로 존재하고, 파동은 모든 곳에 존재한다. 파동의 한 종류인 소리를 생각해 보면 이해하기 쉽다. 우리가 "아~" 하고 소리를 지르면 소리는 사방팔방 모든 곳으로 퍼져나간다.

소리는 모든 곳에 존재한다

이것을 미국의 물리학자인 브라이언 그린은 다음과 같이 설명한다.

> 양자역학에 의하면 전자는 (관측이 실행되지 않는 한) 이곳에 존재하는 상태와 저곳에 존재하는 상태가 모호하게 섞인 이상한 상태에 놓여 있다. 전자가 발견될 확률이 0이 아닌 곳이 여러 개 존재한다면 전자는 그 모든 위치에 '동시에' 존재한다. - 브라이언 그린, 『엔드 오브 타임』

전자는 그 모든 위치에 '동시에' 존재하면서, 순식간에 한 점으로 뒤바뀔 수도 있다. 현대 과학은 아직 그 이유를, 그리고 어떻게 그것이 가능한지 밝혀내지 못했다.

양자역학에 의하면 전자가 발견될 확률은 여러 곳에 분산되어 있지만, 일단 관측이 실행되면 무조건 한 장소에서 발견된다. 하지만 양자역학의 방정식으로는 확률이 한 장소에 갑자기 집중되는 이유를 알 길이 없다. … 이런 붕괴 과정은 대체, 어디서 일어나는 것일까? 양자역학의 방정식을 아무리 분석해 봐도 붕괴를 유발하는 과정은 존재하지 않는다.

- 브라이언 그린, 『엔드 오브 타임』

입자와 파동 사이의 전화轉化를 과학자들은 '붕괴'라 부른다. 붕괴라고 하는 이유는 모든 곳에 동시에 존재하던 전자가 갑자기 한 점에만 존재하기 때문이다. 그리고 이 붕괴가 어떻게 일어나는지 밝혀내지 못했다.

이 붕괴는 닐스 보어가 말한 대로 대립자가 서로 돕기 때문에 일어난다. 대립자가 서로 돕는 이유는 그들이 서로 얽혀 있기 때문이다. 파동과 입자는 서로 성질이 정반대인 대립하는 존재이지만, 서로 얽혀 하나이다. 붕괴, 즉 전화는 파동과 입자가 맞얽혀 있기 때문에 일어난다. 파동과 입자는 맞선 둘이지만 얽힌 하나이다.

다시 팔괘 이야기로 돌아가 보자.

기본 물상이 정해진 다음에는 기본 물상과 의미가 비슷하거나 공통점이 있는 것들끼리 얽어맴으로써 상을 확대해 나갔다. 건괘에 양陽, 하늘을 얽어매고 난 뒤에 사람 중에서는 왕이 가장 높으므로 천자를 얽어맸다. 하늘의 운행은 쉼 없이 강고하므로 그 강함의 성질에 '쇠'를 얽어맸다.

8패는 괘상에 따라 크게 양과 음으로 나눈다. 그중에 건괘와 곤괘를 제외한 나머지 6괘가 상징하는 양과 음을 보면 특이한 점을 발견할 수 있다. 태(☱), 리(☲), 손(☴)괘는 양효가 더 많아서 양을 상징한다고 해야 하나, 실제로는 그 반대로 음을 상징한다고 해석한다. 진(☳), 감(☵), 간(☶)괘는 음효가 더 많아서 음을 상징한다고 해야 하나, 실제로는 그 반대로 양을 상징한다고 해석한다. 양효가 많으면 음, 음효가 많으면 양을 상징함은 겉으로 드러나는 정면과 드러나지 않는 반면의 맞얽힘을 강조하기 위함이다. 우리가 인식하기에는 양으로 보이지만 그 반면에는 음이 숨어 있어 시간이 흐르면 그 음이 겉으로 드러난다는 사실을 깨달아야 한다는 뜻에서였다.

양이 더 많은 태(☱)에 아내를, 손(☴)에 여자를, 음이 더 많은 진(☳)에 남자인 장남을, 감(☵)에 남편을, 간(☶)에 남자를 얽어매었다는 점을 주목해야 한다. 이는 음과 양이 맞얽힌 것처럼 남자와 여자도 맞얽혀 있다는 생각을 보여준다. 남자와 여자는 서로 맞서면서도 서로 얽혀 있는 하나다.

8괘 취상으로 알 수 있듯이 상사유의 특징은 얽힘에 있다. 얽힘은 하나의 사물로부터 다른 사물을 끊임없이 얽어맬 수 있어 의미를 계속 확장해 나간다. 64괘에는 상징을 따로 부여하지 않고 8괘의 상을 이용하여 해석하였다. 64괘는 소성괘인 8괘를 두 번 겹쳐서 만들었으므로, 하나의 64괘는 8괘가 지닌 상징이 위아래로 놓인 모습이 된다. 이것으로 64괘가 상징하는 바를 만들어냈다.

상사유는 팔괘 취상으로 괘에 새로운 의미를 부여했다. 괘사가 괘에 글로써 의미를 부여했다면, 팔괘 취상은 상으로써 의미를 부여하였다. 괘 자체는 개념이나 언어가 아니라 어떠한 내용도 가지지 못한 기호일 뿐이다. 괘의 의미는 해석자가 부여한 것이니 해석에 따라 달라진다. 춘추시대에 등장한 상징과 팔괘 체계의 결합은 『주역』이 점서에서 세계를 해석하는 책으로 변화하게 했다.

점을 부정하다

춘추전국시대는 전쟁의 시대였다. 여러 제후국이 주나라를 종주국으로 떠받들며 유지되던 정치체제는 주나라가 이민족의 침입을 받아 수도를 호경에서 낙읍으로 옮기면서 흔들렸다. 이때부터 시작된 제후국 간 전쟁은 550여 년간 끊이지 않았다. 전쟁에서 승리하기 위한 부국강병이 제후들의 목표가 되었고, 기존 정치체제는 크게 흔들렸다. 이렇게 급격한 사회변동이 일어날수록 사람들의 불안감은 커지기 마련이고 누구나 미래를 예측하고자 한다. 그런데도 주역점과 갑골복을 이용한 미래 예측은 점차 무시당하고 부정당하는 현상들이 나타났다.

막오가 말했다. "어째서 왕에게 군사 증원을 청하지 않는 것인가?" 투렴이 대답했다. "군대가 싸움에서 이기는 것은 사람 마음의 화합에 달려 있지 군사가 많은 것에 달려 있지 않습니다. 대군을 거느린 은나라가 주나라의 작은 군대를 대적하지 못하고 실패한 것은 당신도 알고 계시는 일입니다. 이미 군대를 편성하여 출정하였는데, 또 무슨 증원군이 필요하겠습니까?"

그러자 막오는 "갑골복을 해 보자"고 했다. 투렴은 "갑골복은 의심스러운 것을 결정짓기 위해 행하는 것입니다. 의심하지 않는데 어찌 복을 행하겠습니까?" 하고는, 마침내 은나라 군사를 포소에서 격퇴하고, 이貳나라, 진軫나라와 동맹을 맺고 돌아왔다. -『춘추좌전』 환공 11년

점복은 거의 매사에 걸쳐 이루어졌지만, 특히 전쟁과 제사를 앞두고 점복은 빼놓을 수 없는 중요한 의례 행위였다. 그런데도 투렴은 갑골복을 해 보자는 막오의 제안을 거부하였다. 투렴은 자신이 승리할 것을 의심하지 않았다. 투렴의 자신감은 적군과 아군에 대한 정확한 파악, 전세에 대한 철저한 분석을 종합하여 세운 전쟁 전술에서 비롯되었다. 이를 바탕으로 초월적 존재에 의한 예언을 따르기보다 자신의 역량을 철저하게 믿었다. 전쟁이라는 중대사를 앞두고 점복보다는 자신을 더 신뢰하겠다는 투렴의 자세는 무조건적인 점복 숭배에 균열이 생겼음을 보여준다. 인간주의, 이성주의의 등장을 보여주는 일화이다.

제나라 당 땅에 한 관리가 있었다. 그의 아내는 동곽언의 누님이었고, 동곽언은 최무자의 가신이었다. 관리가 죽자 동곽언은 최무자가 탄 수레를 몰고 가 함께 조문을 하였다. 최무자가 죽은 관리의 아내 강씨를

보고 아름답다고 여겨 동곽언을 통하여 아내로 맞이하려고 하였다. 동곽언이 말하기를 "부부는 성을 달리합니다. 지금 군은 정공의 후손이고 신은 환공의 후손이니 동성이어서 안 됩니다"라고 하였다.

최무자가 서점을 쳐보니 곤困괘가 대과大過괘로 변하는 것을 얻었다. 점치는 관리들은 모두 "길하다"라고 하였다. 진문자에게 보여주니 그는 "남편은 바람을 따르고 바람은 아내를 떨어뜨리니, 아내로 맞이할 수 없습니다. 또 효사에 '돌에 걸려 넘어지고 가시나무에 의지하여, 집에 들어가도 아내를 보지 못하니, 흉하다'고 하였습니다. '돌에 걸려 넘어진다' 함은 앞으로 가도 건너지 못한다는 것입니다. '가시나무에 의지한다' 함은 의지하는 것에 다치게 된다는 것입니다. '집에 들어가도 아내를 보지 못하니, 흉하다' 함은 돌아갈 곳이 없다는 것입니다"라고 하였다. 최무자는 "과부인데 무슨 해가 있겠는가? 그런 액운은 죽은 남편이 당했던 것이다"라고 말하고, 그 여자를 아내로 맞이하였다.

- 『춘추좌전』 양공 25년

최무자가 주역점을 쳐 얻은 본괘는 곤괘, 변괘는 대과괘이다.

곤困　→　대과大過

곤괘가 대과괘로 변하려면 곤괘 세 번째 효인 육삼이 양효로 변해야 한다. 이 경우에는 곤괘 육삼 효사로 점을 풀이해야 한다. 곤괘 육삼 효사 "돌에 걸려 넘어지고 가시나무에 의지하여, 집에 들어가도 아내를 보지 못하니, 흉하다"라는 말은 모두 흉한 내용이다.

그런데 점관들이 길하다고 한 것은 육삼 효사가 아니라 곤괘의 괘상으로 점을 풀이했기 때문이다. 곤괘의 아랫괘는 감(☵)이고, 윗괘는 태(☱)이다. 감괘의 괘상은 양으로 남자를 상징하고, 태괘의 괘상은 음으로 여자를 상징한다. 곤괘는 남자와 여자가 만나는 상이므로, 그 여자를 맞이해도 된다는 뜻으로 해석한다.

반면에 진문자가 여자를 아내로 맞이해서는 안 된다고 한 것은 괘사뿐 아니라 괘상으로도 해석했기 때문이다. 남편은 바람을 따른다는 말은 곤괘의 아랫괘가 대과괘의 아랫괘로 변함을 해석한 것이다. 곤괘의 아랫괘의 괘상은 남편이고, 대과괘의 아랫괘는 손☴으로 그 괘상은 바람이다. 감괘가 손괘로 변하므로 남편은 바람을 따른다고 하였다. 바람은 아내를 떨어뜨린다고 한 말은 대과괘의 윗괘가 아내를 상징하므로 아랫괘의 괘상인 바람이 아내를 떨어뜨린다는 해석이다.

이에 대해 최무자는 "과부인데 무슨 해가 있겠는가"라고 했다. 이는 두 개의 점풀이 중 어느 하나를 선택한 것이 아니라 현실에 비추어 해가 없다고 판단한 것이다. 만약 최무자가 점관들이 길하다고 했기 때문에 그 풀이를 따른 것이라면 "과부인데 무슨 해가 있겠는가"라고 말하지 않았을 것이다.

최무자의 행동은 점을 쳐 얻은 괘를 무시하는 경향이 춘추 시기에 나타났음을 보여준다. 시대가 흐를수록 사람들은 점을 부정하고, 무시하고, 점보다는 자신의 역량을 믿기 시작하였다.

주역과 점술의 분리

『주역』의 괘는 주역점을 쳐야 얻을 수 있는 것이므로, 괘와 주역점은 떼려야 뗄 수 없는 관계였다. 그러나 괘효사에 세계와 인간사의 운행 원리를 담고, 또 그로부터 인간이 어떻게 살아야 하는지 그 방향을 제시하면서 괘효사를 주역점과 독립적인 것으로 여기는 사유가 발생하였다. 그리하여 괘효사로 삶의 이치나 방향을 설명하고 증명하는 방식들이 등장했다.

진晉나라의 조간자가 태사太史 채묵에게 "노나라 계씨는 그 제후를 나라 밖으로 내쫓았으나 생민들이 복종하고 다른 제후들은 따랐다. 제후가 나라 밖에서 죽었음에도 계씨에게 죄가 있다고 하는 자가 없으니 왜 그런가?" 하고 물었다. 채묵이 답하기를 "노나라 제후는 대대로 위신을 잃었고 계씨는 대대로 공을 닦아 왔습니다. 생민들이 제후를 잊었는데 그가 나라 밖에서 죽었다 한들 누가 불쌍히 여길 것입니까? 사직에 일정하게 떠받들 주인이 없고 군신 간에 일정한 구별이 없는 것은 옛날부터 그러했습니다. 『주역』의 괘에 '우뢰가 하늘을 타는 것을 대장'이라 하였습니다. 이것이 하늘의 도입니다"라고 했다. - 『춘추좌전』 소공 32년

주나라의 신분제도는 왕-제후-대부-사士-서인으로 나눈다. 노

나라 계씨는 노나라의 대부 가문 중 하나인데, 반란을 일으켜 제후
인 소공을 쫓아내고 권력을 찬탈했다. 계씨는 반역자로 몰려 죽어
야 마땅함에도 오히려 생민들이 복종하고 다른 나라 제후들도 그를
인정하였다. 반면, 쫓겨난 소공이 노나라 밖에서 죽었는데도 아무도
이를 슬퍼하지 않았다. 이 일에 대해 진나라 조간자가 채묵에게 물
었다.

　이에 채묵은 『주역』 대장괘의 괘상을 인용하여 주장의 근거로
삼았다. 대장大壯(䷡)괘는 윗괘가 진(☳), 아랫괘가 건(☰)이다. 건의 상
은 하늘, 군주이고 진의 상은 우뢰, 신하이므로, 대장의 괘상은 신
하가 군주를 타는 상이다. 그리고 이것이 하늘의 도라고 하였다. 채
묵은 대장괘를 인용하여 대부가 제후 위에 있는 것이 하늘의 도라
고 말하여 정당성을 부여하였다.

　채묵은 주역점을 치지 않고 『주역』의 괘상으로 인간의 일을 해
석하였다. 이처럼 『주역』이 점술과 분리되어 독립적 텍스트로 해석
되기 시작하였다.

> 정나라 공자 만만이 초나라 왕자 백료에게 경卿이 되고 싶다고 말했다.
> 백료가 다른 사람에게 말하기를 "만만은 덕이 없으면서 탐내는 것이
> 많다. 『주역』에 풍風괘가 리離괘로 변하는 것이 있는데, 그가 탐내는 것
> 이 이 괘의 내용에서 벗어나지 못할 것"이라고 하였다. 과연 한 해가 지
> 나자 정나라 사람이 만만을 죽였다. - 『춘추좌전』 선공 6년

풍豊괘의 괘상은 ䷶이고, 리離괘는 ䷝이다. 풍괘 상육이 양효로 변하면 풍괘가 리괘가 된다. 백료는 주역점을 치지 않고 풍괘 상육 효사를 말하고 싶었으나, 춘추시대에는 효이름이 없었다. 그래서 풍괘가 리괘로 변한다고 말함으로써 풍괘 상육을 가리킨 것이다. 풍괘 상육 효사는 "집이 크고 막을 쳐 집안을 가렸으니, 집안을 들여다보아도 사람이 없어 텅 비어 고요하다. 삼 년이 지나도 사람을 볼 수 없으니, 흉하다"라는 말이다. 백료는 풍괘 상육의 집안을 들여다보아도 사람이 없다를 덕이 없다로 해석하여, 만만이 덕이 없으면서 공자의 지위라는 큰 집을 지녔으니 오래가지 못하고 반드시 망한다고 해석하였다. 백료는 주역점을 치지 않고 풍괘의 상육 효사로 만만의 미래를 예언하였다. 여기서 백료는 괘상이 아니라 괘효사의 의리義理(뜻과 이치)로 예언하였다. 백료는 미래를 예언하기 위해서는 주역점을 치지 않더라도 괘효사에 통달하는 것만으로 가능함을 보여주었다.

진晉의 제후가 진秦나라에 의사를 요청하자, 진秦의 제후는 의사 화和를 보내어 그의 병을 살펴보도록 하였다. 화는 진晉의 제후를 살펴본 뒤 "이 병은 다스릴 수 없습니다. 이 병은 여자를 가까이하여 생겨난 질蠱이라는 병으로, 질은 고蠱와 같은 병입니다. 이는 귀신이 일으킨 것도 아니고, 음식이 만든 것도 아니며, 마음이 혹하게 되어 의지를 상실한 것으로, 마치 훌륭한 신하와 장수가 죽을 위기에 처했으나 천명의 도움을 받지 못한 것과 같은 것입니다"라고 하였다. … 진晉의 제후를 살피고 물러간 화는 조맹에게 결과를 알렸다. 조맹이 "무엇을 고라고 이르는가?" 하고 물었다. 화가 대답하기를 "어떤 일에 지나치게 빠져 미혹되어 생긴 것입니다. 글자로는 그릇 위에 벌레가 있는 것이 고입니다. 곡식에 벌레가 날아다니는 것 또한 고입니다.『주역』에서 여자가 남자를 홀리고 바람이 산을 떨어뜨리는 것을 고라고 하였으니, 모두 같은 종류의 것입니다"라고 하였다. - 『춘추좌전』 소공 원년

고蠱자는 파자하면 그릇 명皿 위에 벌레 충虫이 있는 글자이다. 벌레가 한 마리도 아니고 세 마리나 있다. 고(䷑)의 아랫괘인 손(☴)은 여자, 바람을 상징하고, 윗괘 간(☶)은 남자, 산을 상징한다. 여자가 남자 밑에 있어 여자가 남자를 홀리는 상이고, 바람이 산 아래에서 불며 산을 떨어뜨리는 상이다. 주역점을 치지 않고 괘효사만으로 미래를 예언하는 것을 넘어 병을 진단하는 데까지 쓰이고 있다.

공자가 말했다. "남쪽 나라 사람들 말에 이런 말이 있다. '그 됨됨이가 한결같지 못한 사람은 무당이나 의사가 돼서는 안 된다.' 좋은 말이다.『주역』에도 '자신의 덕을 한결같게 지켜나가지 않으면 사람들에게 받아들여지지 않아 수치스러운 일을 겪는다'고 하였다." - 『논어』「자로」

공자가 인용한『주역』의 글은 항괘 구삼 효사이다. 공자는 항괘의 효사를 인용하여 한결같음을 강조한다. 공자가 항恒을 중시하였다는 점은 "날이 추워진 뒤에야 소나무와 잣나무가 늦게 시듦을 알

게 된다(세한歲寒 연후지송백지후조야然後知松柏之後彫也)"라는 글에서도 드러난다. 만물이 피어나는 봄과 여름에 소나무와 잣나무는 다른 꽃과 나무의 아름다움에 가려 잘 보이지 않는다. 그러다 가을과 겨울이 되어 모든 나무와 꽃이 시들고 가지만 앙상하게 남을 무렵 산에서 그 푸름을 여전히 간직하고 있는 것은 소나무와 잣나무이다. 많은 눈이 내려 천하가 하얗게 변해도 소나무와 잣나무만이 눈을 머리에 이고 도도하게 서 있을 뿐이다. 이렇듯 소나무와 잣나무는 늘 변함이 없다. 소나무와 잣나무는 항恒의 상이다. 추사 김정희는 이러한 공자의 뜻을 「세한도」라는 그림으로 표현하였다.

공자의 말에서도 드러나듯이, 춘추시대에는 주역점을 치지 않고 『주역』으로 인간의 일을 해석하고 논증하는 경우가 늘어났다. 이렇게 『주역』으로 인간사를 해석하게 되면서 주역점은 『주역』과 점차 멀어졌고, 『주역』은 윤리수신서가 되었다.

덕이 운명을 결정한다

남괴가 반란을 일으키려고 하여 주역점을 쳐서 곤坤괘가 비比괘로 변하는 것을 얻었다. 곤괘 육오의 효사는 "황색 치마가 크게 길하다"이니 그는 그것을 매우 길한 것으로 생각하였다. 그래서 그 점괘를 자복혜백에게 보이고는 "내가 일을 도모하려고 하는데 어떻겠는가?" 하고 물었다. 그러자 자복혜백이 말했다. "나는 일찍이 『주역』을 공부하였다. 충성스럽고 신의 있는 일은 잘되지만 그렇지 않으면 반드시 실패한다. 밖으로는 굳세고 안으로는 온화한 것이 충忠이고, 화평을 근본으로 하여 바름을 좇음이 신信이다. 그러므로 '황색 치마를 입었으니 크게 길하다'고 한 것이다. 황색은 가운데 색이요, 치마는 몸의 아래를 꾸미는 것이요, 원元은 선의 으뜸이다. 가운데가 충성스럽지 않으면 그 색을 얻지 못하고, 아랫사람이 공손하지 않으면 그 꾸밈을 얻지 못하고, 하는 일에 선하지 않으면 그 끝을 얻지 못한다. 밖과 안이 화평한 것이 충이고, 일을 신의로 따르는 것이 공손이며, 충忠, 믿음, 공손 세 가지 덕을 갖춘 것이 선이다. 이 세 가지 덕이 갖추어지지 않고는 '황색 치마가 크게 길하다'의 길함에 해당되지 않는다. 또 『주역』은 험한 일을 점치는 것은 불가하다. 그대는 장차 무슨 일을 도모하고자 하는가? 그대는 장차 또 무슨 일을 꾸밀 수 있겠는가? 가운데가 아름다워야 황색에 해당되고, 위가 아름다워야 원元에 해당하며, 아래가 아름다워야 치마에 해당된다. 이 세 가지를 갖추어야 점괘와 같이 될 것이다. 만약 부족함이 있다면 비록 점이 길하다 해도 그렇게 이루어지지 않는다."- 『춘추좌전』 소공 12년

남괴는 노나라 계씨 가문의 후계자인 계평자로부터 예우를 받지 못하자 원한을 품고 숙중목자, 공자 중과 함께 계평자를 죽이고자 하였다.

남괴는 거사를 앞두고 점을 쳐서 곤(☷)이 비(☶)로 변하는 것을 얻었다. 곤괘 오효가 양으로 변하여 비괘가 되었으므로, 남괴는 곤괘 오효 효사로 점을 풀이하였다. 곤괘 오효 효사는 황색 치마가 크

게 길하다는 매우 길한 효사이다. 하지만 남괴의 평소 행실을 잘 알고 있었던 자복혜백은 남괴에게 충忠, 믿음, 공손 세 가지 덕이 없으니 점괘가 길하더라도 그 길함이 이루어지지 않을 것이라 하였다. 나아가 『주역』은 험한 일을 점치는 것은 불가하다고 말하여 길한 점괘라 하더라도 이루어지지 않을 것을 강조한다.

자복혜백 점풀이는 길흉이 더는 점괘에 의해 예지하는 천명으로 결정되지 않음을 보여준다. 점치는 자의 행위가 덕행에 합치하는지에 따라 결정된다는 길흉유인의 사상을 드러낸다. 아래 목강의 일화는 덕이 점보다 더 인간사에 결정적 영향을 미친다는 것을 보여준다.

목강穆姜이 동궁에서 죽었다. 목강이 처음 동궁으로 자리를 옮겨서는 주역점을 쳐 간艮괘 육이의 영수가 변하지 않는 8을 얻었다. 사관이 말하기를 "이것은 간괘가 수隨괘로 변한 것입니다. 수는 밖으로 나간다는 뜻이므로 빨리 동궁을 빠져나가십시오."라고 하였다.

목강이 말하기를 "그럴 수 없다. 수괘는 『주역』에서 '수는 원형이정이니 허물이 없다'고 하였다. 원元은 몸의 으뜸이요, 형亨은 아름다움이 모인 것이요, 이利는 의義의 조화요, 정貞은 모든 일의 근본이다. 인仁을 행하면 사람의 으뜸이 될 수 있고, 아름다운 덕은 예와 합할 수 있으며, 사물을 이롭게 하는 것은 의에 합할 수 있고, 바름을 굳게 지키는 것은 모든 일의 근본이 될 수 있다. 그러므로 속일 수 없는 것이다. 그래서 비록 수괘이지만 허물이 없다고 한 것이다. 그런데 지금 나는 제후의 부인이면서 난에 가담한 데다, 본래 아랫자리에 있으면서도 인자하지 못하였으니 원元이라 이를 수 없고, 나라를 편안하게 하지 못하였으니 형亨이라 이를 수 없으며, 일을 도모하여 몸을 해쳤으니 이利라고 이를 수 없고, 제후 부인의 자리임을 생각하지 않고 음란하게 행동하였으니 정貞이라 이를 수가 없다. 원래 이 네 가지 덕을 갖추어야 수괘를 얻었다 하더라도 허물이 없는 것인데, 나는 네 가지 덕이 없는데 어찌 수괘가 내 운이 되겠는가? 나는 나쁜 짓을 했는데 어찌 허물이 없겠는가? 반드시 여기에서 죽을 것이니 나갈 수 없다."라고 하였다.

- 『춘추좌전』 양공 9년

목강은 노나라 선공의 부인이자 성공의 친어머니이다. 기원전 575년, 목강과 그 정부인 숙손교여는 계문자와 맹헌자를 제거하고 그들의 자산을 취하려다 실패하였다. 성공은 차마 친어머니를 죽일 수 없어 동궁에 유폐시켰다. 유폐된 동궁에서 주역점을 쳤더니 간괘 육이의 영수가 변하지 않는 8이 나왔다. 간(☶)괘 육이를 제외한 모든 효가 변효라는 뜻이다. 따라서 육이만 효를 그대로 두고, 나머지 효를 모두 바꾸면 수隨(☱)괘가 나온다. 이 경우 수괘의 괘사로 점을 풀이해야 한다. 수괘의 괘사는 '원형이정元亨利貞'이다. 재앙이 없다는 뜻이다.

목강은 자신의 행실과 덕행이 매우 나빠서 비록 길한 괘인 수괘를 얻었지만, 자신의 운명을 바꾸지는 못하리라 생각했다. 목강은 괘사인 원형이정에 대해 인仁의 덕을 원元으로, 예禮의 덕을 형亨으로,

의義의 덕을 이利로, 바름을 굳게 지키는 것을 정貞으로 새롭게 해석하였다. 원형이정은 건괘, 준괘, 수괘, 임괘, 무망괘, 혁괘의 괘사로 나오는 매우 중요한 글자이다. 목강의 해석이 중요한 이유는 괘사인 원형이정을 인간의 윤리적 행위와 연관하여 해석해서이다. 덕德은 하늘에서 내려오거나 저절로 얻어지는 것이 아니라 인간 스스로 노력해서 얻는 품성이다. 그래서 덕을 '득得(얻음)'이라 한다. 덕은 장기간의 윤리적 행위를 통해서만 축적 가능한 인간 내면의 성격이다. 상제가 내려주는 천명보다 인간 이성에 대한 확신으로 윤리적 행위에 초점을 맞추었다.

목강의 이 해석은 『주역』의 「역전」 중 하나인 「문언전」에 실려 전해진다. 자신의 예언대로 동궁을 빠져나가지 않은 목강은 얼마 뒤 동궁에서 죽었다. 목강이 죽고 13년 뒤인 기원전 551년에 공자가 노나라에서 태어났고, 노자는 목강과 같은 시대를 살았다.

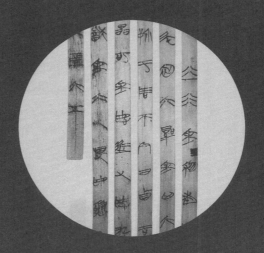

역전, 맞얽힘을
기호화하다

—

괘효는 효이름이 등장하며 주역점에서 벗어나 자체적으로 사용되었다. 『주역』이 점술에서 완전히 독립된 책으로 성격이 변하였다.

「계사전」에서는 길이 얻음이고 흉이 잃음이라고 하였다. 인간이면 누구나 길은 취하고 흉은 피하고 싶어한다. 『주역』을 만든 이들은 취길피흉을 목표로 하는 점복 과정을 통해 세계의 법칙을 파악하였다. 그로부터 인간이 어떻게 해야 영원히 길할 것인가를 탐구하여 인생살이 법칙을 끌어내고자 하였다. 인간에게 영원히 길한 궁극은 장생長生이다.

I. 주역을 해설하다

한나라의 역사서 『한서』「예문지」에는 역경易經 12편이라는 표현이 나온다. 여기서 역경은 『주역』을 가리킨다. 『주역』이 12편으로 이루어졌으며, 12편이란 『주역』 상하경과 십익을 합쳐서 일컫는다. 상하경은 『주역』 64괘를 상하로 나누어 상경은 30괘, 하경은 34괘로 구성한다. 십익+翼은 열 개의 익翼이라는 뜻으로, 익은 돕는다는 뜻이다. 십익은 『주역』 해석을 도와주는 열 개의 전을 말한다.

비직의 자는 장옹長翁으로 동래 사람이다. 역을 담당하여 랑郎의 직위에 있었고, 벼슬이 단보령에 이르렀다. 괘와 서筮에 능하여 괘효사의 장구章句없이 「단」, 「상」, 「계사」 열 편과 「문언」으로 상하경을 해설하여 사람들이 그에게 역을 배웠다. - 『한서』「유림전」

한서에 등장하는 「단」, 「상」, 「계사」, 「문언」 등 열 편을 십익이라 한다. 요즘에는 상하경을 가리켜 「역경」이라 부르고, 십익을 「역전易傳」이라 부른다. 전傳은 해설이라는 뜻이다.

정현이 단象과 상象을 경에 붙여 공부하는 사람들이 찾는 번거로움을 줄여 쉽게 이해할 수 있도록 하였다. - 「삼국지」 「위서」

통행본 『주역』에는 괘사와 효사 밑에 「단전」과 「상전」이 배치되었는데, 이는 한나라 후기 때 정현이 처음으로 이런 체제로 편찬하였다. 아래에 인용한 준괘는 『주역』에 실려 있는 준괘로, 단왈, 상왈로 시작하는 문장이 「단전」과 「상전」이다.

䷂ 준屯

준屯. 점에 묻는 일은 크게 형통하고 이롭다. 갈 곳이 있어도 가지 말라. 제후를 세우는 게 이롭다.
단왈. 준은 강剛과 유柔가 처음 교합하여 어려움이 생겨난 것이다. 험난한 가운데 움직이니, 크게 형통하고 바르다. 우뢰와 비의 움직임이 가득하니, 하늘의 조화가 어지럽고 어둡다. 마땅히 제후를 세울 것이니, 편안하지 않기 때문이다.
상왈. 구름과 우뢰가 준이니, 군자가 이를 본받아 경륜經綸한다.

초구. 큰 돌로 담장을 쌓았다. 거주하는 곳에 관하여 점에 물으니 이롭다. 제후를 세우는 것이 이롭다.

상왈. 비록 앞으로 나아가지 못하더라도 뜻은 바름을 행하는 데에 있다. 귀한 것이 천한 것 아래에 있으니, 크게 생민을 얻는다.

육이. 많은 사람이 모여 말을 타고 맴도니, 도적이 아니라 신부를 구하는 자들이다. 여자가 점에 물으니 혼인을 허락하지 않다가 십 년이 지나서야 혼인을 허락한다.

상왈. 육이가 어려운 것은 강剛을 탔기 때문이다. '십 년 만에야 시집간다'는 것은 정상으로 돌아옴을 말한 것이다.

육삼. 사슴을 쫓는데 몰이꾼이 없어 숲속으로 들어가기만 하니, 군자가 낌새를 보아 그만두느니만 못하다. 계속 쫓아가면 궁색해진다.

상왈. '사슴을 쫓는데 몰이꾼이 없다'는 것은 짐승을 좇음이요, '군자가 그만둔다'는 것은 가면 궁색해지기 때문이다.

육사. 말을 탔다가 내리니, 혼인을 구해서 가면 길하여 이롭지 않음이 없다.

상왈. 구해서 가는 것은 현명하다.

구오. 은혜를 베풀기가 어려우니 작은 일에는 바름을 지키면 길하지만, 큰일에는 바름을 지키면 흉하다.

상왈. '은혜를 베풀기가 어렵다'는 것은 베풂이 아직 빛이 나지 않음이다.

상육. 말을 탔다가 내려서 피눈물을 흘린다.

상왈. 피눈물이 흐르는 것이 어찌 오래갈 수 있겠는가.

「역경」은 『주역』이 처음 만들어질 때부터 있었던 괘상, 괘이름, 괘사, 효사의 네 가지 성분만을 가리키는 용어이다. 이 부분은 역의 경經에 해당하기 때문에 역경易經이라 부른다. 역경은 기원전 1,000여 년 전인 주나라 초기에 편찬된 것으로 추정하는데, 그 근거는 괘사와 효사에 등장하는 역사 인물과 사건의 연대가 주나라 초기 이후의 것은 없기 때문이다.

역전易傳은 역의 해설이란 뜻이다. 역전은 전국시대(기원전 403년 ~ 기원전 221년)부터 한나라(기원전 202년~기원후 220년) 초기까지 편찬된 것으로 추정하고, 역경과 역전의 형성 연대는 적어도 6~8백여 년의 시차가 있다. 「역전」은 「단전」 상·하편, 「상전」 상·하편, 「문언전」, 「계사전」 상·하편, 「설괘전」, 「서괘전」, 「잡괘전」의 총 열 편의 글로 이루어진다. 이 중 「단전」과 「상전」은 괘효사에 대한 설명이기 때문에 찾아보기 쉽게 괘효사 밑에 배치되었고, 나머지 전들은 역경 뒤에 배치되었다.

열 개의 전은 다음과 같은 내용이다.

- 단전彖傳 : 단彖은 '판단한다'는 뜻으로, 괘의 뜻을 판단하여 풀이한다.

- 상전象傳 : 상象은 '상징'을 뜻한다. 괘효의 상으로 괘효의 뜻을 설명하였다. 괘를 설명한 상전은 대상전이라 하고, 효를 설명한 상전은 소상전이라 한다.

- 문언전文言傳 : 건괘와 곤괘의 괘효사를 의리義理로 설명한 전. 의리란 괘효사의 뜻[의義]과 이치[리理]를 뜻한다.

- 계사전繫辭傳 : 『주역』의 대의를 밝히고 있다.

- 서괘전序卦傳 : 64괘의 배열 순서를 해설한 전.

- 설괘전說卦傳 : 8괘의 괘상과 괘의를 해설한 전.

- 잡괘전雜卦傳 : 맞얽힘으로 괘를 해설한 전.

「역전」에는 춘추시대부터 전국시대에 형성된 「역경」에 대한 새롭고 체계적인 해석이 담겼다. 그 해석의 방향은 두 가지로 나누어지는데, 각각을 상수역과 의리역이라고 한다. 상수역象數易은 괘효의 상象과 수로 해석한다. 의리역은 괘이름, 괘효사의 뜻[의義]과 이치[리理]로 『주역』을 해석한다.

2. 맞얽힘을 기호로 표시하다

별첨 〈주역편〉 2장에서 살펴보았듯이 괘는 숫자괘 → 숫자 기호 괘 → 기호괘로 변화하는 과정을 거쳐 오늘날 우리가 사용하는 괘로 확정되었다. 숫자괘에서 숫자 기호괘로 변하기 위해서는 숫자들을 짝수와 홀수로 분류하는 과정이 있어야 한다. 그 과정에서 등장한 것이 효이름이다. 역전이 등장하기까지 『주역』 해석에 여러 차례 변화가 일어났는데, 가장 큰 변화 중 하나는 효이름의 등장이었다. 효이름은 효사 앞에 있는 초구, 육이, 육삼, 육사, 구오, 상육과 같은 이름을 말한다. 춘추시대에는 효이름이 없어 『춘추좌전』과 『국어』에는 효이름이 등장하지 않는다. 『춘추좌전』과 『국어』에서 변효를 지칭하는 방식은 'A 之 B'이다. 예를 들어, 목강이 주역점을 쳐서 얻은 괘를 두고 사관이 간지수艮之隨라 설명하였다. 여기서 지之는 변한다는 뜻으로, 간지수는 간艮이 수隨로 변한다는 뜻이다. 간(☶)이 수(☳)로 변한 것은 괘상에서 보듯이, 간의 이효만 제외하고 나머지 효들이 모두 바뀌어야 수괘가 된다. 이러한 방식으로 효변과 변괘를 서술한 것은 효이름이 없기 때문이었다. 효이름이 생긴 건 전국시대 중후기로 추정한다. 기원전 255년경 만든 것으로 추정되는 상해 박물관 소장 전국 초죽서 『주역』에 처음으로 효이름이 등장한다.

효이름은 효상을 표현하는 숫자와 효위를 표현하는 문자 또는 숫자로 구성된다. 효상爻象은 효의 모양이라는 뜻으로, ━ (보통 이 기호는 양이라고 읽지만 효이름에서는 숫자 구九로 읽는다), ━━ (보통 이 기호는 음이라고 읽지만 효이름에서는 숫자 육六으로 읽는다)을 가리킨다. 효위爻位는 효의 위치를 뜻한다. 효위는 효가 괘 안에서 어느 자리에 있느냐에 따라 초初, 이二, 삼三, 사四, 오五, 상上을 붙인다.

만물이 아래에서 위로 자라는 것처럼 괘도 아래에서 위로 읽는데, 제일 아래에 있는 효는 초初로 시작한다. 초는 처음, 시작이라는 뜻으로, 괘의 시작을 알린다. 제일 위에 있는 효는 꼭대기라는 뜻의 상上자를 붙여 읽는다. 초효와 상효를 제외한 다른 효위는 아래부터 순서대로 숫자를 붙인다. 초효와 상효만 효위를 효상 앞에 놓고, 나머지 효이름들은 효위를 효상의 뒤에 붙인다.

정리해서 말하자면, 효이름은 효상+효위로 이루어져 있는데, 초효와 상효만 효위+효상으로 이루어져 있다. 효상은 효가 ━이면 구라고 이름 붙이고, ━━이면 육이라 이름 붙인다. 효위는 아래부터 초, 이, 삼, 사, 오, 상을 붙인다. 따라서 제일 아래에 있는 효가 ━이면 효이름은 초구, ━━이면 효이름은 초육이 된다.

예를 들어 동인同人(☲)괘 육이라고 하면 동인괘의 아래에서 두 번째 자리에 있는 효를 가리키며, 이 두 번째 효가 음효임을 알 수 있다. 박剝(☶)괘 상구라고 하면 박괘의 제일 위에 있는 효를 가리키며, 이 효가 양효임을 알 수 있다.

효이름에서 주목할 점은 첫 효는 초효, 효이름 마지막은 상효라고 한 것이다. 첫 효가 초효이면 마지막 효는 초의 반대인 끝을 뜻하는 종終 또는 말末로 해야 마땅하고, 마지막 효가 상上이면 처음 효는 그 반대인 하下라고 하는 것이 마땅하다. 그러나 효이름을 만든 사람은 그렇게 하지 않았다. 그 이유는 괘를 시공간에서 일어나는 사건으로 이해했기 때문이다. 시간과 공간을 분리해서 생각하지 않고 시간과 공간이 연결되었다고 생각하였다. 효이름에 시공을 표기하였다는 것은 변화란 시공의 변화라는 것을 인식했음을 보여준다. 효이름은 그 변하는 시공을 가리키는 이름이다.

효이름은 그 이름에 육과 구라는 효상을 포함하면서 『주역』 해석에 혁명적 변화를 가져왔다. 그전까지 맞얽힘의 사유는 주역점과 괘효사를 통해서만 그 사유를 드러냈다. 이 방식에는 한계가 있어서 맞얽힘이 지닌 맞섬과 얽힘이라는 특징을 제대로 드러내기가 어려웠다. 효이름으로 맞얽힘을 표상하면서, 우주 만물의 생성 원리, 나아가 운행을 설명할 수 있었다.

효이름은 홀수와 짝수 개념의 등장과 함께 이루어진 것으로 추정된다. 주역점을 펼쳐서 얻게 되는 육六, 칠七, 팔八, 구九 숫자를 짝수와 홀수로 분류해야 육六과 구九로 효상을 표기하는 방식이 등장한다. 육六과 구九가 각각 짝수와 홀수라는 맞얽힌 두 인소를 표상하면서 효이름은 맞얽힘의 상징이 되었다. 그리고 짝수와 홀수를 ━━, ━으로 표기하면서 맞얽힘이 기호화되었다.

효이름을 가지게 된 효는 효의 주체성을 확보했고, 이는 다른 효와 다양한 관계를 설정하게 했다. 이로써 효상과 효위를 이용한 새로운 해석의 방식, 「단전」과 「상전」이 등장하는 발판이 되었다.

3. 효위설, 새로운 괘효 해석법

효위설爻位說은 괘 속에서의 효의 위치와 효의 상象을 가지고 효사를 설명한다. 효사는 괘 속에서의 효가 길한지 흉한지를 말하는데, 효가 왜 길하거나 흉한지를 설명하기 위해 전국시대에 등장한 방식이 효위설이다. 괘 속에서 하나의 효는 하나의 위치를 차지한다. 효가 위치를 차지한다는 것은 효가 주체가 되었다는 의미이다. 효가 주체가 됨으로써 나머지 다섯 개의 효들과 다양한 관계를 맺을 수 있다. 효위설에서 그 관계를 지칭하는 이름은 중정中正, 당위와 부당위, 응應과 불응不應, 승承과 승乘의 네 가지이다. 효위설은 역전에서 괘효사를 해석하는 중요한 방식으로, 역전 중 「단전」과 「소상전」은 이 효위설로 괘효사를 설명한다.

① **중정**中正 : 중정中正은 가운데에 자리하여 바르다는 뜻으로, 중中은 한 괘의 여섯 효 가운데 이효, 오효가 윗괘와 아랫괘의 가운데에 자리한 것을 말한다. 아랫괘를 내괘, 윗괘를 외괘라고도 부르는데, 가운데에 있는

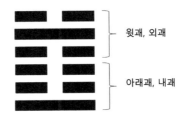

윗괘, 외괘

아래괘, 내괘

준괘의 아랫괘 가운데에 있는 육이와 윗괘 가운데에 있는 구오는 중中의 자리에 있는 효이다.

효를 길하다고 여기는 것이 중정이다. 이효와 오효가 길한 것은 효상, 즉 음양에 관계없이 가운데에 있기 때문이다.

이효와 오효 중에서도 오효를 더 길하다고 해석하는데, 그 이유
는 오효의 자리가 왕·군주 자리를 상징해서이다. 예를 들어 수需
(䷄)괘 괘사는 "믿음이 있고, 밝아서 형통하고, 바르게 하여 길하다"
라고 하는데, 수괘 단전에서는 이 괘사를 해설하여 "왕의 자리에 위
치하여 정중正中을 얻었기 때문"이라고 하였다. 정중을 얻었다는 것은
오효의 중정을 말한다. 이는 오효의 효위로 수괘 괘사 믿음이 있고,
밝아서 형통하고, 바르게 하여 길하다고 해석한 것이다.

여기서 우리가 분명히 알아야 할 점은 중中은 가운데라는 뜻이
아니다. 괘는 시간과 공간이 변화하면서 만들어지는 사건이다. 초효
와 상효는 그 변화의 극단을 뜻한다. 극단에 이르기 전을 길하게 여
긴 것은 물극필반 때문이다. 물극필반에 도달하기 전의 상태가 중中
이다. 그러므로 중은 가운데라는 뜻이 아니라 비우지 않고 채우지
않음의 뜻이다. 중정中正은 비우지 않고 채우지 않는 것이 올바르다
는 뜻이다.

이러한 중의 뜻이 시時와 결합하여 나온 해석법이 시중時中이다.
시時는 때, 중은 맞춤을 뜻한다. 따라서 시중은 때맞춤이라는 뜻이
다. 시중은 몽蒙괘 단전에 나온다. 몽괘의 괘사는 "형통하다"라고 하
는데, 단전에서는 "몽이 형통한 것은 때맞춰 형통함으로써 행하기
때문이다"라고 설명한다.

노자, 공자, 장자는 모두 중中을 중시하였는데, 그중에서도 가장
중시한 사람은 공자였다.

공자가 말했다. "배우고 때맞춰 익히니 또한 기쁘지 아니한가." - 『논어』 「학이」

공자는 인류 최초로 개인이 학당을 열어 가르침을 펼친 사람이다. 『논어』의 첫 번째 문장에 배움이 등장하는 것도 공자가 배움을 강조했기 때문이다. 그런데 배움도 때가 있으니, 때맞춰 배우고 익혀야 한다.

공자가 말했다. "생민을 부리는 데는 때에 맞추어 해야 한다." - 『논어』 「학이」

당시에는 생민을 동원하여 전쟁 및 거대한 토목 공사를 실시하였다. 공자가 생민을 동원할 때 때맞춰 해야 한다고 말한 것은 농사철을 피해 생민을 동원해야 함을 말한다. 농사철에 전쟁이나 부역에 생민을 동원하면 한 해 농사를 말친다. 한 해 농사를 말치면 생민은 굶게 되고, 나라의 뿌리인 생민이 굶으면 나라가 망한다. 그래서 생민을 부릴 때도 부릴 만한 때인지 아닌지를 살펴 가며 부려야 함을 말했다. 공자는 때를 중시하여 행위 준칙으로 삼았다.

공자가 말했다. "중용의 덕은 지극하도다. 하지만 중용의 덕을 가진 사람이 드문 지가 오래되었다." - 『논어』 「옹야」

공자가 말한 중용의 뜻이 무엇인지 『논어』에는 실려 있지 않지만, 이 중용의 뜻을 파악할 수 있는 일화가 공자언행집인 『공자가어』에 나온다.

> 공자가 노나라 환공의 사당에서 유기기有敧器를 보았다. 공자는 사당지기에게 물었다. "이것은 무슨 그릇입니까?" "그것은 아마 유좌宥坐의 그릇일 겁니다." "내가 듣기로는 유좌의 그릇은 비면 기울어지고, 중간을 채우면 바르게 서고, 가득차면 엎어진다고 하였습니다. 현명한 군주는 이 그릇을 지극한 경계심을 주는 그릇으로 여겨 항상 자신의 자리 옆에 두었다고 합니다." - 『공자가어』〈삼서〉

"중간쯤 채우면 바르게 서다"라는 원문은 중즉정中則正이다. 중즉정은 중하면 곧 정하다는 뜻이다. 이로부터 「단전」의 중정中正이 유래한 것으로 보인다. 유좌의 그릇에서 중은 텅 빔과 가득 참의 가운데를 뜻한다. 8괘에서 가운데 효는 위와 아래의 가운데에 있는 효로, 상효는 가득 참을 뜻하고, 초효는 텅 빈 상태에서 막 시작됨을 뜻한다. 군주가 유좌의 그릇으로 경계를 삼은 것은 텅 비게 하지도 가득 채우지도 않는 중의 처세를 유지하기 위해서이다. 이 일화를 통해 중정의 개념이 공자 이전부터 존재했음을 알 수 있다.

공자가 중시한 중中에 시時를 결합하여 사용한 것은 맹자이다. 맹자는 시와 중을 결합하여 이상적 인격으로 삼았다. 맹자는 다음과 같이 말한다.

자막은 중中을 고집하였는데, 중을 고집한 것은 도에 가까운 것이다. 그러나 중을 고집하면서 권權이 없으면 마치 하나만을 고집하는 것과 같다. 하나만을 고집하는 것을 싫어하는 것은 그것이 도를 해치기 때문인데, 이것은 한 가지만을 들고 백 가지를 폐기하는 것이다. - 『맹자』 「진심상」

권權은 저울추를 뜻한다. 권權은 상황에 따라 변화하여 균형을 맞춤을 뜻한다. 맹자는 권權을 때맞춰 변화한다는 뜻으로 사용하였다. 맹자가 자막을 비판하면서 "중을 고집하면서 권이 없으면"이라고 한 것은, 그저 중만을 지키고 때에 따라 변화하는 것을 알지 못함을 말한다. 중은 도에 가까운 것이기는 하나, 때에 따라 변화하지 못하는 중은 도를 해친다. 이처럼 맹자는 시와 중을 결합한 시중을 중시하였다. 역전에서는 공자와 맹자의 사상에 따라 중정과 시중으로 효위를 해석했다.

② **당위**當位**와 부당위**不當位 : 효위설에서는 초효부터 상효까지 효의 성질이 정해졌다. 초효, 삼효, 오효는 홀수이므로 양의 자리이고, 이효, 사효, 상효는 짝수이므로 음의 자리이다. 홀수가 양, 짝수가 음인 것은 주역점을 행하면 나오는 네 개의 숫자 중 짝수인 6, 8이 음, 홀수인 7, 9는 양인에서 비롯된다. 양의 자리에 양효가 오고, 음의 자리에 음효가 오면 올바른 자리를 얻어서 당위라 하고, 반대의 경우에는 부당위라 한다.

음
양
음
양
음
양

초효, 삼효, 오효는 양의 자리, 이효, 사효, 상효는 음의 자리다. 기제괘는 음양이 제 위치에 자리한 유일한 괘다.

따라서 당위는 길하고 부당위는 흉하다고 해석한다. 예를 들어 기제既濟(䷾)괘는 윗괘가 감(☵)이고, 아랫괘가 리(☲)로 초효부터 양과 음이 번갈아가며 형성되어 모든 효가 당위이다. 그러므로 기제괘 단전에서는 "바르게 하여 이롭다는 것은 강유가 바르고 자리가 합당하기 때문이다"라고 말했다. 자리가 합당하다는 것은 모든 효가 마땅히 있어야 할 자리에 있음을 말한다.

그러나 부당위라 할지라도 득중하면, 즉 이효와 오효의 자리에 있으면 길하다고 해석한다. 올바른 자리에 처하는 것보다는 중의 자리에 처하는 것을 중요하다고 여긴다. 예를 들어 서합噬嗑(䷔)괘의 오효는 음으로, 양의 자리에 음이 온 부당위이다. 하지만 오효는 윗괘의 중위이므로 서합괘 단전에서는 "유柔가 중앙에 자리를 얻어 위로 올라가니, 비록 합당한 자리는 아니지만, 형벌을 사용하면 이롭다"라고 해석하여, 이 괘를 길하고 이로운 것으로 해석했다. 이로써 정正보다는 중中을 더 중시하였음을 알 수 있다.

③ 응應과 불응佛應 : 윗괘와 아랫괘의 각 효를 서로 응하는 관계로 해석하는 방법이다. 초효는 사효, 이효는 오효, 삼효는 상효와 상응하는 관계로 보고, 한쪽이 양, 다른 쪽이 음이면 서로 응하는 관계이다. 반대로 둘 다 양이거나, 둘 다 음이면 불응하는 관계로 본다. 그리고 응하면 길하고, 응하지 않으면 흉하다고 해석한다.

준屯(䷂)괘에서 초구는 양, 육사는 음이므로 상응하고 있다. 더구나 초구와 육사 모두 당위이므로 이런 응의 관계를 정응正應이라 한다. 반면에 육삼과 상육은 같은 음이어서 무응의 관계이므로 흉하다고 판단한다. 더구나 육삼은 중의 자리도 아닌 데다 부당위이므로 더욱 흉하게 본다.

④ **승承과 승乘** : 서로 접한 두 효의 관계로 풀이하는 방법이다. 아래에 있는 효가 위에 있는 효를 받든다(승承)고 하고, 위에 있는 효가 아래에 있는 효를 타고 있다(승乘)고 한다. 위에 있는 효가 양이고 아래에 있는 효가 음이면, 음이 양을 받들고 있다고 해석하는 한편 양이 음을 타고 있다고 해석하는데, 이런 관계는 길함으로 본다. 반면에 음이 양 위에 있으면 음이 양 위에 올라탔으므로 흉한 것으로 해석한다. 승승은 여자가 남자에 순종해야 하며, 비천한 자가 존귀한 자에 순종해야 하며, 존귀한 자를 넘어서서 그 위에 있을 수 없다는 봉건사상을 효 해석에 적용한 것이다.

예를 들어, 소과小過(䷗)괘의 윗괘는 진(☳)이며 아랫괘는 간(☶)이다. 윗괘의 상은 육오가 구사를 타고 있으며, 아랫괘의 상은 육이가 구삼을 받든다. 그러므로 소과괘 단전에서는 "윗괘는 마땅하지 않고 아랫괘는 마땅하여 크게 길하다. 윗괘는 거스르고 있으며 아랫괘는 순응하다"라고 말하였다. 이 단전은 소과괘 괘사 크게 길하다를 해석하는 것으로, 길한 이유는 아랫괘에서 육이가 구삼에 순응하고 있어서이다. 즉 단전의 저자는 윗괘의 상은 버리고 아랫괘의 상만을 해석하였다.

4. 장생長生, 궁극의 이익

『주역』은 점치는 책으로, 점의 기본 목표는 취길피흉取吉避凶이다. 「계사전」에서는 길이 얻음이고 흉이 잃음이라고 하였다. 인간이면 누구나 길은 취하고 흉은 피하고 싶어한다. 『주역』을 만든 이들은 취길피흉을 목표로 하는 점복 과정을 통해 세계의 법칙을 파악하였다. 그로부터 인간이 어떻게 해야 영원히 길할 것인가를 탐구하여 인생살이 법칙을 끌어내고자 하였다. 인간에게 영원히 길한 궁극은 장생長生이다.

> 공자가 말했다. "만물은 오래 살고자 욕망하고 죽음을 싫어하지 않는 것이 없다. 이러한 마음을 깨달은 사람이 『주역』을 지었다." - 『백서 주역』 「역지의」

공자는 만물이 오래 살 수 있는 이치가 『주역』에 있다고 보았다. 장생이란 글자 그대로 오래 사는 것이 아니라 타고난 수명을 다하는 것을 뜻한다. 「설괘전」에서는 다음과 같이 말한다.

> 옛날에 성인이 『주역』을 만들고자 은밀히 신명을 도와 서죽을 만들었다. 하늘에서 셋을 취하고 땅에서 둘을 취하여 이로부터 숫자를 만들었다. 음양에서 변화를 보아 괘를 세웠다. 강유가 발휘되는 것을 보고 효를 만들었다. 도에서 화합하고 순종하는 덕을 끌어내고 이치에서 사

물의 뜻을 만들었다. 그 이치를 궁구해 그 본성을 밝게 드러나게 함으로써 타고난 수명에 이르게 하였다. - 『주역』 「설괘전」

"그 이치를 궁구해 그 본성을 밝힘으로써 타고난 수명에 이르게 하였다"라는 말의 원문은 '궁리진성이지어명窮理盡性以至於命'이다. 궁리진성함으로써 타고난 수명에 도달하게 한다는 뜻이다. 궁리窮理란 맞얽힘으로부터 어떻게 변화가 만들어져 사물이 탄생하는지 그 이치를 궁구함을 말한다. 진성盡性은 본성을 다하게 한다는 뜻이다. 성性은 만물이 세계로부터 받은 것으로 사물의 본질을 뜻하고, 다하게 한다는 것은 그 본질을 다 밝혀 드러나게 하는 것이다. 따라서 궁리진성은 맞얽힘으로부터 어떻게 사물이 만들어지고 움직이는지 그 원리와 이치를 분명하게 밝히는 것이다.

공자는 궁리진성이 어떤 것인지를 생생한 사례를 들어 설명한다.

공자가 말했다. "해가 가면 달이 오고 달이 가면 해가 와서 해와 달이 서로 밀어내어 밝음이 생긴다. 추위가 가면 더위가 오고 더위가 가면 추위가 와서 추위와 더위가 서로 밀어내어 한 해가 이루어진다. 가는 것은 굽히는 것이고 오는 것은 펴는 것이니 굽히고 펴이 서로 감응하여 이로움이 생긴다.

자벌레가 굽히는 것은 펴기 위한 것이고, 용과 뱀이 겨울잠을 자는 것은 자기 몸을 보존하기 위한 것이다. 이치를 정밀히 하여 신神의 경지에 들어가는 것은 쓰임을 다하기 위한 것이고, 쓰임을 이롭게 하여 몸을 편안히 하는 것은 덕을 높이기 위한 것이다. 이것을 넘는 것은 혹 알 수 없으니, 신묘함을 궁구하여 변화를 아는 것이 덕의 성대함이다." - 『주역』 「계사전」

잠은 죽음과 비슷하다. 잠이 들면 주위에서 일어나는 소리와 빛에 반응하지 못한다. 용과 뱀이 겨울잠을 자는 것은 겨우내 죽음과 같은 상태에 빠지는 것이다. 그런데 그 이유가 자기 몸을 보존하기 위함 즉 삶이다. 살기 위해 수개월 동안 죽음 같은 긴 잠을 잔다. 공자는 용과 뱀의 겨울잠을 예로 들어 죽음과 삶의 맞얽힘을 말한다. 또 공자는 자벌레가 몸을 굽혔다 펴는 것을 관찰하여 굽힘과 폄의 맞얽힘이 구현되어 있음을 깨달았다. 해와 달, 추위와 더위 모두 맞얽힘이다. 공자가 말한 사례는 맞얽힘이 각 사물의 운행에 어떻게 작용하고 있는지를 밝혀낸 궁리진성의 전형을 보여준다.

궁리진성을 통해 사물이 오래 보존되는 이치를 깨달은 자는 그 수명이 다할 때까지 살 수 있다. 장생은 점술을 통해 이익을 추구했던 사람들이 도달한 궁극의 이익이었다. 그 이익은 맞얽힘의 처세에 달렸다.

주역편 부록

주역점
치는 방법

『주역』은 점을 쳐서 얻은 괘가 무슨 뜻인지 설명하는 책이다. 따라서 『주역』을 제대로 이해하려면 주역점을 이해해야 한다. 주역점은 서죽筮竹(숫자를 세는 데 쓰는 대나무)를 이용하여 점을 치는 데, 점을 치는 과정이 다양한 숫자를 연산하는 과정이다. 이 과정을 마치면 괘를 얻게 된다.

주역점은 그냥 만들어진 것이 아니라 당대의 세계관이 담겨 있다.

『주역』은 점을 쳐서 얻은 괘가 무슨 뜻인지 설명하는 책이다. 따라서 『주역』을 제대로 이해하려면 주역점을 이해해야 한다. 주역점은 서죽筮竹(숫자를 세는 데 쓰는 대나무)를 이용하여 점을 치는 데, 점을 치는 과정이 다양한 숫자를 연산하는 과정이다. 이 과정을 마치면 괘를 얻게 된다.

　주역점은 삼천여 년의 세월동안 전해 내려왔는데, 수많은 사람들이 주역점을 쳐서 미래를 알고자 하였다. 이순신 장군도 그중 한 명으로, 『난중일기』에 보면 점을 친 기록이 17차례 등장하고 있다. 이순신 장군이 친 점은 대부분 척자점이라고 하는 것으로, 척자점은 윷놀이에 쓰는 윷을 가지고 괘를 얻는 점법이다. 예를 들어 윷을 던져서 도가 세 번 연속 나오면 이것을 『주역』에 나오는 건괘로 간주하였다.

　1594년 7월 13일. 아들의 병이 어떠할까 염려되어 척자점을 치니

'군왕을 만난다'를 얻었다. 아주 길했다. 다시 던지니 '어두운 밤에 등불을 얻다'가 나왔다. 두 괘가 다 길해서 조금 마음이 놓였다. -

최두환, 『충무공 이순신 전집』2.

척자점은 주역점을 아주 간단하게 만든 것으로, 이러한 점법이 등장한 이유는 주역점법이 다소 복잡하고 시간이 꽤 걸리기 때문이다. 척자점 외에도 『난중일기』에는 주역점을 친 기록이 한 번 나온다.

정유 5월 12일 임인. 맑다.
신흥수가 와서 보고 원영감(원균)의 점을 쳤는데, 준屯괘가 구姤괘로 변하니 이는 용用이 체體를 이기는 것이라 크게 흉하다.

- 『난중일기』, 정유년 5월 12일.

서죽과 점통

이 점은 이순신 장군이 직접 친 것은 아니고, 신흥수라는 사람이 원균의 미래에 대해 주역점을 친 것이다. 이 점을 친 때는 정유년 5월로, 정유년은 임진왜란을 일으킨 일본이 한번 물러났다가 다시 전쟁을 일으킨 정유재란이 일어난 해이다. 점을 친 날짜는 원균이 대패한 칠천량해전을 앞두고 있던 때로, 큰 해전을 앞두고 걱정이 되어 원균의 미래에 대해 점을 쳤던 것이다.

'준괘가 구괘로 변했다'는 것은 준(☷)괘가 구(☰)괘로 변했다는 뜻이다. 여기서 준괘를 본괘, 구괘를 변괘라고 한다. 주역점법은 두 단계로 나누어지는데, 첫 번째 단계는 괘를 얻는 성괘成卦의 단계이다. 첫 번째 단계에서 나오는 괘를 본괘라 한다. 두 번째 단계는 본괘에서 당연히 변해야 하는 효를 구하고, 이 효를 바꾸어서 변괘를 만드는 단계이다. 두 번째 단계에서 나오는 괘를 변괘라고 한다. 그렇다면 신흥수는 어떻게 주역점을 쳤길래 준괘가 구괘로 변하는 점괘를 얻었을까? 이제부터 본격적으로 주역점 치는 법을 설명하겠다.

점을 치기 위해서는 50개의 서죽이 필요하다. 서죽은 김밥 싸는 데 쓰는 김발을 풀어서 사용해도 된다. 어떤 것이 되었든 길쭉한 나무막대기 모양의 서죽 50개만 있으면 된다.

서죽이 준비되었다면 이제 경건한 몸과 마음으로 책상 앞에 앉아서 깨끗한 종이를 꺼내서 점에 묻고 싶은 점문을 쓴다. 그리고 하늘에게 점문을 여쭈는 의식을 행한다.

'하늘이 어찌 말을 하겠습니까마는 물으면 곧 대답하여 주시나니, 코로나 팬데믹이 언제쯤 끝나

코로나 팬데믹이
언제쯤 끝날까요
2021년 6월 20일

점문과 날짜를 적는다.

리이까? 감추지 마시고 밝게 보여주소서! 감추지 마시고 밝게 보여
주소서!'라고 주문을 외운다. 그리고 다음 절차대로 행한다.

① 사진에 보이는 대로 서죽 1개는 점통에 꽂
는다. 그리고 나머지 49개의 서죽을 양 손으
로 갈라 쥔다.

② 왼손에 든 서죽을 천책이라 하고, 오른손에
든 서죽을 지책이라 한다. 천책은 하늘을 상징
하므로, 사진처럼 위쪽에 놓고, 지책은 땅을
상징하므로 아래쪽에 놓는다.

③ 천책에서 서죽 하나를 들어 천책과 지책
사이에 놓는다. 이 서죽은 사람을 뜻하는 인책
이다.

④ 천책을 모두 들어 네 개씩 덜어낸다. 덜어
낸 서죽은 천책이 있던 자리에 놓는다. 마지막
에 서죽이 네 개 이하가 남으면 남은 서죽을
인책 왼쪽에 놓는다.

⑤ 지책을 모두 들어 네 개씩 덜어낸다. 덜어
낸 서죽은 지책이 있던 자리에 놓는다. 마지막
에 서죽이 네 개 이하가 남으면 남은 서죽을
인책 오른쪽에 놓는다.

⑥ 인책과 인책 좌우에 놓아두었던 서죽을 모
두 합쳐서 왼쪽 편에 놓는다. 이로써 제1변이
끝났다. 같은 과정을 두 번 더 반복해서 3변까
지 해야 한다. 남은 천책과 지책을 합쳐 ①번
에서 ⑥번까지의 과정을 반복해서 행한다. 2변
이 끝나면 다시 남은 천책과 지책을 가지고 3
변을 행한다.

⑦ 3번이 끝나면 남은 천책과 지책을 합쳐서 네 개씩 덜어낸다. 네 개씩 덜어낸 횟수가 몇 번인지 세어야 하므로, 사진에서처럼 네 개씩 덜어낸 서죽을 세기 쉽게 가지런하게 놓는다. 사진에서는 네 개씩 7번 덜어냈다.

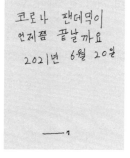

⑧ 마지막에 네 개씩 덜어낸 개수가 7번이라면 숫자 7을 얻은 것이다. 점문을 적은 종이에 ━ 을 그리고 옆에 숫자 7을 적는다. 숫자 7은 홀수이고, 홀수는 양陽이므로 ━ 를 상징한다. 마지막에 덜어낸 개수가 9번이라면 숫자 9를 얻은 것이다. 종이에 ━ 을 그리고 옆에 숫자 9를 적는다. 마지막에 6번을 덜어냈다면 6을 얻은 것이다. 숫자 6은 짝수이고, 짝수는 음陰이므로 종이에 ━━ 를 그리고 옆에 6을 적는다. 8도 짝수이므로 ━━ 를 그리고 옆에 8을 적는다.

⑨ ①번에서 ⑧번까지의 과정을 다섯 번 더 반복해서 총 여섯 번 실시하면 여섯 효로 이루어진 하나의 괘를 얻게 된다. 이렇게 해서 나온 괘를 본괘라 하고 한다. 본괘는 현재를 상징한다. 그런데 현재는 끊임없이 변해 미래가 된다. 점을 치는 이유는 미래를 예측하기

위해서이므로 미래를 상징하는 변괘를 구해야 한다. 미래는 현재가 변하는 것이므로 변괘는 본괘의 효가 변해서 이루어진다. 그러므로 본괘에서 어떤 효가 변하는지를 알아야 한다.

7	9	8	6
봄	여름	가을	겨울
홀수		짝수	
━		╍	
소양少陽	노양老陽	소음少陰	노음老陰
변하지 않음	변함	변하지 않음	변함

우리가 지금까지 구한 숫자 6, 8, 7, 9는 각각 겨울, 가을, 봄, 여름을 상징한다. 이 중 봄과 여름은 따뜻하므로 양을 상징하고, 가을과 겨울은 추우므로 음을 상징한다. 봄은 따뜻한 기운이 점차 올라오는 계절이므로 소양少陽에 해당한다. 소少는 '적다'라는 뜻으로 양기가 이제 막 아지랑이처럼 피어오르므로 소양이라 한 것이다. 봄 다음에는 여름이 오고, 여름은 양기가 극에 달한 계절이므로 노양老陽에 해당한다. 노老는 양기가 극에 달했음을 뜻한다.

여름에 초복·중복·말복이면 몸을 보신해주는 음식을 먹는 풍습이 있는데, 이때 쓰는 복이라는 글자는 '엎드릴 복伏'자로, 음기가 양기에 눌려 엎드려 있음을 뜻한다. 말복은 가을이 시작되는 입추 다음에 있는데, 그 이유는 음기가 조금씩 되살아나면서 가을이 시작되지만 여전히 음기가 양기에 눌려 엎드려 있기 때문이다. 이때가 여름 중에서 가장 더운 때로, 더위가 극에 달한 때가 추위가 시작되는 때라는 것을 입추라는 절기를 통해 알 수 있다. 여름 다음에는 가을이 오고, 가을은 약한 음기가 점차 올라와 추워지는 때이므로 소음少陰에 해당한다. 가을 다음에는 겨울이 오고, 겨울은 음기가 극에 달하는 계절이므로 노음老陰에 해당한다. 절기로는 가장 추운 날인 대한大寒 다음에 입춘이 오는 것은 추위가 극에 달해야 따뜻한 기운이 비로소 올라와 봄이 시작되기 때문이다.

봄에서 여름으로 계절은 변하지만 계속 따뜻한 기운이 올라간다. 이것은 양陽이 양陽으로 이어지는 것이다. 계절은 바뀌었지만 양이라는 성질은 변하지 않으므로 봄을 상징하는 숫자 7은 '변하지 않는 효'의 성질을 지닌다. 여름에서 가을로 계절이 바뀌면 더위가 사라지고 추위가 오기 시작한다. 이는 양에서 음으로 변화하는 것이므로 여름을 상징하는 9는 '변하는 효'의 성질을 지닌다. 가을에서 겨울로 계절은 변하지만 계속 추운 기운이 올라간다. 이것은 음陰이 음陰으로 이어지는 것이다. 계절은 바뀌었지만 음이라는 성질은 변하지 않으므로 가을을 상징하는 숫자 8은 '변하지 않는 효'의 성질을 지닌다. 겨울에서 봄으로 계절이 바뀌면 추위가 사라지고 따뜻함이 찾아온다. 이는 음에서 양으로 변화하는 것이므로 겨울을 상징하는 6은 '변하는 효'의 성질을 지니게 된다.

'코로나 팬데믹이 언제쯤 끝날까요?'를 가지고 주역점을 펼쳐서 다음과 같은 본괘를 얻었다.

괘의 여섯 효는 6, 8, 7, 9 중 하나의 숫자로 되어 있다. 이 6, 8,

8
9
6
7
8
7

기제旣濟

7, 9를 '효의 영수靈數'라고 한다. 내가 서법을 펼쳐서 얻은 기제괘에서 효의 영수를 보면 네 번째 효의 영수가 6이고, 다섯 번째 효의 영수는 9이다. 나머지 효의 영수는 7이거나 8이다. 영수 중 6과 9는 변하는 효이고, 7과 8은 변하지 않는 효이다. 그러므로 기제괘의 육사효와 구오효만 변하는 효이다. 그렇다면 이 변하는 효만 변화시켜서 변괘를 얻으면 되는 것일까? 그렇지는 않다.

변괘를 구하려면 먼저 '당연히 변해야 하는 효'를 구해야 한다. 효의 영수가 6, 9라고 해서 다 변하는 것이 아니라 '당연히 변해야 하는 효'이어야만 변효가 될 수 있다.

본괘 여섯 효의 영수를 모두 더한 수를 '괘의 영수'라고 한다. 위의 기제괘에서는 효의 영수를 전부 더하면 45(7+8+7+6+9+8)가 되는데, 이 45가 내가 점쳐서 얻은 기제괘의 영수이다. '당연히 변해야 하는 효'는 천지지수 55에서 괘의 영수를 빼서 그 나머지 수를 가지고 찾는다. 그 나머지 수는 '당연히 변해야 하는 효'의 위치를 의미한다. 제일 아래에 있는 초효부터 위로 올라가면서 셈하여 상효에 이르고, 다시 상효부터 아래로 셈하여 초효에 이르면 다시 초효부터 위로 셈하는 방식으로 구한다. 이처럼 초효부터 상효까지 왕복하면서 나머지 수의 숫자가 다하는 곳에 있는 효가 '당연히 변해야하는 효'가 된다.

내가 얻은 기제괘의 영수는 45이므로, 천지지수 55에서 45를 빼면 10이 된다. 이 10은 당연히 변해야 하는 효가 있는 위치를 뜻한다. 초효부터 위로 올라가면서 10을 세면 다음과 같이 된다.

10이 끝나는 곳에 있는 구삼효가 '당연히 변해야 하는 효'가 된다. 그런데 문제는 구삼효의 영수가 7이라는 점이다. 7은 변하지 않는 효이다. '당연히 변해야 하는 효'의 영수가 7, 8이면 효를 변화시킬 수 없으므로 기제괘에서 변괘를 만들 수 없다. 이 경우 본괘인 기제괘의 괘사만으로 점을 풀이해야 한다.

서법을 행하여 괘를 구하면, 변효가 없는 경우도 있고, 변효의 개수가 2개인 경우, 3개인 경우 등 다양한 경우들이 나타난다. 그럴 때마다 점풀이 방법이 달라진다. 그것을 정리하면 아래와 같다.

1. 여섯 효가 모두 7, 8인 경우에는 변효가 없으므로 '당연히 변해야

하는 효'를 구할 필요가 없다. 이때는 본괘 괘사로 점을 풀이한다.

2. 한 효가 9나 6인 경우에는 '당연히 변해야 하는 효'를 구한다.
  1) 9나 6인 효가 '당연히 변해야 하는 효'인 경우에는 이 효의 효사
  로 점을 풀이한다.
  2) 9나 6인 효가 '당연히 변해야 하는 효'가 아닌 경우에는 본괘의
  괘사로 점을 풀이한다.

3. 두 효가 9나 6인 경우에는 '당연히 변해야 하는 효'를 구한다.
  1) 9나 6인 효가 '당연히 변해야 하는 효'인 경우에는 이 효의 효사
  로 점을 풀이한다.
  2) 9나 6인 효가 '당연히 변해야 하는 효'가 아닌 경우에는 본괘의
  괘사로 점을 풀이한다.

4. 세 효가 9나 6인 경우에는 '당연히 변해야 하는 효'를 구한다.
  1) 9나 6인 효가 '당연히 변해야 하는 효'인 경우에는 이 효의 효사
  로 점을 풀이한다.
  2) 9나 6인 효가 '당연히 변해야 하는 효'가 아닌 경우에는 9는 6으
  로 바꾸고, 6은 9로 바꿔서 변괘를 얻는다. 그리고 본괘와 변괘
  의 괘사를 합하여 점을 풀이한다.

5. 네 효가 9나 6인 경우에는 '당연히 변해야 하는 효'를 구한다.

1) 9나 6인 효가 '당연히 변해야 하는 효'인 경우에는 이 효의 효사로 점을 풀이한다.

2) 9나 6인 효가 '당연히 변해야 하는 효'가 아닌 경우에는 9는 6으로 바꾸고, 6은 9로 바꿔서 변괘를 얻는다. 그리고 변괘의 괘사로 점을 풀이한다.

6. 다섯 효가 9나 6인 경우에는 '당연히 변해야 하는 효'를 구한다.

1) 9나 6인 효가 '당연히 변해야 하는 효'인 경우에는 이 효의 효사로 점을 풀이한다.

2) 9나 6인 효가 '당연히 변해야 하는 효'가 아닌 경우에는 9는 6으로 바꾸고, 6은 9로 바꿔서 변괘를 얻는다. 그리고 변괘의 괘사로 점을 풀이한다.

7. 여섯 효 모두 9나 6인 경우에는 모든 효가 변하므로 '당연히 변해야 하는 효'를 구할 필요가 없다. 건괘는 용구 효사로, 곤괘는 용육 효사로 풀이한다. 나머지 괘는 9는 6으로, 6은 9로 바꾸어서 나오는 변괘의 괘사로 풀이한다.

어떻게 점풀이를 해야 할지 알았다면, 해당 괘효사와 점문을 연계하여 점을 풀이한다. 위에서 '코로나 팬데믹이 언제쯤 끝날까요?'를 물은 뒤 주역점을 쳐서 기제괘를 얻었다. '당연히 변해야 하는 효'가 없으므로 기제괘의 괘사로 점을 풀이해야 한다. 기제괘의 괘사는 '형통하다. 점에 묻는 일은 조금 이롭다. 처음은 길하나 끝은 어지럽다'이다. 이것과 점문을 연계하면 확진자가 많이 줄어 끝날 듯하다가, 다시 대유행이 시작된다고 풀이할 수 있다.

지금 내가 설명할 주역점에는 중요한 의미가 담겨 있다. 이 주역 점은 그냥 만들어진 것이 아니라 당대의 세계관이 담겨 있다. 그것 이 무엇인지 지금부터 『주역』「계사전」에 있는 글을 가지고 설명하 겠다.

대연大衍의 수는 50이다. 사용하는 서죽은 49개이다. 이를 둘로 나누어 양의를 상징한다. 하나를 걸어 삼재를 상징하고, 네 개씩 덜어내어 사 계절을 상징한다. 남은 수를 합하여 그 왼쪽에 놓아 윤달을 상징한다. 5년 만에 다시 윤달이 되므로 다시 남은 서죽을 합하여 그 오른쪽에 놓아 윤달을 상징한다. 왼쪽과 오른쪽에 놓아둔 서죽을 합한 후에 걸 어놓는다.

하늘의 수 1, 땅의 수 2, 하늘의 수 3, 땅의 수 4, 하늘의 수 5, 땅의 수 6, 하늘의 수 7, 땅의 수 8, 하늘의 수 9, 땅의 수 10이다. 하늘의 수는 다섯 개이며 땅의 수도 다섯 개다. 다섯 자리를 서로 보태 각각 합하 니, 하늘의 수는 25이고 땅의 수는 30이다. 하늘과 땅의 수는 55이니, 이것이 변화를 이루고 신묘한 작용을 행하는 것이다.

건乾의 서죽은 216개이고, 곤坤의 서죽은 144개이다. 이것을 합하면 360개가 되며 만 1년 동안의 날짜에 해당한다. 두 편의 서죽수는 11,520이니 만물의 수에 해당한다. 그러므로 네 개의 영수營數로 역易을 이룬다. 18번 변하여 괘를 이룬다. 8괘는 작은 괘를 이룬다. 이것을 더욱 펼쳐나가 동류에 접촉해서 증가시키면 천하의 모든 일이 다하여진다. - 『주역』, 「계사전」

이 문장을 하나하나 살펴보며 주역점의 의미를 설명하겠다.

1. 대연_{大衍}의 수는 50이다. 사용하는 서죽은 49개이다.

대_大는 '넓다'는 뜻이고 연_衍은 '연역'의 뜻이다. 대연의 수는 넓게 연역하는 수를 의미한다. 서죽 50개로 점을 치지만 이를 연역하여 세상에 일어나는 모든 일을 예측할 수 있다는 뜻에서 대연지수라 한 것이다.

'사용하는 서죽은 49개'라는 것은 50개의 서죽을 준비해서 1개는 점통에 넣고 서법을 펼칠 때는 49개만을 사용하는 것을 말한다. 삼국시대 위나라의 사상가 왕필은 이 하나의 서죽이 '태극'을 상징한다고 해석하였다. 이는 「계사전」에 나오는 '역에 태극이 있다'는 문장으로 해석한 것이다. 태극이라는 단어에서 태극기의 태극 문양을 생각하기 쉽지만, 현재의 태극 문양은 후대에 만들어진 것으로 왕필 대에는 태극을 그림으로 표현하지 않았다. 여기서 왕필이 사용한 태극은 '양의로 나누어지기 이전의 상태'를 뜻한다.

2. 이것을 둘로 나누어 양의_{兩儀}를 상징한다.

49개의 서죽을 양손으로 잡은 뒤 왼손과 오른손으로 나누어 쥔다. 왼손에 쥔 서죽은 양陽이다. 양은 하늘을 상징하므로 천책天策이라 부른다. 오른손에 쥔 서죽은 음陰이다. 음은 땅을 상징하므로 지책地策이라 부른다. 이것이 양의를 상징한다. 의儀는 '짝'이라는 뜻이다. '짝'이라는 이름은 하늘과 땅은 갈라졌어도 서로 얽혀있다는 의미를 담고 있다.

3. 하나를 걸어서 삼재를 상징한다.

삼재三才는 하늘, 사람, 땅이다. 위쪽에 놓은 천책에서 한 개를 뽑아 천책과 지책 사이에 세로로 놓아둔다. 이 서죽이 인책人策으로, '걸어놓는다'고 표현한 것은 사람이 하늘과 땅 사이에서 하늘과 땅을 연결한다는 의미를 지닌다. 삼재라는 단어는 하늘, 땅, 사람은 서로 분리되어 있지만 서로 연결되어 있다는 생각을 담고 있다. 왕王이라는 글자는 이러한 생각이 반영되어 만들어진 글자이다. 왕王은 삼三을 하나(일一)로 관통한다는 의미를 담은 것으로, 하늘, 땅, 사람을 연결할 수 있는 존재가 왕王이다.

4. 네 개씩 덜어내어 사계절을 상징한다.

천책을 집어 네 개씩 덜어낸다. 네 개의 서죽은 봄여름가을겨울을 뜻한다. 서죽을 네 개씩 덜어 사계절이 지나간 횟수를 센다. 사계절은 1년이므로 우주가 생성된 이후 몇 년의 세월이 흘렀는지를 계산한다는 의미를 지니고 있다.

5. 남은 수를 합하여 그 왼쪽에 놓아 윤달을 상징한다.

네 개씩 덜어내고 손에 남은 서죽이 네 개 이하가 되면, 이것을 인책 왼쪽에 세로로 놓아둔다. 이 서죽들은 윤달을 상징한다.

6. 5년 만에 다시 윤달이 되므로 다시 남은 서죽을 합하여 그 오른쪽에 놓아 윤달을 상징한다.

지책을 손에 들고 네 개씩 덜어낸다. 손에 남은 서죽이 네 개 이하가 되면 인책 오른쪽에 세로로 놓는다. 그 서죽도 윤달을 상징한다.

윤달은 달을 기준으로 만든 음력에서 달력에서의 날짜와 실제 날짜가 서로 어긋나는 것을 막기 위해 끼워 넣은 달이다. 계절은 지구가 태양을 공전하면서 발생하는 현상이므로 달을 기준으로 달력을 만들면 이러한 오차가 생긴다. 음력에서 1년의 날수는 354일로, 해를 기준으로 했을 때와는 11일이 차이가 난다. 5년이면 55일의 차이가 생기므로 두 달의 윤달을 두어 차이를 수정한다. 서죽을 네 개씩 덜어내어 몇 년이 지났는지 계산하고 나서 남은 서죽은 윤달을 상징하는 것으로 삼았다.

7. 왼쪽과 오른쪽에 놓아둔 서죽을 합한 후에 걸어놓는다.

인책과 그 좌우에 놓은 서죽을 모두 합하여 천책과 지책 사이에 세로로 놓아둔다. 여기까지가 제1변變이다. 변變은 '변화'이다. 하나의 변은 하나에서 하늘, 땅, 사람이 만들어지고 난 뒤 흘러간 세월을 연산하는 과정을 의미한다. 이러한 변의 과정이 세 번 반복되어 삼변이다.

8. 네 개의 영수營數로 역을 이룬다.

삼변을 마치고 남은 천책과 지책을 합쳐서 4개씩 덜어내 센다. 합친 서죽은 36개, 32개, 28개, 24개 중 하나여야 한다.

1) 36개: 서죽을 4개씩 9번 덜어낸 수이니, 효의 영수는 9이다.

2) 32개: 서죽을 4개씩 8번 덜어낸 수이니, 효의 영수는 8이다.

3) 28개: 서죽을 4개씩 7번 덜어낸 수이니, 효의 영수는 7이다.

4) 24개: 서죽을 4개씩 6번 덜어낸 수이니, 효의 영수는 6이다.

이로써 하나의 효를 얻는 과정을 마쳤다. 이것이 바로 '네 개의 영수營數로 역을 이룬다'는 것이다.

9. 18번 변하여 괘를 이룬다.

이제 초효를 얻었으므로 동일한 과정을 다섯 번 더 반복하면 한 괘를 얻게 된다. 괘는 제일 아래에 초효를 그리고 그 위로 한 효씩 그려 완성한다. 아래부터 위로 그려 괘를 이루는 것은 사물이 아래에서 위로 자라나는 것을 본뜬 것이다. 한 괘는 여섯 효로 이루어져 있고, 한 효는 삼변하여 얻으므로 이를 '18번 변하여 괘를 이룬다'고 하였다. 여기까지가 괘를 만드는 성괘 과정이다. 성괘 과정에서 얻은 괘를 '본괘'라 한다. 『난중일기』에 나오는 '준괘가 구괘로 변했다'는 글에서 준(䷂)괘가 바로 이 과정을 마치고 얻은 본괘이다.

성괘의 의미는 점치는 자가 현재 처한 시공을 연산하는 것이다. 현재를 상징하는 괘가 무엇인지 연산하는 것이 성괘의 과정이다. 성괘 과정은 하나에서 하늘과 땅이 갈라져 나오고, 천지 사이에서 사람이 나오고 난 뒤 얼마나 세월이 흘러 현재에 이르렀는지를 연산한 것이다. 성괘 과정의 가장 큰 특징은 과거에 일어난 일들로 현재의 상태를 구함에 있다. 하늘과 땅의 생성, 사계절의 운행은 과거에 일어난 일이다. 그래서 천책과 지책을 나누고, 다시 천책과 지책을 사계절을 뜻하는 숫자 4로 나눈 것이다. 하지만 점을 치는 이유는 과거가 아니라 미래를 알기 위해서이다. 그 미래는 현재가 변화하여 이루어지는 것이므로 그 변화를 알아내야 한다. 그래서 변하는 효를 구하는 과정이 필요하게 된다. 이후의 과정을 변괘를 구하는 과정이라 한다. 이 과정을 거쳐 나온 괘를 '변괘'라고 한다.

10. 하늘의 수 1, 땅의 수 2, 하늘의 수 3, 땅의 수 4, 하늘의 수 5, 땅의 수 6, 하늘의 수 7, 땅의 수 8, 하늘의 수 9, 땅의 수 10이다. 하늘의 수는 다섯 개이며 땅의 수도 다섯 개다.

하늘의 수는 전부 홀수이고, 땅의 수는 전부 짝수이다. 홀수는 양을 상징하고, 짝수는 음을 상징한다.

11. 다섯 자리를 서로 보태어 각각 합하니, 하늘의 수는 25요 땅의 수

는 30이다. 무릇 하늘과 땅의 수는 55이다.

'하늘의 수는 25'라는 것은 홀수 1, 3, 5, 7, 9를 모두 더했을 때 25가 됨을 말한 것이고, '땅의 수는 30'이라는 것은 짝수 2, 4, 6, 8, 10을 모두 더했을 때 30이 됨을 말한 것이다. '하늘과 땅의 수는 55'라는 것은 하늘의 수 25와 땅의 수 30을 더했을 때 55가 됨을 말한 것이다. 이 55를 천지지수天地之數(하늘과 땅의 수)라고 한다.

12. 이것이 변화를 이루고 신묘한 작용을 행하는 것이다.

천지지수에서 괘의 영수를 뺀 나머지 수로 변효를 구하여 본괘를 변괘로 바꾸는 것을 '변화를 이루고 신묘한 작용을 행하는 것'이라 묘사하였다. 여기까지가 변괘의 과정을 세계생성론에 빗대어 설명한 것이다.

주역점법이 이렇게 복잡하게 발달한 이유는 복잡한 현실의 변화를 모방하고자 했기 때문이다. 현실의 변화를 만들어내는 변수는 무궁무진하므로 현실의 미래를 예측하고자 하는 주역점법은 이 모든 변수를 포괄하는 방법이어야 했다. 그 방법은 변수를 변화와 불변의 두 종류로 나누는 것이다. 변효와 변하지 않는 효는 이러한 의미를 지닌다. 하나로부터 ━,╴╴이 나왔고 이 효들은 또 변효와 불변효의 성질을 지니고 있으니, 네 개의 영수를 사용하여 이를 표기하였다.

변화의 측면에서만 말하자면, 현재는 변화와 불변으로 이루어져 있다. 그런데 현재의 상태를 구성하는 변수 중 일부만 변할 수도 있고 상당수가 변할 수도 있다. 그래서 모든 효가 불변효인 경우가 있는 것이고, 일부만 변효인 경우가 있는 것이고, 모든 효가 변효인 경우가 있는 것이다. 이런 점에서 '당연히 변해야 하는 효'는 현실의 모든 것이 다 변하는 것이 아님을 말한다.

주역점을 쳐서 미래를 알아내는 과정은 먼저 현재가 어느 변화의 단계에 있는지를 먼저 알아내고 나서 변괘의 과정을 통해 현재를 이루는 것들 중 무엇이 변화하는지를 알아낸다. 미래를 예측하기 위한 핵심 열쇠는 '당연히 변해야 하는 효'이다. '당연히 변해야 하는 효'를 알아야 변화의 어느 단계에 있는지를 알 수 있고 무엇으로 점풀이를 할지 정할 수 있다. 그러므로 '당연히 변해야 하는 효'는 이 세계를 상징하는 숫자인 천지지수와 각 사건의 변화단계를 상징하는 효의 영수를 이용해 결정한다.

13. 건乾의 서죽은 216개이고, 곤坤의 서죽은 144개이다. 이것을 합하면 360개가 되며 만 1년 동안의 날짜에 해당한다. 『주역』상, 하 두 편의 서죽은 11,520개이니 만물의 수에 해당한다.

건괘의 여섯 효는 모두 양효이다. 양효는 소양(7)일 수도 있고 노양(9)일 수도 있다. 건괘 여섯 효 모두가 노양이 되면 여섯 효의 영수는 모두 9가 된다. 9는 서죽을 4개씩 아홉 번 덜어내야 나오는 수이다. 이것을 여섯 번 반복해야 하나의 괘가 이루어진다. 그러므로 6×9×4 하면 216이 된다. 이는 노양인 건괘를 만드는 데 필요한 서죽의 개수가 216책策이라는 뜻이다. 책策은 서죽을 세는 단위이다.

곤괘의 여섯 효는 모두 음효이다. 여섯 효 모두가 노음이 되면, 여섯 효의 영수는 모두 6이 된다. 6은 서죽을 4개씩 여섯 번을 덜어내야 나오는 수이다. 6×6×4 하면 144가 된다. 이는 곤괘를 만드는 데 필요한 서죽의 개수가 144책이라는 뜻이다. 건괘 216책과 곤괘 144책을 더하면 360이 되고, 이는 1년의 일수이다.

『주역』은 64괘이고, 각 괘는 6효로 이루어져 있으니 모두 384효이다. 이 중 양효는 192효, 음효도 192효이다. 하나의 양효는 서죽을 4개씩 아홉 번 덜어내야 나오니 모두 36책이다. 양효의 개수 192에 36을 곱하면 6,912책이 된다. 하나의 음효는 서죽을 4개씩 여섯 번 덜어내야 나오니 모두 24책이다. 음효의 개수 192에 24를 곱하면 4,608책이 된다. 6,912+4,608은 11,520이며, 이것이 만물의 수이다. 『주역』 전체의 효를 만들어내는 데 필요한 서죽이 11,520개이므로, 이것을 만물의 수로 간주한 것이다.

14. 8괘는 작은 괘를 이룬다.

8괘를 소성괘_{小成卦}라고도 한다. 소성이란 '작게 이룸'을 뜻한다. 8괘를 소성괘란 한 것은 8괘를 겹쳐야 64괘가 되기 때문이다.

15. 이것을 더욱 펼쳐나가 동류에 접촉해서 증가시켜 나가면 천하의 모든 일이 다하여진다.

'이것을 더욱 펼쳐나간다'는 8괘를 위아래로 겹쳐 64괘를 만듦

을 말하고, '동류에 접촉해서 증가시켜 나간다'는 8괘 취상取象을 말
한다. 취상이란 8괘에 상징을 부여함으로써 성질이 비슷한 사물을
연역해 나감을 말한 것이다. 이런 식으로 천하의 모든 일을 『주역』
으로 설명할 수 있게 된다.

예를 들어, 건괘의 첫 번째 상징은 하늘이다. 양陽의 성질을 지닌
하늘은 쉬지 않고 운행하므로 강건하다. 그에 따라 건괘는 남자를
상징한다. 이런 식으로 성질이 비슷한 상징을 연역해 나가는 것이 8
괘 취상법이다.

덧붙임 글

'맞얽힘'이라는 용어에 대하여

'맞얽힘'은 이 세계의 원리를 표현하는 가장 정확한 용어는 아니다. 자석을 생각해 보자. 모두가 알고 있는 것처럼 자석의 N극와 S극은 서로 잡아당기고 같은 극끼리는 밀어낸다. 반대되는 극이 서로 잡아당겨 하나가 됨은 맞선 둘의 하나됨이다. 반면에 같은 극끼리는 서로 밀어낸다. 같음은 서로 맞서지 않음을 의미한다. 맞서지 않는 둘은 서로를 밀어내며 하나가 되기를 거부한다. 같은 둘은 둘로 남아 있기를 고수한다. 이것은 맞얽혀 있지 않음의 상태이다. '맞선 둘은 하나다'와 '같은 둘은 둘이다'가 맞얽혀서 만든 것이 이 세계이다. '맞선 둘은 하나다'와 '같은 둘은 둘이다'는 의미가 정반대이면서 서로 얽혀 하나가 된다. 따라서 맞선 둘은 하나다는 세계의 유일한 원리이다. 맞선 둘이 하나가 되기 위해서는 얽혀야 한다. 이 현상을 가리켜 '맞얽힘'이라 했다. 즉 맞얽힘은 현상을 가리키지만 본질을 표현하지 못한다.

나는 이 책을 쓰면서 계속해서 '맞선 둘의 하나됨'이라는 원리를 한 단어로 만들기 위해 노력하였으나 실패하였다. '맞선 둘의 하나 됨'을 줄여서 '맞하나'라는 용어를 쓸까도 고민해 보고, 한자로 '대일對一'이라고 만들어보기도 했지만 이 원리를 직관적으로 드러내기에는 부족하였다.

공자는 이 원리를 '잡이불월'이라고 불렀고, 노자는 '가믈한 같음'으로 불렀고, 장자는 '상대相待'라고 불렀고, 정이천은 '대대對待'로 불렀고, 왕부지는 '상반상성相反相成(서로 대립하는 것이 서로를 이룬다)'이라고 하였다. 불교 경전 『유마경』에서는 '불이不二(둘이 아니다)'라고 하였다. 요즘 연구자들은 '맞짝'이라는 단어를 사용하기도 한다. 최진석 전 교수는 '대립물의 꼬임'이라는 용어로 표현하였다. 그러나 내 생각으로는 이 단어들은 모두 '맞선 둘의 하나됨'이라는 원리를 정확하게 표현하지 못한다.

'맞선 둘의 하나됨'이라는 원리를 정확하게 표현하기 위해서는 첫째로 '맞섬', '대립'이라는 뜻이 들어가야 한다. 두 번째로는 '하나'라는 뜻이 들어가야 한다. '맞선 하나'라는 뜻이 포함되어 있으면서도 누구나 읽었을 때 직관적으로 그 의미를 파악할 수 있어야 한다.

그 단어를 만들지 못하였으므로, 우선 '맞얽힘'이라는 용어로 표현하였다. 이 기묘한 세계의 원리를 표현하는 적절한 용어를 찾는 여정에 더 많은 이들의 참여가 필요하다. 관심 있는 사람들의 활발한 토론을 기대해 본다.

참고 문헌

| 원전 |

『강희자전』

『공자가어』

『국어』

『노자』

『논어』

『대학』

『맹자』

『서경』

『설문해자』

『손자병법』

『시경』

『예기』

『장자』

『주역』

『주자어류』

『중용』

『춘추좌전』

| 단행본 |

고형·이경지·용조조 지음, 김상섭 편역, 『주역점의 이해』, 경기, 지호, 2009

고회민 지음, 정병석 번역, 『주역철학의 이해』, 서울, 문예출판사, 2016

공자, 임동석 역주, 『공자가어』, 서울, 동서문화사, 2011

김갑수, 『장자와 문명』, 서울, 논형, 2004

김경방 외 지음, 안유경 옮김, 『주역전해』, 서울, 심산출판사, 2013

김경일 지음, 『갑골문 이야기』, 바다출판사, 2012

김경일 지음, 『유교 탄생의 비밀』, 바다출판사, 2013

김상섭, 『내 눈으로 읽은 주역』 역경편, 서울, 지호, 2006

김상섭, 『내 눈으로 읽은 주역』, 역전편 상·하, 경기, 지호, 2011

김상섭, 『내 눈으로 읽은 주역』, 역전해설, 경기, 지호, 2012

김상섭, 『바르게 풀어쓴 주역 점법』, 경기, 지호, 2007

김상섭, 『백서주역』 상·하, 서울, 비봉출판사, 2012

김석진, 『대산 주역강의』 1·2·3, 경기, 한길사, 2014

김석진, 『주역점해』, 서울, 대유학당, 2014

김용옥, 『노자와 21세기』 1권~3권, 서울, 통나무, 2000

김용옥, 『노자가 옳았다』, 서울, 통나무, 2020

김용옥, 『노자, 길과 얻음』, 서울, 통나무, 2002

김용옥, 『논어한글역주』 1권~3권, 서울, 통나무, 2009

김용옥, 『대학·학기역주』, 서울, 통나무, 2009

김용옥, 『중용한글역주』, 서울, 통나무, 2013

김용옥, 『맹자 사람의 길』, 서울, 통나무, 2012

김희정, 『몸·국가·우주 하나를 꿈꾸다』, 서울, 궁리, 2010

동광벽 지음, 이석명 옮김, 『도가를 찾아가는 과학자들』, 서울, 예문서원, 1998

등구백 지음, 황준연 편역, 『역주 백서주역교석』 1·2권, 학고방, 2015

리링 지음, 김갑수 옮김, 『집 잃은 개』 1·2권, 경기, 글항아리, 2012

리쩌허우 지음, 정병석 옮김, 『중국고대사상사론』, 경기, 한길사, 2005

마명춘 외, 심경호 번역, 『주역철학사』, 서울, 예문서원, 1994

맹자 지음, 전일환 옮김, 『맹자』, 자유문고, 1990

박지원 지음, 신호열 외 옮김, 『연암집』, 경기, 돌베개, 2007

발레리 한센 지음, 신성곤 옮김, 『열린 제국 중국 고대-1600』, 서울, 까치, 2009

방인, 『다산 정약용의 주역사전, 기호학으로 읽다』, 서울, 예문서원, 2014

방인, 『다산 정약용의 역학서언, 주역의 해석사를 다시 쓰다』, 서울, 예문서원, 2020

복모좌 정리, 최남규 역주, 『상해박물관전국초죽서역주 주역』, 고석편, 서울, 역락, 2021

성백효, 『현토완역 주역전의』 상·하, 서울, 전통문화연구회, 2016

손자, 김광수 옮김, 『손자병법』, 서울, 책세상, 1999

양계초, 풍우란 외 지음, 김홍경 편역, 『음양오행설의 연구』, 서울, 신지서원, 1993

양동숙 지음, 『갑골문해독』, 서울, 이화문화출판사, 2019

염정삼 옮김, 『설문해자 부수자 역해』, 서울, 서울대학교출판부, 2008

왕우신 외 지음, 하영삼 외 번역, 『갑골학 일백년』 1권~5권, 서울, 소명, 2011

왕우신 지음, 이재석 옮김, 『갑골학통론』, 서울, 동문선, 2004

왕전푸, 신정근 외 번역, 『대역지미, 주역의 미학』, 서울, 성균관대학교 출판부, 2013

왕필 지음, 임채우 옮김, 『주역 왕필주』, 길, 2009

왕필 지음, 임채우 옮김, 『왕필의 노자주』, 경기, 한길사, 2005

유효군 외 지음, 임채우 편역, 『주역과 술수역학』, 서울, 동과서, 2014

이석명, 『백서 노자』, 서울, 청계, 2003

잔스촹 지음, 안동준 외 뒤침, 『도교 문화 15강』, 경기, 알마, 2011

장자 지음, 안동림 역주, 『장자』, 서울, 현암사, 2019

장자 지음, 오강남 풀이, 『장자』, 서울, 현암사, 2000

장주 지음, 김갑수 옮김, 『장자』, 경기, 글항아리, 2019

정단비, 『절대군주를 위한 궤변』, 세종, 수류화개, 2020

정병석 역주, 『주역』 상·하, 서울, 을유문화사, 2015

정병석, 『점에서 철학으로』, 서울, 동과서, 2014

정병석, 『주역과 성인, 문화상징으로 읽다』, 서울, 예문서원, 2018

주광호, 『주역, 운명과 부조리 그리고 의지를 말하다』, 서울, 예문서원, 2019

주백곤 외 지음, 김학권 옮김, 『주역산책』, 서울, 예문서원, 2011

주백곤 지음, 김학곤 외 번역, 『역학철학사』 1권~8권, 서울, 소명, 2016

주희 지음, 김진근 번역, 『완역 역학계몽』, 경기, 청계, 2008

진고응, 최진석 외 옮김, 『주역, 유가의 사상인가 도가의 사상인가』, 서울, 예문서원

진고응 지음, 최재목 외 옮김, 『진고응이 풀이한 노자』, 경북, 영남대학교 출판부, 2008

최진석, 『노자의 목소리를 듣는 도덕경』, 경기, 소나무, 2014

풍우란 지음, 박성규 옮김, 『중국철학사』, 상·하, 서울, 까치, 2002

프리초프 카프라, 이성범 번역, 『현대물리학과 동양 사상』, 범양사, 2006

황준연, 『실사구시로 읽는 주역』, 경기, 서광사, 2009

황태연, 『실증 주역』 상·하, 서울, 청계, 2012

형주시박물관 편저, 최남규 역주, 『곽점초묘죽간』, 경기, 학고방, 2016

| 논문 |

원용준, 「마왕퇴(馬王堆) 백서(帛書) 역전(易傳)의 '언(言)'에 대한 연구」, 『한국철학논집』 24권, 한국철학사연구회, 2008

원용준, 「역류 출토문헌을 통한 고대 주역의 형성과 전개」, 『유교사상문화연구』 제70집, 한국유교학회, 2017

원용준, 「주역에서의 중(中)의 원의와 그 변화에 대한 재고찰」, 『한국철학논집』 48권, 한국철학사연구회, 2016

원용준, 「중국고대 점복 문화와 그 윤리 - 역류 출토문헌을 중심으로」, 『새한철학회 학술대회 논문발표집』, 새한철학회, 2017

원용준, 「청화간 서법의 특징과 그 역학사적 의의」, 『유교사상문화연구』 제65집, 한국유교학회, 2016

임재규, 「주역의 역사 형성과 서법의 상관관계」, 『종교연구』 78, 한국종교학회, 2018